U0819255

中国民生消费需求景气评价报告

(2018)

主编／王亚南　边明社
副主编／刘杰　刘婷　魏海燕

ANNUAL EVALUATION REPORT ON THE PEOPLE'S LIVING CONSUMPTION DEMAND OF CHINA (2018)

社会科学文献出版社
SOCIAL SCIENCES ACADEMIC PRESS (CHINA)

本项研究获得以下机构及其项目支持

中共云南省委宣传部云南省哲学社会科学创新工程

云南省社会科学院中国人文发展研究与评价重点实验室

云南省国际贸易学会消费市场监测与研究中心

发布机制 中国人文发展研究与评价实验室

主编单位 云南省社会科学院

云南省商务研究院

合作单位 中国社会科学院文化研究中心

国家行政学院社会和文化教研部

北京大学文化产业研究院

社会科学文献出版社

光明日报文化产业研究中心

顾　　问 王伟光　周文彰　赵　金

首席科学家 王亚南　张晓明　祁述裕　向　勇

学术委员会 （以姓氏笔画为序）：

王亚南　王国华　毛少莹　尹　鸿　邓泳红

包霄林　边明社　朱　岚　朱　非　向　勇

刘　巍　刘玉珠　齐勇锋　祁述裕　花　建

李　涛　李向民　李康化　杨　林　杨正权

何祖坤　宋建武　张晓明　张瑞才　陈少峰

范　周　金元浦　周庆山　孟　建　胡惠林

殷国俊　高书生　龚云尊　崔成泉　章建刚

傅才武　童　怀　谢寿光　蒯大申　熊澄宇

主　　编　王亚南　边明社

副 主 编　刘　杰　刘　婷　魏海燕

编　　委　（以姓氏笔画为序）：

方　彧（执行）　邓云斐　冯　瑞　曲晓燕
刘振中　李　璇（执行）　李恒杰（执行）
吴　敏　汪　洋　沈宗涛　张　超　周希宁
赵　娟（执行）　段　涛　袁春生　郭　娜
惠　鸣　温　源　谢青松　意　娜

撰著

总　报　告　王亚南　刘　杰　刘　婷

技术报告综合排行　王亚南　方　彧　段　涛　赵　娟

总消费排行报告　王亚南　魏海燕　李恒杰　方　彧

物质消费排行报告　王亚南　刘　婷　杨　超

非物消费排行报告　王亚南　赵　娟　刘振中

子　报　告　（以文序排列）：

魏海燕　袁春生　汪　洋　郭　娜　邓云斐
沈宗涛　李恒杰　杨　超　刘振中　陈　莺
马　芳　杨清舒　陈凤梅　程　希　周希宁
李　璇　陶思琪　陈　雁

主要编撰者简介

王亚南　云南省社会科学院研究员，文化发展研究中心主任，中国人文发展研究与评价实验室首席科学家，云南省中青年社会科学工作者协会会长。主要学术方向为民俗学、民族学及文化理论、文化战略和文化产业研究，主要学术贡献有：① 1985 年首次界定“口承文化”概念，随后完成系统研究，提出口承文化传统为人类社会的文明渊薮，成文史并非文明史起点；② 1988 年解析人生仪礼中“亲长身份晋升仪式”，指出中国传统“政亲合一”社会结构体制和“天赋亲权”社会权力观念；③ 1996 年开始从事文化战略和文化产业研究，提出“高文化含量”的“人文经济”论述，概括出中心城市以外文化产业发展的“云南模式”；④ 1999 年提出“现代中华民族是56个国内民族平等组成的国民共同体”和“中国是国内多民族的统一国家”论点，完成国家社会科学基金项目“中华统一国民共同体论”；⑤2006 年来致力于人文发展量化分析检测评价体系研创，相继主持撰著《中国文化消费需求景气评价报告》(2011 年)、《中国文化产业供需协调检测报告》(2013 年)、《中国公共文化投入增长测评报告》(2015 年)、《中国人民生活发展指数检测报告》(2016 年)、《中国民生消费需求景气评价报告》(2018 年)、《中国健康消费与公共卫生投入双检报告》(2018 年)。

刘　杰　云南省商务研究院副院长，云南省国际贸易学会会长，云南省消费市场监测与研究中心主任、云南省商贸流通专家委员会首席专家。主要学术方向为国内贸易、市场体系建设、居民消费、商贸流通研究，牵头承担云南省消费市场、省际贸易监测体系设计与建设。主编出版历年《中国—南亚商务年鉴》和《云南商务年鉴》，主持承担并完成《云南省消费市场商品本土化发展研究》《云南省促消费、扩内需、稳增长调研报告》《云南省商贸流通行业报告》《云南省商务系统市场应急调控能力建设“十三五”规划》《云南省建设面向南亚东南亚国际经济贸易中心规划研究》等。

刘　婷　云南省社会科学院研究员，博士，文化发展研究中心秘书长，云南省中青年学术带头人后备人才，《云南文化发展蓝皮书》副主编，云南省中青年社会科学工作者协会秘书长。主要学术方向为文化人类学，代表作《民俗休闲文化论》，独立承担国家社会科学基金一般项目“韧性理论视角下的哈尼族异地搬迁与社区重构研究”、西部项目“云南少数民族民俗文化保护的新思路”。全程参与研创“中国人文发展量化分析检测评价系列”，合作发表《面向协调增长的中国文化消费需求——“十五”以来分析与“十二五”测算》《中国文化产业未来十年发展空间——以扩大文化消费需求与共享为目标》《各省域文化产业未来十年增长空间——基于需求与共享的测算排行》等论文和研究报告，参与组织撰著“中国人文发展量化分析检测评价系列”年度报告，负责人员组织和撰稿统筹。

方　彧　中国老龄科学研究中心副研究员，中国社会科学院博士。主要学术方向为口头传统、老龄文化和文化产业研究。全程参与研创“中国人文发展量化分析检测评价系列”，合作发表《中国文化产业新十年路向——基于文化需求和共享的考量》《中国文化产业发展空间：4万亿消费需求透析》《深化文化体制改革机制创新的若干现实问题透析》等论文和研究报告，参与组织撰著“中国人文发展量化分析检测评价系列”年度报告，负责文稿统改及英译审校。

赵　娟　云南省社会科学院文化发展研究中心副研究员，《云南文化发展蓝皮书》副主编，云南省中青年社会科学工作者协会秘书处主任。主要学术方向为古典文学、民族文化和文化产业研究，合著出版《经典阅读与现代生活》。全程参与研创“中国人文发展量化分析检测评价系列”，合作发表《以国家统计标准分析各地文化产业发展成效》《中国文化产业未来十年发展空间——以扩大文化消费需求与共享为目标》《各省域文化产业未来十年增长空间——基于需求与共享的测算排行》等论文和研究报告，参与组织撰著“中国人文发展量化分析检测评价系列”年度报告，负责文稿统改。

摘　要

揭示中国“全面建成小康社会”进程发生的深刻变化，首先应当以民生进步加以衡量。考察民生需求主要在于居民日常生活消费需求，其间蕴含“人民美好生活需要”的诸方面发展。

2000~2016年，全国城乡综合演算的各类民生消费数据人均值持续稳步增长，2016年居民总消费为2000年的6.13倍，物质消费为5.65倍，非物消费为7.27倍。物质消费比重明显下降5.46个百分点，非物消费比重明显增高5.46个百分点，消费结构出现较大升级变化。居民总消费、物质消费、非物消费地区差全都逐渐缩小；居民总消费、物质消费、非物消费城乡比全都逐渐缩小。“不平衡的发展”在民生领域多有改善。

但居民消费率从35.91%明显下降至32.37%，“十二五”期间略有回升。尤其应注意，居民消费支出年均增长明显低于财政支出年增4.08个百分点。居民积蓄率从22.57%持续明显升高至28.44%，反过来对消费需求的抑制作用加重。

从2000年以来基数值纵向检测可以看出，西部民生消费需求景气指数提升最高，中部次之，东北再次，东部稍低，表明区域均衡发展国家方略已见成效；安徽、贵州、青海、甘肃、河北占据前5位。2016年无差距理想值横向检测发现，东北民生消费需求景气指数最高，东部次之，中部再次，西部稍低，表明差距在于各方面协调性、均衡性还不够理想；辽宁、上海、浙江、北京、广东占据前5位。另有基数值纵向检测显示，2005年以来贵州、河南、青海、四川、安徽占据前5位；2010年以来甘肃、贵州、青海、天津、四川占据前5位；2015年以来辽宁、安徽、广东、贵州、甘肃占据前5位。

依据历年动态预测检验，至2020年全国居民总消费城乡比将明显缩减，地区差也将略微缩减；至2035年全国居民总消费城乡比将继续极显著缩减，地区差亦将继续略微缩减。假定全国保持居民收入比、居民消费率不再降低，实现各类民生数据历年最小城乡比直至弥合城乡比，民生消费需求景气指数将更加明显提升。

目 录

Ⅰ 总报告

Ⅱ 技术报告与综合分析

Ⅲ　省域报告

总 报 告

General Report

R.1

“全面小康”进程人民生活消费总体评价

——2000～2016年民生需求景气检测

王亚南 刘 杰 刘 婷*

摘 要： 揭示中国“全面建成小康社会”进程发生的深刻变化，首先应当以民生进步加以衡量。考察民生需求主要在于居民日常生活消费需求，其间蕴含“人民美好生活需要”的诸方面发展。2000～2016年，全国城乡综合演算的各类民生消费数据人均值持续稳步增长，2016年居民总消费为2000年的6.13倍，物质消费为5.65倍，非物消费为7.27倍。物质消费比重明显下降5.46个百分点，非物消费比重明显增高5.46个

* 王亚南，云南省社会科学院研究员，文化发展研究中心主任，主要从事民俗学、民族学及文化理论、文化战略和文化产业研究；刘杰，云南省商务研究院副院长、云南省国际贸易学会会长，主要从事国内贸易、市场体系建设、居民消费、商贸流通研究；刘婷，云南省社会科学院研究员，文化发展研究中心秘书长，主要从事文化人类学研究。

百分点，消费结构出现较大升级变化。居民总消费、物质消费、非物消费地区差逐渐缩小；居民总消费、物质消费、非物消费城乡比逐渐缩小。“不平衡的发展”在民生领域多有改善。但居民消费率从35.91%明显下降至32.37%，“十二五”期间略有回升。尤其应注意，居民消费支出年均增长明显低于财政支出年增4.08个百分点。居民积蓄率从22.57%持续明显升高至28.44%，反过来对消费需求的抑制作用加重。依据历年动态预测检验，至2020年全国居民总消费城乡比将明显缩减，地区差也将略微缩减；至2035年全国居民总消费城乡比将继续极显著缩减，地区差亦将继续略微缩减。

关键词： 全国　民生消费　需求景气　检测评价

揭示中国“全面建成小康社会”进程发生的深刻变化，首先应当以民生进步加以衡量。考察民生需求主要在于居民日常生活消费需求，其间蕴含“人民美好生活需要”的诸方面发展。在社会主义市场经济条件下，人民的“需求”主要就表现为日常生活消费需求。①

“中国人民生活发展指数检测体系”于2006年开始研制，其演算数据库作为“中国文化消费需求景气评价体系”的背景数据支持一直在使用。多年以来先后推出“文化消费需求景气评价”“文化产业供需协调检测”“公共文化投入增长测评”，2014年综合屡次研创的方法论思路和技术性设计，并将“民生”范围集中于国家现行统计制度下“人民生活”部分，“人民生活发展指数检测”历时八年，面向日益临近的“全面小康”目标年终于成型。现在，“中国民生消费需求景气评价体系”又从中分解独立出来，既是“民生发展指数检测”的“姐妹篇”，又是“文化消费需求景气评价”的“扩展版”。

① 为了表达简便，本书将“人民生活消费需求”简称为“民生消费需求”或“民生需求”。

本系列研究在“文化消费需求景气评价”中首创城乡比倒数权衡测算，独创地区差指标及其演算方法，并基于城乡、区域无差距理想值设为逆指标；在“文化产业供需协调检测”中，用来测算文化消费需求缩小以至消除城乡、地区差距后文化生产供给的增长空间；在“公共文化投入增长测评”中，恰好用以检测公共文化投入均等化差距；在“人民生活发展指数检测”“民生消费需求景气评价”中，经济、社会、民生发展城乡比、地区差检验全面展开，这正是我国“不平衡不充分的发展”最具代表性的方面。相关检测不仅对准我国“全面建成小康社会”目标年2020年，而且对准我国“基本建成现代化国家”目标年2035年，现代化国家的民生发展理应消除社会结构体制上的城乡鸿沟和地区鸿沟。

一　全国人民生活主要数据相关情况

民生消费需求增长离不开经济增长、居民收入增长。鉴于经济、财政背景分析主要集中于民生指数卷，这里集中于民生主要数据。

全国城乡主要民生数据增长变化基本情况见图1，限于制图容量，图中未直接列出居民收入数据，而注明可据其他数据推算，另产值、财政收入、财政支出数据置于后台进行相关演算。

1. 城乡居民收入、积蓄财富总量增长简况

2000～2016年，全国城乡居民收入总量年均增长13.17%，积蓄总量年均增长14.82%。在这16年间，居民收入年均增长率低于产值增长0.17个百分点，低于财政收入增长3.58个百分点。①

2. 城乡居民消费总量及其分类增长状况

2000～2016年，全国城乡居民消费总量年均增长12.61%。在这16年间，居民消费年均增长率低于产值增长0.73个百分点，低于财政支出增长

① 本项检测数据库运算无限保留小数，难免与按稿面整数或常规两位小数演算产生小数出入，此属机器比人工精细之处，并非误差。全书同。

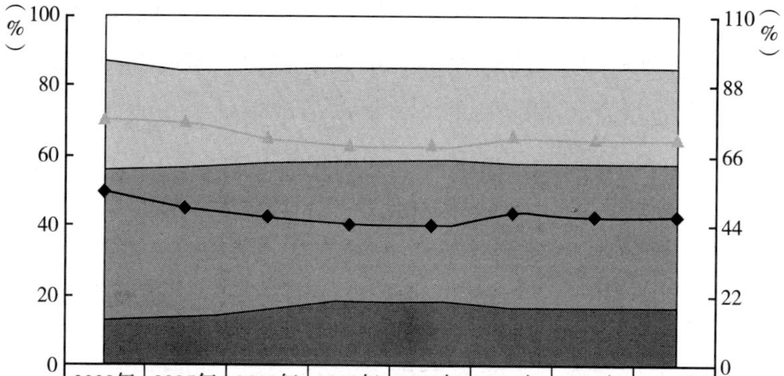

	2000年	2005年	2010年	2012年	2013年	2014年	2015年	2016年
（1）非物消费	10590	22157	40812	54977	62580	66389	74748	84007
（2）物质消费	25416	40923	76512	100327	109580	133720	144224	156920
（3）总消费	36006	63080	117324	155304	172160	200109	218972	240927
（4）居民积蓄	10497	19344	47048	68379	78882	78839	87952	95736
物质消费比	54.66	49.65	46.55	44.85	43.65	47.94	46.99	46.61
居民消费比	77.43	76.53	71.38	69.43	68.58	71.74	71.34	71.56

图1　全国城乡主要民生数据增长变化基本情况

左轴面积：全国城乡居民（1）非物消费、（2）物质消费、（3）总消费、（4）积蓄总量（亿元转换为%），（1）+（2）=（3），（3）+（4）=居民收入，各项数值间呈直观比例。右轴曲线：物质消费比、居民消费比（占居民收入比）（%），二者之差即为非物消费比，二者之比即为物质消费比重（占总消费比），二者之差再与居民消费比之比即为非物消费比重。

4.08个百分点。

同期，全国城乡居民物质消费总量年均增长12.05%。在这16年间，物质消费年均增长率低于居民收入增长1.12个百分点，低于总消费增长0.56个百分点。

同期，全国城乡居民非物消费总量年均增长13.82%。在这16年间，非物消费年均增长率高于居民收入增长0.65个百分点，高于总消费增长1.21个百分点。

3. 城乡居民消费需求相关比值变化状况

在全国居民收入当中，2000年有77.43%用于全部生活消费支出，为历年最高比值；2013年仅有68.58%用于全部生活消费支出，为历年最低（最佳）比值；2000 年有 54. 66% 用于物质消费支出，为历年最高比值；2013 年仅有 43. 65% 用于物质消费支出，为历年最低（最佳）比值。居民收入与总消费之差即为居民积蓄，物质消费与总消费之差即为非物消费。

这几组数据链之间的相关比值可以通过结构化关系推算。居民消费比占百分比剩余部分（100 与之差值）为居民积蓄率，即居民积蓄在居民收入里所占比例；居民消费比与物质消费比之差（差值）为非物消费比，也就是物质消费比占居民消费比剩余部分为非物消费比，即非物消费在居民收入里所占比例；物质消费比与居民消费比之比（商值）为物质消费比重，即物质消费在总消费里所占比例；居民消费比与物质消费比之差再与居民消费比之比为非物消费比重，也就是物质消费比重占百分比剩余部分为非物消费比重，即非物消费在总消费里所占比例。诸如此类的结构化相关性分析体现了数理抽象的优势，透露出严谨而精密的逻辑力量，通过数理关系推演充分揭示“数据事实”基本态势。

2000 年以来 16 年间，全国居民消费比降低 5. 87 个百分点，同时物质消费比亦降低 8. 05 个百分点，反过来导致非物消费比升高 2. 18 个百分点。继续深入分析，居民消费比与物质消费比升降方向及其程度有差异，意味着物质消费占总消费比重变化，反过来又导致非物消费占总消费比重变化。由这些相对比值关系变化就能够看出民生消费需求态势，从中体现出民生发展的基本走向。

二　全国居民总消费增长及相关性分析

居民消费数据是国家现行统计制度中“人民生活”统计的主体部分，市场经济条件下民生需求主要就体现为居民消费需求。

（一）居民总消费增长基本态势

居民总消费及其相关性分析为民生消费需求检测系统的二级子系统之首。全国城乡居民总消费及其相关性变动态势见图 2。

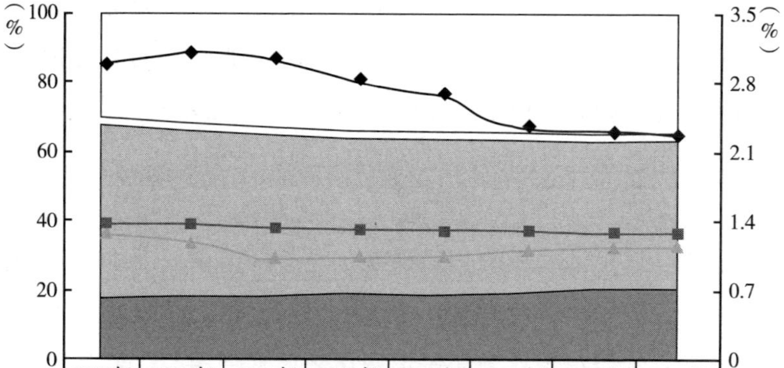

	2000年	2005年	2010年	2012年	2013年	2014年	2015年	2016年
城乡人均消费	2851.61	4838.44	8769.74	11498.08	12683.24	14667.87	15969.13	17475.40
城镇人均消费	4998.00	7942.88	13471.45	16674.32	18022.64	19968.08	21392.36	23078.90
乡村人均消费	1670.13	2555.40	4381.82	5908.02	6625.53	8382.57	9222.59	10129.78
人均值城乡比	2.9926	3.1083	3.0744	2.8223	2.7202	2.3821	2.3196	2.2783
人均值地区差	1.3476	1.3455	1.3150	1.2882	1.2801	1.2816	1.2702	1.2633
居民消费率	35.91	33.68	28.40	28.74	28.92	31.07	31.78	32.37

图 2　全国城乡居民总消费及其相关性变动态势

左轴面积（元转换为%）：全国城乡综合、城镇、乡村居民总消费人均值，各项数值间呈直观比例。右轴曲线：居民总消费城乡比（乡村 =1）、地区差（无差距 =1）。左轴曲线：居民消费率（与产值比）（%）。另需说明，近年年鉴始发布 2014 年以来城乡人均值数据，但与总量数据之间存在演算误差，对应同时发布的产值人均值和总量分别演算相应消费率有出入，本文恢复自行演算城乡人均值。

1. 城乡综合人均值及地区差变动状况

2000～2016 年，全国城乡居民人均总消费年均增长 12.00%（由于人口增长，人均值增长率略低于总量增长率）。居民总消费地区差最小值为 2016 年的 1.2633，最大值为 2003 年的 1.3521。

在这 16 年间，全国居民总消费地区差缩小了 6.26%。这意味着，全国各地居民总消费增长的同步均衡性较明显增强，体现出“全面小康”建设进程在缩小全国居民总消费地区差距方面的有效进展。

按照本项检测的推演测算，2020 年全国居民总消费地区差应为 1.2513，相比当前将略微缩减；2035 年全国居民总消费地区差应为 1.2371，相比当前将继续略微缩减。

2. 城镇与乡村人均值及城乡比变动状况

2000～2016 年，全国城镇居民人均总消费年均增长 10.03%，乡村居民人均总消费年均增长 11.93%，乡村年均增长率高于城镇 1.90 个百分点。城乡之间增长相关系数为 0.4174，即历年增长同步程度为 41.74%，呈很弱正相关性。倘若用城乡各自年度增长指数绘制出两条曲线，就可以看出，二者历年增长明显不均，其间均衡度较差。

在这 16 年间，全国居民总消费城乡比最小（最佳，后同）值为 2016 年的 2.2783，最大值为 2003 年的 3.3505，前后对比城乡比缩小了 23.87%。这意味着，全国城乡之间居民总消费增长的同步均衡性明显增强，体现出“全面小康”建设进程在缩小全国居民总消费城乡差距方面的有效进展。

按照本项检测的推演测算，2020 年全国居民总消费城乡比应为 2.1282，相比当前将明显缩减；2035 年全国居民总消费城乡比应为 1.6481，相比当前将继续极显著缩减。

3. 城乡综合居民消费率历年变化状况

2000～2016 年，全国居民消费率下降了 3.54 个百分点，其中“十二五”以来回升 3.97 个百分点。应对国际金融危机实施“拉动内需，扩大消费，改善民生”国策以来，直到进入“十二五”期间，全国居民消费率才开始明显回升。

在这 16 年间，全国居民消费率最高（最佳）值为 2002 年的 36.23%，最低值为 2011 年的 28.16%。具体展开逐年测算，居民消费率在 2002 年、2009 年、2012～2016 年升高，在 2000～2001 年、2003～2008 年、2010～2011 年降低，近年来仍未回复 2000 年初始值，更未达到 2002 年最佳值。这意味着，“全面小康”建设进程中实现全国居民消费拉动经济增长的同步协调性尚待增强。还应注意，居民消费率下降程度大于居民收入比下降程度，反过来即意味着居民积蓄率上升，同时亦即积蓄对消费的抑制作用加重。

居民消费子系统相对自成一体，其下又包含八个三级子系统，即国家现行统计制度下“人民生活”消费支出的各分类单项——食品烟酒、衣着、居住、生活用品及服务、交通通信、教育文化娱乐、医疗保健、其他用品及服务，其间消费结构变化尤其值得关注。本项检测把前四类消费划分为“物质生活消费”，维系着人们衣、食、住、用的“基本需求”。物质生活分类消费及其相关性分析为民生指数检测系统的三级子系统之一至四；把后四类消费划分为“非物生活消费”，维系着人们社会交往、身心状态、精神生活等“扩展需求”。非物生活分类消费及其相关性分析为民生指数检测系统的三级子系统之五至八。

（二）产值与收入、消费、积蓄之间增长关系

分析产值与居民收入、总消费、物质消费、非物消费、积蓄之间增长关系，可以检测究竟是什么因素对居民消费需求各方面增长产生重要影响。全国产值与居民收入、消费、积蓄增长态势见图3，因相关系数分析需有历年不间断增长指数，而制图空间有限故截取2000～2010年（后台检测2000～2016年）。

1. 产值与居民收入、消费历年增长相关性

2000～2010年，标号（1）全国产值与（2）居民收入历年增长指数之间，相关系数为0.9098，亦即在90.98%程度上同步变动，呈很强正相关性，其间历年高低对比可见当年增长同步关系；与（5）非物消费历年增长之间，相关系数为－0.4117，亦即在41.17%程度上逆向变动，呈稍强负相关性。

这些数据之间的增长相关性表明，全国经济增长并不能“自然”带动国内居民生活消费向着非物质需求方向“升级”。倘若各地大体如此，对于“中国现实”特殊性的这一“逆规律性”揭示即可成立。

2. 居民积蓄与收入、消费历年增长相关性

2000～2010年，标号（6）居民积蓄与（3）居民消费历年增长之间，相关系数为0.4082，亦即在40.82%程度上同步变动，呈很弱正相关性；与（5）非物消费历年增长之间，相关系数为－0.7751，亦即在77.51%程度上

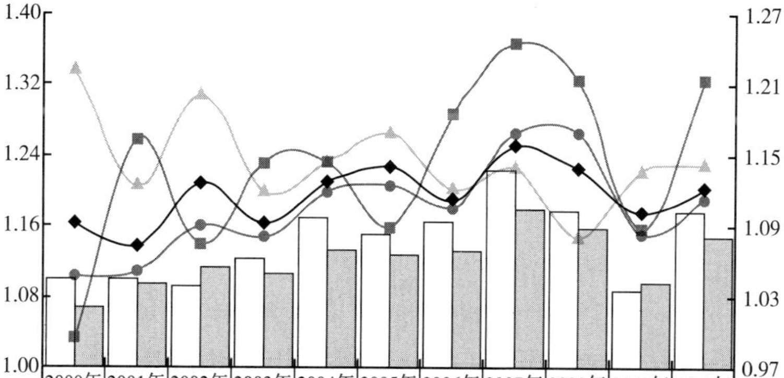

	2000年	2001年	2002年	2003年	2004年	2005年	2006年	2007年	2008年	2009年	2010年
（1）全国产值	1.0986	1.0976	1.0905	1.1220	1.1707	1.1506	1.1649	1.2251	1.1763	1.0871	1.1775
（2）居民收入	1.0670	1.0932	1.1131	1.1048	1.1320	1.1280	1.1290	1.1804	1.1578	1.0969	1.1483
（3）居民消费	1.0915	1.0728	1.1259	1.0921	1.1274	1.1409	1.1116	1.1589	1.1385	1.1005	1.1230
（4）物质消费	1.0447	1.0514	1.0912	1.0792	1.1188	1.1257	1.1065	1.1688	1.1695	1.0825	1.1128
（5）非物消费	1.2231	1.1242	1.2039	1.1184	1.1443	1.1699	1.1209	1.1409	1.0807	1.1369	1.1424
（6）居民积蓄	0.9908	1.1633	1.0725	1.1468	1.1467	1.0879	1.1858	1.2460	1.2124	1.0874	1.2169

图 3　全国产值与居民收入、消费、积蓄增长态势

左轴柱形：全国产值、居民收入年增指数，右轴曲线：居民消费、积蓄年增指数，上年 =1（小于 1 为负增长）。曲线间走势并行即正相关同步增长，上下交错对应即负相关逆向增长；相关系数 1 为绝对正相关完全同步，0 为完全不相关，-1 为绝对负相关完全逆向。曲线（5）与（6）之间形成横向镜面峰谷对应水中倒影负相关关系。

逆向变动，呈极强负相关性。

在全国范围这些数据之间的增长相关性中，相互间影响的正反方向、强弱程度已经不言自明。

图 3 中可见，在（5）非物消费与（6）居民积蓄增长曲线之间，形成横向镜面峰谷对应水中倒影，其间呈 77.51% 逆向增长相关性。“积蓄负相关性”对于非物消费显著成立，对于总消费不成立，对于物质消费不成立。经后台数据库扩展演算，非物消费与积蓄增长之间 2000 ~ 2013 年长时段逆向程度为 69.63%，呈很强负相关；2000 ~ 2006 年逆向极值达 95.15%，呈极强负相关。

显然，全国居民积蓄增长“自然而然”地抑制了国内居民生活消费向着非物质需求方向更快地“升级”。倘若这一点在各地得到普遍印证，又可成为“中国现实”中的特定“规律性”“趋势性”发现。①

三　全国居民物质消费结构性分析

国家现行统计制度中居民消费前四类——食品烟酒、衣着、居住、生活用品及服务（以下行文分别简称“食品、衣着、居住、用品”）消费属于物质生活范畴，维系着人们衣、食、住、用的“基本需求”。居民物质生活分类消费测算为民生消费需求检测系统的二级子系统之二，其中展开相关性分析又包含着三级子系统之一至四。全国居民物质消费分类结构性关系见图4。

1. 食品消费人均值增长及其比重变化

2000～2016年，全国城乡居民人均食品消费年均增长9.52%。同期，全国居民食品消费地区差最小值为2016年的1.2365，最大值为2002年的1.3251；城乡比最小值为2016年的2.0705，最大值为2009年的2.7374。在这16年间，全国居民食品消费地区差缩小了5.91%，城乡比缩小了13.25%。

居民食品消费占总消费比重值即为所谓“恩格尔系数”，用以检测维持生命“最基本消费”比重，可间接衡量民生超越“物质需求依赖”的富足程度。同期，全国居民食品消费比重降低12.90个百分点。最低（最佳，物质消费占比以低为佳，后同）比重值为2016年的30.04%，最高比重值为2000年的42.94%。可以看出，进入“全面小康”建设进程以来，全国居民食品消费“最基本需求”所占比重越来越低，这间接反映出人民生活从温饱“基本小康”向富余“全面小康”的发展进步。

2. 衣着消费人均值增长及其比重变化

2000～2016年，全国城乡居民人均衣着消费年均增长10.80%。同期，

① 经本项研究针对各地分别取各自典型时段进行检测，这一“规律”普遍适用于全国30个省域，且绝大多数省域具有很高显著性或较高明显性，安徽局部时段成立。

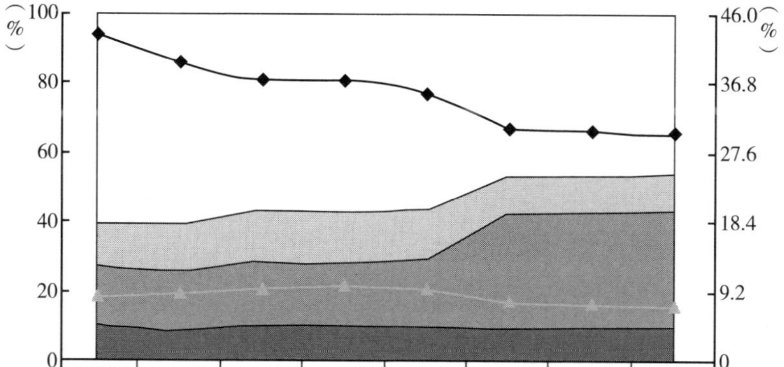

	2000年	2005年	2010年	2012年	2013年	2014年	2015年	2016年
食品消费人均	1224.46	1904.70	3250.83	4253.80	4523.95	4542.45	4883.89	5249.44
衣着消费人均	239.56	424.84	833.81	1137.31	1216.28	1116.29	1188.36	1235.50
居住消费人均	344.31	555.98	1075.09	1292.96	1505.51	3242.08	3478.29	3829.96
用品消费人均	204.62	253.44	559.40	743.77	827.20	900.74	967.41	1067.15
食品消费比重	42.939	39.366	37.069	36.996	35.669	30.969	30.583	30.039
衣着消费比重	8.401	8.781	9.508	9.891	9.590	7.610	7.442	7.070

图 4　全国居民物质消费分类结构性关系

左轴面积（元转换为%）：全国城乡综合演算的居民物质消费单项（食品烟酒、衣着、居住、生活用品及服务四项）人均值，各项数值间呈直观比例。右轴曲线：食品、衣着消费比重（占总消费比，取 3 位小数对应整个物质消费比重演算小数四舍五入协调）（%），显示衣食温饱需求消费支出占总消费比。

全国居民衣着消费地区差最小值为 2016 年的 1.2271，最大值为 2000 年的 1.3340；城乡比最小值为 2016 年的 3.0220，最大值为 2003 年的 5.7833。在这 16 年间，全国居民衣着消费地区差缩小了 8.01%，城乡比缩小了 42.06%。

在中国社会传统中，“衣食温饱”总是联系在一起，移植恩格尔系数成为“中国版”，恐怕应包括衣食温饱“基本需求”，因此本项检测同样重视衣着消费。同期，全国居民衣着消费比重降低 1.33 个百分点。最低比重值为 2016 年的 7.07%，最高比重值为 2011 年的 9.91%。可以看到，在食品消费比重持续明显下降的同时，全国居民衣着消费“基本需求”所占比重并未明显降低，不过原有保暖御寒功能已经发生变化，更多地转而体现时尚、品位、个性等。难怪有不少相关研究者提出主张，建议把服装消费列为一种“别类”精神生活消费。

3. 居住消费人均值增长及其比重变化

2000～2016年，全国城乡居民人均居住消费年均增长16.25%。同期，全国居民居住消费地区差最小值为2012年的1.1824，最大值为2015年的1.3991；城乡比最小值为2012年的1.3663，最大值为2014年的2.5469。在这16年间，全国居民居住消费地区差扩大了6.06%，城乡比扩大了22.94%。

同期，全国居民居住消费比重增高9.84个百分点。最低比重值为2012年的11.24%，最高比重值为2014年的22.10%。近十年来各地城镇商品住宅市场火爆，人们的消费需求旺盛，居住消费比重变化甚大，正是千家万户拥有私家住房的“刚需”开支成就了当今中国房地产的繁荣。

在图4里不难看出，2014年居住消费人均值陡然高升，这是国家统计局首次提供城乡综合人均值数据带来的变化，本项检测自行演算人均值则还要略高一点。或许可以这样理解，各地居民受调查户样本的长期偏差近年得到修正，由私家住房相对普及带来的居住消费剧增得以体现。

4. 用品消费人均值增长及其比重变化

2000～2016年，全国城乡居民人均用品消费年均增长10.87%。同期，全国居民用品消费地区差最小值为2016年的1.2447，最大值为2000年的1.5259；城乡比最小值为2015年的2.3946，最大值为2000年的5.8223。在这16年间，全国居民用品消费地区差缩小了18.43%，城乡比缩小了58.86%。

同期，全国居民用品消费比重降低1.07个百分点。最低比重值为2004年的5.19%，最高比重值为2000年的7.18%。近十年来各地城乡私家轿车市场升温，人们的消费需求高涨，而用品消费比重却变化不大，或许“间歇性”购车支出放到长年日常消费当中也不明显。

本项检测将全部物质消费视为“全面小康”人民生活必需消费，只看食品消费或者扩大为衣食温饱显然已不具有足够的解释力。不难看出，全国居民食品消费比重下降“让出”的余地却被居住消费比重上升“抢占”，这两项冲抵仅仅留给处在上位的物质消费比重下降3.06个百分点（另综合衣着、用品消费比重变化，整个物质消费比重下降5.46个百分点），否则2000年以来16年间全国居民整个物质消费比重理当显著下降。

四　全国居民非物消费结构性分析

（一）非物生活分类消费增长分析

国家现行统计制度中居民消费后四类——交通通信、教育文化娱乐、医疗保健、其他用品及服务（以下行文分别简称“交通、文教、医疗、其他”）消费属于非物生活范畴，维系着人们社会交往、身心状态、精神生活等“扩展需求”。居民非物生活分类消费测算为民生消费需求检测系统的二级子系统之三，其中展开相关性分析又包含着三级子系统之五至八。全国居民非物消费分类结构性关系见图5。

1. 交通消费人均值增长及其比重变化

2000～2016年，全国城乡居民人均交通消费年均增长16.76%。同期，全国居民交通消费地区差最小值为2016年的1.2916，最大值为2005年的1.4969；城乡比最小值为2016年的2.3339，最大值为2002年的4.8708。在这16年间，全国居民交通消费地区差缩小了12.65%，城乡比缩小了44.98%。

同期，全国居民交通消费比重增高6.65个百分点。最高（最佳，非物消费占比以高为佳，后同）比重值为2013年的14.41%，最低比重值为2000年的7.02%。由此不难发现，人民生活消费需求已经从维持温饱的“基本小康”阶段超越出来，在物质生活需求达到较高水平之际，非物质生活需求迅速提升。交通消费比重持续显著增高，可以视为人们社会生活交往需求高涨的一种具体表现。

居民交通消费成为非物消费以至总消费中增长最快部分，不难在现实生

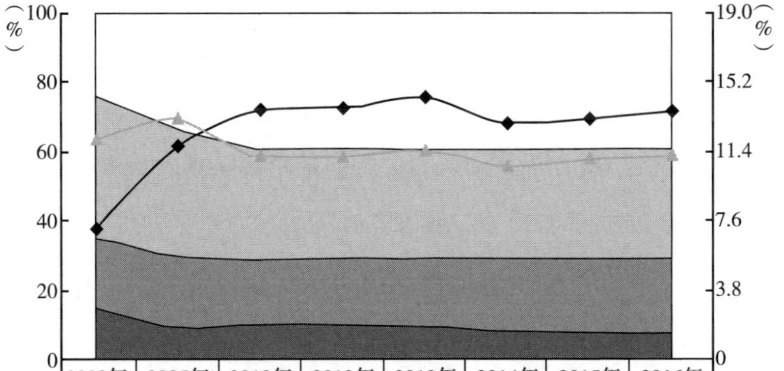

	2000年	2005年	2010年	2012年	2013年	2014年	2015年	2016年
交通消费人均	200.30	563.54	1196.12	1588.77	1827.62	1894.02	2123.42	2388.92
文教消费人均	343.32	635.33	975.41	1270.01	1446.91	1555.44	1752.92	1959.40
医疗消费人均	169.40	351.48	589.48	799.31	882.13	1053.17	1177.15	1327.21
其他消费人均	125.62	149.12	289.59	412.13	453.64	363.68	397.68	417.84
交通消费比重	7.024	11.647	13.639	13.818	14.410	12.913	13.297	13.670
文教消费比重	12.040	13.131	11.122	11.045	11.408	10.604	10.977	11.212

图5　全国居民非物消费分类结构性关系

左轴面积（元转换为%）：全国城乡综合演算的居民非物消费单项（交通通信、教育文化娱乐、医疗保健、其他用品及服务四项）人均值，各项数值间呈直观比例。右轴曲线：交通通信、教育文化娱乐消费比重（占总消费比，取3位小数对应整个非物消费比重演算小数四舍五入协调）（%），显示社会生活交往、精神文化生活需求变化。

活里找到依据：全国每年有上亿人次出境旅游，数十亿人次国内旅游；电话通信已成为国民必需消费，手机及移动网络更是国内海量人群之“必备”，当然电信行业垄断造成的高收费也不容置疑。

2. 文教消费人均值增长及其比重变化

2000～2016年，全国城乡居民人均文教消费年均增长11.50%。同期，全国居民文教消费地区差最小值为2016年的1.2557，最大值为2009年的1.4596；城乡比最小值为2015年的2.4583，最大值为2013年的4.7213。在这16年间，全国居民文教消费地区差缩小了11.09%，城乡比缩小了26.71%。

本项检测将居民文教消费比重值界定为“精神需求系数”，可直接衡量民生需求向精神层面提升的程度。同期，全国居民文教消费比重降低 0.83 个百分点。最高比重值为 2002 年的 13.82%，最低比重值为 2014 年的 10.60%。这里发现一个问题，多年以来许多研究者预期中的“精神文化消费需求高涨”局面仍未出现。或许人民生活从满足温饱需求，到物质消费全面提升，再到注重社会生活交往需求，最后到追求精神文化生活丰富多彩，尚有待于“更上一层楼”。

3. 医疗消费人均值增长及其比重变化

2000～2016 年，全国城乡居民人均医疗消费年均增长 13.73%。同期，全国居民医疗消费地区差最小值为 2012 年的 1.2487，最大值为 2002 年的 1.4294；城乡比最小值为 2015 年的 1.7062，最大值为 2002 年的 4.1378。在这 16 年间，全国居民医疗消费地区差缩小了 11.22%，城乡比缩小了 51.68%。

同期，全国居民医疗消费比重增高 1.65 个百分点。最高比重值为 2016 年的 7.59%，最低比重值为 2000 年的 5.94%。医疗消费比重增高明显并不难理解，健康是人们的“共同价值观”，而若干年来医院费用暴涨、保健产业产生暴利也不容忽视。

4. 其他消费人均值增长及其比重变化

2000～2016 年，全国城乡居民人均其他消费年均增长 7.80%。同期，全国居民其他消费地区差最小值为 2016 年的 1.3611，最大值为 2009 年的 1.4736；城乡比最小值为 2016 年的 3.1969，最大值为 2009 年的 5.6386。在这 16 年间，全国居民其他消费地区差缩小了 5.21%，城乡比缩小了 35.13%。

同期，全国居民其他消费比重降低 2.01 个百分点。最高比重值为 2001 年的 4.59%，最低比重值为 2016 年的 2.39%。其他消费是一个“非明确”项，包括除了非物消费以上三类之外的其余消费开支，依据早年统计年鉴所列细目分类可知，家政服务相关支出包含其间。

恩格尔系数检测仅能对应“基本小康”阶段，即使扩展为整个物质消费也难以适用于“全面小康”进程。为此，本项检测将全部非物消费视为

“全面小康”民生应有消费。综合全国居民交通、文教、医疗、其他消费比重变化，16 年间整个非物消费比重上升 5.46 个百分点。

实际说来，“交通消费”作为“交通通信消费”简称，包含通信消费，而通信消费里的信息内容消费部分显然应当归属于精神消费。假设全国居民信息内容消费占通信消费一半，通信消费又占整个交通通信消费一半，那么信息内容消费比重则上升 1.66 个百分点，再与文教消费比重变化合并演算，2000 年以来 16 年间全国居民整个精神消费比重理当上升 0.83 个百分点。

至此可以归纳对比全国城乡居民物质生活、非物生活分类单项消费的增长变化差异。2000 年以来 16 年间，各类消费人均值年均增长率（由于人口增长，人均值演算增长率略低于总量演算增长率）、比重值升降变化（百分比演算更为精确）排序：交通消费年增 16.76%，比重上升 94.61% 为最高；居住消费年增 16.25%，比重上升 81.51% 为次高；医疗消费年增 13.73%，比重上升 27.84% 为第三高；文教消费年增 11.50%，比重下降 6.87% 为第四高；用品消费年增 10.87%，比重下降 14.90% 为第五高；衣着消费年增 10.80%，比重下降 15.84% 为第六高；食品消费年增 9.52%，比重下降 30.04% 为次低；其他消费年增 7.80%，比重下降 45.73% 为最低。

（二）居民收入、积蓄与非物消费之间增长关系

分析居民收入、积蓄与非物生活各项分类消费之间增长关系，可以检测究竟是什么因素对居民非物生活各项分类消费增长产生重要影响。全国居民收入、积蓄与非物消费增长态势见图 6，因相关系数分析需有历年不间断增长指数，而制图空间有限故截取 2000 ~ 2010 年（后台检测 2000 ~ 2016 年）。

1. 居民收入与非物消费历年增长相关性

2000 ~ 2010 年，标号（1）居民收入与（2）交通消费历年增长指数之间，相关系数为 -0.5494，亦即在 54.94% 程度上逆向变动，呈较强负相关性；与（3）文教消费历年增长之间，相关系数为 -0.2373，亦即在 23.73% 程度上逆向变动，呈很弱负相关性；与（4）医疗消费历年增长之间，相关系数为 -0.4793，亦即在 47.93% 程度上逆向变动，呈稍强负

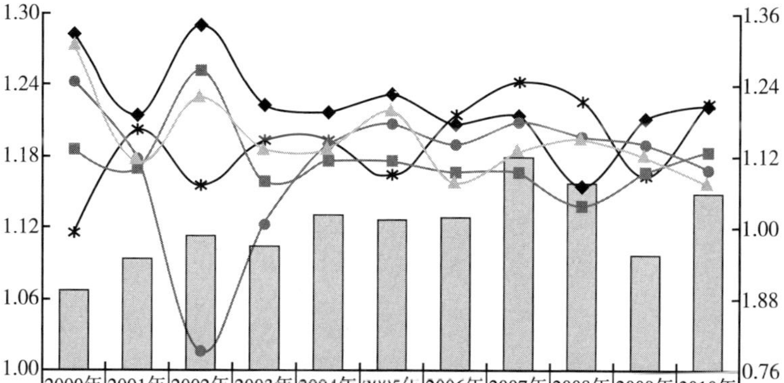

	2000年	2001年	2002年	2003年	2004年	2005年	2006年	2007年	2008年	2009年	2010年
（1）居民收入	1.0670	1.0932	1.1131	1.1048	1.1320	1.1280	1.1290	1.1804	1.1578	1.0969	1.1483
（2）交通消费	1.3255	1.1891	1.3412	1.2049	1.1963	1.2238	1.1742	1.1871	1.0682	1.1838	1.2042
（3）文教消费	1.1287	1.0963	1.2643	1.0798	1.1107	1.1132	1.0943	1.0936	1.0357	1.0958	1.1304
（4）医疗消费	1.3048	1.1082	1.2203	1.1312	1.1350	1.1949	1.0752	1.1309	1.1483	1.1207	1.0718
（5）其他消费	1.2490	1.1188	0.7876	1.0075	1.1411	1.1718	1.1409	1.1763	1.1566	1.1409	1.0966
（6）居民积蓄	0.9908	1.1633	1.0725	1.1468	1.1467	1.0879	1.1858	1.2460	1.2124	1.0874	1.2169

图6　全国居民收入、积蓄与非物消费增长态势

左轴柱形：居民收入年增指数，右轴曲线：非物消费各单项、积蓄年增指数，上年 = 1（小于1为负增长）。曲线（2）、（3）、（4）与（6）之间大体形成横向镜面峰谷对应水中倒影负相关关系。

相关性。

这些数据之间的增长相关性表明，全国居民收入增高也不能“必然”带来国内居民生活消费向着非物质需求，尤其是精神文化需求方向“升级”。倘若各地大体如此，对于“中国现实”特殊性的这一“逆规律性”揭示即可成立。

2. 居民积蓄与非物消费历年增长相关性

2000～2010年，标号（6）居民积蓄与（2）交通消费历年增长指数之间，相关系数为－0.7329，亦即在73.29%程度上逆向变动，呈极强负相关性；与（3）文教消费历年增长之间，相关系数为－0.4557，亦即在45.57%程度上逆向变动，呈稍强负相关性；与（4）医疗消费历年增长之间，相关系数为－0.8046，亦即在80.46%程度上逆向变动，呈极强负相关性。

在全国范围这些数据之间的增长相关性中，相互间影响的正反方向、强弱程度已经不言自明。

图6中可见，在（4）医疗消费、（2）交通消费、（3）文教消费与（6）居民积蓄增长曲线之间，形成横向镜面峰谷对应水中倒影，其间分别呈80.46%、73.29%、45.57%逆向增长相关性。“积蓄负相关性”对于医疗消费显著成立，对于交通消费明显成立，对于文教消费基本成立，对于其他消费不成立。经后台数据库扩展演算，文教消费与积蓄增长之间2001～2010年长时段逆向程度为52.74%，呈较强负相关；2001～2005年逆向极值达76.30%，呈极强负相关。

显然，全国居民积蓄增长已经严重地抑制了国内居民消费向着保持人们身心健康、扩展社会生活交往、提升精神文化需求方向更快地“升级”。倘若这一点在各地得到普遍印证，即可成为“中国现实”中的特定“规律性”“趋势性”发现。①

所有这些分析结果叠加在一起就可以看出，全国产值增长、居民收入增长对于非物消费增长仅有较弱影响，而居民积蓄增长对于非物消费增长却有极强的负面影响。全国城乡居民非物消费增长的“积蓄负相关性”与文化消费需求增长的“积蓄负相关性”出奇相似。其实也不用奇怪，非物消费当中本身就包含着精神文化生活消费。

可以想见，一方面，中国人民生活消费已经突破了维持物质需求阶段，旺盛的“发展性”消费需求必定会表现出来；另一方面，公共服务体系和社会保障体制还不够完善，城乡居民为求“自我保障”的积蓄增长依然居高不下，这两个方面的“博弈”仍在持续之中。倘若没有“积蓄负相关性”，或这一负相关效应减弱，那么全国居民医疗消费、交通消费、文教消费等非物消费将出现更高增长。

① 本项研究集中于文教消费，针对各地分别取各自典型时段进行检测，这一“规律”普遍适用于全国23个省域，且绝大多数省域具有很高显著性或较高明显性，而对于福建、内蒙古基本成立，新疆、辽宁、山西、安徽、浙江局部时段成立，吉林不成立。

五　全国民生消费需求景气指数检测

综合以上各类数据分析检测，包括居民总消费合计数值演算、物质消费分类数据专项演算、非物质消费分类数据专项演算三个子系统指标测算，以及居民收入、居民积蓄两个背景子系统后台数据测算，共有二级指标（类别项）41 项，三级指标（演算项）156 项测算数值，汇总加权得出全国民生消费需求景气指数检测结果。全国民生消费需求景气指数变动态势见图 7。

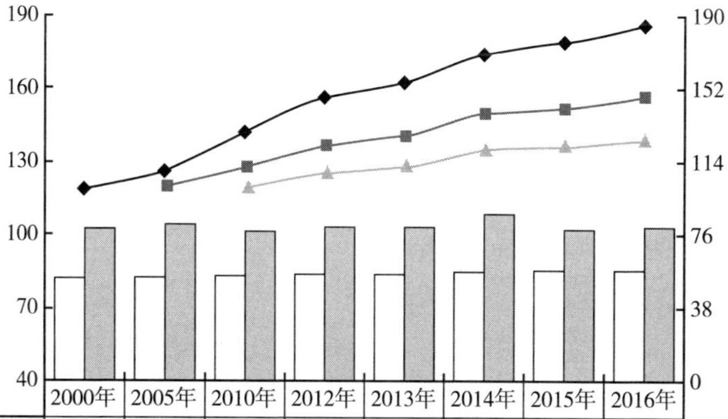

	2000年	2005年	2010年	2012年	2013年	2014年	2015年	2016年
横向理想测评	82.28	82.17	82.70	83.69	84.01	84.88	85.19	85.40
纵向基数测评（1）	102.15	103.74	101.26	102.90	102.49	107.63	101.63	102.52
纵向基数测评（2）	100.00	109.65	129.20	146.73	154.31	169.81	176.01	185.27
纵向基数测评（3）	—	100.00	110.55	122.03	126.78	138.06	141.20	146.98
纵向基数测评（4）	—	—	100.00	107.55	110.61	119.84	121.03	124.84

图 7　全国民生消费需求景气指数变动态势

左轴柱形：左历年横向测评（城乡、地区无差距理想值 = 100）；右逐年纵向测评（1），上年基数值 = 100。右轴曲线：时段纵向测评（起点年基数值 = 100），（2）以 2000 年为起点（“十五”以来，以“九五”末年为基点，后同），（3）以 2005 年为起点（“十一五”以来），（4）以 2010 年为起点（“十二五”以来）。

1. 各年度理想值横向检测指数

各年度理想值横向检测方法的基本设置：①总量份额以上年为基准衡量

升降变化（全国份额100%自为基准），②人均绝对值以全国平均值为基准衡量增减变动（全国自为基准），③人均值城乡比、地区差以假定实现无差距理想值衡量现实差距（全国亦然），④相关性比值以全国总体比值为基准衡量大小差异（全国自为基准），⑤相关人均值之间增长率比差以上年为基准衡量高低程度（全国亦然）。

假定全国各类民生数据城乡、地区无差距理想值为100，2016年全国城乡总体民生需求景气指数为85.40，低于无差距理想值14.60%，但高于上年（2015年）检测指数0.21个点。

各年度（包括图中省略年度）此项检测指数对比，全部各个年度均低于无差距理想值100；2004～2016年13个年度高于上年检测指数值。其中，历年民生指数最高值为2016年的85.40，最低值为2003年的81.64。

在此项指数检测中，综合演算之所以“失分”，就在于“协调增长”“均衡发展”两个方面尚有不小差距。①主要原因在于所有各类民生数据人均值的城乡比、地区差继续存在，有些数据的城乡比、地区差还比较大，以其倒数（数值越大其倒数越小）作为权衡系数势必“失分”较多。只要民生数据人均值城乡比、地区差缩小，检测指数就能够上升；只有彻底消除民生数据人均值城乡比、地区差，检测指数才能够达到理想值100。②次要原因在于所有各类民生数据与其对应的经济、财政、居民收入、总消费等类数据增长率之间存在差异，假定全部相关对应数据之间实现同步增长，检测指数才不会“失分”，若增长率反超则反而“加分”。其余总量份额、人均绝对值、相关性比值各项指标，均以全国总体数值为基准测算各地高低差异，而对于全国总体“得分”无影响。

2. 2000年以来基数值纵向检测指数

各时段基数值纵向检测方法的基本设置：①总量份额值升降，②人均绝对值增减，③人均值城乡比、地区差扩减，④相关性比值高低，⑤相关人均值之间增长率比差大小，所有这些指标的检测演算均以起点年度为基数进行测算，优于起点年“加分”而逊于起点年“减分”，全国总体及各地概莫能外。以下各类纵向检测同理，区别仅在于起始年度不同。

以“全面小康”建设进程起点年“九五”末年2000年数据指标演算基数值为100，2016年全国城乡总体民生需求景气指数为185.27，高于起点年基数值85.27%，也高于上年（2015年）检测指数9.26个点。

各年度（包括图中省略年度）此项检测指数对比，2002~2016年15个年度高于起点年基数值100；全部各个年度均高于上年检测指数值。其中，历年民生指数最高值为2016年的185.27，最低值为2001年的99.63。

在此项指数检测中，综合演算“得分”逐年升降变化一目了然，“得分”升高源于多个方面：首先得益于各类民生数据总量占全国份额上升，人均值逐年稳步提高，其次得益于多类民生数据人均值城乡比、地区差逐渐缩小，再次得益于多类相关性比值有所升高（物质消费比值反向检测降低为佳），最后得益于各类民生数据与其对应的经济、财政、居民收入、总消费等类数据增长率之间的差异缩减甚至或有反超。至于全国自身份额指标，由于恒定份额100%自为基准，对于全国总体“得分”无影响。以下各类纵向检测同理。

3. 2005年以来基数值纵向检测指数

以“全面小康”建设进程第一个五年期“十五”末年2005年数据指标演算基数值为100，2016年全国城乡总体民生需求景气指数为146.98，高于起点年基数值46.98%，也高于上年（2015年）检测指数5.78个点。

各年度（包括图中省略年度）此项检测指数对比，全部各个年度均高于起点年基数值100；全部各个年度均高于上年检测指数值。其中，历年民生指数最高值为2016年的146.98，最低值为2006年的100.90。

4. 2010年以来基数值纵向检测指数

以“全面小康”建设进程第二个五年期“十一五”末年2010年数据指标演算基数值为100，2016年全国城乡总体民生需求景气指数为124.84，高于起点年基数值24.84%，也高于上年（2015年）检测指数3.81个点。

各年度（包括图中省略年度）此项检测指数对比，全部各个年度均高于起点年基数值100；全部各个年度均高于上年检测指数值。其中，历年民生指数最高值为2016年的124.84，最低值为2011年的104.29。

5. 逐年度基数值纵向检测指数

以上一年（2015 年）起点数据指标演算基数值为 100，2016 年全国城乡总体民生需求景气指数为 102. 52，高于起点年基数值 2. 52%，也高于上年检测指数 0. 89 个点。

各年度（包括图中省略年度）此项检测指数对比，2000 年、2002 ~ 2016 年 16 个年度高于起点年基数值 100；2002 年、2004 ~ 2005 年、2007 年、2009 年、2011 年、2014 年、2016 年 8 个年度高于上年检测指数值。其中，历年民生指数最高值为 2014 年的 107. 63，最低值为 2001 年的 99. 63。

技术报告与综合分析

Technical Report and Comprehensive Analysis

ℝ.2

中国民生消费需求景气评价体系阐释

——技术报告兼省域综合指数排行

王亚南　方　彧　段　涛　赵　娟*

摘　要： 从2000年以来基数值纵向检测可以看出，西部民生消费需求景气指数提升最高，中部次之，东北再次，东部稍低，表明区域均衡发展国家方略已见成效；安徽、贵州、青海、甘肃、河北占据前5位。2016年无差距理想值横向检测发现，东北民生消费需求景气指数最高，东部次之，中部再次，西部稍低，表明差距在于各方面协调性、均衡性还不够理想；辽宁、

* 王亚南，云南省社会科学院研究员，文化发展研究中心主任，主要从事民俗学、民族学及文化理论、文化战略和文化产业研究；方彧，中国老龄科学研究中心副研究员，主要从事口头传统、老龄文化和文化产业研究；段涛，云南省商务研究院院长、副研究员，主要从事市场监测与分析相关研究；赵娟，云南省社会科学院文化发展研究中心副研究员，主要从事古典文学、民族文化和文化产业研究。

上海、浙江、北京、广东占据前5位。另有基数值纵向检测显示，2005年以来贵州、河南、青海、四川、安徽占据前5位；2010年以来甘肃、贵州、青海、天津、四川占据前5位；2015年以来辽宁、安徽、广东、贵州、甘肃占据前5位。假定全国及各地保持居民收入比、居民消费率不再降低，实现各类民生数据历年最小城乡比直至弥合城乡比，民生消费需求景气指数将更加明显提升。

关键词： 全面小康　民生需求　景气指数　测评排行

民生消费需求考察必须置于相应经济、财政背景之下，建立可能存在的一应相关性分析，检测各方面、各层次之间增长协调性、均衡性的现实差距和预期目标。为此，“中国民生消费需求景气评价体系”借助并整合十余年来系列研究成果“文化消费需求景气评价”、“文化产业供需协调检测”和“公共文化投入增长测评”三个体系的数据分析及其演算方法，特别是直接移植“人民生活发展指数检测体系”整体框架构思设计。“人民生活发展指数检测体系”之中本来就包含“民生消费需求景气评价”作为其中相对独立的一个超级子系统，现在“民生消费需求景气评价”分解独立，既成为近年已有“民生发展指数检测”的“姐妹篇”，又成为早年推出“文化消费需求景气评价”的“扩展版”。

众所周知，所谓恩格尔定律、恩格尔系数以食品消费为必需消费，仅适用于我国建设“基本小康”阶段衣食温饱检测，放大全部物质消费为必需消费，方对应我国建设“全面小康”阶段民生发展检测。因此，本项评价体系把物质消费占居民收入、总消费比设置为逆指标反向检测以低为佳，将恩格尔定律关系、恩格尔系数极致放大演算。同样，本项评价体系扩展全部非物生活消费为“全面小康”应有消费，非物消费占居民收入、总消费比正向检测以高为佳，更加贴切地检验“全面小康”民生发展，充分体现人民生活消费结构优化、民生需求质量提升的现实进步。

一 基础数据来源及其演算方法

“中国民生消费需求景气评价体系”数据来源、具体出处及相关演算见表1。

表1对于数据来源、具体出处及相关演算的说明已经十分详细，无须再言。不过，有必要提及使用和理解统计数据的一点“必备”知识：统计年鉴历年卷发布的上一年某些重要数据均为“初步核算值”，需待下一个年卷再校订为“最终核算值”。全国及各地产值总量、人均值数据正是如此，历年全国产值数据依照《中国统计年鉴》2017年卷校订。

以下配合文中列表数据解读、指标解释，运用本项检测后台数据库的强大功能，通过相应演算揭示数据及数据关系潜藏的人民生活发展动向。

（一）指标设计阐释从公众知识开始

数据读取、辨识是构思、设计指标系统的基础，有关阐释从公众社会常识和学界公共知识开始。

鉴于中国各地之间幅员分布不均、发展程度不一，总量数值几乎不具可比性，转换为占全国份额值方能检验其升降变化状况，这就是“GDP总量崇拜”的荒唐之处。人均值固然具有一定可比性，但孤立的一项或数项人均值比较并无多大意义。常见的可行方式是对比具备相关性联系的数据链之间的历年增长率。

无论是经济发展与民生增进之间的协调性检测，还是城乡、区域之间民生发展的均衡性检测，关键在于相应数据的年均增长率比较，及其历年增长指数的相关系数测量，正是其间的增长差异带来了各类相关比值（包括城乡比、地区差）的变化。需要注意一点常识：由于人口历年增长，经济、社会、民生发展总量数据演算增长率，略高于人均值演算增长率。本系列检测除专门说明以外，主要取人均值进行演算，以求尽可能精准。

表 1　“中国民生消费需求景气评价体系”数据来源、具体出处及相关演算

<table>
<tr><th>序号</th><th colspan="2">数据内容</th><th>数据来源</th><th>全国数据具体出处</th><th>省域数据具体出处</th></tr>
<tr><td>1</td><td colspan="2">城乡、城镇、乡村人口</td><td rowspan="18">国家统计局：《中国统计年鉴》历年各卷</td><td colspan="2">二、人口，2～7 分地区人口的城乡构成和出生率、死亡率、自然增长率</td></tr>
<tr><td>2</td><td colspan="2">产值总量及人均值</td><td>三、国民经济核算，3～1 国内生产总值</td><td>三、国民经济核算，3～9 地区生产总值和指数，3～10 人均地区生产总值和指数</td></tr>
<tr><td>3</td><td colspan="2">财政收入总量</td><td>七、财政，7～2 中央和地方一般公共预算主要收入项目</td><td>七、财政，7～5 分地区一般公共预算收入</td></tr>
<tr><td>4</td><td colspan="2">财政支出总量</td><td>七、财政，7～3 中央和地方一般公共预算主要支出项目</td><td>七、财政，7～6 分地区一般公共预算支出</td></tr>
<tr><td>5</td><td colspan="2">城乡居民人均收入</td><td colspan="2">六、人民生活，6～17 全国居民分地区人均可支配收入（2014 年始，回溯 2013 年无系列对应，不取）</td></tr>
<tr><td>6</td><td colspan="2">城乡居民人均消费</td><td colspan="2">六、人民生活，6～19 全国居民分地区人均消费支出（2014 年始，回溯 2013 年无分类消费对应，不取）</td></tr>
<tr><td>7</td><td colspan="2">城镇居民人均收入</td><td colspan="2">六、人民生活，6～21 城镇居民分地区人均可支配收入</td></tr>
<tr><td>8</td><td colspan="2">城镇居民人均消费</td><td colspan="2">六、人民生活，6～23 城镇居民分地区人均消费支出</td></tr>
<tr><td>9</td><td colspan="2">乡村居民人均收入</td><td colspan="2">六、人民生活，6～25 农村居民分地区人均可支配收入</td></tr>
<tr><td>10</td><td colspan="2">乡村居民人均消费</td><td colspan="2">六、人民生活，6～27 农村居民分地区人均消费支出</td></tr>
<tr><td>11</td><td rowspan="8">城、乡消费分类项</td><td>A. 食品烟酒</td><td rowspan="8">城乡居民分类消费：
六、人民生活，6～20 全国居民分地区人均消费支出
城镇居民分类消费：
六、人民生活，6～24 城镇居民分地区人均消费支出
乡村居民分类消费：
六、人民生活，6～28 农村居民分地区人均消费支出</td><td rowspan="11">引入人口参数（城乡、城镇、乡村历年年末人口数据均换算为年平均人口数）演算衍生数据：

（1）第 3～4 类人均值
（2）第 5～21 类城乡总量
（3）第 7～21 类城镇、乡村总量
（4）第 7～21 类城乡人均值
（5）第 2～21 类人均值地区差
（6）第 5～21 类人均值城乡比
（7）东、中、西部和东北整体数据</td></tr>
<tr><td>12</td><td>B. 衣着</td></tr>
<tr><td>13</td><td>C. 居住</td></tr>
<tr><td>14</td><td>D. 生活用品及服务</td></tr>
<tr><td>15</td><td>E. 交通通信</td></tr>
<tr><td>16</td><td>F. 教育文化娱乐</td></tr>
<tr><td>17</td><td>G. 医疗保健</td></tr>
<tr><td>18</td><td>H. 其他用品及服务</td></tr>
<tr><td>19</td><td rowspan="3">增补</td><td>居民物质生活消费</td><td colspan="2">A、B、C、D 四项消费合计，统一归为物质生活方面消费</td></tr>
<tr><td>20</td><td>居民非物生活消费</td><td colspan="2">E、F、G、H 四项消费合计，大致归为社会生活、精神生活方面消费</td></tr>
<tr><td>21</td><td>居民积蓄</td><td colspan="2">居民收入与消费之差，大于银行储蓄，且排除政府和企业部分</td></tr>
</table>

注：①数据具体出处章号章名、表号表名、统计项名称各年卷多有变化，以 2015 年卷（发布 2014 年数据）为准，该年卷始提供城乡综合人均收入、总消费及分类消费数据，本项检测遂采用，此前诸多年度仍系自行演算。本项研究多年前率先展开民生数据城乡综合演算，引来国家统计制度及其数据发布改进。经两年使用验证，此类人均值与总量之间存在演算误差，居民收入、消费人均值和总量对应产值人均值和总量（同为年鉴发布）分别演算居民收入比、居民消费率结果有出入，因而本项检测回归自行演算城乡人均值，以保证数据库测算模型的规范性及其历年通行测评的标准化，必要时附年鉴提供的城乡人均值作为参考。②数据来源保留各分类消费原名称，行文分别简称“食品、衣着、居住、用品、交通、文教、医疗、其他”消费，物质生活消费、非物生活消费简称“物质消费”“非物消费”。③本项检测体系借助并整合“文化消费需求景气评价”、“文化产业供需协调检测”和“公共文化投入增长测评”三个体系数据分析及其演算方法，特别是直接移植“人民生活发展指数检测体系”构思设计，数据来源部分全部保持不变。

2000～2016年，在全国经济、财政背景总量数据之间，财政收入增长最快，年均增长16.75%，高于产值年增3.41个百分点；财政支出增长次之，年均增长16.69%，高于产值年增3.35个百分点；产值增长再次，年均增长13.34%。

同期，在居民收入、总消费、物质消费、非物消费、积蓄总量数据之间，居民积蓄增长最快，年均增长14.82%，高于产值年增1.48个百分点；非物消费增长次之，年均增长13.82%，高于产值年增0.48个百分点；居民收入增长再次，年均增长13.17%，低于产值年增0.17个百分点；居民总消费增长又次，年均增长12.61%，低于产值年增0.73个百分点；物质消费增长最慢，年均增长12.05%，低于产值年增1.29个百分点。

民生领域的高增长出现在居民积蓄和非物消费两个方面：积蓄年均增长高于居民收入年增1.65个百分点，高于总消费年增2.21个百分点，但低于财政收入年增1.93个百分点；非物消费年均增长高于居民收入年增0.65个百分点，高于总消费年增1.21个百分点，但低于财政支出年增2.87个百分点。居民收入和积蓄同属民众财富收益，当与财政收入对应；居民总消费、物质消费和非物消费同属民生需求开支，自与财政支出对应。这样的对应分析出于本项研究的独特设计。

深入展开民生领域数据分析。居民物质消费方面分类检测：2000年以来居住消费增长最快，年均增长16.89%，高于居民收入年增3.72个百分点，高于总消费年增4.28个百分点；用品消费增长次之，年均增长11.48%，低于居民收入年增1.69个百分点，低于总消费年增1.13个百分点；衣着消费增长再次，年均增长11.41%，低于居民收入年增1.76个百分点，低于总消费年增1.20个百分点；食品消费增长最慢，年均增长10.13%，低于居民收入年增3.04个百分点，低于总消费年增2.48个百分点。

食品消费增长持续低于总消费增长，意味着恩格尔系数（食品消费占总消费比重）不断降低。衣着消费恐怕已经发生了本质性的变化，不再以御寒保暖为主要功能，而转向追求新颖时尚、个性品位等。另外，居住消费、用品消费应当包含着自有住房、私家汽车这样的当今“家庭大件”。人民生活早已从解决温饱向物质消费全面丰富、提升质量转变。

居民非物消费方面分类检测：2000 年以来交通消费增长最快，年均增长 17.40%，高于居民收入年增 4.23 个百分点，高于总消费年增 4.79 个百分点；健康消费增长次之，年均增长 14.36%，高于居民收入年增 1.19 个百分点，高于总消费年增 1.75 个百分点；文教消费增长再次，年均增长 12.11%，低于居民收入年增 1.06 个百分点，低于总消费年增 0.50 个百分点；其他消费增长最慢，年均增长 8.39%，低于居民收入年增 4.78 个百分点，低于总消费年增 4.22 个百分点。

交通消费激增可在现实生活里找到依据：每年上亿人次出境旅游，数十亿人次国内旅游；电话通信已成为国民必需消费，手机及移动网络更是海量人群之“必备”。目前国民消费需求的“热点”转移至“社会生活交往”层面，这一点也许已能够确定。医疗消费增长迅速也不难理解，健康实在是人们的“共同价值观”。唯独文教消费增长不力让人困惑，或许国人从满足温饱需求，到物质消费全面提升，再到注重社会生活交往需求，最后到追求精神文化生活丰富多彩，尚有“更上一层楼”的余地。

（二）建立结构化的数据相关性分析

在当今世界，社会发展程度、复杂程度日益增高，社会领域分化、行业分工越来越细密，若想单纯提取一个或几个具有绝对化因果性关系的因子进行哲学抽象简单解释，显然已经不够用。更多因素只具备相对化的相关性联系，需要展开更复杂、更精细的数学抽象分析。构思、设计指标系统关键在于分析、提取大量数据链之间不断变化的相关性动态。

相关系数检测可谓相关性分析最简便的通用方式，同时检验两组数据链历年增减变化趋势是否一致、变化程度是否相近、变化动向是否稳定。相关系数 1 为绝对相关，完全同步；0 为无相关性，完全不同步；-1 为绝对负相关，完全逆向同步。设数据项 A 历年增幅变化为 N，若数据项 B 历年增幅（降幅绝对值）愈接近 N（高低不论），即保持趋近性（正负不论），或历年增幅（降幅绝对值）存在固有差距（高低不论）但上下波动变化愈小，即保持平行（逆向）同步性，则二者相关系数（负值）愈高；反之相关系数（负值）愈低。

2000年以来16年间，产值历年增长与居民收入之间相关系数为0.8285，即居民收入在82.85%程度上随之增长；与居民总消费之间相关系数为0.5995，即居民总消费在59.95%程度上随之增长。全国城乡居民收入增长滞后于产值增长，居民总消费增长更滞后于产值增长。

继续考察，产值历年增长与居民物质消费之间相关系数为0.4905，即物质消费在49.05%程度上随之增长；与居民非物消费之间相关系数为0.0474，即非物消费在4.74%程度上随之增长；与居民积蓄之间相关系数为0.7040，即居民积蓄在70.40%程度上随之增长。由此可见，居民消费结构升级主要体现于非物生活需求提升，产值增长并不会直接带动这一变化。而居民积蓄却超越总消费步伐，更贴近地跟随产值增长，产值增长带来居民收入增多，其中更多的部分变成了积蓄，并未用于扩大消费尤其是增加非物消费。

同时，财政收入历年增长与居民收入之间相关系数为0.6721，即居民收入在67.21%程度上随之增长；与居民积蓄之间相关系数为0.6157，即居民积蓄在61.57%程度上随之增长。财政支出与居民总消费之间相关系数为0.2583，即居民总消费在25.83%程度上随之增长；与居民物质消费之间相关系数为0.1202，即物质消费在12.02%程度上随之增长；与居民非物消费之间相关系数为0.2841，即非物消费在28.41%程度上随之增长。

全国城乡居民收入增长滞后于财政收入增长，居民积蓄增长也滞后于财政收入增长，居民总消费增长则滞后于财政支出增长，其间物质消费增长、非物消费增长均滞后于财政支出增长。与全国经济、财政背景相比，民生领域各项数据的增长变化并非一片乐观。这样一种分析检测模式运用于各个省域，各地之间不同经济、财政背景下民生发展的高下长短必定能够十分清晰地检验出来。

集中到民生领域，全国城乡居民收入历年增长与总消费之间相关系数为0.7790，即总消费在77.90%程度上随之增长；与物质消费之间相关系数为

0.6882，即物质消费在68.82%程度上随之增长；与非物消费之间相关系数为 -0.0979，即非物消费与之并无同步增长正向相关性；与居民积蓄之间相关系数为0.7898，即居民积蓄在78.98%程度上随之增长。居民总消费历年增长与物质消费之间相关系数为0.9161，即物质消费在91.61%程度上随之增长；与非物消费之间相关系数为 -0.0821，即非物消费与之并无同步增长正向相关性；与居民积蓄之间相关系数为0.2380，即居民积蓄在23.80%程度上随之增长。由此看出，无论是居民收入增长还是总消费增长，都不会必然带动非物消费增长引发的需求结构变化。

二　检测体系建构与指标系统设计

“中国民生消费需求景气评价体系”指标系统见表2。

表2　“中国民生消费需求景气评价体系”指标系统

<table>
<tr><th colspan="2" rowspan="2">一级指标
（子系统）</th><th colspan="2" rowspan="2">二级指标
（类别项）</th><th colspan="4">三级指标（演算项）</th></tr>
<tr><th>（1）</th><th>（2）</th><th>（3）</th><th>（4）</th></tr>
<tr><td rowspan="3">一</td><td rowspan="3">经济、财政（相关背景值演算）</td><td colspan="6">产值：国民总收入极度近似值。后台演算相关性背景值及其诸多相对比值</td></tr>
<tr><td colspan="6">财政收入：与居民收入对应。后台演算“财政收入比”等相关性背景值</td></tr>
<tr><td colspan="6">财政支出：与居民消费对应。后台演算“财政用度比”等相关性背景值</td></tr>
<tr><td>二</td><td>居民收入（背景子系统演算）</td><td colspan="2">（一）收入绝对值
（二）静态相关比值
（三）动态历年增长</td><td>总量份额变化
居民收入比
历年增率比</td><td>人均绝对值
收入对比度
历年增率比</td><td>人均值地区差
反检消费比
历年增率比</td><td>人均值城乡比
反检积蓄率
历年增率比</td></tr>
<tr><td>三</td><td>居民总消费（A、B、C、D、E、F、G、H八项合计）</td><td colspan="2">（一）总消费绝对值
（二）静态相关比值
（三）动态历年增长</td><td>总量份额变化
居民消费率
历年增率比</td><td>人均绝对值
支出对比度
历年增率比</td><td>人均值地区差
居民消费比
历年增率比</td><td>人均值城乡比
反检抑制度
历年增率比</td></tr>
<tr><td rowspan="2">四</td><td rowspan="2">居民物质生活消费分类（A、B、C、D四项分类）</td><td rowspan="3">消费三级子系统</td><td rowspan="2">A. 食品烟酒
B. 衣着
C. 居住
D. 生活用品及服务</td><td colspan="4">分类消费八项同总消费二、三级指标，相关比值有所不同</td></tr>
<tr><td>总量份额变化
单项消费率
单项增率比</td><td>人均绝对值
单项对比度
单项增率比</td><td>人均值地区差
单项消费比
单项增率比</td><td>人均值城乡比
单项比重值
单项增率比</td></tr>
<tr><td>五</td><td>居民非物生活消费分类（E、F、G、H四项分类）</td><td>E. 交通通信
F. 教育文化娱乐
G. 医疗保健
H. 其他用品及服务</td><td colspan="4">（说明：城镇、乡村消费项人均值为抽样调查样本基础数据，分类数据难免存在小数四舍五入情况，汇为大类会形成放大误差，与总消费数据产生出入，本项检测已改进遂行平衡演算，得出的总量和城乡人均值更具合理性）</td></tr>
</table>

续表

一级指标（子系统）		二级指标（类别项）	三级指标（演算项）(1)	(2)	(3)	(4)
六	居民积蓄（背景子系统演算）	(一)积蓄绝对值	总量份额变化	人均绝对值	人均值地区差	人均值城乡比
		(二)静态相关比值	民生富裕度	富足对比度	居民积蓄率	对消费抑制度
		(三)动态历年增长	历年增率比	历年增率比	历年增率比	历年增率比

注：①基础数据来源及其衍生数据演算依据：国家统计局出版发布全国性统计年鉴历年卷，同一口径数据保障检测程序通约性及评价结果可比性。②衡量“全面小康”重在民生，置于相应经济、财政背景下，建立并检测可能存在的一应相关性，尤其是城乡比、地区差两项逆指标，测算各方面、各层次间增长协调性、均衡性的现实差距和预期目标。③原有“文化消费需求景气评价”侧重文化消费，设全部非文消费（总消费与文化消费之差）为极致放大的必需消费；本项检测不侧重特定消费，放大全部物质消费为“全面小康”必需消费，扩展全部非物消费为“全面小康”应有消费。④已经定型的“人民生活发展指数检测”指标系统保持（a1）总消费及其八项分类演算、（b1）物质消费合计演算、（c1）非物消费合计演算三个子系统，分解独立的“民生消费需求景气评价”指标系统交错采用（a2）总消费合计演算、（b2）物质消费分类演算、（c2）非物消费分类演算三个子系统，二者交叉而不重叠，唯有前者分类排行报告之二消费排行结果与后者技术报告排行结果对应一致，即（a2）（b2）（c2）演算结果加权综合等于（a1）检测结果，妥当处理“姐妹篇”关系。

在这里，需要对表2里“中国民生消费需求景气评价体系”若干参用和自设的相关性比值指标做出解释。同时，调用后台数据库演算功能，实际检测这些特定比值的历年变化动态，证实其设计依据和实际功用。为保证各类数据演算尽可能精确，有利于检测其间相关性比值升降等微小变动，以下取人均值展开测算。

（一）参用相关性比值阐述及其演算

（1）居民消费率：城乡居民消费与产值的相对比值，这无疑是国内居民消费需求拉动经济增长的关键性数据。无论是从拉动经济发展角度来看，还是从提升消费需求来看，居民消费率势必都是越高越好。然而，居民消费率的历年变化态势甚至不如居民收入比的历年变化态势。

2000年，全国居民消费率为35.91%；到2016年，全国居民消费率下降至32.37%。这意味着，“全面小康”建设进程16年来，居民消费增长滞后于产值增长，而且滞后程度甚于居民收入增长的滞后程度。这就是国家多年以来十分注重“拉动内需，扩大消费，改善民生”的真实背景，这不仅是应对国际金融危机的短期对策，而且应当成为拉动经济发展的长期国策。

（2）居民消费比：城乡居民消费占居民收入的相对比值。面向“全面小康”衡量民生发展，全部物质消费放大为“必需消费”，全部非物消费扩展为“应有消费”，居民消费需求升降体现人民生活质量水平，额外剩余部分大小又体现人民生活富余程度。

2000 年，全国居民消费比为 77.43%；到 2016 年，全国居民消费比下降至 71.56%。继居民消费率降低之后，居民消费比亦呈降低之势，表明居民消费增长滞后于居民收入增长。本来居民收入增长已滞后于产值增长，居民消费增长又滞后于居民收入增长，这意味着居民消费率的降低态势甚于居民收入比的降低态势，居民消费增长不力的问题比居民收入增长不力的问题更加严峻。

（3）物质消费综合比重：城乡居民物质消费大类合计数值占总消费的相对比值，这一项分析由恩格尔系数放大而来。原始的恩格尔定律、恩格尔系数以食品消费为必需消费，仅仅适用于解决温饱的“基本小康”检测，本项研究放大至全部物质消费检测。

2000 年，全国居民物质消费比重为 70.59%；到 2016 年，全国居民物质消费比重下降至 65.13%。这意味着，“全面小康”建设进程 16 年来，城乡居民物质消费在总消费中所占比重持续降低，这就为社会生活交往消费、精神文化消费留出更大的余地。

（4）非物消费综合比重：城乡居民非物消费大类合计数值占总消费的相对比值，这一项分析由恩格尔系数扩展而来。沿用恩格尔定律检测“全面小康”远远不够，譬如移动电话通信消费已成为国民极普遍必需消费，本项研究扩展至全部非物消费检测。

2000 年，全国居民非物消费比重为 29.41%；到 2016 年，全国居民非物消费比重上升至 34.87%。这意味着，“全面小康”建设进程 16 年来，城乡居民非物消费在总消费中所占比重持续提升，这就是中国人民生活切实进入“全面小康”阶段的深刻而具体的体现。

（5）分类项消费比重：物质消费、非物消费两个大类一共有八个分类项，各自分别占居民总消费的不同相对比值。实际上，仅从这里就可以看出中国人民生活发生深刻变化的一些端倪。

2000～2016年，全国居民食品消费从42.94%下降至30.04%，比重位次保持第1位不变；居住消费从12.07%上升至21.92%，比重位次保持第2位不变；交通消费从7.02%上升至13.67%，比重位次由第6位升至第3位；文教消费从12.04%下降至11.21%，比重位次由第3位降至第4位；医疗消费从5.94%上升至7.59%，比重位次由第7位升至第5位；衣着消费从8.40%下降至7.07%，比重位次由第4位降至第6位；用品消费从7.18%下降至6.11%，比重位次由第5位降至第7位；其他消费从4.41%下降至2.39%，比重位次保持第8位不变。

（二）自设相关性比值阐述及其演算

（1）支出对比度：指居民消费与财政支出的相关性比值，取居民消费率与财政用度比相对比值。同样在居民消费与财政支出之间建立相关性，分析检测二者的相对比值，可以更加透彻地揭示出，居民消费增长不仅与产值增长相比明显滞后，而且与财政用度增长相比更显滞后。

这是一种双向对应检测的相对比值，互为对方倒数演算。基于居民消费演算，2000年，全国（居民）支出对比度为2.2664，即全国居民消费率为财政用度比的2.27倍，通俗说就是居民消费支出占社会总财富消耗份额为财政用度份额的2.27倍；到2016年，全国（居民）支出对比度下降至1.2832，即全国居民消费为财政用度的1.28倍。这意味着，“全面小康”建设进程16年来，居民消费增长更加明显地滞后于财政支出增长。

反向检测基于财政用度演算，2000年，全国（财政）支出对比度为0.4412，即全国财政用度比为居民消费率的44.12%；到2016年，全国（财政）支出对比度上升至0.7793，即全国财政用度比为居民消费率的77.93%。

（2）居民收入反检消费比、反检积蓄率，居民消费反检积蓄对消费抑制度：居民收入直接决定民生消费需求，居民积蓄直接影响民生消费需求。

为使“民生消费需求景气评价”三个子系统及居民收入、积蓄两个背景子系统皆相对自足完成相关性分析，各自得出专项测算指数，本项检测体系设置了特定相关性比值的反向检测。这些反检比值皆为相应比值的反方向演算，亦可简化成相应比值倒数演算百分值，不必再予过多解释。

（3）分类项消费相关比值：居民消费各级分类项，包括物质消费、非物消费大类合计，表2、表3里物质消费、非物消费分类各四个单项消费，相关性比值由总消费相关性比值类推，无须逐一阐释。对照总消费比值唯一不同之点在于，另设一类占总消费比重值，文中解说均已具体涉及。

本项研究同样独出心裁的这些构思设计运用于各省域分析检测，各地不同经济、财政、居民财富（收入和积蓄）背景下民生消费需求增长、消费结构升级、消费层次提升孰上孰下、孰高孰低的绝对比较和相对比较也都能够做到通约测算。

三　检测指标权重及其演算方式

“中国民生消费需求景气评价体系”指标权重、演算方式见表3。

表3　“中国民生消费需求景气评价体系”指标权重、演算方式

<table>
<tr><th colspan="2">一级指标（子系统）</th><th colspan="2">二级指标（类别项）</th><th colspan="2">三级指标（演算项）</th><th>演算权重</th><th>年度理想值横向检测</th><th>历年基数值纵向检测</th><th colspan="2">系统综合演算权重(%)</th></tr>
<tr><td rowspan="12">一</td><td rowspan="12">居民总消费二级子系统（全部消费支出合计值演算）</td><td rowspan="4">(一)</td><td rowspan="4">消费绝对值</td><td>1</td><td>总量份额变化</td><td>2</td><td>上年份额基准</td><td rowspan="12">自身起始年指标基准（第7、11项反向检测，逆指标以低为佳）</td><td rowspan="12">100</td><td rowspan="12">50</td></tr>
<tr><td>2</td><td>人均绝对值</td><td>2.5</td><td>全国人均基准</td></tr>
<tr><td>3</td><td>人均值地区差</td><td>3</td><td rowspan="2">假定无差距理想值基准</td></tr>
<tr><td>4</td><td>人均值城乡比</td><td>3.5</td></tr>
<tr><td rowspan="4">(二)</td><td rowspan="4">静态相关比值</td><td>5</td><td>居民消费率</td><td>0.5</td><td rowspan="4">全国比值基准（第7项反向检测，逆指标以低为佳）</td></tr>
<tr><td>6</td><td>支出对比度</td><td>0.5</td></tr>
<tr><td>7</td><td>居民消费比</td><td>0.5</td></tr>
<tr><td>8</td><td>反检积蓄抑制度</td><td>0.5</td></tr>
<tr><td rowspan="4">(三)</td><td rowspan="4">动态历年增长</td><td>9</td><td>与产值增率比</td><td>1.25</td><td rowspan="4">上年基准（第11项反向检测，逆指标以低为佳）</td></tr>
<tr><td>10</td><td>与财政支出增率比</td><td>1.25</td></tr>
<tr><td>11</td><td>与居民收入增率比</td><td>1.25</td></tr>
<tr><td>12</td><td>与居民积蓄增率比</td><td>1.25</td></tr>
</table>

续表

<table>
<tr><th colspan="2">一级指标
（子系统）</th><th colspan="2">二级指标
（类别项）</th><th colspan="2">三级指标
（演算项）</th><th>演算
权重</th><th>年度理想值
横向检测</th><th>历年基数值
纵向检测</th><th colspan="2">系统综合演
算权重（%）</th></tr>
<tr><td rowspan="15">二</td><td rowspan="15">物质生活消费分类二级子系统（分类四项各自演算再加权综合作为专项指数，与物质消费大类合计演算不同）</td><td rowspan="4">（一）</td><td rowspan="4">A. 食品烟酒消费绝对值</td><td>1</td><td>总量份额变化</td><td>2</td><td>上年份额基准</td><td rowspan="12">自身起始年指标基准（第7～8项、11～12项反向检测，逆指标以低为佳）</td><td rowspan="12">32.5</td><td rowspan="15">30</td></tr>
<tr><td>2</td><td>人均绝对值</td><td>2.5</td><td>全国人均基准</td></tr>
<tr><td>3</td><td>人均值地区差</td><td>3</td><td rowspan="2">假定无差距理想值基准</td></tr>
<tr><td>4</td><td>人均值城乡比</td><td>3.5</td></tr>
<tr><td rowspan="4">（二）</td><td rowspan="4">A. 食品烟酒静态相关比值</td><td>5</td><td>单项消费率</td><td>0.5</td><td rowspan="4">全国比值基准（第7～8项反向检测，逆指标以低为佳）</td></tr>
<tr><td>6</td><td>单项支出对比度</td><td>0.5</td></tr>
<tr><td>7</td><td>单项消费比</td><td>0.5</td></tr>
<tr><td>8</td><td>单项消费比重值</td><td>0.5</td></tr>
<tr><td rowspan="4">（三）</td><td rowspan="4">A. 食品烟酒动态历年增长</td><td>9</td><td>与产值增率比</td><td>1.25</td><td rowspan="4">上年基准（第11～12项反向检测，逆指标以低为佳）</td></tr>
<tr><td>10</td><td>与财政支出增率比</td><td>1.25</td></tr>
<tr><td>11</td><td>与居民收入增率比</td><td>1.25</td></tr>
<tr><td>12</td><td>与总消费增率比</td><td>1.25</td></tr>
<tr><td colspan="2">B. 衣着</td><td colspan="5" rowspan="3">二、三级指标及其演算与食品消费子系统同构，第7～8项、11～12项亦反向检测，逆指标以低为佳（恩格尔定律关系、恩格尔系数放大演算）</td><td>27.5</td></tr>
<tr><td colspan="2">C. 居住</td><td>22.5</td></tr>
<tr><td colspan="2">D. 生活用品及服务</td><td>17.5</td></tr>
<tr><td rowspan="4">三</td><td rowspan="4">非物生活消费分类二级子系统（同上）</td><td colspan="2">E. 交通通信</td><td colspan="5" rowspan="4">二、三级指标及其演算与食品消费子系统同构，但第7～8项、11～12项正向检测，以高为佳（恩格尔定律关系、恩格尔系数延展演算）</td><td>32.5</td><td rowspan="4">20</td></tr>
<tr><td colspan="2">F. 教育文化娱乐</td><td>27.5</td></tr>
<tr><td colspan="2">G. 医疗保健</td><td>22.5</td></tr>
<tr><td colspan="2">H. 其他用品及服务</td><td>17.5</td></tr>
</table>

注：①“民生消费需求景气评价”指标系统包含一级指标（子系统）3项，二级指标（类别项）27项，三级指标（演算项）108项；另有居民收入、居民积蓄两个后台演算背景二级子系统，加起来共有二级指标（类别项）41项，三级指标（演算项）156项。②恩格尔定律以食品消费为必需消费，仅适用于“基本小康”温饱检测，放大全部物质消费为必需消费，方对应“全面小康”民生发展检测，其占居民收入、总消费比反向检测以低为佳，即恩格尔定律关系、恩格尔系数放大演算；同样扩展全部非物消费为“全面小康”应有消费，其占居民收入、总消费比正向检测以高为佳，体现需求质量提升、消费结构优化。③本系列检测中“地区差”“城乡比”逆指标权重最大，城乡差距、地区差距正是我国“不平衡不充分的发展”最具代表性的方面，历朝历代城乡鸿沟、地区鸿沟引发动荡带来内乱就是“历史周期律”的社会结构体制根源。

（一）检测指标的特殊构思设计

更需要详尽解释的当为本系列研究检测精心构思、设计的若干特殊性相关演算。建立指标体系，固然需要采用数学抽象的各种演算方法，然而构思诸多方面相关性分析，设计各类相对比值指标，同样需要哲学抽象的因果关系、相关联系思索提取。

数千年“国野之分”城乡鸿沟和“割据分治”地区鸿沟系中国社会结构长期存在“非均衡性”历史遗痕的主要根源，亦为全国当今经济、社会、民生发展“非均衡性”的主要成因，城乡差距和地区差距正是我国“不平衡不充分的发展”最具代表性的方面。本系列研究首创城乡比指标倒数权衡测算，独创地区差指标演算方法及其倒数权衡测算，自“文化消费需求景气评价”首先用于文化消费需求的城乡之间、地区之间均等化差距检测，在“公共文化投入增长测评”中用于作为公共服务基础条件的公共投入均等化差距检测，至“人民生活发展指数检测”全面展开经济、财政、民生诸多方面“非均衡性”检验，而“民生消费需求景气评价”自然全盘予以继承。

所谓“城乡比”是较早出现的城乡间差异衡量演算，取城镇人均值与乡村人均值的倍差值（乡村人均值 = 1）。本系列研究以此倍差值的倒数（1/N，N = 城乡比，若城乡无差距 N = 1，则 1/N 亦 = 1，逆指标转为中性）作为无差距理想值权衡系数，检测城乡比存否及其历年大小增减变化。

所谓“地区差”是本系列研究类比于“城乡比”精心设计的地区间差异衡量演算，但演算方法复杂得多：以全国人均值为基准值 1 衡量，各省域（包括省、自治区、直辖市在内的省级行政区划）无论是高于全国人均值，还是低于全国人均值，相通演算即取当地与全国人均值商值的绝对偏差值（不论正负）加基准值 1 作为省域地区差指数，全国及四大区域取相关范围省域绝对偏差值的平均值加基准值 1 作为相应地区差指数。同样以其倒数（1/N，N = 地区差，若地区无差距 N = 1，则 1/N 亦 = 1，逆指标转为中性）作为无差距理想值权衡系数，检测地区差存否及其历年大小增减变化。

国家和地区经济发展与社会建设、民生改善密切相关，而居民收入直接决定着民生消费需求，检测产值、居民收入人均值地区差历年变化与各类民生数据人均值地区差历年变化之间的相关系数，可以准确反映出这一点。

2000～2016年，全国产值地区差从1.4929缩小至1.3566。居民收入历年地区差变动与之相关系数为0.9563，即在95.63%程度上同步变化；居民总消费历年地区差变动与之相关系数为0.9721，即在97.21%程度上同步变化；物质消费历年地区差变动与之相关系数为0.7530，即在75.30%程度上同步变化；非物消费历年地区差变动与之相关系数为0.8431，即在84.31%程度上同步变化；居民积蓄历年地区差变动与之相关系数为0.8908，即在89.08%程度上同步变化。

与之相应，全国居民收入地区差从1.3606缩小至1.2760。居民总消费历年地区差变动与之相关系数为0.9819，即在98.19%程度上同步变化；物质消费历年地区差变动与之相关系数为0.6457，即在64.57%程度上同步变化；非物消费历年地区差变动与之相关系数为0.9382，即在93.82%程度上同步变化；积蓄历年地区差变动与之相关系数为0.9638，即在96.38%程度上同步变化。

此外，全国城乡居民总消费与物质消费之间历年地区差变动相关系数为0.7605，即在76.05%程度上同步变化；与非物消费之间历年地区差变动相关系数为0.8787，即在87.87%程度上同步变化；与居民积蓄之间历年地区差变动相关系数为0.9144，即在91.44%程度上同步变化。

进一步展开，全国城乡居民收入与食品消费之间历年地区差变动相关系数为0.9347，即在93.47%程度上同步变化；与衣着消费之间历年地区差变动相关系数为0.9433，即在94.33%程度上同步变化；与居住消费之间历年地区差变动相关系数为－0.0883，即在8.83%程度上逆向同步变化；与用品消费之间历年地区差变动相关系数为0.9116，即在91.16%程度上同步变化。全国各类物质消费地区差大多随之缩小，唯有居住消费地区差有所扩大。

同样，全国城乡居民收入与交通消费之间历年地区差变动相关系数为

0. 9302，即在 93. 02% 程度上同步变化；与文教消费之间历年地区差变动相关系数为 0. 8175，即在 81. 75% 程度上同步变化；与医疗消费之间历年地区差变动相关系数为 0. 9153，即在 91. 53% 程度上同步变化；与其他消费之间历年地区差变动相关系数为 0. 7019，即在 70. 19% 程度上同步变化。全国各类非物消费地区差普遍随之缩小。

这一系列的数据分析表明，全国经济发展与民生增进已经在缩小地区差距方面取得了明显进展。然而，在争取缩小城乡差距方面，情况不容全面乐观。

产值数据不分城乡，城乡比检测集中于民生数据当中。2000 ~ 2016 年，全国城镇居民与乡村居民同类数据历年增长相关系数检验，在收入之间为 0. 4703，即城乡同步增长程度 47. 03%，呈很弱正相关，收入城乡比从 2. 7869 缩小至 2. 7190；在总消费之间为 0. 4174，即城乡同步增长程度 41. 74%，呈很弱正相关，总消费城乡比从 2. 9926 缩小至 2. 2783；在物质消费之间为 0. 8599，即城乡同步增长程度 85. 99%，呈较强正相关，物质消费城乡比从 2. 7183 缩小至 2. 2845；在非物消费之间为 -0. 4430，即城乡逆向增长程度 44. 30%，呈稍强负相关，非物消费城乡比从 3. 8093 缩小至 2. 2668；在积蓄之间为 0. 6588，即城乡同步增长程度 65. 88%，呈较弱正相关，积蓄城乡比从 2. 1978 扩大至 4. 7176。

这些数据分析表明，全国城镇与乡村之间人民生活发展诸方面的同步性大都较弱以至极弱。在居民财富收益增长方面，城乡差距缩减不大甚或继续扩大；在居民消费需求增长方面，城乡差距在较大程度甚至很大程度上缩小。

（二）检测系统的指标权重设置

设计相关性比值检测存在“理论值”，譬如居民收入比、居民消费率，保持居民收入增长与经济发展同步，实现居民消费增长拉动经济发展，居民收入比、居民消费率必须至少维持不降；设计城乡比、地区差检测存在“理想值”，最终应实现城乡、区域之间消除体制性、结构性差异，而历年增长波动的随机性差异在所难免。可是，权重设置只能取经验值，成为量化分析评价的一道“难题”，最后综合演算的通约性、合理性在较大程度上取决于此。

本系列研究十余年来历经“文化消费需求景气评价”、“文化产业供需协调检测”、“公共文化投入增长测评”和“人民生活发展指数检测”屡次设计与实施，积累了丰富经验。此次分解独立“民生消费需求景气评价”，同样使用2015年数据反复进行测试，并以总消费、物质消费、非物消费合计演算与分类演算交叉检验相互印证，最后基本定型。

另外，“民生消费需求景气评价”保留了相关性数据之间逐一对应的历年增长率对比指标（其间差异极其微小），在各省域之间很好地起到“平衡器”作用，使各地综合指数差异尽可能减小。在充分体现各地民生发展成效的同时，以细微差异确定各地排行。这一点在“应然增长测算”（各地综合指数更为接近）和“理想增长测算”（各地综合指数极度接近）中发挥得更加淋漓尽致。

这样一种检测突破了以往人文研究的“非精密科学”方法局限，实现数理抽象量化分析的客观检测，做到演算的通约性和结果的可比性，可供重复运算检验。分析测算基于国家统计局正式出版公布的统计数据及专门设计的演算数据库，基本上具备了类似于理工科实验检测的科学性、客观性、模式化、规范化、标准化条件。

四　“全面小康”进程省域综合指数排行

综合居民总消费合计数值演算、物质消费分类数据专项演算、非物质消费分类数据专项演算三个子系统各个类别演算指标，以及居民收入、居民积蓄两个背景子系统数据，即可得出全国及各地民生消费需求景气指数。2016年数据为国家统计局当前公布的最新年度数据，“中国民生消费需求景气评价体系”综合指数排行见表4，分区域以无差距横向检测结果位次排列。

表4 “中国民生消费需求景气评价体系”综合指数排行

地区	各五年期起始年纵向检测（基数值=100）						2016年度检测			
	“十五”以来16年（2000~2016年）		“十一五”以来11年（2005~2016年）		“十二五”以来6年（2010~2016年）		基数值纵向检测（2015年=100）		无差距横向检测（理想值=100）	
	检测指数	排序	检测指数	排序	检测指数	排序	检测指数	排序	检测指数	排序
全　国	**185.27**	**—**	**146.98**	**—**	**124.84**	**—**	**102.52**	**—**	**85.40**	**—**
辽　宁	187.62	18	147.19	19	130.58	11	107.01	1	96.56	1
黑龙江	168.69	27	135.80	29	119.49	27	103.39	7	86.78	17
吉　林	166.26	29	137.81	26	120.71	26	100.80	28	85.00	20
东　北	**175.40**	**[3]**	**140.27**	**[4]**	**123.86**	**[3]**	**104.14**	**[1]**	**89.95**	**[1]**
上　海	162.08	30	131.09	31	114.89	31	101.68	20	94.21	2
浙　江	168.42	28	134.03	30	117.88	29	102.66	12	93.29	3
北　京	172.49	24	138.97	25	117.02	30	101.17	26	92.95	4
广　东	159.44	31	136.80	28	123.20	24	105.25	3	91.81	5
天　津	189.64	16	154.98	13	136.45	4	100.86	27	91.68	6
江　苏	185.58	19	147.16	20	123.03	25	102.84	9	91.10	7
福　建	169.29	26	142.52	22	123.49	23	101.48	22	89.30	10
山　东	172.61	23	139.63	24	118.50	28	101.97	17	87.90	13
河　北	205.18	5	156.31	9	131.41	9	102.18	15	87.56	15
海　南	177.62	21	153.20	15	127.67	14	99.53	31	81.50	28
东　部	**174.91**	**[4]**	**142.15**	**[3]**	**121.76**	**[4]**	**102.65**	**[2]**	**87.70**	**[2]**
安　徽	213.84	1	159.33	5	130.69	10	105.43	2	89.57	8
湖　北	188.24	17	153.88	14	133.43	7	103.48	6	89.40	9
湖　南	175.05	22	147.20	18	129.49	12	102.96	8	89.01	11
山　西	194.93	11	152.71	16	125.35	18	102.15	16	84.55	21
河　南	202.56	6	162.30	2	125.15	19	101.29	24	83.32	25
江　西	183.91	20	142.22	23	125.00	20	100.19	29	83.17	26
中　部	**191.58**	**[2]**	**153.54**	**[2]**	**127.84**	**[2]**	**102.57**	**[3]**	**86.28**	**[3]**
内蒙古	194.42	13	155.17	12	126.51	16	101.47	23	88.15	12
四　川	200.61	7	159.66	4	134.75	5	101.71	19	87.68	14
重　庆	196.37	10	152.55	17	131.90	8	102.49	13	87.33	16
青　海	211.21	3	160.29	3	138.53	3	102.78	10	86.52	18

续表

<table>
<tr><td rowspan="3">地区</td><td colspan="6">各五年期起始年纵向检测(基数值=100)</td><td colspan="4">2016 年度检测</td></tr>
<tr><td colspan="2">"十五"以来 16 年(2000~2016 年)</td><td colspan="2">"十一五"以来 11 年(2005~2016 年)</td><td colspan="2">"十二五"以来 6 年(2010~2016 年)</td><td colspan="2">基数值纵向检测(2015 年=100)</td><td colspan="2">无差距横向检测(理想值=100)</td></tr>
<tr><td>检测指数</td><td>排序</td><td>检测指数</td><td>排序</td><td>检测指数</td><td>排序</td><td>检测指数</td><td>排序</td><td>检测指数</td><td>排序</td></tr>
<tr><td>宁　夏</td><td>197.97</td><td>8</td><td>156.83</td><td>8</td><td>126.70</td><td>15</td><td>101.58</td><td>21</td><td>85.99</td><td>19</td></tr>
<tr><td>甘　肃</td><td>208.83</td><td>4</td><td>155.88</td><td>10</td><td>139.20</td><td>1</td><td>103.53</td><td>5</td><td>84.39</td><td>22</td></tr>
<tr><td>新　疆</td><td>194.63</td><td>12</td><td>157.70</td><td>6</td><td>133.60</td><td>6</td><td>102.75</td><td>11</td><td>84.27</td><td>23</td></tr>
<tr><td>陕　西</td><td>193.48</td><td>14</td><td>157.12</td><td>7</td><td>123.80</td><td>22</td><td>101.89</td><td>18</td><td>83.83</td><td>24</td></tr>
<tr><td>贵　州</td><td>213.41</td><td>2</td><td>169.62</td><td>1</td><td>138.88</td><td>2</td><td>105.18</td><td>4</td><td>82.30</td><td>27</td></tr>
<tr><td>广　西</td><td>171.75</td><td>25</td><td>137.71</td><td>27</td><td>128.26</td><td>13</td><td>101.23</td><td>25</td><td>81.09</td><td>29</td></tr>
<tr><td>云　南</td><td>190.50</td><td>15</td><td>155.82</td><td>11</td><td>124.44</td><td>21</td><td>99.86</td><td>30</td><td>79.54</td><td>30</td></tr>
<tr><td>西　藏</td><td>197.62</td><td>9</td><td>142.80</td><td>21</td><td>126.31</td><td>17</td><td>102.37</td><td>14</td><td>72.63</td><td>31</td></tr>
<tr><td>西　部</td><td>193.14</td><td>[1]</td><td>154.09</td><td>[1]</td><td>130.32</td><td>[1]</td><td>101.95</td><td>[4]</td><td>83.42</td><td>[4]</td></tr>
</table>

注：①限于制表空间直接列出各五年期起始年基数值纵向检测、年度理想值横向检测结果和排行；起始年 2000 年、检测年 2016 年居民总消费、物质消费、非物消费三个子系统总量、人均值及其地区差、城乡比、相关性比值等各类数据演算依据，详见各篇专项指数分类排行报告。②省域排列以“1、2、3”为序，四大区域排列以“[1]、[2]、[3]”为序，全书同。

1. 各年度理想值横向检测指数

2016 年度无差距横向检测民生消费需求景气指数，全国为 85.40，即设各类人均值城乡、地区无差距为理想值 100 加以比较衡量，全国总体尚存差距 14.60 个点。19 个省域此项指数高于全国指数，即民生消费需求状况高于全国平均水平；12 个省域此项指数低于全国指数，即民生消费需求状况低于全国平均水平。

在此项检测中，辽宁、上海、浙江、北京、广东占据前 5 位。辽宁此项指数 96.56 为最高值，高于全国总体指数 11.16 个点；西藏此项指数 72.63 为最低值，低于全国总体指数 12.77 个点。

2. 2000年以来基数值纵向检测指数

“十五”以来 16 年纵向检测民生消费需求景气指数，全国为 185.27，即设 2000 年为基数值 100 加以对比衡量，至 2016 年提升 85.27%。19 个省域此项指数高于全国指数，即民生消费需求提升速度高于全国平均速度；12个省域此项指数低于全国指数，即民生消费需求提升速度低于全国平均速度。

在此项检测中，安徽、贵州、青海、甘肃、河北占据前5位。安徽此项指数213.84为最高值，即指数提升高达113.84%；广东此项指数159.44为最低值，即指数提升仅为59.44%。

3. 2005年以来基数值纵向检测指数

“十一五”以来11年纵向检测民生消费需求景气指数，全国为146.98，即设2005年为基数值100加以对比衡量，至2016年提升46.98%。20个省域此项指数高于全国指数，即民生消费需求提升速度高于全国平均速度；11个省域此项指数低于全国指数，即民生消费需求提升速度低于全国平均速度。

在此项检测中，贵州、河南、青海、四川、安徽占据前5位。贵州此项指数169.62为最高值，即指数提升高达69.62%；上海此项指数131.09为最低值，即指数提升仅为31.09%。

4. 2010年以来基数值纵向检测指数

“十二五”以来6年纵向检测民生消费需求景气指数，全国为124.84，即设2010年为基数值100加以对比衡量，至2016年提升24.84%。20个省域此项指数高于全国指数，即民生消费需求提升速度高于全国平均速度；11个省域此项指数低于全国指数，即民生消费需求提升速度低于全国平均速度。

在此项检测中，甘肃、贵州、青海、天津、四川占据前5位。甘肃此项指数139.20为最高值，即指数提升高达39.20%；上海此项指数114.89为最低值，即指数提升仅为14.89%。

5. 逐年度基数值纵向检测指数

2016年度基数值纵向检测民生消费需求景气指数，全国为102.52，即设上年（2015年）为基数值100加以对比衡量，至2016年提升2.52%。12个省域此项指数高于全国指数，即民生消费需求提升速度高于全国平均速度；19 个省域此项指数低于全国指数，即民生消费需求提升速度低于全国平均速度。

在此项检测中，辽宁、安徽、广东、贵州、甘肃占据前5位。辽宁此项指数107.01为最高值，即指数提升7.01%；海南此项指数99.53为最低值，即指数降低0.47%。

现有增长关系格局存在经济增长与民生发展不够协调的问题，存在城乡、区域间民生发展不够均衡的问题，维持现有格局既有增长关系并非应然选择。实现经济、社会、民生发展的协调性，增强城乡、区域发展的均衡性，均为“全面建成小康社会”的既定目标，有些甚至具体化为约束性指标。假定全国及各地实现居民收入增长与经济发展同步，实现居民消费需求持续拉动经济增长，实现各类民生数据城乡差距不再扩大以至消除，民生消费需求景气指数将更加明显提升，各地排行也将发生变化，可为“全面建成小康社会”进程最后攻坚起到“倒计时”预测提示作用。

五 “全面小康”目标年民生消费增长预测

（一）2020年民生消费最小城乡比应然测算

实现居民收入增长与经济发展同步、居民消费需求拉动经济增长目标，具体指标即保持居民收入比、居民消费率不再下降，后者分解亦即保持居民收入比基础上再保持居民消费比。同时，即便暂时难以消除民生发展各方面的城乡差距，也有必要控制城乡差距不至扩大。据此，取各地居民收入比、居民消费比历年最佳值，并保持物质消费比重降低而非物消费比重提升趋势，再取历年各类最小城乡比，假定推演 2020 年民生消费需求“应然增长”动向，亦即协调增长“应有目标”。

实现居民收入比、消费比最佳值及最小城乡差距假定目标增长测算见表5，分区域以 2016 ~2020 年纵向检测假定目标差距位次排列。

表 5　实现居民收入比、消费比最佳值及最小城乡差距假定目标增长测算

地区	实现居民收入比、消费比最佳值及最小城乡比应然测算						民生消费需求景气指数测算			
	2020 年总消费测算值		人均值差距				2016～2020 年纵向检测（2016 年 = 100）		2020 年度横向检测（理想值 = 100）	
	城乡总量（亿元）	城乡综合人均值（元）	地区差距		城乡差距					
			地区差（无差距 = 1）	排序	城乡比（乡村 = 1）	排序	预测指数（差距测算）	排序（倒序）	预测指数	排序
全　国	**447815.06**	**31815.89**	**1.3314**	—	**2.1282**	—	**389.00**	—	**85.54**	—
黑龙江	8787.67	23172.14	1.2717	14	1.8069	9	345.30	4	81.98	28
辽　宁	13672.94	30870.17	1.0297	3	2.4295	30	351.96	5	86.76	24
吉　林	9768.79	35672.94	1.1212	9	1.8903	17	470.80	23	96.63	14
东　北	**32229.40**	**29406.52**	**1.1409**	[1]	**2.1536**	[4]	**372.52**	[1]	**84.87**	[4]
河　北	17382.22	22637.48	1.2885	17	1.7248	5	329.42	2	81.05	29
海　南	2768.14	29221.70	1.0815	5	1.9998	20	386.91	8	88.61	23
上　海	16873.39	63204.07	1.9866	30	1.8438	10	402.94	9	97.80	12
北　京	15869.56	65417.13	2.0561	31	1.9386	18	412.65	12	99.00	10
浙　江	30694.15	52647.11	1.6547	27	1.6367	3	413.07	13	99.45	8
福　建	16701.70	41873.89	1.3161	20	1.8473	12	421.75	15	94.42	19
江　苏	40430.12	49465.79	1.5548	24	1.7350	6	424.58	17	96.38	15
山　东	36835.14	36182.55	1.1372	11	2.1331	24	441.87	20	93.85	22
天　津	10051.45	56580.46	1.7784	29	1.5550	1	444.53	21	99.21	9
广　东	58273.78	50042.10	1.5729	25	2.1524	25	449.94	22	97.96	11
东　部	**245879.65**	**44450.60**	**1.5427**	[4]	**2.0554**	[3]	**417.41**	[2]	**90.53**	[3]
山　西	8643.48	22790.26	1.2837	16	1.8758	14	363.80	6	82.47	27
河　南	24515.80	25588.25	1.1957	12	1.9428	19	384.97	7	85.66	26
安　徽	19422.73	31224.35	1.0186	1	1.6739	4	404.07	10	94.83	17
江　西	14499.89	30948.19	1.0273	2	1.8769	15	428.18	18	94.10	20
湖　南	29557.56	42298.36	1.3295	22	1.8754	13	489.13	24	103.51	3
湖　北	25568.59	43031.69	1.3525	23	1.6215	2	494.05	25	101.65	7
中　部	**122208.05**	**32843.88**	**1.2012**	[2]	**1.8141**	[1]	**430.29**	[3]	**91.52**	[2]
新　疆	5858.42	23095.52	1.2741	15	2.3601	28	323.76	1	78.35	31
甘　肃	5720.97	21876.59	1.3124	19	2.3747	29	342.64	3	80.51	30
云　南	11536.70	23650.77	1.2566	13	2.2566	26	412.50	11	85.89	25
四　川	27646.29	33397.41	1.0497	4	1.7986	7	420.04	14	96.76	13
青　海	2112.30	34635.81	1.0886	7	2.0366	21	424.53	16	94.68	18
宁　夏	2445.21	34818.11	1.0944	8	2.0750	23	430.97	19	93.95	21

续表

地区	实现居民收入比、消费比最佳值及最小城乡比应然测算						民生消费需求景气指数测算			
	2020 年总消费测算值		人均值差距				2016～2020 年纵向检测（2016 年＝100）		2020 年度横向检测（理想值＝100）	
			地区差距		城乡差距					
	城乡总量（亿元）	城乡综合人均值（元）	地区差（无差距＝1）	排序	城乡比（乡村＝1）	排序	预测指数（差距测算）	排序（倒序）	预测指数	排序
西　藏	974. 43	27816. 27	1. 1257	10	2. 8687	31	514. 65	26	94. 83	16
广　西	16881. 93	34480. 67	1. 0838	6	1. 8452	11	519. 66	27	102. 44	5
内蒙古	13837. 47	53964. 02	1. 6961	28	1. 8858	16	533. 82	28	102. 01	6
陕　西	16155. 60	42038. 17	1. 3213	21	2. 0387	22	546. 29	29	103. 91	2
重　庆	16114. 77	51449. 36	1. 6171	26	1. 8021	8	546. 49	30	106. 65	1
贵　州	14453. 69	41283. 66	1. 2976	18	2. 2916	27	563. 36	31	102. 70	4
西　部	**133737. 78**	**35280. 83**	**1. 2681**	[3]	**2. 0504**	[2]	**463. 02**	[4]	**92. 67**	[1]

注：①此项测算系总消费合计数据演算、物质消费分类数据演算、非物消费分类数据演算三个子系统综合加权结果，限于制表空间仅列最重要的居民总消费总量、人均值及其地区差、城乡比测算数据。②全国及 28 个省域居民总消费城乡比趋于缩小，至 2020 年为最小城乡比；3 省域总消费城乡比趋于扩大，亦按各自历年最小城乡比假定测算。③纵向检测排序取倒序，指数越低差距越小；横向检测指数普遍接近，四大区域差异明显减小，部分省域指数超出理想值 100，由其他指标明显提升所致。

1. 预测2020年居民消费需求数据简况

假定实现居民消费比历年最高值及最小城乡比测算，2020 年全国城乡居民消费总量应为 447815. 06 亿元。东部总量为 245879. 65 亿元，占全国份额 46. 04%；西部总量为 133737. 78 亿元，占全国份额 25. 04%；中部总量为 122208. 05 亿元，占全国份额 22. 88%；东北总量为 32229. 40 亿元，占全国份额 6. 03%。各地总量未予平衡，仅平衡四大区域占全国份额，以保证相关演算的合理性。相比 2016 年，西部、中部份额有明显上升，这无疑是区域增长差距相互接近的一种迹象。

为此，2016 年之后 4 年间全国城乡居民消费总量需年均增长 16. 76%。西部年均增长 25. 94% 最高，高于全国年增 9. 17 个百分点，占全国份额增高程度最大；中部年均增长 23. 05% 次之，高于全国年增 6. 29 个百分点，占全国份额增高程度次之；东部年均增长 20.85% 再次，高于全国年增 4.08 个百分点，占全国份额增高；东北年均增长 15.00% 较低，低于全国年增 1.76 个百分点，占全国份额下降。

25 个省域总量年均增长高于全国年增，6 个省域总量年均增长低于全国年增。其中，贵州总量年均增长最高，为 34.25%，高于全国年增 17.49 个百分点；辽宁总量年均增长最低，为 11.65%，低于全国年增 5.11 个百分点。

到这时，全国居民消费城乡综合演算人均值应为 31815.89 元。东部人均值 44450.60 元最高，达到全国人均值的 139.71%；西部人均值 35280.83 元次之，达到全国人均值的 110.89%；中部人均值 32843.88 元再次，达到全国人均值的 103.23%；东北人均值 29406.52 元较低，仅为全国人均值的 92.43%。

19 个省域人均值高于全国人均值，12 个省域人均值低于全国人均值。其中，北京人均值 65417.13 元最高，高达全国人均值的 205.61%；甘肃人均值 21876.59 元最低，低至全国人均值的 68.76%。

全国城乡居民消费地区差应为 1.3314，即 31 个省域人均值与全国人均值的绝对偏差平均值为 33.14%，与 2016 年相比显著扩大。东北地区差最小，为 1.1409；中部地区差次之，为 1.2012；西部地区差再次，为 1.2681；东部地区差较大，为 1.5427。四大区域内各省域居民消费人均值与全国人均值的绝对偏差平均值分别为 14.09%、20.12%、26.81% 和 54.27%。

22 个省域地区差小于全国地区差，9 个省域地区差大于全国地区差。其中，安徽地区差 1.0186 为最小值，即与全国人均值的绝对偏差为 1.86%，仅为全国总体地区差的 76.50%；北京地区差 2.0561 为最大值，即与全国人均值的绝对偏差为 105.61%，高达全国总体地区差的 154.43%。

全国居民消费城乡比应为 2.1282，即全国城镇人均值为乡村人均值的 212.82%，其间倍差为 2.13，与 2016 年相比明显缩小。中部城乡比最小，为 1.8141；西部城乡比次之，为 2.0504；东部城乡比再次，为 2.0554；东北城乡比较大，为 2.1536。四大区域城镇居民消费人均值分别为乡村人均值的 181.41%、205.04%、205.54% 和 215.36%。

23 个省域城乡比小于全国城乡比，8 个省域城乡比大于全国城乡比。其中，天津城乡比 1. 5550 为最小值，即城镇与乡村的人均值倍差为 1. 56，仅为全国总体城乡比的 73. 07%；西藏城乡比 2. 8687 为最大值，即城镇与乡村的人均值倍差为 2. 87，高达全国总体城乡比的 134. 80%。

2. 预测2020年民生消费需求景气排行

综合居民总消费合计数值演算、物质消费分类数据加权演算、非物质消费分类数据加权演算三个子系统各个类别演算指标，以及居民收入、居民积蓄两个背景子系统数据，同步进行假定实现居民消费比历年最高值及最小城乡比测算，即可得出全国及各地民生消费需求景气此项检测指数。

2016 ~ 2020 年纵向检测消费需求景气指数，全国应为 389. 00，即设 2016 年为基数值 100 加以对比衡量，至 2020 年达到假定目标需提升 289. 00%。东北为 372. 52，指数差距较小；东部为 417. 41，指数差距次之；中部为 430. 29，指数差距再次；西部为 463. 02，指数差距最大。

8 个省域此项指数低于全国指数，即假定目标差距小于全国；23 个省域此项指数高于全国指数，即假定目标差距大于全国。其中，新疆此项指数 323. 76 为最低值，即达到假定增长测算目标的差距最小；贵州此项指数 563. 36 为最高值，即达到假定增长测算目标的差距最大。

在此假定“应然目标”下，纵向检测指数即为差距测量结果，指数越低意味着差距越小，越容易实现。

2020 年度横向检测消费需求景气指数，全国应为 85. 54，即设各类人均值城乡、地区无差距为理想值 100 加以比较衡量，全国总体尚存差距 14. 46 个点。西部为 92. 67，指数差距最小；中部为 91. 52，指数差距次之；东部为 90. 53，指数差距再次；东北为 84. 87，指数差距较大。

26 个省域此项指数高于全国指数，即假定目标下民生消费需求提质增速程度将高于全国；5 个省域此项指数低于全国指数，即假定目标下民生消费需求提质增速程度仍低于全国。其中，重庆此项指数 106. 65 为最高值，即达到假定目标情况下高于全国总体指数 21. 11 个点；新疆此项指数 78. 35 为最低值，即达到假定目标情况下低于全国总体指数 7. 19 个点。

在此项假定测算中，四大区域横向检测指数较为接近，地区性差异排序部分失去意义。由于预设全国所有省域同步达到“应然目标”，各地纵向检测差距愈大，倘若同时得以实现则横向检测排行有可能愈前，反之亦然。

全国及绝大部分省域（不排除极少数省域例外）这两项“应有目标”叠加测算结果显示，城乡居民消费总量、人均值大幅提升，城乡比明显缩小，地区差随之缩小。特别应当看到，各地民生消费需求景气指数不仅普遍提升，而且相互接近，在四大区域之间尤为接近。

（二）2020年民生消费弥合城乡比理想测算

城乡差距、地区差距系全国各地人民生活发展“非均衡性”的主要成因，假定全国及各地实现居民收入比、消费比历年最佳值并同步弥合各类城乡比，以城镇人均值作为城乡持平人均值进行测算，可以检测最终消除城乡差距的实际距离。据此假定推演2020年民生消费需求“理想增长”动向，亦即均衡发展“理想目标”。

实现居民收入比、消费比最佳值并弥合城乡差距假定目标增长测算见表6，分区域以2016～2020年纵向检测假定目标差距位次排列。

表6　实现居民收入比、消费比最佳值并弥合城乡差距假定目标增长测算

地区	实现居民收入比、消费比最佳值并弥合城乡比理想测算					民生消费需求景气指数测算			
	2020年总消费测算值			人均值地区差距		2016～2020年纵向检测（2016年=100）		2020年度横向检测（理想值=100）	
	城乡总量（亿元）	城乡持平人均值		地区差	排序	预测指数（差距测算）	排序（倒序）	预测指数	排序
		人均值（元）	排序	（无差距=1）					
全　国	**561605.30**	**39900.34**	—	**1.2839**	—	**491.01**	—	**96.31**	—
黑龙江	10635.61	28044.97	29	1.2971	18	417.59	2	89.67	30
辽　宁	16612.58	37507.17	23	1.0600	4	439.64	3	97.72	25
吉　林	12245.57	44717.46	17	1.1207	8	586.19	24	105.87	10
东　北	**39493.76**	**36515.94**	[4]	**1.1593**	[1]	**467.22**	[1]	**95.49**	[4]
河　北	21075.00	27446.73	31	1.3121	20	398.03	1	88.05	31
上　海	17897.40	67039.80	2	1.6802	30	444.11	4	101.47	20

续表

地区	实现居民收入比、消费比最佳值并弥合城乡比理想测算					民生消费需求景气指数测算			
	2020 年总消费测算值			人均值地区差距		2016～2020 年纵向检测（2016 年 = 100）		2020 年度横向检测（理想值 = 100）	
	城乡总量（亿元）	城乡持平人均值		地区差	排序	预测指数（差距测算）	排序（倒序）	预测指数	排序
		人均值（元）	排序	（无差距 = 1）					
北　京	16906.68	69692.30	1	1.7467	31	455.54	7	103.06	16
浙　江	34720.11	59552.51	6	1.4925	26	469.11	8	103.59	13
天　津	10621.17	59787.46	5	1.4984	27	477.55	9	100.94	21
海　南	3452.01	36440.99	24	1.0867	5	481.63	10	98.22	24
江　苏	45736.22	55957.74	9	1.4024	23	485.11	13	101.74	18
福　建	19538.27	48985.62	14	1.2277	15	496.89	15	101.61	19
广　东	68684.61	58982.31	7	1.4782	25	539.87	18	106.46	8
山　东	45758.45	44947.77	15	1.1265	10	552.08	21	104.27	12
东　部	**284389.93**	**52639.16**	[1]	**1.4051**	[4]	**502.40**	[2]	**99.68**	[3]
山　西	10592.00	27927.91	30	1.3001	19	445.95	5	90.73	29
安　徽	23452.04	37701.94	22	1.0551	3	483.11	12	100.12	22
河　南	31462.01	32838.33	25	1.1770	11	490.85	14	96.21	26
江　西	18013.78	38448.14	21	1.0364	1	527.32	17	102.70	17
湖　北	29838.22	50217.43	13	1.2586	16	574.90	23	106.33	9
湖　南	36807.60	52673.54	10	1.3201	22	603.69	25	110.83	5
中　部	**150165.65**	**40474.15**	[3]	**1.1912**	[2]	**527.95**	[3]	**99.80**	[2]
新　疆	8098.02	31924.65	27	1.1999	13	448.37	6	93.36	28
甘　肃	8070.73	30861.91	28	1.2265	14	481.88	11	94.75	27
四　川	34631.04	41835.16	20	1.0485	2	520.48	16	104.35	11
宁　夏	3071.84	43740.90	19	1.0963	6	540.83	19	103.40	14
青　海	2728.98	44747.60	16	1.1215	9	544.03	20	103.13	15
云　南	15944.06	32686.06	26	1.1808	12	564.40	22	99.88	23
内蒙古	16524.54	64443.17	3	1.6151	29	638.57	26	109.08	7
重　庆	18819.86	60085.86	4	1.5059	28	639.95	27	111.96	3
广　西	21528.88	43971.87	18	1.1020	7	652.19	28	110.64	6
陕　西	20157.17	52450.58	11	1.3145	21	677.78	29	111.74	4
贵　州	20091.43	57386.60	8	1.4382	24	775.49	30	116.89	2
西　藏	1781.18	50845.82	12	1.2743	17	909.54	31	128.88	1
西　部	**171447.73**	**45765.29**	[2]	**1.2603**	[3]	**597.60**	[4]	**103.49**	[1]

注：①此项测算系总消费合计数据演算、物质消费分类数据演算、非物消费分类数据演算三个子系统综合加权结果，限于制表空间仅列最重要的居民总消费总量、人均值及其地区差测算数据。②全国及各地总量分别演算未加平衡，各地之和不等于全国总量。③纵向检测排序取倒序，指数越低差距越小；横向检测指数普遍接近理想值 100，各地尚存地区差距影响，较多省域指数超出理想值 100，由其他指标明显提升所致。

1. 预测2020年居民消费需求数据简况

假定实现居民消费比历年最高值并弥合城乡比测算，2020 年全国城乡居民消费总量应为 561605. 30 亿元。东部总量为 284389. 93 亿元，占全国份额 44. 06%；西部总量为 171447. 73 亿元，占全国份额 26. 56%；中部总量为 150165. 65 亿元，占全国份额 23. 26%；东北总量为 39493. 76 亿元，占全国份额 6. 12%。各地总量未予平衡，仅平衡四大区域占全国份额，以保证相关演算的合理性。相比 2016 年，西部、中部份额有更大幅度上升，这无疑是区域增长差距更加趋近的一种迹象。

为此，2016 年之后 4 年间全国城乡居民消费总量需年均增长 23. 56%。西部年均增长 34. 00% 最高，高于全国年增 10. 44 个百分点，占全国份额增高程度最大；中部年均增长 29. 56% 次之，高于全国年增 6. 00 个百分点，占全国份额增高程度次之；东部年均增长 25. 32% 再次，高于全国年增 1. 76 个百分点，占全国份额增高；东北年均增长 21. 00% 较低，低于全国年增 2. 56 个百分点，占全国份额下降。

25 个省域总量年均增长高于全国年增，6 个省域总量年均增长低于全国年增。其中，西藏总量年均增长最高，为 53. 09%，高于全国年增 29. 53 个百分点；辽宁总量年均增长最低，为 17. 22%，低于全国年增 6. 34 个百分点。

到这时，全国居民消费城乡持平人均值应为 39900. 34 元。东部人均值 52639. 16 元最高，达到全国人均值的 131. 93%；西部人均值 45765. 29 元次之，达到全国人均值的 114. 70%；中部人均值 40474. 15 元再次，达到全国人均值的 101. 44%；东北人均值 36515. 94 元较低，仅为全国人均值的 91. 52%。

20 个省域人均值高于全国人均值，11 个省域人均值低于全国人均值。其中，北京人均值 69692. 30 元最高，高达全国人均值的 174. 67%；河北人均值 27446. 73 元最低，低至全国人均值的 68. 79%。

全国城乡居民消费地区差应为 1. 2839，即 31 个省域人均值与全国人均值的绝对偏差平均值为 28. 39%，与 2016 年相比较明显扩大。东北地区差最小，为 1. 1593；中部地区差次之，为 1. 1912；西部地区差再次，为

1.2603；东部地区差较大，为1.4051。四大区域内各省域居民收入人均值与全国人均值的绝对偏差平均值分别为15.93%、19.12%、26.03%和40.51%。

17个省域地区差小于全国地区差，14个省域地区差大于全国地区差。其中，江西地区差1.0364为最小值，即与全国人均值的绝对偏差为3.64%，仅为全国总体地区差的80.72%；北京地区差1.7467为最大值，即与全国人均值的绝对偏差为74.67%，高达全国总体地区差的136.05%。

2. 预测2020年民生消费需求景气排行

综合居民总消费合计数值演算、物质消费分类数据加权演算、非物质消费分类数据加权演算三个子系统各个类别演算指标，以及居民收入、居民积蓄两个背景子系统数据，同步进行假定实现居民消费比历年最高值并弥合城乡比测算，即可得出全国及各地民生消费需求景气此项检测指数。

2016~2020年纵向检测消费需求景气指数，全国应为491.01，即设2016年为基数值100加以对比衡量，至2020年达到假定目标需提升391.01%。东北为467.22，指数差距较小；东部为502.40，指数差距次之；中部为527.95，指数差距再次；西部为597.60，指数差距最大。

14个省域此项指数低于全国指数，即假定目标差距小于全国；17个省域此项指数高于全国指数，即假定目标差距大于全国。其中，河北此项指数398.03为最低值，即达到假定增长测算目标的差距最小；西藏此项指数909.54为最高值，即达到假定增长测算目标的差距最大。

在此假定“理想目标”下，纵向检测指数即为差距测量结果，指数越低意味着差距越小，越容易实现。

2020年度横向检测消费需求景气指数，全国应为96.31，即设各类人均值城乡、地区无差距为理想值100加以比较衡量，全国总体仅存差距3.69个点。西部为103.49，指数差距最小；中部为99.80，指数差距次之；东部为99.68，指数差距再次；东北为95.49，指数差距稍大。

25个省域此项指数高于全国指数，即假定目标下民生消费需求提质增速程度将高于全国；6个省域此项指数低于全国指数，即假定目标下民生消费需求提质增速程度仍低于全国。其中，西藏此项指数 128.88 为最高值，即达到假定目标情况下高于全国总体指数 32.57 个点；河北此项指数 88.05 为最低值，即达到假定目标情况下低于全国总体指数 8.26 个点。

在此项假定测算中，四大区域横向检测指数较为接近，地区性差异排序部分失去意义。由于预设全国所有省域同步达到“理想目标”，各地纵向检测差距愈大，倘若同时得以实现则横向检测排行有可能愈前，反之亦然。

此项测算假定国家现行统计制度中“人民生活”各类数据人均值城乡比全面消除，由这一“理想目标”检测结果可见，城乡居民消费总量、人均值大幅提升，地区差显著缩小，各地民生消费需求景气指数普遍极为接近，在四大区域之间更为明显。由此可知正是既有城乡差距加大地区差距，弥合社会体制和现实生活中的城乡鸿沟，或许是消除中国社会结构“非均衡性”最后也最难的攻坚战，期待能够在共和国百年之前实现。

ℝ.3

全国省域居民总消费合计演算指数排行

——2016年检测与2020年测算

王亚南　魏海燕　李恒杰　方　彧*

摘　要： 居民总消费指数系“中国人民生活发展指数检测体系”特定组成部分，在此作为独立的“中国民生消费需求景气评价体系”三个二级子系统之一。从2000年以来基数值纵向检测可以看出，西部居民总消费指数提升最高，中部次之，东部再次，东北稍低，表明区域均衡发展国家方略已见成效；安徽、河北、甘肃、青海、贵州占据前5位。2016年无差距理想值横向检测发现，差距仍在于各方面协调性、均衡性还不够理想；辽宁、上海、浙江、广东、北京占据前5位。假定全国同步实现居民消费历年最小城乡比直至弥合城乡比，民生消费需求景气指数将更加明显提升。

关键词： 全面小康　居民总消费　专项指数　测评排行

居民总消费指数系“中国人民生活发展指数检测体系”特定组成部分，在此作为独立的“中国民生消费需求景气评价体系”三个二级子系统之一，

---

* 王亚南，云南省社会科学院研究员，文化发展研究中心主任，主要从事民俗学、民族学及文化理论、文化战略和文化产业研究；魏海燕，云南省政协信息中心主任编辑，主要从事传媒信息分析研究；李恒杰，云南省商务研究院院长助理、助理研究员，主要从事市场流通与商务政策相关研究；方彧，中国老龄科学研究中心副研究员，主要从事口头传统、老龄文化和文化产业研究。

取总消费合计数据单独演算，体现民生需求总体状况，在整个指标系统综合演算中的权重达“半壁江山”（详见技术报告表3、表4）。

居民总消费不仅与居民积蓄共同切分居民收入“蛋糕”，而且汇总物质消费和非物消费分类单项数据，关键还在于居民消费需求正是市场经济中民生需求主要体现形式。各个子系统基础数据皆来源于国家统计局《中国统计年鉴》，均采用检测指标自足设计方式，分别实现与其余子系统对应数据的相关性分析测算，独立完成专项检测指数演算，最后汇总成为民生消费需求景气指数。

一　居民总消费总量增长基本情况

根据正式出版公布的既往年度统计数据和最新年度统计数据，按照本项研究检测的构思设计进行演算，全国及各地居民消费总量增长状况见表1，分区域以总量增长变化位次排列。

表1　全国及各地居民消费总量简要状况

地区	2000年居民消费总量		2016年居民消费总量			2016年居民消费总量分类数据			
	城乡总量（亿元）	份额（%）	城乡总量（亿元）	份额（%）	年均增指数（上年=1）	物质消费（亿元）	消费比重（%）	非物消费（亿元）	消费比重（%）
全　国	**36005.66**	**100.00**	**240927.26**	**100.00**	**1.1261**	**156920.23**	**65.13**	**84007.03**	**34.87**
天　津	484.76	1.35	4073.41	1.69	1.1423	2676.55	65.71	1396.86	34.29
北　京	958.31	2.66	7695.15	3.19	1.1391	5118.24	66.51	2576.91	33.49
河　北	1411.83	3.92	10924.51	4.53	1.1364	7049.24	64.53	3875.27	35.47
江　苏	2577.79	7.16	17960.93	7.45	1.1290	11516.73	64.12	6444.20	35.88
上　海	1291.73	3.59	8961.09	3.72	1.1287	6056.72	67.59	2904.37	32.41
海　南	193.28	0.54	1331.49	0.55	1.1282	903.26	67.84	428.23	32.16
福　建	1250.71	3.47	7922.35	3.29	1.1223	5619.53	70.93	2302.82	29.07
浙　江	2279.20	6.33	14355.23	5.96	1.1219	9184.52	63.98	5170.71	36.02
广　东	4139.22	11.50	25764.01	10.69	1.1211	17434.86	67.67	8329.15	32.33
山　东	2652.60	7.37	16298.12	6.76	1.1202	10415.94	63.91	5882.18	36.09

续表

地区	2000年居民消费总量		2016年居民消费总量			2016年居民消费总量分类数据			
	城乡总量（亿元）	份额（%）	城乡总量（亿元）	份额（%）	年均增指数（上年=1）	物质消费（亿元）	消费比重（%）	非物消费（亿元）	消费比重（%）
东　部	**17239.42**	**46.91**	**115286.30**	**48.00**	**1.1261**	**75975.58**	**65.90**	**39310.72**	**34.10**
新　疆	417.31	1.16	3441.53	1.43	1.1410	2172.52	63.13	1269.01	36.87
宁　夏	126.39	0.35	1033.90	0.43	1.1404	592.98	57.35	440.92	42.65
青　海	114.67	0.32	894.94	0.37	1.1370	547.09	61.13	347.85	38.87
内蒙古	612.78	1.70	4607.39	1.91	1.1344	2884.49	62.61	1722.90	37.39
甘　肃	459.41	1.28	3329.67	1.38	1.1318	2121.60	63.72	1208.07	36.28
陕　西	801.27	2.23	5502.41	2.28	1.1280	3425.47	62.25	2076.94	37.75
西　藏	49.88	0.14	324.28	0.13	1.1241	259.44	80.00	64.84	20.00
贵　州	686.44	1.91	4449.24	1.85	1.1239	2906.44	65.32	1542.80	34.68
云　南	912.22	2.53	5859.68	2.43	1.1233	3693.84	63.04	2165.84	36.96
四　川	2026.25	5.63	12566.89	5.22	1.1208	8595.83	68.40	3971.06	31.60
重　庆	847.04	2.35	5093.26	2.11	1.1186	3428.04	67.31	1665.22	32.69
广　西	1139.86	3.17	6066.22	2.52	1.1101	4054.46	66.84	2011.76	33.16
西　部	**8193.50**	**22.30**	**53169.40**	**22.14**	**1.1240**	**34682.21**	**65.23**	**18487.19**	**34.77**
山　西	678.84	1.89	4780.38	1.98	1.1297	2872.06	60.08	1908.32	39.92
安　徽	1322.23	3.67	9293.62	3.86	1.1296	6177.38	66.47	3116.24	33.53
河　南	1778.69	4.94	12468.55	5.18	1.1294	8163.66	65.47	4304.89	34.53
江　西	913.53	2.54	6233.75	2.59	1.1275	4318.23	69.27	1915.52	30.73
湖　南	1894.21	5.26	11034.79	4.58	1.1164	6973.16	63.19	4061.63	36.81
湖　北	1647.54	4.58	9488.77	3.94	1.1156	6181.57	65.15	3307.20	34.85
中　部	**8235.05**	**22.41**	**53299.86**	**22.19**	**1.1238**	**34686.06**	**65.08**	**18613.80**	**34.92**
辽　宁	1316.19	3.66	8798.04	3.65	1.1261	5360.10	60.92	3437.94	39.08
吉　林	738.37	2.05	4083.95	1.70	1.1128	2429.13	59.48	1654.82	40.52
黑龙江	1027.84	2.85	5544.01	2.30	1.1111	3334.25	60.14	2209.76	39.86
东　北	**3082.40**	**8.39**	**18426.01**	**7.67**	**1.1182**	**11123.47**	**60.37**	**7302.54**	**39.63**

注：①全国及各省域分别演算未予平衡，省域总量之和不等于全国总量，四大区域占全国份额已加以平衡。②数据演算屡经四舍五入，可能出现细微出入，属于演算常规无误。③年均增长指数取4位小数，以便精确排序，全文同。④本系列检测将国家现行统计制度中“人民生活”消费支出前4类食品烟酒、衣着、居住、生活用品及服务归为“物质生活消费”（行文简称“物质消费”），属维持生计基本性消费，占总消费比重以低为佳，类似放大的恩格尔系数；后4类交通通信、教育文化娱乐、医疗卫生、其他用品及服务归为“非物生活消费”（行文简称“非物消费”），属维生之外拓展性消费，占总消费比重以高为佳，可定义为“非物生活需求系数”。物质消费比重降低、非物消费比重升高贴切体现从“基本小康”到“全面小康”社会进程。

2000 年，全国城乡居民消费总量为 36005. 66 亿元；2016 年，全国城乡居民消费总量为 240927. 26 亿元。2000 年以来 16 年间，全国城乡居民消费总量年均增长 12. 61% 。

16 个省域总量年均增长高于全国平均增长，15 个省域总量年均增长低于全国平均增长。其中，天津总量年均增长 14. 23% 最高，高于全国总量年增 1. 62 个百分点；广西总量年均增长 11. 01% 最低，低于全国总量年增 1. 60 个百分点。

全国居民消费总量始终为份额基准 100，基于各地历年不同增长状况，东部总量份额上升，增高 2. 32% ；西部总量份额下降，下降 0. 71% ；中部总量份额下降，下降 0. 97% ；东北总量份额下降，下降 8. 53% 。总量份额变化取百分点将易于直观对比，但取百分比则更有利于精确排序。

16 个省域总量占全国份额上升，15 个省域总量占全国份额下降。其中，天津总量份额变化态势最佳，增高 25. 58% ；广西总量份额变化态势不佳，降低 20. 47% 。各省域总量份额变化取决于年均增长幅度，其份额增减程度取百分比演算，排序结果即与年均增长指数排序一致。

居民消费增长放到相关背景中考察更有意义。全国居民消费总量历年平均增长率为 12. 61% ，低于产值年增 0. 73 个百分点，低于财政支出年增 4. 08 个百分点；低于居民收入年增 0. 56 个百分点，低于居民积蓄年增 2. 21 个百分点；高于物质消费年增 0. 56 个百分点，低于非物消费年增 1. 21 个百分点。在本项检测中，倘若居民收入和消费增长滞后，“GDP 追逐”“财政增收至上”只会产生负面效应。

2016 年，全国城乡居民物质消费占总消费比重为 65. 13% ，相比 2000 年降低 5. 46 个百分点。16 个省域此项比重低于全国总体比重，15 个省域此项比重高于全国总体比重。其中，宁夏物质消费比重 57. 35% 最低，仅为全国比重的 88. 06% ，相比 2000 年降低 12. 33 个百分点；西藏物质消费比重 80. 00% 最高，高达全国比重的 122. 83% ，相比 2000 年降低 3. 32 个百分点。

同时，全国城乡居民非物消费占总消费比重为 34. 87% ，相比 2000 年提高 5. 46 个百分点。16 个省域此项比重高于全国总体比重，15 个省域此项比重低于全国总体比重。其中，宁夏非物消费比重42.65%最高，高达全国比重的122.31%，相比2000年提高12.33个百分点；西藏非物消费比重20.00%最低，仅为全国比重的57.35%，相比2000年提高3.32个百分点。

相关系数检测可谓相关性分析最简便的通用方式，同时检验两组数据链历年增减变化趋势是否一致、变化程度是否相近、变化动向是否稳定。相关系数1为绝对相关，完全同步；0为无相关性，完全不同步；-1为绝对负相关，完全逆向同步。设数据项A历年增幅变化为N，若数据项B历年增幅（降幅绝对值）愈接近N（高低不论），即保持趋近性（正负不论），或历年增幅（降幅绝对值）存在固有差距（高低不论）但上下波动变化愈小，即保持平行（逆向）同步性，则二者相关系数（负值）愈高；反之相关系数（负值）愈低。

居民消费历年增长相关系数（可简化理解为增长同步程度）如下。

（1）与产值之间全国为0.5995，呈很弱正相关，24个省域呈60%以下弱相关，其中2个省域呈负相关；云南最高为0.7311，西藏最低为-0.3027。

（2）与财政支出之间全国为0.2583，呈极弱正相关，30个省域呈60%以下弱相关，其中6个省域呈负相关；陕西最高为0.6439，北京最低为-0.4861。

（3）与居民收入之间全国为0.7790，呈稍强正相关，12个省域呈75%以上强相关，11个省域呈60%以下弱相关；湖北最高为0.9041，上海最低为0.2135。

（4）与物质消费之间全国为0.9161，呈很强正相关，30个省域呈75%以上强相关，1个省域呈60%以下弱相关；四川最高为0.9571，广东最低为0.4141。

（5）与非物消费之间全国为-0.0821，呈极弱负相关，3个省域呈负相关；海南最高为0.7993，天津最低为-0.2870。

对应数据链之间增长变化相关系数的高低、正负差异在于，其间增长动向的同步性是强还是弱，增幅升降的趋向性相近或是相左。后台数据库检测表明，2000～2016年，全国居民消费年均增长较明显低于产值增长，极显著低于财政支出增长，较明显低于居民收入增长，较明显高于物质消费增长，明显低于非物消费增长。

二 居民总消费人均值相关均衡性检测

1. 城乡综合人均值及其地区差

全国及各地居民总消费人均值地区差变化状况见表2，分区域以地区差扩减变化倒序位次排列。

表2 全国及各地居民总消费人均值地区差变化状况

地区	2000年总消费地区差距			2016年总消费地区差距				16年间地区差扩减(负值缩小为佳,取倒序)	
	城乡综合人均值		地区差（无差距=1）	城乡综合人均值		地区差（无差距=1）	附年鉴人均值（元）		
	人均值（元）	排序		人均值（元）	排序			比例（%）	排序
全国	**2851.61**	**—**	**1.3476**	**17475.40**	**—**	**1.2633**	**17110.75**	**-6.26**	**—**
广东	5527.43	3	1.9384	23584.78	5	1.3496	23448.42	-30.38	1
上海	8293.64	1	2.9084	37065.52	1	2.1210	37458.33	-27.07	2
北京	7332.13	2	2.5712	35432.94	2	2.0276	35415.75	-21.14	3
浙江	5025.23	4	1.7622	25797.88	4	1.4762	25526.63	-16.23	4
天津	4946.50	5	1.7346	26204.41	3	1.4995	26129.35	-13.55	5
福建	3719.03	6	1.3042	20542.86	7	1.1755	20167.48	-9.87	6
河北	2124.97	25	1.2548	14668.77	19	1.1606	14247.49	-7.51	8
山东	2966.95	9	1.0404	16467.60	11	1.0577	15926.36	1.66	21
江苏	3545.79	7	1.2434	22485.88	6	1.2867	22129.89	3.48	22
海南	2492.30	16	1.1260	14569.21	20	1.1663	14275.37	3.58	23
东部	**4022.12**	**[1]**	**1.6884**	**21861.46**	**[1]**	**1.4321**	**—**	**-15.18**	**[1]**
安徽	2111.68	26	1.2595	15063.09	17	1.1380	14711.53	-9.65	7
河南	1884.71	29	1.3391	13116.51	25	1.2494	12712.34	-6.70	11
江西	2180.27	23	1.2354	13614.33	24	1.2209	13258.62	-1.17	18
山西	2104.29	27	1.2621	13014.70	26	1.2553	12682.85	-0.54	19
湖北	2769.44	11	1.0288	16169.68	13	1.0747	15888.65	4.46	26
湖南	2893.25	10	1.0146	16221.63	12	1.0717	15750.46	5.63	27

续表

地区	2000年总消费地区差距			2016年总消费地区差距				16年间地区差扩减(负值缩小为佳,取倒序)	
	城乡综合人均值		地区差(无差距=1)	城乡综合人均值		地区差(无差距=1)	附年鉴人均值(元)	比例(%)	排序
	人均值(元)	排序		人均值(元)	排序				
中　部	**2312.50**	**[3]**	**1.1899**	**14563.42**	**[3]**	**1.1684**	—	**-1.81**	**[2]**
甘　肃	1801.62	31	1.3682	12782.95	27	1.2685	12254.25	-7.29	9
青　海	2233.07	21	1.2169	15150.20	16	1.1331	14774.66	-6.89	10
宁　夏	2304.20	19	1.1920	15398.24	14	1.1189	14965.41	-6.13	12
贵　州	1838.84	30	1.3552	12560.48	29	1.2812	11931.60	-5.46	13
陕　西	2206.74	22	1.2261	14468.60	22	1.1721	13943.04	-4.40	14
内蒙古	2588.83	15	1.0922	18315.85	9	1.0481	18072.28	-4.04	15
四　川	2362.70	18	1.1715	15264.04	15	1.1265	14838.52	-3.84	16
新　疆	2303.68	20	1.1921	14467.10	23	1.1721	14066.46	-1.68	17
重　庆	2747.01	13	1.0367	16796.84	10	1.0388	16384.83	0.20	20
云　南	2163.44	24	1.2413	12319.56	30	1.2950	11768.76	4.33	25
西　藏	1940.69	28	1.3194	9902.18	31	1.4334	9318.71	8.64	28
广　西	2409.09	17	1.1552	12593.36	28	1.2794	12295.18	10.75	29
西　部	**2274.77**	**[4]**	**1.2139**	**14264.96**	**[4]**	**1.1973**	—	**-1.37**	**[3]**
辽　宁	3150.68	8	1.1049	20085.94	8	1.1494	19852.80	4.03	24
黑龙江	2705.19	14	1.0513	14569.00	21	1.1663	14445.81	10.94	30
吉　林	2765.45	12	1.0302	14887.76	18	1.1481	14772.55	11.44	31
东　北	**2895.09**	**[2]**	**1.0621**	**16860.19**	**[2]**	**1.1546**	—	**8.71**	**[4]**

注：附《中国统计年鉴》发布的2016年城乡人均值供参考，其与总量数据之间存在演算误差，对应同时发布的产值人均值和总量分别演算居民消费率有出入，本文恢复自行演算城乡人均值，以保证数据库测算模型的规范性及其历年通行测评的标准化。

2000年，全国城乡居民消费人均值为2851.61元。10个省域人均值高于全国人均值，21个省域人均值低于全国人均值。其中，上海人均值8293.64元最高，高达全国人均值的290.84%；甘肃人均值1801.62元最低，低至全国人均值的63.18%。

2016年，全国城乡居民消费人均值为17475.40元。9个省域人均值高于全国人均值，22个省域人均值低于全国人均值。其中，上海人均值37065.52元最高，高达全国人均值的212.10%；西藏人均值9902.18元最低，低至全国人均值的56.66%。

2000年以来16年间，全国城乡居民消费人均值年均增长12.00%。15个省域人均值年均增长高于全国平均增长，16个省域人均值年均增长低于全国平均增长。其中，安徽人均值年均增长13.07%最高，高于全国人均值年增1.07个百分点；广东人均值年均增长9.49%最低，低于全国人均值年增2.51个百分点。

各省域地区差指数依据其人均值与全国人均值的绝对偏差进行演算，全国和四大区域地区差取相应省域与全国人均值的绝对偏差平均值进行演算。当地人均值增大本身具有正面效应，但本来高于全国人均值的省域会导致地区差继续扩大，带来负面效应；而本来低于全国人均值的省域则导致地区差逐渐缩小，带来正面效应。

2000年，全国城乡居民消费地区差为1.3476，即31个省域人均值与全国人均值的绝对偏差平均值为34.76%。24个省域地区差小于全国地区差，7个省域地区差大于全国地区差。其中，湖南地区差1.0146最低，即与全国人均值的绝对偏差为1.46%，仅为全国总体地区差的75.29%；上海地区差2.9084最高，即与全国人均值的绝对偏差为190.84%，高达全国总体地区差的215.82%。

2016年，全国城乡居民消费地区差为1.2633，即31个省域人均值与全国人均值的绝对偏差平均值为26.33%。20个省域地区差小于全国地区差，11个省域地区差大于全国地区差。其中，重庆地区差1.0388最低，即与全国人均值的绝对偏差为3.88%，仅为全国总体地区差的82.23%；上海地区差2.1210最高，即与全国人均值的绝对偏差为112.10%，高达全国总体地区差的167.90%。

基于全国及各地城乡居民消费历年不同增长状况，与2000年相比，全国地区差明显缩小6.26%。同期，19个省域地区差缩小，12个省域地区差扩大。这无疑表明，全国及大部分省域居民消费增长变化态势已经转入“区域均衡发展”的健康轨道。11个省域地区差变化态势好于全国地区差变化态势，20个省域地区差变化态势逊于全国地区差变化态势。其中，广东地区差变化态势最佳，缩减 30.38%；吉林地区差变化态势不佳，扩增 11.44%。

本项检测体系的地区差距相关性考察在经济、财政、民生全数据链当中通约演算，各地经济、社会、民生发展的地区差距具有贯通性。全国及各地产值地区差动态有可能影响居民生活各方面地区差变化，随之居民收入、总消费、物质消费或非物消费、积蓄地区差动态又有可能影响各分类单项消费地区差变化。

居民消费历年地区差变动相关系数（可简化理解为地区差变化同步程度）如下。

（1）与产值之间全国为 0.9721，呈极强正相关，9 个省域呈 75% 以上强相关，17 个省域呈 60% 以下弱相关；上海最高为 0.9702，广西最低为 -0.6983。

（2）与财政支出之间全国为 0.9013，呈很强正相关，5 个省域呈 75% 以上强相关，24 个省域呈 60% 以下弱相关；安徽最高为 0.9475，宁夏最低为 -0.8215。

（3）与居民收入之间全国为 0.9819，呈极强正相关，19 个省域呈 75% 以上强相关，7 个省域呈 60% 以下弱相关；浙江最高为 0.9907，河北最低为 -0.4007。

（4）与物质消费之间全国为 0.7605，呈稍强正相关，24 个省域呈 75% 以上强相关，4 个省域呈 60% 以下弱相关；西藏最高为 0.9916，重庆最低为 -0.5766。

（5）与非物消费之间全国为 0.8787，呈较强正相关，21 个省域呈 75% 以上强相关，8 个省域呈 60% 以下弱相关；广东最高为 0.9826，重庆最低为 -0.3172。

2000～2016 年，全国居民消费地区差缩小 6.26%，与之对应的数据链之间地区差变化相关系数的高低、正负差异在于，其间地区差扩减幅度的同步性是强还是弱，扩减变化的趋向性相近或是相左。后台数据库检测表明，全国产值地区差缩小 9.13%，财政支出地区差缩小 5.85%，居民收入地区差缩小 6.22%，物质消费地区差缩小 3.57%，非物消费地区差缩小 11.67%。

2. 城镇与乡村人均值及其城乡比

全国及各地居民总消费人均值城乡比变化状况见表 3，分区域以城乡比扩减变化倒序位次排列。

表 3　全国及各地居民总消费人均值城乡比变化状况

地区	2000 年总消费城乡差距			2016 年总消费城乡差距			16 年间城乡比扩减（负值缩小为佳，取倒序）	
	城镇人均值（元）	乡村人均值（元）	城乡比（乡村 =1）	城镇人均值（元）	乡村人均值（元）	城乡比（乡村 =1）	比例（%）	排序
全　国	**4998.00**	**1670.13**	**2.9926**	**23078.90**	**10129.78**	**2.2783**	**-23.87**	**—**
重　庆	5569.84	1395.53	3.9912	21030.94	9954.36	2.1127	-47.07	1
四　川	4855.78	1484.59	3.2708	20659.81	10191.58	2.0271	-38.02	7
云　南	5185.31	1270.83	4.0803	18622.40	7330.51	2.5404	-37.74	8
广　西	4852.31	1487.96	3.2610	17268.45	8351.25	2.0678	-36.59	9
西　藏	5554.42	1116.59	4.9744	19440.48	6070.32	3.2025	-35.62	10
贵　州	4278.28	1096.64	3.9013	19201.68	7533.29	2.5489	-34.67	11
青　海	4185.73	1218.23	3.4359	20853.17	9222.15	2.2612	-34.19	12
陕　西	4276.67	1251.21	3.4180	19368.90	8567.69	2.2607	-33.86	13
甘　肃	4126.47	1084.00	3.8067	19539.22	7487.03	2.6097	-31.44	14
新　疆	4422.93	1236.45	3.5771	21228.50	8277.00	2.5648	-28.30	15
宁　夏	4200.50	1417.13	2.9641	20364.23	9138.40	2.2284	-24.82	18
内蒙古	3927.75	1614.91	2.4322	22744.45	11462.59	1.9842	-18.42	26
西　部	**4661.22**	**1343.59**	**3.4692**	**19906.88**	**8741.68**	**2.2772**	**-34.36**	**[1]**
安　徽	4232.98	1321.50	3.2032	19606.25	10287.30	1.9059	-40.50	3
湖　北	4644.50	1555.61	2.9856	20040.03	10938.30	1.8321	-38.64	5
山　西	3941.87	1149.01	3.4307	16992.82	8028.77	2.1165	-38.31	6
河　南	3830.71	1315.83	2.9112	18087.79	8586.59	2.1065	-27.64	16
湖　南	5218.79	1942.94	2.6860	21419.99	10629.94	2.0151	-24.98	17
江　西	3623.56	1642.66	2.2059	17695.65	9128.27	1.9386	-12.12	28
中　部	**4326.21**	**1491.73**	**2.9001**	**19136.27**	**9608.63**	**1.9916**	**-31.33**	**[2]**
天　津	6121.04	1995.61	3.0673	28344.58	15912.06	1.7813	-41.93	2
河　北	4348.47	1365.23	3.1852	19105.89	9798.28	1.9499	-38.78	4
广　东	8016.91	2646.02	3.0298	28613.33	12414.84	2.3048	-23.93	19

续表

地区	2000年总消费城乡差距			2016年总消费城乡差距			16年间城乡比扩减（负值缩小为佳，取倒序）	
	城镇人均值（元）	乡村人均值（元）	城乡比（乡村=1）	城镇人均值（元）	乡村人均值（元）	城乡比（乡村=1）	比例（%）	排序
海　南	4082.56	1483.90	2.7512	19015.47	8921.15	2.1315	-22.52	20
山　东	5022.00	1770.75	2.8361	21495.29	9518.88	2.2582	-20.38	23
浙　江	7020.22	3230.88	2.1729	30067.66	17358.93	1.7321	-20.29	24
江　苏	5323.18	2337.46	2.2773	26432.93	14428.21	1.8320	-19.55	25
福　建	5638.74	2409.69	2.3400	25005.52	12910.84	1.9368	-17.23	27
北　京	8493.49	3425.71	2.4793	38255.52	17329.03	2.2076	-10.96	29
上　海	8868.19	4137.61	2.1433	39856.76	17070.85	2.3348	8.93	31
东　部	**6411.21**	**2150.11**	**2.9818**	**26979.40**	**12210.32**	**2.2096**	**-25.90**	**[3]**
黑龙江	3824.44	1540.35	2.4828	18145.16	9423.83	1.9255	-22.45	21
吉　林	4020.87	1553.35	2.5885	19166.38	9521.43	2.0130	-22.23	22
辽　宁	4356.06	1753.54	2.4842	24995.89	9953.15	2.5114	1.09	30
东　北	**4088.44**	**1623.79**	**2.5178**	**21384.17**	**9631.94**	**2.2201**	**-11.82**	**[4]**

2000年，全国城镇居民消费人均值为4998.00元。12个省域城镇人均值高于全国城镇人均值，19个省域城镇人均值低于全国城镇人均值。其中，上海城镇人均值8868.19元最高，高达全国城镇人均值的177.43%；江西城镇人均值3623.56元最低，低至全国城镇人均值的72.50%。

同年，全国乡村居民消费人均值为1670.13元。10个省域乡村人均值高于全国乡村人均值，21个省域乡村人均值低于全国乡村人均值。其中，上海乡村人均值4137.61元最高，高达全国乡村人均值的247.74%；甘肃乡村人均值1084.00元最低，低至全国乡村人均值的64.91%。

2016年，全国城镇居民消费人均值为23078.90元。8个省域城镇人均值高于全国城镇人均值，23个省域城镇人均值低于全国城镇人均值。其中，上海城镇人均值39856.76元最高，高达全国城镇人均值的172.70%；山西城镇人均值16992.82元最低，低至全国城镇人均值的73.63%。

同年，全国乡村居民消费人均值为10129.78元，仅为城镇人均值的43.89%。12个省域乡村人均值高于全国乡村人均值，19个省域乡村人均值低于全国乡村人均值。其中，浙江乡村人均值17358.93元最高，高达全国乡村人均值的171.37%；西藏乡村人均值6070.32元最低，低至全国乡村人均值的59.93%。

2000年以来16年间，全国城镇居民消费人均值年均增长10.03%。14个省域城镇人均值年均增长高于全国城镇平均增长，17个省域城镇人均值年均增长低于全国城镇平均增长。其中，内蒙古城镇人均值年均增长11.60%最高，高于全国城镇年增1.57个百分点；西藏城镇人均值年均增长8.14%最低，低于全国城镇年增1.89个百分点。

同期，全国乡村居民消费人均值年均增长11.93%，高于全国城镇年增1.90个百分点。在此期间，29个省域乡村人均值年均增长高于自身城镇年增。18个省域乡村人均值年均增长高于全国乡村平均增长，13个省域乡村人均值年均增长低于全国乡村平均增长。其中，天津乡村人均值年均增长13.86%最高，高于全国乡村年增1.93个百分点；上海乡村人均值年均增长9.26%最低，低于全国乡村年增2.67个百分点。

城乡比及其扩减变化基于城镇与乡村人均绝对值及其不同增长进行演算，在民生发展的城乡差距长期存在的情况下，倘若乡村人均值增长滞后于城镇人均值增长，势必导致城乡比进一步扩大。

2000年，全国居民消费城乡比为2.9926，即全国城镇人均值为乡村人均值的299.26%，其间倍差为2.99。16个省域城乡比小于全国城乡比，15个省域城乡比大于全国城乡比。其中，上海城乡比2.1433最低，即城镇与乡村的人均值倍差为2.14，仅为全国总体城乡比的71.62%；西藏城乡比4.9744最高，即城镇与乡村的人均值倍差为4.97，高达全国总体城乡比的166.23%。

2016年，全国居民消费城乡比为2.2783，即全国城镇人均值为乡村人均值的227.83%，其间倍差为2.28。23个省域城乡比小于全国城乡比，8个省域城乡比大于全国城乡比。其中，浙江城乡比1.7321最低，即城镇与乡村的人均值倍差为1.73，仅为全国总体城乡比的76.03%；西藏城乡比3.2025最高，即城镇与乡村的人均值倍差为3.20，高达全国总体城乡比的

140.57%。

基于全国城镇与乡村居民消费历年不同增长状况，与2000年相比，全国城乡比极显著缩小23.87%。同期，29个省域城乡比缩小，2个省域城乡比扩大。这无疑表明，全国及绝大部分省域居民消费增长变化态势已经转入“城乡均衡发展”的健康轨道。19个省域城乡比变化态势好于全国城乡比变化态势，12个省域城乡比变化态势逊于全国城乡比变化态势。其中，重庆城乡比变化态势最佳，缩减47.07%；上海城乡比变化态势不佳，扩增8.93%。

本项检测体系的城乡差距相关性考察集中于民生数据链当中。首先，有必要检验城镇与乡村之间居民消费增长相关系数（可简化理解为城乡增长同步程度）：全国为0.4174，呈很弱正相关，城乡增长同步性极差，25个省域呈60%以下弱相关，其中6个省域呈负相关；江苏最高为0.8108，上海最低为-0.2746。

其次，全国及各地居民收入、总消费、积蓄的城乡差距动态有可能对分类单项消费的城乡差距变化产生影响，而物质消费和非物消费的城乡差距动态又有可能反过来对总消费、积蓄的城乡差距变化产生影响，尤其是各类消费需求之间城乡比变化具有贯通性。

居民消费历年城乡比变动相关系数（可简化理解为城乡比变化同步程度）如下。

（1）与居民收入之间全国为0.7700，呈稍强正相关，17个省域呈75%以上强相关，9个省域呈60%以下弱相关；新疆最高为0.9697，江苏最低为-0.2329。

（2）与居民积蓄之间全国为-0.6271，呈很强负相关，20个省域呈低于-50%强负相关；广西最高为-0.0220，河北最低为-0.9485。

（3）与物质消费之间全国为0.9729，呈极强正相关，30个省域呈75%以上强相关；陕西最高为0.9949，辽宁最低为0.6579。

（4）与非物消费之间全国为0.9865，呈极强正相关，30个省域呈75%以上强相关，1个省域呈60%以下弱相关；河北最高为0.9912，上海最低为 0. 2854。

2000 ~2016 年，全国居民消费城乡比缩小 23. 87%，与之对应的数据链之间城乡比变化相关系数的高低、正负差异在于，其间城乡比扩减幅度的同步性是强还是弱，扩减变化的趋向性相近或是相左。后台数据库检测表明，全国居民收入城乡比缩小 2. 44%，居民积蓄城乡比扩大 114. 65%，物质消费城乡比缩小 15. 96%，非物消费城乡比缩小 40. 49%。

中国社会由历史承继下来的结构性、体制性“非均衡格局”弊端根深蒂固，长期存在的城乡差距、地区差距系全国及各地民生发展“非均衡性”的主要成因。进入“全面建成小康社会”进程以来，国家把解决“三农”问题列为“重中之重”，并致力于推进区域“均衡发展”。就本文涉及的数据范围来看，国家大力推进缩小区域发展差距的几大战略已见成效，推进缩小城乡发展差距的长年多方努力更显成效。

三　居民总消费相关性比值协调性检测

全国及各地居民总消费相关性比值状况见表 4，分区域以居民消费率升降位次排列。

表 4　全国及各地居民总消费相关性比值状况

地区	居民消费与产值相关性				居民消费与居民收入相关性			
	居民消费率		16 年间比值升降（负值下降，上升为佳）		居民消费比		16 年间比值升降（负值下降为佳，取倒序）	
	2000 年	2016 年			2000 年	2016 年		
	比值（%）	比值（%）	比值（%）	排序	比值（%）	比值（%）	比值（%）	排序
全　国	**35.91**	**32.37**	**-9.86**	**—**	**77.43**	**71.56**	**-7.58**	**—**
辽　宁	28.19	39.55	40.30	1	79.42	76.23	-4.02	21
黑龙江	32.62	36.03	10.45	5	76.03	72.72	-4.35	20
吉　林	37.62	27.64	-26.53	22	81.53	73.92	-9.33	12
东　北	**31.54**	**35.16**	**11.48**	**[1]**	**78.74**	**74.63**	**-5.22**	**[4]**
河　北	27.99	34.06	21.69	2	64.60	71.68	10.96	31
上　海	27.95	31.80	13.77	4	75.57	68.96	-8.75	13

续表

地区	居民消费与产值相关性				居民消费与居民收入相关性			
	居民消费率		16 年间比值升降(负值下降,上升为佳)		居民消费比		16 年间比值升降(负值下降为佳,取倒序)	
	2000 年	2016 年			2000 年	2016 年		
	比值(%)	比值(%)	比值(%)	排序	比值(%)	比值(%)	比值(%)	排序
北　京	30. 40	29. 98	-1. 38	8	81. 17	67. 42	-16. 94	2
海　南	36. 66	32. 85	-10. 39	9	72. 99	68. 93	-5. 56	16
福　建	33. 22	27. 50	-17. 22	13	75. 37	72. 69	-3. 56	23
浙　江	37. 46	30. 38	-18. 90	14	75. 76	66. 07	-12. 79	7
天　津	28. 51	22. 78	-20. 10	17	72. 17	76. 67	6. 24	30
江　苏	30. 14	23. 21	-22. 99	18	72. 48	68. 68	-5. 24	17
山　东	31. 81	23. 96	-24. 68	20	72. 92	64. 35	-11. 75	8
广　东	43. 40	31. 86	-26. 59	23	79. 75	77. 35	-3. 01	24
东　部	**32. 69**	**28. 11**	**-14. 01**	[2]	**74. 75**	**70. 16**	**-6. 14**	[3]
山　西	36. 78	36. 63	-0. 41	7	73. 33	66. 10	-9. 86	11
河　南	34. 58	30. 81	-10. 90	10	72. 08	68. 66	-4. 74	19
安　徽	44. 19	38. 08	-13. 83	12	74. 19	72. 92	-1. 71	26
江　西	44. 94	33. 70	-25. 01	21	74. 14	65. 47	-11. 69	9
湖　北	44. 01	29. 05	-33. 99	25	78. 05	72. 51	-7. 10	14
湖　南	53. 33	34. 97	-34. 43	26	86. 01	73. 87	-14. 11	4
中　部	**43. 57**	**33. 18**	**-23. 85**	[3]	**76. 81**	**70. 42**	**-8. 32**	[1]
新　疆	31. 25	35. 66	14. 11	3	77. 65	76. 46	-1. 53	27
甘　肃	43. 63	46. 24	5. 98	6	80. 03	82. 63	3. 25	28
云　南	45. 36	39. 62	-12. 65	11	83. 74	69. 70	-16. 77	3
青　海	43. 46	34. 80	-19. 93	15	81. 24	84. 70	4. 26	29
四　川	47. 67	38. 16	-19. 95	16	80. 28	78. 26	-2. 52	25
宁　夏	42. 86	32. 63	-23. 87	19	84. 08	78. 97	-6. 08	15
西　藏	42. 45	28. 14	-33. 71	24	78. 80	68. 50	-13. 07	6
广　西	51. 79	33. 12	-36. 05	27	81. 62	66. 61	-18. 39	1
陕　西	44. 42	28. 36	-36. 15	28	84. 67	73. 07	-13. 70	5
内蒙古	39. 82	25. 42	-36. 16	29	77. 52	74. 49	-3. 91	22
重　庆	48. 91	28. 71	-41. 30	30	82. 95	73. 98	-10. 81	10
贵　州	66. 65	37. 78	-43. 32	31	81. 78	77. 89	-4. 76	18
西　部	**47. 95**	**33. 90**	**-29. 30**	[4]	**81. 34**	**74. 62**	**-8. 26**	[2]

注：居民消费相关性分析取居民消费率、居民消费比两项。对于相关性比值的构思设计及界定阐释，详见本书技术报告。居民消费率下降意味着人民生活消费需求拉动经济增长的作用降低；单独取居民消费与收入的关系来看，居民消费比下降意味着居民收入中生活消费开支比重降低。

1. 居民消费与产值之比

2000 年，全国居民消费率为 35. 91%，此为全国城乡居民消费与产值的相对比值。20 个省域比值高于全国总体比值，11 个省域比值低于全国总体比值。其中，贵州比值 66. 65% 最高，高达全国总体比值的 185. 62%；上海比值 27. 95% 最低，低至全国总体比值的 77. 85%。

到 2016 年，全国居民消费率为 32. 37%，意味着居民消费与产值的相对比值下降。16 个省域比值高于全国总体比值，15 个省域比值低于全国总体比值。其中，甘肃比值 46. 24% 最高，高达全国总体比值的 142. 84%；天津比值 22. 78% 最低，低至全国总体比值的 70. 35%。

基于居民消费与产值历年不同增长状况，与 2000 年相比，全国居民消费率降低 9. 86%。同期，6 个省域比值上升，25 个省域比值下降。8 个省域比值升降变化态势好于全国比值变化，23 个省域比值升降变化态势逊于全国比值变化。其中，辽宁比值升降变化态势最佳，升高 40. 30%；贵州比值升降变化态势不佳，降低 43. 32%。

2. 居民消费与居民收入之比

2000 年，全国居民消费比为 77. 43%，此为全国城乡居民消费与居民收入的相对比值，总消费需求开支占比以低为佳。13 个省域比值低于全国总体比值，18 个省域比值高于全国总体比值。其中，河北比值 64. 60% 最低，低至全国总体比值的 83. 44%；湖南比值 86. 01% 最高，高达全国总体比值的 111. 09%。

到 2016 年，全国居民消费比为 71. 56%，居民消费与居民收入的相对比值下降，总消费需求开支占比降低为佳。12 个省域比值低于全国总体比值，19 个省域比值高于全国总体比值。其中，山东比值 64. 35% 最低，低至全国总体比值的 89. 92%；青海比值 84. 70% 最高，高达全国总体比值的 118. 36%。

基于居民消费与居民收入历年不同增长状况，与 2000 年相比，全国居民消费比降低 7. 58%。同期，4 个省域比值上升，27 个省域比值下降。13 个省域比值升降变化态势好于全国比值变化，18 个省域比值升降变化态势逊于全国比值变化。其中，广西比值升降变化态势最佳，降低 18.39%；河北比值升降变化态势不佳，升高 10.96%。

本项检测体系建立各类相关性比值分析测算十分复杂，不同方面、不同层次的比值当然不具可比性。以下可对应比值之间历年变化相关系数（可简化理解为比值变化同步程度）检测在同一层面展开，或在上下层次递进（个别特殊例外详后）关系中展开：①居民消费率与财政用度比；②与居民收入比同属对应于产值的相对比值；③与居民积蓄率属上下层相邻的相对比值；④居民消费比与物质消费比；⑤与非物消费比同属对应于居民收入的相对比值。

相关性比值之间历年变化相关系数如下。

（1）居民消费率与财政用度比之间全国为 -0.6400，呈很强负相关，19 个省域呈低于 -50% 强负相关；上海最高为 0.5746，贵州最低为 -0.9746。

（2）与居民收入比之间全国为 0.9424，呈很强正相关，29 个省域呈 75% 以上强相关；湖北最高为 0.9978，云南最低为 0.6554。

（3）与居民积蓄率之间全国为 -0.8593，呈极强负相关，23 个省域呈低于 -50% 强负相关；上海最高为 0.4279，湖南最低为 -0.9704。

（4）居民消费比与物质消费比之间全国为 0.9225，呈很强正相关，23 个省域呈 75% 以上强相关，3 个省域呈 60% 以下弱相关；广西最高为 0.9794，青海最低为 0.3308。

（5）与非物消费比之间全国为 0.1910，呈极弱正相关，24 个省域呈 60% 以下弱相关，其中 9 个省域呈负相关；青海最高为 0.8411，吉林最低为 -0.5579。

对应数据链之间比值升降变化相关系数的高低、正负差异在于，其间增长升降的同步性是强还是弱，升降变化的趋向性相近或是相左。后台数据库检测表明，2000~2016 年，全国居民消费率降低 9.86%，而财政用度比增高 59.28%，居民收入比降低 2.44%，居民积蓄率增高 26.01%；居民消费比降低 9.86%，而物质消费比降低 14.73%，非物消费比增高 9.57%。需要补充说明，本来消费比与积蓄率在同一层次，完全切分居民收入形成绝对负相关，达到极致反而失去分析价值，换用消费率对应尚有各地比较意义。

四 “全面小康”进程居民总消费指数排行

2016 年统计数据为目前已经正式出版公布的最新年度全国及各地系统数据。全国及各地居民总消费子系统专项指数排行见表 5，分区域以 2016 年度无差距横向检测结果位次排列。

表 5 全国及各地总消费子系统专项指数排行

地区	各五年期起始年纵向检测(基数值=100)						2016 年度检测			
	“十五”以来 16 年（2000~2016 年）		“十一五”以来 11 年（2005~2016 年）		“十二五”以来 6 年（2010~2016 年）		基数值纵向检测（2015 年=100）		无差距横向检测（理想值=100）	
	检测指数	排序	检测指数	排序	检测指数	排序	检测指数	排序	检测指数	排序
全　国	**177.08**	—	**143.51**	—	**123.11**	—	**102.67**	—	**85.62**	—
辽　宁	179.10	14	144.25	18	131.36	6	108.21	1	97.14	1
黑龙江	160.86	26	131.79	28	117.96	27	103.65	7	86.48	18
吉　林	157.88	29	134.46	25	119.53	26	100.99	26	84.83	21
东　北	**167.50**	[4]	**137.25**	[4]	**123.49**	[3]	**104.82**	[1]	**90.11**	[1]
上　海	151.28	31	126.96	31	109.17	31	101.57	21	93.95	2
浙　江	162.02	24	130.82	30	115.86	29	102.63	12	93.03	3
广　东	157.18	30	135.23	24	122.29	21	105.28	3	92.94	4
北　京	159.04	28	133.76	26	112.50	30	101.02	25	92.39	5
天　津	178.70	15	151.58	9	133.54	4	100.62	27	91.57	6
江　苏	177.31	16	143.01	19	120.46	24	102.99	9	91.00	7
福　建	164.63	22	141.53	21	122.43	20	102.17	16	90.53	8
山　东	164.38	23	136.44	23	116.89	28	102.34	15	87.75	15
河　北	198.68	2	153.05	6	130.55	9	102.15	17	87.40	16
海　南	168.40	20	148.90	12	125.44	14	99.52	31	82.40	28
东　部	**169.61**	[3]	**139.38**	[3]	**120.00**	[4]	**102.82**	[3]	**87.86**	[2]
安　徽	200.36	1	154.73	4	129.98	10	106.03	2	90.49	9
湖　北	175.65	17	148.86	13	130.78	8	104.01	5	89.91	10
湖　南	165.02	21	142.07	20	127.29	12	103.20	8	89.74	11
山　西	183.50	13	147.74	15	125.12	15	102.43	14	83.75	23

续表

地区	各五年期起始年纵向检测（基数值 = 100）						2016 年度检测			
	“十五”以来 16 年（2000 ~ 2016 年）		“十一五”以来 11 年（2005 ~ 2016 年）		“十二五”以来 6 年（2010 ~ 2016 年）		基数值纵向检测（2015 年 = 100）		无差距横向检测（理想值 = 100）	
	检测指数	排序	检测指数	排序	检测指数	排序	检测指数	排序	检测指数	排序
江　西	173.41	18	138.29	22	122.25	22	100.12	29	83.50	25
河　南	188.61	6	156.89	2	123.11	19	101.52	22	82.73	27
中　部	**180.13**	**[2]**	**148.89**	**[1]**	**126.23**	**[2]**	**102.88**	**[2]**	**86.50**	**[3]**
四　川	186.05	9	152.85	7	133.06	5	101.40	23	88.33	12
内蒙古	187.57	7	151.33	10	123.99	17	101.67	19	88.30	13
重　庆	185.95	10	147.12	17	127.75	11	101.93	18	87.92	14
青　海	193.01	4	155.77	3	134.13	3	102.54	13	87.07	17
宁　夏	183.70	12	151.22	11	123.21	18	100.54	28	85.51	19
甘　肃	194.63	3	148.64	14	136.06	1	103.84	6	85.22	20
新　疆	186.23	8	154.56	5	130.79	7	102.94	11	83.95	22
陕　西	185.60	11	152.54	8	121.77	23	101.58	20	83.53	24
贵　州	189.80	5	161.85	1	134.96	2	105.27	4	83.36	26
广　西	161.12	25	132.97	27	124.44	16	101.27	24	81.72	29
云　南	173.12	19	147.64	16	120.43	25	99.75	30	79.62	30
西　藏	159.52	27	130.85	29	126.35	13	102.94	10	73.62	31
西　部	**180.72**	**[1]**	**148.66**	**[2]**	**127.63**	**[1]**	**101.80**	**[4]**	**83.78**	**[4]**

注：在分解独立的“中国民生消费需求景气评价体系”中，居民总消费二级子系统检测取总消费合计数值进行单独演算，占据 50% 的综合测算权重，本文表 6、表 7 亦取总消费合计数值展开预测算。详见本书技术报告表 2、表 3，以区别于在“中国人民生活发展指数检测体系”中的相应测算。

1. 各年度理想值横向检测指数

2016 年度无差距横向检测居民总消费指数，全国为 85.62，即设各类人均值城乡、地区无差距为理想值 100 加以比较衡量，全国总体尚存差距 14.38 个点。18 个省域此项指数高于全国指数，即居民消费指数检测结果高于全国平均水平；13 个省域此项指数低于全国指数，即居民消费指数检测结果低于全国平均水平。

在此项检测中，辽宁、上海、浙江、广东、北京占据前 5 位。辽宁此项指数 97. 14 最高，高于全国总体指数 11. 52 个点；西藏此项指数 73. 62 最低，低于全国总体指数 12. 00 个点。

2. 2000年以来基数值纵向检测指数

“十五”以来 16 年纵向检测居民总消费指数，全国为 177. 08，即设 2000 年为基数值 100 加以对比衡量，至 2016 年提升 77. 08%。16 个省域此项指数高于全国指数，即居民消费指数提升速度高于全国平均速度；15 个省域此项指数低于全国指数，即居民消费指数提升速度低于全国平均速度。

在此项检测中，安徽、河北、甘肃、青海、贵州占据前 5 位。安徽此项指数 200. 36 最高，即指数提升高达 100. 36%；上海此项指数 151. 28 最低，即指数提升仅为 51. 28%。

3. 2005年以来基数值纵向检测指数

“十一五”以来 11 年纵向检测居民总消费指数，全国为 143. 51，即设 2005 年为基数值 100 加以对比衡量，至 2016 年提升 43. 51%。18 个省域此项指数高于全国指数，即居民消费指数提升速度高于全国平均速度；13 个省域此项指数低于全国指数，即居民消费指数提升速度低于全国平均速度。

在此项检测中，贵州、河南、青海、安徽、新疆占据前 5 位。贵州此项指数 161. 85 最高，即指数提升高达 61. 85%；上海此项指数 126. 96 最低，即指数提升仅为 26. 96%。

4. 2010年以来基数值纵向检测指数

“十二五”以来 6 年纵向检测居民总消费指数，全国为 123. 11，即设 2010 年为基数值 100 加以对比衡量，至 2016 年提升 23. 11%。18 个省域此项指数高于全国指数，即居民消费指数提升速度高于全国平均速度；13 个省域此项指数低于全国指数，即居民消费指数提升速度低于全国平均速度。

在此项检测中，甘肃、贵州、青海、天津、四川占据前 5 位。甘肃此项指数 136. 06 最高，即指数提升高达 36. 06%；上海此项指数 109. 17 最低，即指数提升仅为 9. 17%。

5. 逐年度基数值纵向检测指数

2016 年度基数值纵向检测居民总消费指数，全国为 102.67，即设上年（2015 年）为基数值 100 加以对比衡量，至 2016 年提升 2.67%。11 个省域此项指数高于全国指数，即居民消费指数提升速度高于全国平均速度；20 个省域此项指数低于全国指数，即居民消费指数提升速度低于全国平均速度。

在此项检测中，辽宁、安徽、广东、贵州、湖北占据前 5 位。辽宁此项指数 108.21 最高，即指数提升 8.21%；海南此项指数 99.52 最低，即指数降低 0.48%。

现有增长关系格局存在经济增长与民生发展不够协调的问题，存在城乡、区域间民生发展不够均衡的问题，维持现有格局既有增长关系并非应然选择。实现经济、社会、民生发展的协调性，增强城乡、区域发展的均衡性，均为“全面建成小康社会”的既定目标，有些甚至具体化为约束性指标。假定全国及各地城乡比、地区差不再扩大以至消除，居民总消费增长将更加明显，各地排行也将发生变化，可为“全面建成小康社会”进程最后攻坚起到“倒计时”预测提示作用。

五 “全面小康”目标年居民总消费增长预测

1. 实现居民消费比最佳值及最小城乡比应然测算

实现居民消费需求拉动经济增长目标，具体指标即保持居民消费率不再下降，分解亦即保持居民收入比基础上再保持居民消费比，而消除城乡差距的第一步是缩小城乡差距。按全国及各地居民消费比历年最高值测算 2020 年居民消费总量、人均值，再取居民消费历年最小城乡比进行演算。

据此假定推演居民消费“应然增长”动向，亦即协调增长“应有目标”，预测全国及各地 2020 年居民总消费主要数据及居民总消费指数见表 6，分区域以 2016 ~ 2020 年纵向检测假定目标差距位次排列。

表 6　全国及各地 2020 年居民总消费应然增长测算

地区	实现居民消费比最佳值及最小城乡比测算				总消费专项指数测算			
	总消费		人均值差距		2016～2020 年纵向检测（2016 年基数值 = 100）		2020 年度横向检测（无差距理想值 = 100）	
	城乡总量（亿元）	城乡人均（元）	地区差（无差距 = 1）	城乡比（乡村 = 1）	预测指数	差距排序（倒序）	预测指数	排序
全　国	**447815.06**	**31815.89**	**1.3314**	**2.1282**	**389.00**	—	**85.54**	—
黑龙江	8787.67	23172.14	1.2717	1.8069	345.30	4	81.98	28
辽　宁	13672.94	30870.17	1.0297	2.4295	351.96	5	86.76	24
吉　林	9768.79	35672.94	1.1212	1.8903	470.80	23	96.63	14
东　北	**32229.40**	**29406.52**	**1.1409**	**2.1536**	**372.52**	[1]	**84.87**	[4]
河　北	17382.22	22637.48	1.2885	1.7248	329.42	2	81.05	29
海　南	2768.14	29221.70	1.0815	1.9998	386.91	8	88.61	23
上　海	16873.39	63204.07	1.9866	1.8438	402.94	9	97.80	12
北　京	15869.56	65417.13	2.0561	1.9386	412.65	12	99.00	10
浙　江	30694.15	52647.11	1.6547	1.6367	413.07	13	99.45	8
福　建	16701.70	41873.89	1.3161	1.8473	421.75	15	94.42	19
江　苏	40430.12	49465.79	1.5548	1.7350	424.58	17	96.38	15
山　东	36835.14	36182.55	1.1372	2.1331	441.87	20	93.85	22
天　津	10051.45	56580.46	1.7784	1.5550	444.53	21	99.21	9
广　东	58273.78	50042.10	1.5729	2.1524	449.94	22	97.96	11
东　部	**245879.65**	**44450.60**	**1.5427**	**2.0554**	**417.41**	[2]	**90.53**	[3]
山　西	8643.48	22790.26	1.2837	1.8758	363.80	6	82.47	27
河　南	24515.80	25588.25	1.1957	1.9428	384.97	7	85.66	26
安　徽	19422.73	31224.35	1.0186	1.6739	404.07	10	94.83	17
江　西	14499.89	30948.19	1.0273	1.8769	428.18	18	94.10	20
湖　南	29557.56	42298.36	1.3295	1.8754	489.13	24	103.51	3
湖　北	25568.59	43031.69	1.3525	1.6215	494.05	25	101.65	7
中　部	**122208.05**	**32843.88**	**1.2012**	**1.8141**	**430.29**	[3]	**91.52**	[2]
新　疆	5858.42	23095.52	1.2741	2.3601	323.76	1	78.35	31
甘　肃	5720.97	21876.59	1.3124	2.3747	342.64	3	80.51	30
云　南	11536.70	23650.77	1.2566	2.2566	412.50	11	85.89	25
四　川	27646.29	33397.41	1.0497	1.7986	420.04	14	96.76	13
青　海	2112.30	34635.81	1.0886	2.0366	424.53	16	94.68	18
宁　夏	2445.21	34818.11	1.0944	2.0750	430.97	19	93.95	21

续表

地区	实现居民消费比最佳值及最小城乡比测算				总消费专项指数测算			
	总消费		人均值差距		2016～2020年纵向检测(2016年基数值=100)		2020年度横向检测(无差距理想值=100)	
	城乡总量(亿元)	城乡人均(元)	地区差(无差距=1)	城乡比(乡村=1)	预测指数	差距排序(倒序)	预测指数	排序
西藏	974.43	27816.27	1.1257	2.8687	514.65	26	94.83	16
广西	16881.93	34480.67	1.0838	1.8452	519.66	27	102.44	5
内蒙古	13837.47	53964.02	1.6961	1.8858	533.82	28	102.01	6
陕西	16155.60	42038.17	1.3213	2.0387	546.29	29	103.91	2
重庆	16114.77	51449.36	1.6171	1.8021	546.49	30	106.65	1
贵州	14453.69	41283.66	1.2976	2.2916	563.36	31	102.70	4
西部	**133737.78**	**35280.83**	**1.2681**	**2.0504**	**463.02**	**[4]**	**92.67**	**[1]**

注：①全国及28个省域城乡比自身趋于缩小，保持缩小趋势至2020年即为最小城乡比；3个省域城乡比自身趋于扩大，同样按各自历年最小城乡比假定测算。②纵向检测排序取倒序，指数越低差距越小；横向检测指数普遍接近，四大区域差异明显减小，部分省域指数超出理想值100，由其他指标明显提升所致。③表外附加城镇、乡村人均值按最小城乡比反推演算，势必突破相应背景数值关系，于是全国及各地收入与总消费之差对应积蓄测算数值或有出入，实属此项测算设计使然。

假定实现居民消费比最佳值及最小城乡比测算，2020年全国城乡居民消费总量应达447815.06亿元，人均值应为31815.89元。19个省域人均值高于全国人均值，12个省域人均值低于全国人均值。其中，北京人均值65417.13元最高，高达全国人均值的205.61%；甘肃人均值21876.59元最低，低至全国人均值的68.76%。

全国城乡居民消费地区差应为1.3314，即31个省域人均值与全国人均值的绝对偏差平均值为33.14%。22个省域地区差小于全国地区差，9个省域地区差大于全国地区差。其中，安徽地区差1.0186最小，即与全国人均值的绝对偏差为1.86%，仅为全国总体地区差的76.50%；北京地区差2.0561最大，即与全国人均值的绝对偏差为105.61%，高达全国总体地区差的154.43%。

基于城乡人均值测算反推，全国城镇居民消费人均值应为39900.34元。

20 个省域城镇人均值高于全国城镇人均值，11 个省域城镇人均值低于全国城镇人均值。其中，北京城镇人均值 69692. 30 元最高，高达全国城镇人均值的 174. 67%；河北城镇人均值 27446. 73 元最低，低至全国城镇人均值的 68. 79%。

基于城镇人均值演算反推，全国乡村居民消费人均值应为 18748. 61 元，仅为城镇人均值的 46. 99%。21 个省域乡村人均值高于全国乡村人均值，10 个省域乡村人均值低于全国乡村人均值。其中，天津乡村人均值 38447. 48 元最高，高达全国乡村人均值的 205. 07%；甘肃乡村人均值 12996. 11 元最低，低至全国乡村人均值的 69. 32%。

全国居民消费城乡比应为 2. 1282，即全国城镇人均值为乡村人均值的 212. 82%，其间倍差为 2. 13。23 个省域城乡比小于全国城乡比，8 个省域城乡比大于全国城乡比。其中，天津城乡比 1. 5550 最小，即城镇与乡村的人均值倍差为 1. 56，仅为全国总体城乡比的 73. 07%；西藏城乡比 2. 8687 最大，即城镇与乡村的人均值倍差为 2. 87，高达全国总体城乡比的 134. 80%。

2016 ~2020 年纵向检测居民总消费指数，全国应为 389. 00，即设 2016 年为基数值 100 加以对比衡量，至 2020 年达到假定目标需提升 289. 00%。8 个省域此项指数低于全国指数，即假定测算居民消费指数提升差距小于全国；23 个省域此项指数高于全国指数，即假定测算居民消费指数提升差距大于全国。其中，新疆此项指数 323. 76 最低，即达到假定增长测算目标的差距最小；贵州此项指数 563. 36 最高，即达到假定增长测算目标的差距最大。

在此假定“应然目标”下，纵向检测指数即为差距测量结果，指数越低意味着差距越小，越容易实现。

2020 年度横向检测居民总消费指数，全国应为 85. 54，即设收入人均值城乡、地区无差距为理想值 100 加以比较衡量，全国总体尚存差距 14. 46 个点。26 个省域此项指数高于全国指数，即假定测算居民消费指数高于全国；5 个省域此项指数依次低于全国指数，即假定测算居民消费指数低于全国。

其中，重庆此项指数106.65最高，即达到假定目标情况下高于全国总体指数21.11个点；新疆此项指数78.35最低，即达到假定目标情况下低于全国总体指数7.19个点。

在此项假定测算中，四大区域横向检测指数较为接近，地区性差异排序部分失去意义。由于预设全国所有省域同步达到“应然目标”，各地纵向检测差距愈大，倘若同时得以实现则横向检测排行有可能愈前，反之亦然。

保持居民消费率不再下降，实现居民消费最小城乡比“应然目标”，本身即为“协调增长”的基本需要。在假定实现最小城乡比情况下，与2016年相比，全国居民消费城乡比应明显缩小，31个省域城乡比相应缩小。在此项假定测算当中，由于全国及28个省域城乡比自身趋于缩小，保持缩小趋势至2020年即为最小城乡比；3个省域城乡比自身趋于扩大，同样按各自历年最小城乡比假定测算，于是城乡综合演算的居民消费总量、人均值明显提升。由此可知，既有城乡差距在全国社会结构中的“非均衡性”影响极大。

但是，地区差距在全国社会结构中的“非均衡性”影响同样很大。假定各地按照自身历年最小城乡比测算下来，全国居民消费地区差将显著扩大，18个省域地区差相应扩大。

特别应当注意，各地居民总消费指数不仅普遍提升，而且相互接近，在四大区域之间尤为接近。

2. 实现居民消费比最佳值并弥合城乡比理想测算

城乡差距系民生发展“非均衡性”的最主要成因，仅仅实现居民消费既往历年最小城乡比显然不够。假定全国及各地实现居民消费比历年最佳值并同步弥合城乡比，以最小城乡比演算的各自城镇人均值作为城乡持平人均值进行测算，可以检测最终消除城乡差距的实际距离。

据此假定推演居民消费“理想增长”动向，亦即均衡发展“理想目标”，预测全国及各地2020年居民总消费主要数据及居民总消费指数见表7，分区域以2016~2020年纵向检测假定目标差距位次排列。

表 7　全国及各地 2020 年居民总消费理想增长测算

地区	实现居民消费比最佳值并弥合城乡比测算			总消费专项指数测算			
				2016～2020 年纵向检测（2016 年基数值 = 100）		2020 年度横向检测（无差距理想值 = 100）	
	城乡总量（亿元）	城与乡人均（元）	地区差（无差距 = 1）	预测指数	差距排序（倒序）	预测指数	排序
全　国	**561605.30**	**39900.34**	**1.2839**	**491.01**	**—**	**96.31**	**—**
黑龙江	10635.61	28044.97	1.2971	417.59	2	89.67	30
辽　宁	16612.58	37507.17	1.0600	439.64	3	97.72	25
吉　林	12245.57	44717.46	1.1207	586.19	24	105.87	10
东　北	**39493.76**	**36515.94**	**1.1593**	**467.22**	**[1]**	**95.49**	**[4]**
河　北	21075.00	27446.73	1.3121	398.03	1	88.05	31
上　海	17897.40	67039.80	1.6802	444.11	4	101.47	20
北　京	16906.68	69692.30	1.7467	455.54	7	103.06	16
浙　江	34720.11	59552.51	1.4925	469.11	8	103.59	13
天　津	10621.17	59787.46	1.4984	477.55	9	100.94	21
海　南	3452.01	36440.99	1.0867	481.63	10	98.22	24
江　苏	45736.22	55957.74	1.4024	485.11	13	101.74	18
福　建	19538.27	48985.62	1.2277	496.89	15	101.61	19
广　东	68684.61	58982.31	1.4782	539.87	18	106.46	8
山　东	45758.45	44947.77	1.1265	552.08	21	104.27	12
东　部	**284389.93**	**52639.16**	**1.4051**	**502.40**	**[2]**	**99.68**	**[3]**
山　西	10592.00	27927.91	1.3001	445.95	5	90.73	29
安　徽	23452.04	37701.94	1.0551	483.11	12	100.12	22
河　南	31462.01	32838.33	1.1770	490.85	14	96.21	26
江　西	18013.78	38448.14	1.0364	527.32	17	102.70	17
湖　北	29838.22	50217.43	1.2586	574.90	23	106.33	9
湖　南	36807.60	52673.54	1.3201	603.69	25	110.83	5
中　部	**150165.65**	**40474.15**	**1.1912**	**527.95**	**[3]**	**99.80**	**[2]**
新　疆	8098.02	31924.65	1.1999	448.37	6	93.36	28
甘　肃	8070.73	30861.91	1.2265	481.88	11	94.75	27
四　川	34631.04	41835.16	1.0485	520.48	16	104.35	11
宁　夏	3071.84	43740.90	1.0963	540.83	19	103.40	14
青　海	2728.98	44747.60	1.1215	544.03	20	103.13	15
云　南	15944.06	32686.06	1.1808	564.40	22	99.88	23
内蒙古	16524.54	64443.17	1.6151	638.57	26	109.08	7

续表

地区	实现居民消费比最佳值并弥合城乡比测算			总消费专项指数测算			
				2016～2020年纵向检测（2016年基数值=100）		2020年度横向检测（无差距理想值=100）	
	城乡总量（亿元）	城与乡人均（元）	地区差（无差距=1）	预测指数	差距排序（倒序）	预测指数	排序
重　庆	18819.86	60085.86	1.5059	639.95	27	111.96	3
广　西	21528.88	43971.87	1.1020	652.19	28	110.64	6
陕　西	20157.17	52450.58	1.3145	677.78	29	111.74	4
贵　州	20091.43	57386.60	1.4382	775.49	30	116.89	2
西　藏	1781.18	50845.82	1.2743	909.54	31	128.88	1
西　部	**171447.73**	**45765.29**	**1.2603**	**597.60**	［4］	**103.49**	［1］

注：纵向检测排序取倒序，指数越低差距越小；横向检测指数普遍接近理想值100，各地尚存地区差距影响，但全国地区差较明显扩大，较多省域指数超出理想值100，由其他指标明显提升所致。

假定实现居民消费比最佳值并弥合城乡比测算，2020年全国城乡居民消费总量应达561605.30亿元，城乡持平人均值应为39900.34元，即前面测算的城镇人均值水平。20个省域人均值高于全国人均值，11个省域人均值低于全国人均值。其中，北京人均值69692.30元最高，高达全国人均值的174.67%；河北人均值27446.73元最低，低至全国人均值的68.79%。

全国城乡居民消费地区差应为1.2839，即31个省域人均值与全国人均值的绝对偏差平均值为28.39%。17个省域地区差小于全国地区差，14个省域地区差大于全国地区差。其中，江西地区差1.0364最小，即与全国人均值的绝对偏差为3.64%，仅为全国总体地区差的80.72%；北京地区差1.7467最大，即与全国人均值的绝对偏差为74.67%，高达全国总体地区差的136.05%。

2016～2020年纵向检测居民总消费指数，全国应为491.01，即设2016年为基数值100加以对比衡量，至2020年达到假定目标需提升391.01%。14个省域此项指数低于全国指数，即假定测算居民消费指数提升差距小于全国；17个省域此项指数高于全国指数，即假定测算居民消费指数提升差距大于全国。其中，河北此项指数 398. 03 最低，即达到假定增长测算目标的差距最小；西藏此项指数 909. 54 最高，即达到假定增长测算目标的差距最大。

在此假定“理想目标”下，纵向检测指数即为差距测量结果，指数越低意味着差距越小，越容易实现。

2020 年度横向检测居民总消费指数，全国应为 96. 31，即设各类人均值城乡、地区无差距为理想值 100 加以比较衡量，全国总体仅存差距 3. 69 个点。25 个省域此项指数高于全国指数，即假定测算居民消费指数略高于全国；6 个省域此项指数低于全国指数，即假定测算居民消费指数略低于全国。其中，西藏此项指数 128. 88 最高，即达到假定目标情况下高于全国总体指数 32. 57 个点；河北此项指数 88. 05 最低，即达到假定目标情况下低于全国总体指数 8. 26 个点。

在此项假定测算中，四大区域横向检测指数较为接近，地区性差异排序部分失去意义。由于预设全国所有省域同步达到“理想目标”，各地纵向检测差距愈大，倘若同时得以实现则横向检测排行有可能愈前，反之亦然。

实现弥合居民消费城乡比“理想目标”，本身即为“均衡发展”的理念要求。在假定弥合城乡比情况下，与 2016 年相比，全国居民消费地区差仍将较明显扩大，15 个省域地区差相应扩大，但对比最小城乡比测算，扩大程度和范围明显减小。据此假定测算可见，由于预设乡村居民消费高速增长，到 2020 年人均值与城镇持平，全国及各地城乡综合演算的居民消费总量、人均值大幅提升。由此得知，正是既有城乡差距加大了全国“非均衡性”地区差距。

特别应当注意，各地居民总消费指数普遍十分接近，在四大区域之间更为明显。

设置“应然目标”和“理想目标”展开测算，特别针对中国社会结构体制造成的“非均衡性”地区鸿沟和城乡鸿沟。本项检测回溯“全面小康”建设进程展开测算推演，倘若保持 2000 年以来全国及各地居民消费增长变化态势，到 2020 年全国居民消费地区差将为 1. 2513，略微低于当前居民消费地区差；居民消费城乡比将为2.1282，较明显低于当前居民消费城乡比。这意味着，居民消费地区差和城乡比依然明显存在，仅仅“维持现状”任其“自然增长”显然不够。彻底消除全国及各地民生发展各个方面的地区差距和城乡差距，还需要强有力的政策措施和长时期的持续努力，期待新中国成立百年之际得以基本弥合。

ℝ.4

全国省域居民物质消费分类演算指数排行

——2016年检测与2020年测算

王亚南　刘 婷　杨 超*

摘　要： 物质消费指数系“中国人民生活发展指数检测体系”特定组成部分，在此作为独立的“中国民生消费需求景气评价体系”三个二级子系统之二。从2000年以来基数值纵向检测可以看出，西部物质消费指数提升最高，中部次之，东部再次，东北稍低，表明区域均衡发展国家方略已见成效；西藏、安徽、贵州、甘肃、青海占据前5位。2016年无差距理想值横向检测发现，差距仍在于各方面协调性、均衡性还不够理想；北京、上海、浙江、辽宁、江苏占据前5位。假定全国同步实现物质消费历年最小城乡比直至弥合城乡比，民生消费需求景气指数将更加明显提升。

关键词： 全面小康　物质消费　专项指数　测评排行

物质消费指数系“中国人民生活发展指数检测体系”特定组成部分，在此作为独立的“中国民生消费需求景气评价体系”三个二级子系统之二，

---

* 王亚南，云南省社会科学院研究员，文化发展研究中心主任，主要从事民俗学、民族学及文化理论、文化战略和文化产业研究；刘婷，云南省社会科学院研究员，文化发展研究中心秘书长，主要从事文化人类学研究；杨超，云南省商务研究院院长学术助理、信息中心主任，主要从事大数据相关研究。

取物质消费分类数据综合演算，构成总消费特定部分，在整个指标系统综合演算中的权重倒序第二（详见技术报告表3、表4）。

物质消费为“维持生计”基本消费，“全面小康”进程中出现颇有意味的变化，占居民收入比、占总消费比重持续下降，呈现放大的恩格尔定律关系及其系数变动效应。各个子系统基础数据皆来源于国家统计局《中国统计年鉴》，均采用检测指标自足设计方式，分别实现与其余子系统对应数据的相关性分析测算，独立完成专项检测指数演算，最后汇总成为民生消费需求景气指数。

一　居民物质消费总量增长基本情况

根据正式出版公布的既往年度统计数据和最新年度统计数据，按照本项研究检测的构思设计进行演算，全国及各地居民物质消费总量增长状况见表1，分区域以总量增长变化位次排列。

表1　全国及各地居民物质消费总量简要状况

地区	2000年物质消费总量		2016年物质消费总量			2016年物质消费总量分类数据			
	城乡总量（亿元）	份额（%）	城乡总量（亿元）	份额（%）	年均增指数（上年=1）	食品消费（亿元）	衣着消费（亿元）	居住消费（亿元）	用品消费（亿元）
全　国	**25416.45**	**100.00**	**156920.23**	**100.00**	**1.1205**	**72372.19**	**17033.34**	**52802.28**	**14712.42**
北　京	626.15	2.46	5118.24	3.26	1.1403	1652.99	528.66	2430.93	505.66
天　津	337.55	1.33	2676.55	1.71	1.1382	1250.25	301.17	881.82	243.31
河　北	1003.84	3.95	7049.24	4.49	1.1295	2919.98	860.01	2530.68	738.57
上　海	871.75	3.43	6056.72	3.86	1.1288	2294.36	415.22	2927.27	419.87
海　南	137.44	0.54	903.26	0.58	1.1249	534.57	56.01	246.91	65.77
广　东	2745.43	10.80	17434.86	11.11	1.1225	8796.25	1332.47	5765.42	1540.72
江　苏	1821.29	7.17	11516.73	7.34	1.1222	5079.03	1184.38	4147.76	1105.56
福　建	898.77	3.54	5619.53	3.58	1.1214	2705.36	432.04	2045.14	436.99
浙　江	1533.85	6.03	9184.52	5.85	1.1184	4160.66	881.63	3454.59	687.64
山　东	1849.86	7.28	10415.94	6.64	1.1141	4581.81	1375.12	3302.64	1156.37

续表

地区	2000年物质消费总量		2016年物质消费总量			2016年物质消费总量分类数据			
	城乡总量（亿元）	份额（%）	城乡总量（亿元）	份额（%）	年均增指数（上年=1）	食品消费（亿元）	衣着消费（亿元）	居住消费（亿元）	用品消费（亿元）
东　部	**11825.92**	**45.64**	**75975.58**	**48.56**	**1.1233**	**33975.27**	**7366.70**	**27733.17**	**6900.44**
新　疆	292.76	1.15	2172.52	1.38	1.1335	1028.48	311.74	607.02	225.28
内蒙古	410.14	1.61	2884.49	1.84	1.1297	1317.03	469.01	809.25	289.20
宁　夏	88.07	0.35	592.98	0.38	1.1266	254.91	84.64	189.63	63.80
青　海	81.56	0.32	547.09	0.35	1.1263	258.56	77.53	157.75	53.25
甘　肃	322.55	1.27	2121.60	1.35	1.1249	1003.33	273.83	625.34	219.10
西　藏	41.56	0.16	259.44	0.17	1.1213	156.29	32.02	53.82	17.31
陕　西	549.56	2.16	3425.47	2.18	1.1212	1524.54	408.56	1114.54	377.83
四　川	1500.72	5.90	8595.83	5.48	1.1153	4489.12	976.95	2312.74	817.02
重　庆	606.62	2.39	3428.04	2.18	1.1143	1735.80	431.76	904.45	356.03
贵　州	526.55	2.07	2906.44	1.85	1.1127	1384.29	309.05	931.07	282.03
云　南	669.40	2.63	3693.84	2.35	1.1127	1848.30	331.56	1172.23	341.75
广　西	837.41	3.29	4054.46	2.58	1.1036	2087.96	266.74	1347.98	351.78
西　部	**5926.91**	**22.88**	**34682.21**	**22.17**	**1.1167**	**17088.60**	**3973.40**	**10225.80**	**3394.41**
江　西	680.30	2.68	4318.23	2.75	1.1224	2061.54	451.92	1444.80	359.97
安　徽	982.17	3.86	6177.38	3.94	1.1218	3077.53	633.49	1919.27	547.09
河　南	1320.43	5.20	8163.66	5.20	1.1206	3514.02	1128.53	2580.39	940.72
山　西	468.96	1.85	2872.06	1.83	1.1199	1159.59	419.63	1035.52	257.32
湖　北	1196.81	4.71	6181.57	3.94	1.1081	2945.28	667.22	2009.61	559.46
湖　南	1360.81	5.35	6973.16	4.44	1.1075	3363.56	754.01	2157.94	697.65
中　部	**6009.47**	**23.19**	**34686.06**	**22.17**	**1.1158**	**16121.52**	**4054.80**	**11147.52**	**3362.22**
辽　宁	921.59	3.63	5360.10	3.42	1.1163	2419.30	775.93	1639.48	525.39
吉　林	515.11	2.03	2429.13	1.55	1.1018	1090.65	351.39	772.41	214.68
黑龙江	710.13	2.79	3334.25	2.12	1.1015	1533.93	506.12	1005.12	289.08
东　北	**2146.83**	**8.29**	**11123.47**	**7.11**	**1.1083**	**5043.88**	**1633.43**	**3417.01**	**1029.15**

注：①全国及各省域分别演算未予平衡，省域总量之和不等于全国总量，四大区域占全国份额已加以平衡。②数据演算屡经四舍五入，可能出现细微出入，属于演算常规无误。③年均增长指数取4位小数，以便精确排序，全文同。④物质消费支出分类项分别简称“食品、衣着、居住、用品”。⑤食品消费占总消费比重为所谓“恩格尔系数”，此项比重降低即恩格尔系数值下降。中国社会传统历来把“衣食温饱”联系在一起，恩格尔系数本土化为“中国版”似以包容“衣食温饱”为宜，而居住消费（包括城镇产权房、乡村住房改造自筹部分）已成为物质生活“刚需”，本系列检测放大至物质消费占总消费比重，可定义为“物质生活需求系数”。

2000 年，全国城乡物质消费总量为 25416.45 亿元；2016 年，全国城乡物质消费总量为 156920.23 亿元。2000 年以来 16 年间，全国城乡物质消费总量年均增长 12.05%。

18 个省域总量年均增长高于全国平均增长，13 个省域总量年均增长低于全国平均增长。其中，北京总量年均增长 14.03% 最高，高于全国总量年增 1.98 个百分点；黑龙江总量年均增长 10.15% 最低，低于全国总量年增 1.90 个百分点。

全国物质消费总量始终为份额基准 100，基于各地历年不同增长状况，东部总量份额上升，增高 6.38%；西部总量份额下降，下降 3.10%；中部总量份额下降，下降 4.42%；东北总量份额下降，下降 14.20%。总量份额变化取百分点将易于直观对比，但取百分比则更有利于精确排序。

18 个省域总量占全国份额上升，13 个省域总量占全国份额下降。其中，北京总量份额变化态势最佳，增高 32.40%；黑龙江总量份额变化态势不佳，降低 23.95%。各省域总量份额变化取决于年均增长幅度，其份额增减程度取百分比演算，排序结果即与年均增长指数排序一致。

物质消费增长放到相关背景中考察更有意义。全国物质消费总量历年平均增长率为 12.05%，低于产值年增 1.29 个百分点，低于财政支出年增 4.64 个百分点；低于居民收入年增 1.12 个百分点，低于居民积蓄年增 2.77 个百分点；低于居民总消费年增 0.56 个百分点，低于非物消费年增 1.77 个百分点。按分类单项消费增长率高低衡量，全国物质消费增长主要在于居住消费增长，而用品消费、衣着消费、食品消费增长低于整个物质消费增长。

2016 年，全国城乡居民食品消费占总消费比重为 30.04%，相比 2000 年降低 22.97 个百分点。16 个省域此项比重低于全国总体比重，15 个省域此项比重高于全国总体比重。其中，北京食品消费比重 21.48% 最低，仅为全国比重的 71.51%，相比 2000 年降低 10.82 个百分点；西藏食品消费比重 48.19% 最高，高达全国比重的 160.44%，相比 2000 年降低 12.05 个百分点。

同时，全国城乡居民食品消费占物质消费比重为 46.12%，相比 2000

年降低14.71个百分点。14个省域此项比重低于全国总体比重，17个省域此项比重高于全国总体比重。其中，北京此项比重32.30%最低，仅为全国比重的70.03%，相比2000年降低23.55个百分点；西藏此项比重60.24%最高，高达全国比重的130.62%，相比2000年降低13.87个百分点。

此间一个动向值得关注，全国居民居住消费超常显著增长，占总消费比重相比2000年猛增9.84个百分点，“抢占”食品消费比重降低“让出”的大半份额，否则整个物质消费比重还会更大幅度下降。尤其需要注意，上海居住消费比重最高，相比2000年剧增23.76个百分点；北京居住消费比重次高，相比2000年剧增23.73个百分点。于是上海、北京两地物质消费比重不降反升，上海上升0.10个百分点，北京上升1.17个百分点，住房“刚需”遭遇中心城市高房价的不良影响由此可窥一斑。

相关系数检测可谓相关性分析最简便的通用方式，同时检验两组数据链历年增减变化趋势是否一致、变化程度是否相近、变化动向是否稳定。相关系数1为绝对相关，完全同步；0为无相关性，完全不同步；-1为绝对负相关，完全逆向同步。设数据项A历年增幅变化为N，若数据项B历年增幅（降幅绝对值）愈接近N（高低不论），即保持趋近性（正负不论），或历年增幅（降幅绝对值）存在固有差距（高低不论）但上下波动变化愈小，即保持平行（逆向）同步性，则二者相关系数（负值）愈高；反之相关系数（负值）愈低。

物质消费历年增长相关系数（可简化理解为增长同步程度）如下。

（1）与总消费之间全国为0.9161，呈很强正相关，30个省域呈75%以上强相关，1个省域呈60%以下弱相关；四川最高为0.9571，广东最低为0.4141。

（2）与食品消费之间全国为0.4581，呈很弱正相关，14个省域呈60%以下弱相关，其中3个省域呈负相关；新疆最高为0.9032，北京最低为-0.3816。

（3）与衣着消费之间全国为0.0388，呈极弱正相关，30个省域呈60%

以下弱相关，其中 4 个省域呈负相关；宁夏最高为 0. 6602，北京最低为 -0. 4352。

（4）与居住消费之间全国为 0. 6013，呈较弱正相关，4 个省域呈 75% 以上强相关，17 个省域呈 60% 以下弱相关；北京最高为 0. 9505，重庆最低为 0. 1467。

（5）与用品消费之间全国为 0. 4682，呈很弱正相关，23 个省域呈 60% 以下弱相关，其中 1 个省域呈负相关；山东最高为 0. 8303，福建最低为 -0. 0041。

对应数据链之间增长变化相关系数的高低、正负差异在于，其间增长动向的同步性是强还是弱，增幅升降的趋向性相近或是相左。后台数据库检测表明，2000 ~ 2016 年，全国物质消费年均增长较明显低于居民总消费增长，显著高于食品消费增长，较明显高于衣着消费增长，极显著低于居住消费增长，较明显高于用品消费增长。

二 物质消费人均值相关均衡性检测

1. 城乡综合人均值及其地区差

全国及各地物质消费人均值地区差变化状况见表 2，分区域以地区差扩减变化倒序位次排列。

表 2 全国及各地物质消费人均值地区差变化状况

地区	2000 年物质消费地区差距			2016 年物质消费地区差距			16 年间地区差扩减（负值缩小为佳，取倒序）	
	城乡综合人均值		地区差（无差距 =1）	城乡综合人均值		地区差（无差距 =1）		
	人均值（元）	排序		人均值（元）	排序		比例（%）	排序
全 国	**2012. 95**	—	**1. 3204**	**11382. 04**	—	**1. 2732**	**-3. 57**	—
广 东	3666. 19	3	1. 8213	15960. 14	5	1. 4022	-23. 01	1
上 海	5597. 09	1	2. 7805	25052. 26	1	2. 2010	-20. 84	2
浙 江	3381. 87	5	1. 6801	16505. 57	4	1. 4501	-13. 69	3
北 京	4790. 74	2	2. 3800	23567. 34	2	2. 0706	-13. 00	4

续表

地区	2000年物质消费地区差距			2016年物质消费地区差距			16年间地区差扩减（负值缩小为佳，取倒序）	
	城乡综合人均值		地区差（无差距=1）	城乡综合人均值		地区差（无差距=1）		
	人均值（元）	排序		人均值（元）	排序		比例(%)	排序
天　津	3444.37	4	1.7111	17218.33	3	1.5128	-11.59	5
河　北	1510.90	27	1.2494	9465.29	17	1.1684	-6.48	8
福　建	2672.52	6	1.3277	14571.57	6	1.2802	-3.58	12
海　南	1772.28	15	1.1196	9883.50	16	1.1317	1.08	20
江　苏	2505.22	7	1.2445	14418.16	7	1.2667	1.78	21
山　东	2069.08	10	1.0279	10524.25	12	1.0754	4.62	24
东　部	**2759.10**	**[1]**	**1.6342**	**14407.06**	**[1]**	**1.4559**	**-10.91**	**[1]**
安　徽	1568.59	25	1.2208	10012.29	15	1.1203	-8.23	7
河　南	1399.13	30	1.3049	8587.90	25	1.2455	-4.55	10
江　西	1623.64	19	1.1934	9430.89	18	1.1714	-1.84	16
山　西	1453.67	28	1.2778	7819.25	30	1.3130	2.75	23
湖　南	2078.52	9	1.0326	10250.86	14	1.0994	6.47	25
湖　北	2011.78	11	1.0006	10533.93	11	1.0745	7.39	26
中　部	**1687.53**	**[3]**	**1.1717**	**9477.47**	**[3]**	**1.1707**	**-0.09**	**[2]**
内蒙古	1732.73	18	1.1392	11466.78	9	1.0074	-11.57	6
甘　肃	1264.92	31	1.3716	8145.02	28	1.2844	-6.36	9
四　川	1749.91	17	1.1307	10440.70	13	1.0827	-4.25	11
陕　西	1513.53	26	1.2481	9007.28	21	1.2086	-3.16	13
青　海	1588.37	23	1.2109	9261.53	19	1.1863	-2.03	14
重　庆	1967.30	12	1.0227	11305.19	10	1.0068	-1.55	17
贵　州	1410.53	29	1.2993	8205.08	27	1.2791	-1.55	18
新　疆	1616.12	21	1.1971	9132.60	20	1.1976	0.04	19
宁　夏	1605.61	22	1.2024	8831.53	23	1.2241	1.80	22
云　南	1587.58	24	1.2113	7766.04	31	1.3177	8.78	27
西　藏	1617.01	20	1.1967	7922.17	29	1.3040	8.97	28
广　西	1769.87	16	1.1208	8416.97	26	1.2605	12.46	29
西　部	**1645.50**	**[4]**	**1.1959**	**9304.98**	**[4]**	**1.1966**	**0.06**	**[3]**
辽　宁	2206.07	8	1.0959	12237.11	8	1.0751	-1.90	15
黑龙江	1869.00	14	1.0715	8762.00	24	1.2302	14.81	30
吉　林	1929.27	13	1.0416	8855.21	22	1.2220	17.32	31
东　北	**2016.37**	**[2]**	**1.0697**	**10178.21**	**[2]**	**1.1758**	**9.92**	**[4]**

注：本文恢复自行演算城乡人均值，物质消费城乡人均值由人民生活消费支出前4类城乡综合人均值合计构成。

2000年，全国城乡物质消费人均值为2012.95元。10个省域人均值高于全国人均值，21个省域人均值低于全国人均值。其中，上海人均值5597.09元最高，高达全国人均值的278.05%；甘肃人均值1264.92元最低，低至全国人均值的62.84%。

2016年，全国城乡物质消费人均值为11382.04元。9个省域人均值高于全国人均值，22个省域人均值低于全国人均值。其中，上海人均值25052.26元最高，高达全国人均值的220.10%；云南人均值7766.04元最低，低至全国人均值的68.23%。

2000年以来16年间，全国城乡物质消费人均值年均增长11.44%。12个省域人均值年均增长高于全国平均增长，19个省域人均值年均增长低于全国平均增长。其中，内蒙古人均值年均增长12.54%最高，高于全国人均值年增1.10个百分点；广东人均值年均增长9.63%最低，低于全国人均值年增1.81个百分点。

各省域地区差指数依据其人均值与全国人均值的绝对偏差进行演算，全国和四大区域地区差取相应省域与全国人均值的绝对偏差平均值进行演算。当地人均值增大本身具有正面效应，但本来高于全国人均值的省域会导致地区差继续扩大，带来负面效应；而本来低于全国人均值的省域则导致地区差逐渐缩小，带来正面效应。

2000年，全国城乡物质消费地区差为1.3204，即31个省域人均值与全国人均值的绝对偏差平均值为32.04%。24个省域地区差小于全国地区差，7个省域地区差大于全国地区差。其中，湖北地区差1.0006最低，即与全国人均值的绝对偏差为0.06%，仅为全国总体地区差的75.78%；上海地区差2.7805最高，即与全国人均值的绝对偏差为178.05%，高达全国总体地区差的210.59%。

2016年，全国城乡物质消费地区差为1.2732，即31个省域人均值与全国人均值的绝对偏差平均值为27.32%。20个省域地区差小于全国地区差，11个省域地区差大于全国地区差。其中，重庆地区差1.0068最低，即与全国人均值的绝对偏差为0.68%，仅为全国总体地区差的79.07%；上海地区差2.2010最高，即与全国人均值的绝对偏差为120.10%，高达全国总体地区差的172.87%。

基于全国及各地城乡物质消费历年不同增长状况，与2000年相比，全国地区差较明显缩小3.57%。同期，18个省域地区差缩小，13个省域地区差扩大。这无疑表明，全国及大部分省域物质消费增长变化态势已经转入“区域均衡发展”的健康轨道。12个省域地区差变化态势好于全国地区差变化态势，19个省域地区差变化态势逊于全国地区差变化态势。其中，广东地区差变化态势最佳，缩减23.01%；吉林地区差变化态势不佳，扩增17.32%。

本项检测体系的地区差距相关性考察在经济、财政、民生全数据链当中通约演算，各地经济、社会、民生发展的地区差距具有贯通性。全国及各地产值地区差动态有可能影响居民生活各方面地区差变化，随之居民收入、总消费、物质消费或非物消费、积蓄地区差动态又有可能影响各分类单项消费地区差变化。

物质消费历年地区差变动相关系数（可简化理解为地区差变化同步程度）如下。

（1）与总消费之间全国为0.7605，呈稍强正相关，24个省域呈75%以上强相关，4个省域呈60%以下弱相关；西藏最高为0.9916，重庆最低为-0.5766。

（2）与食品消费之间全国为0.7228，呈较弱正相关，20个省域呈75%以上强相关，6个省域呈60%以下弱相关；广东最高为0.9833，海南最低为-0.7225。

（3）与衣着消费之间全国为0.5372，呈很弱正相关，18个省域呈60%以下弱相关，其中7个省域呈负相关；西藏最高为0.9565，吉林最低为-0.8971。

（4）与居住消费之间全国为0.6424，呈较弱正相关，6个省域呈75%以上强相关，19个省域呈60%以下弱相关；广东最高为0.9544，河北最低为-0.1232。

（5）与用品消费之间全国为0.7759，呈稍强正相关，11个省域呈75%以上强相关，14个省域呈60%以下弱相关；广东最高为0.9420，云南最低为-0.4609。

2000~2016年，全国物质消费地区差缩小3.57%，与之对应的数据链之间地区差变化相关系数的高低、正负差异在于，其间地区差扩减幅度的同步性是强还是弱，扩减变化的趋向性相近或是相左。后台数据库检测表明，全国居民总消费地区差缩小6.26%，食品消费地区差缩小5.91%，衣着消费地区差缩小8.01%，居住消费地区差扩大6.07%，用品消费地区差缩小18.43%。

2. 城镇与乡村人均值及其城乡比

全国及各地物质消费人均值城乡比变化状况见表3，分区域以城乡比扩减变化倒序位次排列。

表3　全国及各地物质消费人均值城乡比变化状况

地区	2000年物质消费城乡差距			2016年物质消费城乡差距			16年间城乡比扩减（负值缩小为佳，取倒序）	
	城镇人均值（元）	乡村人均值（元）	城乡比（乡村=1）	城镇人均值（元）	乡村人均值（元）	城乡比（乡村=1）	比例（%）	排序
全　国	**3398.56**	**1250.25**	**2.7183**	**15041.94**	**6584.28**	**2.2845**	**-15.96**	**—**
重　庆	3830.33	1075.35	3.5619	14090.21	6804.49	2.0707	-41.87	2
四　川	3428.71	1158.61	2.9593	13953.42	7138.46	1.9547	-33.95	5
陕　西	2877.47	883.90	3.2554	12013.43	5387.30	2.2300	-31.50	7
广　西	3438.89	1140.62	3.0149	11640.50	5491.99	2.1195	-29.70	8
云　南	3477.81	1029.24	3.3790	11673.17	4673.32	2.4978	-26.08	10
贵　州	3030.93	917.53	3.3034	12599.06	4878.96	2.5823	-21.83	11
西　藏	4061.17	1059.63	3.8326	15137.80	5023.41	3.0135	-21.37	12
甘　肃	2774.23	799.03	3.4720	12635.93	4624.82	2.7322	-21.31	13
新　疆	2940.71	949.07	3.0985	13233.18	5378.49	2.4604	-20.59	14
青　海	2778.98	969.58	2.8662	13070.68	5302.05	2.4652	-13.99	22
宁　夏	2734.66	1077.45	2.5381	11631.49	5302.07	2.1938	-13.57	23
内蒙古	2541.32	1144.57	2.2203	14560.31	6679.56	2.1798	-1.82	29
西　部	**3201.54**	**1038.33**	**3.0833**	**12957.84**	**5728.94**	**2.2618**	**-26.64**	**[1]**

续表

地区	2000 年物质消费城乡差距			2016 年物质消费城乡差距			16 年间城乡比扩减（负值缩小为佳，取倒序）	
	城镇人均值（元）	乡村人均值（元）	城乡比（乡村 =1）	城镇人均值（元）	乡村人均值（元）	城乡比（乡村 =1）	比例（%）	排序
安　徽	3044. 71	1018. 74	2. 9887	12922. 27	6953. 30	1. 8584	－37. 82	3
湖　北	3341. 05	1151. 27	2. 9021	13192. 16	6940. 91	1. 9006	－34. 51	4
山　西	2586. 24	864. 90	2. 9902	10051. 20	5021. 86	2. 0015	－33. 06	6
湖　南	3560. 02	1473. 11	2. 4167	13376. 83	6888. 37	1. 9419	－19. 65	16
河　南	2707. 91	1016. 53	2. 6639	11997. 95	5480. 61	2. 1892	－17. 82	17
江　西	2604. 43	1258. 30	2. 0698	12084. 09	6514. 58	1. 8549	－10. 38	26
中　部	**3039. 47**	**1136. 49**	**2. 6744**	**12420. 42**	**6288. 71**	**1. 9750**	**－26. 15**	**[2]**
天　津	4282. 13	1339. 60	3. 1966	18644. 75	10358. 53	1. 7999	－43. 69	1
河　北	2913. 55	1031. 63	2. 8242	12440. 32	6199. 69	2. 0066	－28. 95	9
广　东	5169. 51	1926. 20	2. 6838	19137. 22	8902. 87	2. 1496	－19. 90	15
福　建	4024. 64	1750. 30	2. 2994	17667. 07	9277. 67	1. 9043	－17. 18	18
江　苏	3688. 53	1700. 76	2. 1688	16955. 49	9238. 36	1. 8353	－15. 38	19
海　南	2757. 99	1147. 24	2. 4040	12761. 03	6228. 21	2. 0489	－14. 77	20
浙　江	4584. 49	2300. 19	1. 9931	19177. 29	11225. 10	1. 7084	－14. 28	21
北　京	5523. 64	2325. 51	2. 3752	25352. 50	12117. 39	2. 0922	－11. 91	25
山　东	3366. 13	1314. 10	2. 5616	13956. 69	5780. 31	2. 4145	－5. 74	27
上　海	5959. 91	2972. 65	2. 0049	26933. 74	11574. 56	2. 3270	16. 07	31
东　部	**4275. 54**	**1570. 87**	**2. 7218**	**17783. 50**	**8039. 95**	**2. 2119**	**－18. 73**	**[3]**
吉　林	2740. 92	1145. 63	2. 3925	11513. 73	5520. 85	2. 0855	－12. 83	24
黑龙江	2566. 46	1143. 14	2. 2451	11194. 90	5261. 70	2. 1276	－5. 23	28
辽　宁	3003. 32	1281. 99	2. 3427	15413. 94	5681. 02	2. 7132	15. 82	30
东　北	**2786. 52**	**1195. 91**	**2. 3300**	**13119. 24**	**5479. 16**	**2. 3944**	**2. 76**	**[4]**

2000 年，全国城镇物质消费人均值为 3398. 56 元。13 个省域城镇人均值高于全国城镇人均值，18 个省域城镇人均值低于全国城镇人均值。其中，上海城镇人均值 5959. 91 元最高，高达全国城镇人均值的 175. 37%；内蒙古城镇人均值 2541. 32 元最低，低至全国城镇人均值的 74. 78%。

同年，全国乡村物质消费人均值为 1250.25 元。11 个省域乡村人均值高于全国乡村人均值，20 个省域乡村人均值低于全国乡村人均值。其中，上海乡村人均值 2972.65 元最高，高达全国乡村人均值的 237.76%；甘肃乡村人均值 799.03 元最低，低至全国乡村人均值的 63.91%。

2016 年，全国城镇物质消费人均值为 15041.94 元。9 个省域城镇人均值高于全国城镇人均值，22 个省域城镇人均值低于全国城镇人均值。其中，上海城镇人均值 26933.74 元最高，高达全国城镇人均值的 179.06%；山西城镇人均值 10051.20 元最低，低至全国城镇人均值的 66.82%。

同年，全国乡村物质消费人均值为 6584.28 元，仅为城镇人均值的 43.77%。13 个省域乡村人均值高于全国乡村人均值，18 个省域乡村人均值低于全国乡村人均值。其中，北京乡村人均值 12117.39 元最高，高达全国乡村人均值的 184.04%；甘肃乡村人均值 4624.82 元最低，低至全国乡村人均值的 70.24%。

2000 年以来 16 年间，全国城镇物质消费人均值年均增长 9.74%。11 个省域城镇人均值年均增长高于全国城镇平均增长，20 个省域城镇人均值年均增长低于全国城镇平均增长。其中，内蒙古城镇人均值年均增长 11.53% 最高，高于全国城镇年增 1.79 个百分点；云南城镇人均值年均增长 7.86% 最低，低于全国城镇年增 1.88 个百分点。

同期，全国乡村物质消费人均值年均增长 10.94%，高于全国城镇年增 1.20 个百分点。在此期间，29 个省域乡村人均值年均增长高于自身城镇年增。17 个省域乡村人均值年均增长高于全国乡村平均增长，14 个省域乡村人均值年均增长低于全国乡村平均增长。其中，天津乡村人均值年均增长 13.64% 最高，高于全国乡村年增 2.70 个百分点；上海乡村人均值年均增长 8.87% 最低，低于全国乡村年增 2.07 个百分点。

城乡比及其扩减变化基于城镇与乡村人均绝对值及其不同增长进行演算，在民生发展的城乡差距长期存在的情况下，倘若乡村人均值增长滞后于城镇人均值增长，势必导致城乡比进一步扩大。

2000 年，全国物质消费城乡比为 2.7183，即全国城镇人均值为乡村人均值的271.83%，其间倍差为2.72。16个省域城乡比小于全国城乡比，15个省域城乡比大于全国城乡比。其中，浙江城乡比1.9931最低，即城镇与乡村的人均值倍差为1.99，仅为全国总体城乡比的73.32%；西藏城乡比3.8326最高，即城镇与乡村的人均值倍差为3.83，高达全国总体城乡比的140.99%。

2016年，全国物质消费城乡比为2.2845，即全国城镇人均值为乡村人均值的228.45%，其间倍差为2.28。22个省域城乡比小于全国城乡比，9个省域城乡比大于全国城乡比。其中，浙江城乡比1.7084最低，即城镇与乡村的人均值倍差为1.71，仅为全国总体城乡比的74.78%；西藏城乡比3.0135最高，即城镇与乡村的人均值倍差为3.01，高达全国总体城乡比的131.91%。

基于全国城镇与乡村物质消费历年不同增长状况，与2000年相比，全国城乡比显著缩小15.96%。同期，29个省域城乡比缩小，2个省域城乡比扩大。这无疑表明，全国及绝大部分省域物质消费增长变化态势已经转入“城乡均衡发展”的健康轨道。18个省域城乡比变化态势好于全国城乡比变化态势，13个省域城乡比变化态势逊于全国城乡比变化态势。其中，天津城乡比变化态势最佳，缩减43.69%；上海城乡比变化态势不佳，扩增16.07%。

本项检测体系的城乡差距相关性考察集中于民生数据链当中。首先，有必要检验城镇与乡村之间物质消费增长相关系数（可简化理解为城乡增长同步程度）：全国为0.8599，呈较强正相关，城乡增长同步性较好，5个省域呈75%以上强相关，18个省域呈60%以下弱相关；江苏最高为0.8453，辽宁最低为-0.0422。

其次，全国及各地居民收入、总消费、积蓄的城乡差距动态有可能对分类单项消费的城乡差距变化产生影响，而物质消费和非物消费的城乡差距动态又有可能反过来对总消费、积蓄的城乡差距变化产生影响，尤其是各类消费需求之间城乡比变化具有贯通性。

物质消费历年城乡比变动相关系数（可简化理解为城乡比变化同步程

度）如下。

（1）与食品消费之间全国为0.7726，呈稍强正相关，18个省域呈75%以上强相关，10个省域呈60%以下弱相关；福建最高为0.9811，上海最低为-0.2859。

（2）与衣着消费之间全国为0.9340，呈很强正相关，24个省域呈75%以上强相关，6个省域呈60%以下弱相关；湖北最高为0.9712，上海最低为-0.4968。

（3）与居住消费之间全国为-0.0736，呈极弱负相关，3个省域呈负相关；山西最高为0.8868，江西最低为-0.1578。

（4）与用品消费之间全国为0.8246，呈稍强正相关，19个省域呈75%以上强相关，3个省域呈60%以下弱相关；广西最高为0.9533，辽宁最低为-0.2486。

2000~2016年，全国物质消费城乡比缩小15.96%，与之对应的数据链之间城乡比变化相关系数的高低、正负差异在于，其间城乡比扩减幅度的同步性是强还是弱，扩减变化的趋向性相近或是相左。后台数据库检测表明，全国食品消费城乡比缩小13.25%，衣着消费城乡比缩小42.06%，居住消费城乡比扩大22.94%，用品消费城乡比缩小58.86%。

中国社会由历史承继下来的结构性、体制性“非均衡格局”弊端根深蒂固，长期存在的城乡差距、地区差距系全国及各地民生发展“非均衡性”的主要成因。进入“全面建成小康社会”进程以来，国家把解决“三农”问题列为“重中之重”，并致力于推进区域“均衡发展”。就本文涉及的数据范围来看，国家大力推进缩小区域发展差距的几大战略已见成效，推进缩小城乡发展差距的长年多方努力更显成效。

三　物质消费相关性比值协调性检测

全国及各地物质消费相关性比值状况见表4，分区域以物质消费比重升降倒序位次排列。

表 4　全国及各地物质消费相关性比值状况

地区	物质消费与居民收入相关性				物质消费与居民消费相关性			
	物质消费比		16 年间比值升降（负值下降为佳，取倒序）		物质消费比重值		16 年间比值升降（负值下降为佳，取倒序）	
	2000 年	2016 年			2000 年	2016 年		
	比值(%)	比值(%)	比值(%)	排序	比值(%)	比值(%)	比值(%)	排序
全　国	**54.66**	**46.61**	**-14.73**	—	**70.59**	**65.13**	**-7.73**	—
吉　林	56.88	43.97	-22.70	27	69.76	59.48	-14.74	3
辽　宁	55.61	46.44	-16.49	17	70.02	60.92	-13.00	7
黑龙江	52.53	43.73	-16.75	20	69.09	60.14	-12.95	8
东　北	**54.84**	**45.05**	**-17.85**	[3]	**69.65**	**60.37**	**-13.32**	[1]
山　西	50.66	39.72	-21.59	25	69.08	60.08	-13.03	6
湖　南	61.79	46.68	-24.45	29	71.84	63.19	-12.04	9
河　南	53.51	44.95	-16.00	15	74.24	65.47	-11.81	10
安　徽	55.11	48.47	-12.05	12	74.28	66.47	-10.51	11
湖　北	56.70	47.24	-16.68	19	72.64	65.15	-10.31	12
江　西	55.21	45.35	-17.86	22	74.47	69.27	-6.98	21
中　部	**56.05**	**45.83**	**-18.23**	[4]	**72.97**	**65.08**	**-10.81**	[2]
宁　夏	58.59	45.29	-22.70	28	69.68	57.35	-17.70	1
贵　州	62.73	50.88	-18.89	23	76.71	65.32	-14.85	2
云　南	61.45	43.94	-28.49	31	73.38	63.04	-14.09	4
青　海	57.78	51.78	-10.38	10	71.13	61.13	-14.06	5
新　疆	54.47	48.27	-11.38	11	70.15	63.13	-10.01	13
甘　肃	56.19	52.65	-6.30	5	70.21	63.72	-9.24	14
陕　西	58.07	45.49	-21.66	26	68.59	62.25	-9.24	15
广　西	59.97	44.52	-25.76	30	73.47	66.84	-9.02	18
四　川	59.46	53.53	-9.97	8	74.06	68.40	-7.64	20
内蒙古	51.88	46.64	-10.10	9	66.93	62.61	-6.45	22
重　庆	59.41	49.79	-16.19	16	71.62	67.31	-6.02	23
西　藏	65.66	54.80	-16.54	18	83.32	80.00	-3.98	27
西　部	**58.84**	**48.67**	**-17.28**	[2]	**72.34**	**65.23**	**-9.83**	[3]
江　苏	51.21	44.04	-14.00	13	70.65	64.12	-9.24	16
河　北	45.93	46.25	0.70	1	71.10	64.53	-9.24	17
山　东	50.85	41.12	-19.13	24	69.74	63.91	-8.36	19
天　津	50.25	50.38	0.26	2	69.63	65.71	-5.63	24
浙　江	50.98	42.27	-17.09	21	67.30	63.98	-4.93	25
海　南	51.90	46.76	-9.90	7	71.11	67.84	-4.60	26

续表

地区	物质消费与居民收入相关性				物质消费与居民消费相关性			
	物质消费比		16年间比值升降（负值下降为佳，取倒序）		物质消费比重值		16年间比值升降（负值下降为佳，取倒序）	
	2000年	2016年			2000年	2016年		
	比值(%)	比值(%)	比值(%)	排序	比值(%)	比值(%)	比值(%)	排序
福　建	54.16	51.56	-4.80	4	71.86	70.93	-1.29	28
上　海	51.00	46.61	-8.61	6	67.49	67.59	0.15	29
北　京	53.04	44.84	-15.46	14	65.34	66.51	1.79	30
广　东	52.90	52.34	-1.06	3	66.33	67.67	2.02	31
东　部	**51.27**	**46.24**	**-9.81**	**[1]**	**68.60**	**65.90**	**-3.94**	**[4]**

注：物质消费相关性分析取物质消费比、物质消费比重两项。对于相关性比值的构思设计及界定阐释，详见本书技术报告。单独取物质消费与居民收入的关系（恩格尔定律关系放大）来看，物质消费比下降意味着居民收入中基本消费开支比重降低；单独取物质消费与居民总消费的关系（恩格尔系数放大）来看，物质消费比重值下降意味着居民总消费中基本消费开支占比降低。

1. 物质消费与居民收入之比

2000年，全国物质消费比为54.66%，此为全国城乡物质消费与居民收入的相对比值，物质生活“基本消费”占比以低为佳。15个省域比值低于全国总体比值，16个省域比值高于全国总体比值。其中，河北比值45.93%最低，低至全国总体比值的84.04%；西藏比值65.66%最高，高达全国总体比值的120.13%。

到2016年，全国物质消费比为46.61%，意味着物质消费与居民收入的相对比值下降，物质生活“基本消费”占比降低为佳。16个省域比值低于全国总体比值，15个省域比值高于全国总体比值。其中，山西比值39.72%最低，低至全国总体比值的85.21%；西藏比值54.80%最高，高达全国总体比值的117.58%。

基于物质消费与居民收入历年不同增长状况，与2000年相比，全国物质消费比降低14.73%。同期，2个省域比值上升，29个省域比值下降。18个省域比值升降变化态势好于全国比值变化，13个省域比值升降变化态势逊于全国比值变化。其中，云南比值升降变化态势最佳，降低28.49%；河北比值升降变化态势不佳，升高0.70%。

2. 物质消费与居民消费之比

2000 年，全国物质消费比重为 70.59%，此为全国城乡物质消费与居民消费的相对比值，物质生活“基本消费”占比以低为佳。15 个省域比值低于全国总体比值，16 个省域比值高于全国总体比值。其中，北京比值 65.34% 最低，低至全国总体比值的 92.56%；西藏比值 83.32% 最高，高达全国总体比值的 118.04%。

到 2016 年，全国物质消费比重为 65.13%，物质消费与居民消费的相对比值下降，物质生活“基本消费”占比降低为佳。16 个省域比值低于全国总体比值，15 个省域比值高于全国总体比值。其中，宁夏比值 57.35% 最低，低至全国总体比值的 88.06%；西藏比值 80.00% 最高，高达全国总体比值的 122.83%。

基于物质消费与居民消费历年不同增长状况，与 2000 年相比，全国物质消费比重降低 7.73%。同期，3 个省域比值上升，28 个省域比值下降。19 个省域比值升降变化态势好于全国比值变化，12 个省域比值升降变化态势逊于全国比值变化。其中，宁夏比值升降变化态势最佳，降低 17.70%；广东比值升降变化态势不佳，升高 2.02%。

本项检测体系建立各类相关性比值分析测算十分复杂，不同方面、不同层次的比值当然不具可比性。以下可对应比值之间历年变化相关系数（可简化理解为比值变化同步程度）检测在同一层面展开：①物质消费比与居民消费比同属对应于居民收入的相对比值；②物质比重与食品比重；③与衣着比重；④与居住比重；⑤与用品比重同属对应于总消费的相对比值。

相关性比值之间历年变化相关系数如下。

（1）物质消费比与居民消费比之间全国为 0.9225，呈很强正相关，23 个省域呈 75% 以上强相关，3 个省域呈 60% 以下弱相关；广西最高为 0.9794，青海最低为 0.3308。

（2）物质比重与食品比重之间全国为 0.4477，呈很弱正相关，15 个省域呈 60% 以下弱相关，其中 5 个省域呈负相关；山西最高为 0.9439，北京最低为 -0.5876。

（3）与衣着比重之间全国为 -0.3329，呈较弱负相关，13 个省域呈负相关，其中6个省域呈低于－50%强负相关；新疆最高为0.7160，上海最低为－0.8508。

（4）与居住比重之间全国为0.0090，呈极弱正相关，28个省域呈60%以下弱相关，其中22个省域呈负相关；广东最高为0.8638，山西最低为－0.7967。

（5）与用品比重之间全国为0.4768，呈很弱正相关，27个省域呈60%以下弱相关，其中12个省域呈负相关；山东最高为0.8634，西藏最低为－0.7130。

对应数据链之间比值升降变化相关系数的高低、正负差异在于，其间增长升降的同步性是强还是弱，升降变化的趋向性相近或是相左。后台数据库检测表明，2000～2016年，全国物质消费比降低14.73%，而居民消费比降低7.58%；物质消费比重降低7.73%，而食品消费比重降低30.04%，衣着消费比重降低15.83%，居住消费比重增高81.61%，用品消费比重降低14.90%。按分类单项消费比重值升降变化衡量，全国物质消费比重降低主要在于食品消费比重下降，其次在于衣着消费比重下降，再次在于用品消费比重下降，而居住消费比重反向上升。

四　“全面小康”进程居民物质消费指数排行

2016年统计数据为目前已经正式出版公布的最新年度全国及各地系统数据。全国及各地物质消费子系统专项指数排行见表5，分区域以2016年度无差距横向检测结果位次排列。

1. 各年度理想值横向检测指数

2016年度无差距横向检测物质消费指数，全国为85.11，即设各类人均值城乡、地区无差距为理想值100加以比较衡量，全国总体尚存差距14.89个点。17个省域此项指数高于全国指数，即物质消费指数检测结果高于全国平均水平；14个省域此项指数低于全国指数，即物质消费指数检测结果低于全国平均水平。

表5　全国及各地物质消费子系统专项指数排行

地区	各五年期起始年纵向检测（基数值=100）						2016年度检测			
	“十五”以来16年（2000~2016年）		“十一五”以来11年（2005~2016年）		“十二五”以来6年（2010~2016年）		基数值纵向检测（2015年=100）		无差距横向检测（理想值=100）	
	检测指数	排序	检测指数	排序	检测指数	排序	检测指数	排序	检测指数	排序
全　国	**183.43**	—	**150.30**	—	**123.80**	—	**102.13**	—	**85.11**	—
北　京	198.30	7	157.05	11	129.54	5	102.24	12	95.45	1
上　海	181.66	20	142.40	25	124.16	20	100.69	26	95.38	2
浙　江	172.86	26	141.14	28	120.04	28	103.03	7	93.67	3
江　苏	184.41	18	153.18	16	126.18	14	102.84	8	91.39	5
广　东	161.55	29	141.33	26	122.81	23	104.61	2	91.18	6
天　津	193.74	10	154.49	14	135.93	1	100.59	27	90.81	7
福　建	177.90	24	146.96	24	124.72	19	101.06	24	90.21	8
河　北	191.85	12	154.07	15	128.87	8	102.31	10	87.66	13
山　东	166.39	28	141.15	27	117.04	29	102.26	11	87.37	14
海　南	180.11	22	159.62	6	126.91	12	100.98	25	81.87	26
东　部	**176.84**	[3]	**146.99**	[3]	**123.11**	[3]	**102.61**	[1]	**87.80**	[1]
辽　宁	180.57	21	148.28	23	124.77	18	103.99	4	92.85	4
黑龙江	160.05	30	133.94	31	115.80	31	101.88	14	84.16	19
吉　林	157.94	31	137.62	30	115.88	30	100.23	30	82.63	25
东　北	**166.82**	[4]	**139.19**	[4]	**118.70**	[4]	**102.23**	[2]	**86.76**	[2]
安　徽	207.89	2	160.98	5	127.49	11	104.48	3	89.00	9
湖　北	181.86	19	154.88	13	127.77	9	103.19	6	88.31	11
湖　南	173.82	25	150.39	20	125.36	17	101.31	20	88.10	12
江　西	189.93	13	150.52	19	125.90	15	101.17	21	85.13	17
河　南	194.00	9	162.50	4	123.51	22	100.56	28	84.55	18
山　西	187.97	15	150.97	18	122.52	24	101.69	15	83.89	20
中　部	**186.79**	[2]	**155.28**	[2]	**124.88**	[2]	**101.93**	[3]	**86.26**	[3]
四　川	199.20	6	167.12	1	133.32	2	102.00	13	88.80	10
重　庆	197.38	8	158.69	7	128.92	7	102.43	9	87.23	15
内蒙古	192.21	11	156.78	12	125.50	16	101.59	17	87.13	16
新　疆	187.67	16	157.71	9	129.15	6	101.09	23	83.71	21
陕　西	189.56	14	164.07	3	122.36	25	101.63	16	83.48	22
青　海	202.73	5	150.35	21	126.84	13	101.51	18	83.01	23
宁　夏	186.64	17	150.15	22	121.88	26	99.53	31	82.86	24
甘　肃	203.46	4	158.56	8	132.99	4	101.37	19	81.45	27

续表

地区	各五年期起始年纵向检测(基数值=100)						2016年度检测			
	"十五"以来16年(2000~2016年)		"十一五"以来11年(2005~2016年)		"十二五"以来6年(2010~2016年)		基数值纵向检测(2015年=100)		无差距横向检测(理想值=100)	
	检测指数	排序	检测指数	排序	检测指数	排序	检测指数	排序	检测指数	排序
广　西	167.16	27	138.24	29	123.71	21	101.16	22	80.96	28
贵　州	203.70	3	166.51	2	133.16	3	103.48	5	80.71	29
云　南	178.78	23	157.34	10	121.09	27	100.36	29	79.09	30
西　藏	208.54	1	152.70	17	127.53	10	105.86	1	78.15	31
西　部	**188.56**	[1]	**156.98**	[1]	**127.29**	[1]	**101.72**	[4]	**83.10**	[4]

注：在分解独立的“中国民生消费需求景气评价体系”中，居民物质消费二级子系统检测取物质消费4个小项分类数据进行复合演算，占据30%的综合测算权重。由于如此复合演算过于复杂，本文表6、表7仅取物质消费合计数值展开预测算。详见本书技术报告表2、表3，以区别于在“中国人民生活发展指数检测体系”中的相应测算。

在此项检测中，北京、上海、浙江、辽宁、江苏占据前5位。北京此项指数95.45最高，高于全国总体指数10.34个点；西藏此项指数78.15最低，低于全国总体指数6.96个点。

2. 2000年以来基数值纵向检测指数

“十五”以来16年纵向检测物质消费指数，全国为183.43，即设2000年为基数值100加以对比衡量，至2016年提升83.43%。18个省域此项指数高于全国指数，即物质消费指数提升速度高于全国平均速度；13个省域此项指数低于全国指数，即物质消费指数提升速度低于全国平均速度。

在此项检测中，西藏、安徽、贵州、甘肃、青海占据前5位。西藏此项指数208.54最高，即指数提升高达108.54%；吉林此项指数157.94最低，即指数提升仅为57.94%。

3. 2005年以来基数值纵向检测指数

“十一五”以来11年纵向检测物质消费指数，全国为150.30，即设2005年为基数值100加以对比衡量，至2016年提升50.30%。21个省域此项指数高于全国指数，即物质消费指数提升速度高于全国平均速度；10个省域此项指数低于全国指数，即物质消费指数提升速度低于全国平均速度。

在此项检测中，四川、贵州、陕西、河南、安徽占据前5位。四川此项指数167.12最高，即指数提升高达67.12%；黑龙江此项指数133.94最低，即指数提升仅为33.94%。

4. 2010年以来基数值纵向检测指数

“十二五”以来6年纵向检测物质消费指数，全国为123.80，即设2010年为基数值100加以对比衡量，至2016年提升23.80%。20个省域此项指数高于全国指数，即物质消费指数提升速度高于全国平均速度；11个省域此项指数低于全国指数，即物质消费指数提升速度低于全国平均速度。

在此项检测中，天津、四川、贵州、甘肃、北京占据前5位。天津此项指数135.93最高，即指数提升高达35.93%；黑龙江此项指数115.80最低，即指数提升仅为15.80%。

5. 逐年度基数值纵向检测指数

2016年度基数值纵向检测物质消费指数，全国为102.13，即设上年（2015年）为基数值100加以对比衡量，至2016年提升2.13%。12个省域此项指数高于全国指数，即物质消费指数提升速度高于全国平均速度；19个省域此项指数低于全国指数，即物质消费指数提升速度低于全国平均速度。

在此项检测中，西藏、广东、安徽、辽宁、贵州占据前5位。西藏此项指数105.86最高，即指数提升5.86%；宁夏此项指数99.53最低，即指数降低0.47%。

现有增长关系格局存在经济增长与民生发展不够协调的问题，存在城乡、区域间民生发展不够均衡的问题，维持现有格局既有增长关系并非应然选择。实现经济、社会、民生发展的协调性，增强城乡、区域发展的均衡性，均为“全面建成小康社会”的既定目标，有些甚至具体化为约束性指标。假定全国及各地城乡比、地区差不再扩大以至消除，物质消费增长将更加趋于平衡，各地排行也将发生变化，可为“全面建成小康社会”进程最后攻坚起到“倒计时”预测提示作用。

五　“全面小康”目标年物质消费增长预测

1. 实现物质消费比重最佳值及最小城乡比应然测算

居民物质消费率、消费比持续降低，亦即物质消费比重呈降低态势，而消除城乡差距的第一步是缩小城乡差距。按全国及各地物质消费比重历年最低值测算2020年物质消费总量、人均值，再取物质消费历年最小城乡比进行演算。

据此假定推演物质消费“应然增长”动向，亦即协调增长“应有目标”，预测全国及各地2020年物质消费主要数据及物质消费指数见表6，分区域以2016～2020年纵向检测假定目标差距位次排列。

表6　全国及各地2020年物质消费应然增长测算

地区	实现物质消费比重最佳值及最小城乡比测算				物质消费专项指数测算			
	物质消费		人均值差距		2016～2020年纵向检测(2016年基数值=100)		2020年度横向检测（无差距理想值=100）	
	城乡总量（亿元）	城乡人均（元）	地区差（无差距=1）	城乡比（乡村=1）	预测指数	差距排序（倒序）	预测指数	排序
全　国	**285036.13**	**20250.95**	**1.3003**	**2.2270**	**110.88**	—	**85.44**	—
黑龙江	5084.97	13408.51	1.3379	2.1138	103.41	1	79.17	29
辽　宁	8088.31	18261.43	1.0982	2.3427	104.78	3	85.20	25
吉　林	5547.48	20257.88	1.0003	2.0659	127.31	23	94.83	17
东　北	**18720.76**	**17081.06**	**1.1455**	**2.2242**	**107.97**	[1]	**83.53**	[4]
河　北	10977.63	14296.56	1.2940	1.8967	103.85	2	81.31	28
浙　江	18275.13	31345.81	1.5479	1.6829	113.56	8	97.20	9
福　建	10813.48	27111.16	1.3388	1.8420	113.97	9	94.29	18
广　东	34550.13	29669.62	1.4651	2.0427	114.96	11	95.69	13
江　苏	24286.36	29714.09	1.4673	1.8093	115.92	12	96.07	10
北　京	8844.31	36457.81	1.8003	1.6458	115.93	13	94.99	16
海　南	1848.91	19517.97	1.0362	1.9889	117.89	14	90.30	23
天　津	6133.51	34526.02	1.7049	1.6142	119.54	16	97.94	8
上　海	9871.47	36976.40	1.8259	1.5392	119.78	17	95.78	11

续表

地区	实现物质消费比重最佳值及最小城乡比测算				物质消费专项指数测算			
	物质消费		人均值差距		2016～2020年纵向检测（2016年基数值=100）		2020年度横向检测（无差距理想值=100）	
	城乡总量（亿元）	城乡人均（元）	地区差（无差距=1）	城乡比（乡村=1）	预测指数	差距排序（倒序）	预测指数	排序
山　东	23117.08	22707.52	1.1213	2.2036	120.83	19	94.04	19
东　部	**148718.02**	**26885.53**	**1.4602**	**2.1486**	**112.85**	[2]	**89.61**	[3]
山　西	5043.98	13299.45	1.3433	1.8436	109.47	6	82.14	26
河　南	15538.09	16217.81	1.1992	2.1297	114.54	10	85.66	24
安　徽	12520.14	20127.62	1.0061	1.6820	119.38	15	95.15	15
江　西	9867.31	21060.52	1.0400	1.7939	123.88	21	95.73	12
湖　南	18104.99	25909.16	1.2794	1.8410	127.33	24	100.36	5
湖　北	16045.58	27004.56	1.3335	1.7120	128.17	25	100.63	3
中　部	**77120.09**	**20726.32**	**1.2002**	**1.8546**	**119.17**	[3]	**91.39**	[1]
新　疆	3583.78	14128.26	1.3023	2.1667	106.17	4	78.30	30
甘　肃	3564.52	13630.46	1.3269	2.6347	107.50	5	77.95	31
云　南	6950.28	14248.38	1.2964	2.4318	112.82	7	81.96	27
四　川	18356.95	22175.66	1.0950	1.7871	120.21	18	95.61	14
宁　夏	1345.22	19155.07	1.0541	2.1399	123.71	20	90.77	22
青　海	1243.25	20385.80	1.0067	2.1690	125.88	22	91.74	21
内蒙古	8560.71	33385.48	1.6486	2.1798	130.91	26	100.50	4
重　庆	10548.05	33676.57	1.6630	1.8256	135.48	27	105.26	1
广　西	10952.55	22370.14	1.1046	1.9626	135.52	28	99.97	6
陕　西	9797.17	25493.02	1.2589	2.0329	136.16	29	99.42	7
西　藏	732.95	20923.00	1.0332	2.6763	138.47	30	93.19	20
贵　州	9085.75	25951.38	1.2815	2.4473	143.51	31	101.36	2
西　部	**84721.18**	**22349.95**	**1.2559**	**2.1437**	**123.46**	[4]	**91.26**	[2]

注：①全国及20个省域城乡比自身趋于缩小，保持缩小趋势至2020年即为最小城乡比；11个省域城乡比自身趋于扩大，同样按各自历年最小城乡比假定测算。②纵向检测排序取倒序，指数越低差距越小；横向检测指数普遍接近，四大区域差异明显减小，部分省域指数超出理想值100，由其他指标明显提升所致。③全国城乡比一般应在各地数值之间，此处“失常”由全国及各地分别假定测算所致。④表外附加城镇、乡村人均值按最小城乡比反推演算，势必突破相应背景数值关系，于是全国及各地物质消费与非物质消费之和对应总消费测算数值或有出入，实属此项测算设计使然。

假定实现物质消费比重最佳值及最小城乡比测算，2020 年全国城乡物质消费总量应达 285036.13 亿元，人均值应为 20250.95 元。20 个省域人均值高于全国人均值，11 个省域人均值低于全国人均值。其中，上海人均值 36976.40 元最高，高达全国人均值的 182.59%；山西人均值 13299.45 元最低，低至全国人均值的 65.67%。

全国城乡物质消费地区差应为 1.3003，即 31 个省域人均值与全国人均值的绝对偏差平均值为 30.03%。17 个省域地区差小于全国地区差，14 个省域地区差大于全国地区差。其中，吉林地区差 1.0003 最小，即与全国人均值的绝对偏差为 0.03%，仅为全国总体地区差的 76.93%；上海地区差 1.8259 最大，即与全国人均值的绝对偏差为 82.59%，高达全国总体地区差的 140.42%。

基于城乡人均值测算反推，全国城镇物质消费人均值应为 25653.21 元。20 个省域城镇人均值高于全国城镇人均值，11 个省域城镇人均值低于全国城镇人均值。其中，内蒙古城镇人均值 41083.49 元最高，高达全国城镇人均值的 160.15%；山西城镇人均值 16224.77 元最低，低至全国城镇人均值的 63.25%。

基于城镇人均值演算反推，全国乡村物质消费人均值应为 11519.01 元，仅为城镇人均值的 44.90%。22 个省域乡村人均值高于全国乡村人均值，9 个省域乡村人均值低于全国乡村人均值。其中，上海乡村人均值 25123.27 元最高，高达全国乡村人均值的 218.10%；甘肃乡村人均值 7519.94 元最低，低至全国乡村人均值的 65.28%。

全国物质消费城乡比应为 2.2270，即全国城镇人均值为乡村人均值的 222.70%，其间倍差为 2.23。26 个省域城乡比小于全国城乡比，5 个省域城乡比大于全国城乡比。其中，上海城乡比 1.5392 最小，即城镇与乡村的人均值倍差为 1.54，仅为全国总体城乡比的 69.11%；西藏城乡比 2.6763 最大，即城镇与乡村的人均值倍差为 2.68，高达全国总体城乡比的 120.18%。

2016 ~ 2020 年纵向检测物质消费指数，全国应为 110.88，即设 2016 年为基数值 100 加以对比衡量，至 2020 年达到假定目标需提升 10.88%。6 个省域此项指数低于全国指数，即假定测算物质消费指数提升差距小于全国；25 个省域此项指数高于全国指数，即假定测算物质消费指数提升差距大于全国。其中，黑龙江此项指数 103.41 最低，即达到假定增长测算目标的差距最小；贵州此项指数 143.51 最高，即达到假定增长测算目标的差距最大。

在此假定“应然目标”下，纵向检测指数即为差距测量结果，指数越低意味着差距越小，越容易实现。

2020 年度横向检测物质消费指数，全国应为 85.44，即设收入人均值城乡、地区无差距为理想值 100 加以比较衡量，全国总体尚存差距 14.56 个点。24 个省域此项指数高于全国指数，即假定测算物质消费指数高于全国；7 个省域此项指数依次低于全国指数，即假定测算物质消费指数低于全国。其中，重庆此项指数 105.26 最高，即达到假定目标情况下高于全国总体指数 19.82 个点；甘肃此项指数 77.95 最低，即达到假定目标情况下低于全国总体指数 7.49 个点。

在此项假定测算中，四大区域横向检测指数较为接近，地区性差异排序部分失去意义。由于预设全国所有省域同步达到“应然目标”，各地纵向检测差距愈大，倘若同时得以实现则横向检测排行有可能愈前，反之亦然。

保持物质消费比重降低态势，实现物质消费最小城乡比“应然目标”，本身即为“协调增长”的基本需要。在假定实现最小城乡比情况下，与 2016 年相比，全国物质消费城乡比应较明显缩小，30 个省域城乡比相应缩小。在此项假定测算当中，由于全国及 20 个省域城乡比自身趋于缩小，保持缩小趋势至 2020 年即为最小城乡比；11 个省域城乡比自身趋于扩大，同样按各自历年最小城乡比假定测算，于是城乡综合演算的物质消费总量、人均值明显提升。由此可知，既有城乡差距在全国社会结构中的“非均衡性”影响极大。

但是，地区差距在全国社会结构中的“非均衡性”影响同样很大。假定各地按照自身历年最小城乡比测算下来，全国物质消费地区差将较明显扩大，19 个省域地区差相应扩大。

特别应当注意，各地物质消费指数不仅普遍提升，而且相互接近，在四大区域之间尤为接近。

2. 实现物质消费比重最佳值并弥合城乡比理想测算

城乡差距系民生发展“非均衡性”的最主要成因，仅仅实现物质消费既往历年最小城乡比显然不够。假定全国及各地实现物质消费比重历年最佳值并同步弥合城乡比，以最小城乡比演算的各自城镇人均值作为城乡持平人均值进行测算，可以检测最终消除城乡差距的实际距离。

据此假定推演物质消费“理想增长”动向，亦即均衡发展“理想目标”，预测全国及各地2020年物质消费主要数据及物质消费指数见表7，分区域以2016～2020年纵向检测假定目标差距位次排列。

表7　全国及各地2020年物质消费理想增长测算

地区	实现物质消费比重最佳值并弥合城乡比测算			物质消费专项指数测算			
				2016～2020年纵向检测（2016年基数值＝100）		2020年度横向检测（无差距理想值＝100）	
	城乡总量（亿元）	城与乡人均（元）	地区差（无差距＝1）	预测指数	差距排序（倒序）	预测指数	排序
全　国	**361152.87**	**25658.81**	**1.2633**	**144.94**	—	**96.53**	—
黑龙江	6437.18	16974.16	1.3385	132.78	3	88.97	31
辽　宁	10009.21	22598.35	1.1193	141.06	11	94.97	27
吉　林	7126.52	26024.08	1.0142	160.14	24	104.95	9
东　北	**23572.91**	**21824.78**	**1.1573**	**142.34**	[1]	**94.21**	[4]
河　北	13677.55	17812.77	1.3058	129.22	1	89.88	30
浙　江	20812.71	35698.30	1.3913	132.67	2	101.79	15
天　津	6509.35	36641.70	1.4280	135.79	5	99.71	20
北　京	9356.34	38568.46	1.5031	135.81	6	97.25	24
福　建	12640.10	31690.78	1.2351	137.47	7	101.10	18
江　苏	27705.21	33897.00	1.3211	137.56	8	101.58	16
上　海	10410.44	38995.24	1.5198	139.71	9	97.03	25
广　东	40228.94	34546.25	1.3464	142.77	12	103.15	14
海　南	2302.58	24307.11	1.0527	146.44	14	99.19	21
山　东	29542.26	29018.87	1.1310	157.45	20	104.61	10
东　部	**173185.47**	**32140.58**	**1.3234**	**144.03**	[2]	**99.04**	[3]

续表

地区	实现物质消费比重最佳值并弥合城乡比测算			物质消费专项指数测算			
				2016～2020年纵向检测（2016年基数值=100）		2020年度横向检测（无差距理想值=100）	
	城乡总量（亿元）	城与乡人均（元）	地区差（无差距=1）	预测指数	差距排序（倒序）	预测指数	排序
山　西	6153.44	16224.77	1.3677	133.98	4	89.98	29
安　徽	15140.08	24339.47	1.0514	140.88	10	100.94	19
河　南	20480.73	21376.66	1.1669	149.24	16	97.52	23
江　西	12103.82	25834.09	1.0068	149.67	17	103.86	12
湖　北	18994.67	31967.85	1.2459	152.25	18	106.67	8
湖　南	22428.49	32096.30	1.2509	155.96	19	108.78	7
中　部	**95301.23**	**25699.92**	**1.1816**	**147.21**	[3]	**100.33**	[2]
新　疆	4963.37	19567.00	1.2374	145.07	13	91.92	28
四　川	22947.81	27721.53	1.0804	147.19	15	104.10	11
宁　夏	1710.55	24357.05	1.0507	157.58	21	101.34	17
甘　肃	5181.35	19813.12	1.2278	157.66	22	95.23	26
云　南	9820.54	20132.56	1.2154	158.26	23	97.84	22
重　庆	12353.01	39439.25	1.5371	162.48	25	110.86	3
青　海	1691.36	27733.54	1.0809	165.80	26	103.54	13
内蒙古	10572.78	41232.24	1.6069	165.90	27	109.83	5
广　西	14244.88	29094.59	1.1339	170.49	28	110.45	4
陕　西	12215.45	31785.58	1.2388	171.10	29	108.98	6
贵　州	12992.99	37111.51	1.4463	197.99	30	117.73	2
西　藏	1358.45	38778.42	1.5113	216.65	31	118.38	1
西　部	**110052.54**	**29349.38**	**1.2806**	**161.39**	[4]	**103.24**	[1]

注：纵向检测排序取倒序，指数越低差距越小；横向检测指数普遍接近理想值100，各地尚存地区差距影响，但全国地区差略微缩小，较多省域指数超出理想值100，由其他指标明显提升所致。

假定实现物质消费比重最佳值并弥合城乡比测算，2020年全国城乡物质消费总量应达361152.87亿元，城乡持平人均值应为25658.81元，即前面测算的城镇人均值水平。20个省域人均值高于全国人均值，11个省域人均值低于全国人均值。其中，内蒙古人均值41232.24元最高，高达全国人均值的160.69%；山西人均值16224.77元最低，低至全国人均值的

63.23%。

全国城乡物质消费地区差应为1.2633，即31个省域人均值与全国人均值的绝对偏差平均值为26.33%。18个省域地区差小于全国地区差，13个省域地区差大于全国地区差。其中，江西地区差1.0068最小，即与全国人均值的绝对偏差为0.68%，仅为全国总体地区差的79.70%；内蒙古地区差1.6069最大，即与全国人均值的绝对偏差为60.69%，高达全国总体地区差的127.20%。

2016~2020年纵向检测物质消费指数，全国应为144.94，即设2016年为基数值100加以对比衡量，至2020年达到假定目标需提升44.94%。12个省域此项指数低于全国指数，即假定测算物质消费指数提升差距小于全国；19个省域此项指数高于全国指数，即假定测算物质消费指数提升差距大于全国。其中，河北此项指数129.22最低，即达到假定增长测算目标的差距最小；西藏此项指数216.65最高，即达到假定增长测算目标的差距最大。

在此假定"理想目标"下，纵向检测指数即为差距测量结果，指数越低意味着差距越小，越容易实现。

2020年度横向检测物质消费指数，全国应为96.53，即设各类人均值城乡、地区无差距为理想值100加以比较衡量，全国总体仅存差距3.47个点。25个省域此项指数高于全国指数，即假定测算物质消费指数略高于全国；6个省域此项指数低于全国指数，即假定测算物质消费指数略低于全国。其中，西藏此项指数118.38最高，即达到假定目标情况下高于全国总体指数21.85个点；黑龙江此项指数88.97最低，即达到假定目标情况下低于全国总体指数7.56个点。

在此项假定测算中，四大区域横向检测指数较为接近，地区性差异排序部分失去意义。由于预设全国所有省域同步达到"理想目标"，各地纵向检测差距愈大，倘若同时得以实现则横向检测排行有可能愈前，反之亦然。

实现弥合物质消费城乡比"理想目标"，本身即为"均衡发展"的理念要求。在假定弥合城乡比情况下，与2016年相比，全国物质消费地区差亦随之略微缩小，17 个省域地区差相应缩小。据此假定测算可见，由于预设乡村物质消费高速增长，到 2020 年人均值与城镇持平，全国及各地城乡综合演算的物质消费总量、人均值大幅提升。由此得知，正是既有城乡差距加大了全国“非均衡性”地区差距。

特别应当注意，各地物质消费指数普遍十分接近，在四大区域之间更为明显。

设置“应然目标”和“理想目标”展开测算，特别针对中国社会结构体制造成的“非均衡性”地区鸿沟和城乡鸿沟。本项检测回溯“全面小康”建设进程展开测算推演，倘若保持 2000 年以来全国及各地物质消费增长变化态势，到 2020 年全国物质消费地区差将为 1. 2773，略微高于当前物质消费地区差；物质消费城乡比将为 2. 2299，较明显低于当前物质消费城乡比。这意味着，物质消费地区差和城乡比依然明显存在，甚至继续略微扩大，仅仅“维持现状”任其“自然增长”显然不够。彻底消除全国及各地民生发展各个方面的地区差距和城乡差距，还需要强有力的政策措施和长时期的持续努力，期待新中国成立百年之际得以基本弥合。

ℝ.5

全国省域居民非物消费分类演算指数排行

——2016 年检测与 2020 年测算

王亚南　赵　娟　刘振中*

摘　要： 非物消费指数系“中国人民生活发展指数检测体系”特定组成部分，在此作为独立的“中国民生消费需求景气评价体系”三个二级子系统之三。从 2000 年以来基数值纵向检测可以看出，西部非物消费指数提升最高，中部次之，东北再次，东部稍低，表明区域均衡发展国家方略已见成效；贵州、西藏、青海、安徽、甘肃占据前 5 位。2016 年无差距理想值横向检测发现，差距仍在于各方面协调性、均衡性还不够理想；辽宁、浙江、天津、上海、宁夏占据前 5 位。假定全国同步实现非物消费历年最小城乡比直至弥合城乡比，民生消费需求景气指数将更加明显提升。

关键词： 全面小康　非物消费　专项指数　测评排行

非物消费指数系“中国人民生活发展指数检测体系”特定组成部分，在此作为独立的“中国民生消费需求景气评价体系”三个二级子系统之三，

---

* 王亚南，云南省社会科学院研究员，文化发展研究中心主任，主要从事民俗学、民族学及文化理论、文化战略和文化产业研究；赵娟，云南省社会科学院文化发展研究中心副研究员，主要从事古典文学、民族文化和文化产业研究；刘振中，云南省商务研究院院长学术助理、助理研究员，主要从事国际关系相关研究。

取非物消费分类数据综合演算，构成总消费特定部分，在整个指标系统综合演算中的权重倒序第一却超自身比重（详见技术报告表3、表4）。

非物消费为基本消费之余的“扩展性需求”，直接体现国民生活步入“全面小康”的历史性进步，其中“社会生活交往”需求和“精神文化生活”消费值得格外注意。各个子系统基础数据皆来源于国家统计局《中国统计年鉴》，均采用检测指标自足设计方式，分别实现与其余子系统对应数据的相关性分析测算，独立完成专项检测指数演算，最后汇总成为民生消费需求景气指数。

一 居民非物消费总量增长基本情况

根据正式出版公布的既往年度统计数据和最新年度统计数据，按照本项研究检测的构思设计进行演算，全国及各地居民非物消费总量增长状况见表1，分区域以总量增长变化位次排列。

表1 全国及各地居民非物消费总量简要状况

地区	2000年非物消费总量		2016年非物消费总量			2016年非物消费总量分类数据			
	城乡总量（亿元）	份额（%）	城乡总量（亿元）	份额（%）	年均增指数（上年=1）	交通消费（亿元）	文教消费（亿元）	医疗消费（亿元）	其他消费（亿元）
全　国	**10589.20**	**100.00**	**84007.03**	**100.00**	**1.1382**	**32935.15**	**27013.59**	**18297.75**	**5760.54**
河　南	458.26	4.33	4304.89	5.12	1.1503	1505.88	1414.04	1087.75	297.22
安　徽	340.05	3.21	3116.24	3.71	1.1485	1252.91	991.63	681.63	190.07
山　西	209.89	1.98	1908.32	2.27	1.1479	647.30	682.85	462.86	115.31
江　西	233.23	2.20	1915.52	2.28	1.1407	748.96	672.03	354.55	139.98
湖　南	533.41	5.04	4061.63	4.83	1.1353	1355.13	1684.90	803.63	217.97
湖　北	450.73	4.26	3307.20	3.94	1.1327	1151.45	1040.22	907.24	208.29
中　部	**2225.58**	**20.53**	**18613.80**	**22.23**	**1.1420**	**6661.63**	**6485.67**	**4297.66**	**1168.84**
宁　夏	38.32	0.36	440.91	0.52	1.1650	190.73	122.45	101.07	26.66
青　海	33.11	0.31	347.85	0.41	1.1584	137.93	95.50	89.74	24.68
新　疆	124.55	1.18	1269.01	1.51	1.1561	501.83	362.40	325.15	79.63

续表

地区	2000 年非物消费总量		2016 年非物消费总量			2016 年非物消费总量分类数据			
	城乡总量（亿元）	份额（%）	城乡总量（亿元）	份额（%）	年均增指数（上年=1）	交通消费（亿元）	文教消费（亿元）	医疗消费（亿元）	其他消费（亿元）
贵　州	159.89	1.51	1542.79	1.84	1.1522	603.43	594.94	266.68	77.74
云　南	242.81	2.29	2165.84	2.58	1.1466	860.59	710.14	485.46	109.65
甘　肃	136.86	1.29	1208.07	1.44	1.1458	427.58	406.76	301.15	72.58
内蒙古	202.64	1.91	1722.90	2.05	1.1431	642.11	550.48	398.47	131.84
陕　西	251.71	2.38	2076.94	2.47	1.1410	662.02	704.30	599.16	111.46
西　藏	8.32	0.08	64.84	0.08	1.1369	34.70	13.16	9.06	7.92
四　川	525.52	4.96	3971.05	4.73	1.1347	1574.36	1101.30	980.53	314.86
重　庆	240.42	2.27	1665.22	1.98	1.1286	605.76	542.49	417.24	99.73
广　西	302.45	2.86	2011.77	2.39	1.1257	763.31	711.74	441.69	95.03
西　部	**2266.59**	**20.91**	**18487.20**	**22.08**	**1.1402**	**7004.35**	**5915.67**	**4415.39**	**1151.79**
辽　宁	394.61	3.73	3437.94	4.09	1.1449	1254.91	1072.78	845.51	264.74
吉　林	223.26	2.11	1654.82	1.97	1.1334	573.11	511.24	464.03	106.44
黑龙江	317.71	3.00	2209.77	2.63	1.1289	781.99	646.55	648.84	132.39
东　北	**935.58**	**8.63**	**7302.53**	**8.72**	**1.1370**	**2610.01**	**2230.57**	**1958.39**	**503.56**
河　北	407.99	3.85	3875.27	4.61	1.1511	1574.69	1114.32	933.54	252.72
天　津	147.21	1.39	1396.86	1.66	1.1510	584.53	374.95	315.24	122.14
江　苏	756.50	7.14	6444.21	7.67	1.1433	2731.92	2051.43	1172.45	488.41
北　京	332.16	3.14	2576.91	3.07	1.1366	1021.59	801.11	533.55	220.66
海　南	55.84	0.53	428.23	0.51	1.1358	165.69	143.38	95.45	23.71
山　东	802.74	7.58	5882.18	7.00	1.1326	2366.08	1798.57	1351.32	366.21
浙　江	745.35	7.04	5170.70	6.16	1.1287	2459.81	1576.76	844.47	289.66
上　海	419.99	3.97	2904.37	3.46	1.1285	1013.61	995.04	653.04	242.68
福　建	351.94	3.32	2302.83	2.74	1.1246	986.74	751.45	410.15	154.49
广　东	1393.79	13.16	8329.16	9.91	1.1182	3627.10	2696.45	1255.25	750.36
东　部	**5413.50**	**49.93**	**39310.72**	**46.96**	**1.1319**	**16531.78**	**12303.47**	**7564.48**	**2910.99**

注：①全国及各省域分别演算未予平衡，省域总量之和不等于全国总量，四大区域占全国份额已加以平衡。②数据演算屡经四舍五入，可能出现细微出入，属于演算常规无误。③年均增长指数取 4 位小数，以便精确排序，全文同。④非物消费支出分类项分别简称“交通、文教、医疗、其他”。⑤食品消费与文教消费可谓民生消费需求两极，由维持物质生命到拓展精神生活，本系列检测将文教消费占总消费比重定义为“精神生活需求系数”，并将交通消费占总消费比重定义为“社会交往需求系数”。文教消费比重并无大的变化，反而略微跌降，带动居民消费结构升级主要在于交通消费比重显著提升、医疗消费比重较明显提升。

2000 年，全国城乡非物消费总量为 10589.20 亿元；2016 年，全国城乡非物消费总量为 84007.03 亿元。2000 年以来 16 年间，全国城乡非物消费总量年均增长 13.82%。

16 个省域总量年均增长高于全国平均增长，15 个省域总量年均增长低于全国平均增长。其中，宁夏总量年均增长 16.50% 最高，高于全国总量年增 2.68 个百分点；广东总量年均增长 11.82% 最低，低于全国总量年增 2.00 个百分点。

全国非物消费总量始终为份额基准 100，基于各地历年不同增长状况，中部总量份额上升，增高 8.31%；西部总量份额上升，增高 5.63%；东北总量份额上升，增高 1.08%；东部总量份额下降，下降 5.96%。总量份额变化取百分点将易于直观对比，但取百分比则更有利于精确排序。

16 个省域总量占全国份额上升，15 个省域总量占全国份额下降。其中，宁夏总量份额变化态势最佳，增高 45.04%；广东总量份额变化态势不佳，降低 24.67%。各省域总量份额变化取决于年均增长幅度，其份额增减程度取百分比演算，排序结果即与年均增长指数排序一致。

非物消费增长放到相关背景中考察更有意义。全国非物消费总量历年平均增长率为 13.82%，高于产值年增 0.48 个百分点，低于财政支出年增 2.87 个百分点；高于居民收入年增 0.65 个百分点，低于居民积蓄年增 1.00 个百分点；高于居民总消费年增 1.21 个百分点，高于物质消费年增 1.77 个百分点。按分类单项消费增长率高低衡量，全国非物消费增长主要在于交通消费增长，其次在于医疗消费增长，而文教消费、其他消费增长低于整个非物消费增长。

2016 年，全国城乡居民文教消费占总消费比重为 11.21%，相比 2000 年降低 0.83 个百分点。14 个省域此项比重高于全国总体比重，17 个省域此项比重低于全国总体比重。其中，湖南文教消费比重 15.27% 最高，高达全国比重的 136.18%，相比 2000 年提高 2.25 个百分点；西藏文教消费比重 4.06% 最低，仅为全国比重的 36.21%，相比 2000 年降低 0.41 个百分点。

同时，全国城乡居民文教消费占非物消费比重为 32.16%，相比 2000

年降低 8.78 个百分点。14 个省域此项比重高于全国总体比重，17 个省域此项比重低于全国总体比重。其中，湖南此项比重 41.48% 最高，高达全国比重的 129.01%，相比 2000 年降低 4.75 个百分点；西藏此项比重 20.30% 最低，仅为全国比重的 63.14%，相比 2000 年降低 6.53 个百分点。

此间一个动向值得注意，全国居民交通消费增长最显著，占总消费比重相比 2000 年增高 6.65 个百分点，拉动整个非物消费比重明显上升，足见“社会交往需求”已成为国民新“刚需”。行文简称“交通消费”实为交通通信消费，交通消费涉及地理空间交往譬如国内外旅游，通信消费涉及信息空间交往譬如计算机和手机网络。全国居民医疗消费（医疗保健消费的简称）增长也较明显，占总消费比重相比 2000 年增高 1.65 个百分点。其中，宁夏交通消费比重最高，相比 2000 年增高 10.95 个百分点；黑龙江医疗消费比重最高，相比 2000 年增高 3.14 个百分点。

相关系数检测可谓相关性分析最简便的通用方式，同时检验两组数据链历年增减变化趋势是否一致、变化程度是否相近、变化动向是否稳定。相关系数 1 为绝对相关，完全同步；0 为无相关性，完全不同步；-1 为绝对负相关，完全逆向同步。设数据项 A 历年增幅变化为 N，若数据项 B 历年增幅（降幅绝对值）愈接近 N（高低不论），即保持趋近性（正负不论），或历年增幅（降幅绝对值）存在固有差距（高低不论）但上下波动变化愈小，即保持平行（逆向）同步性，则二者相关系数（负值）愈高；反之相关系数（负值）愈低。

非物消费历年增长相关系数（可简化理解为增长同步程度）如下。

（1）与总消费之间全国为 -0.0821，呈极弱负相关，3 个省域呈负相关；海南最高为 0.7993，天津最低为 -0.2870。

（2）与交通消费之间全国为 0.8969，呈较强正相关，14 个省域呈 75% 以上强相关，7 个省域呈 60% 以下弱相关；广东最高为 0.9127，安徽最低为 0.3624。

（3）与文教消费之间全国为 0.6939，呈较弱正相关，12 个省域呈 75% 以上强相关，8 个省域呈 60% 以下弱相关；北京最高为 0.9149，吉林最低

为 -0.0629。

（4）与医疗消费之间全国为0.5375，呈很弱正相关，16个省域呈60%以下弱相关；吉林最高为0.8495，上海最低为0.0526。

（5）与其他消费之间全国为0.2713，呈极弱正相关，27个省域呈60%以下弱相关，其中4个省域呈负相关；安徽最高为0.7427，湖北最低为 -0.3176。

对应数据链之间增长变化相关系数的高低、正负差异在于，其间增长动向的同步性是强还是弱，增幅升降的趋向性相近或是相左。后台数据库检测表明，2000~2016年，全国非物消费年均增长明显高于居民总消费增长，极显著低于交通消费增长，显著高于文教消费增长，较明显低于医疗消费增长，极显著高于其他消费增长。

二　非物消费人均值相关均衡性检测

1. 城乡综合人均值及其地区差

全国及各地非物消费人均值地区差变化状况见表2，分区域以地区差扩减变化倒序位次排列。

表2　全国及各地非物消费人均值地区差变化状况

地区	2000年非物消费地区差距			2016年非物消费地区差距			16年间地区差扩减（负值缩小为佳，取倒序）	
	城乡综合人均值		地区差（无差距=1）	城乡综合人均值		地区差（无差距=1）		
	人均值（元）	排序		人均值（元）	排序		比例（%）	排序
全　国	**838.65**	**—**	**1.4162**	**6093.36**	**—**	**1.2510**	**-11.67**	**—**
广　东	1861.24	3	2.2193	7624.64	7	1.2513	-43.62	1
上　海	2696.55	1	3.2153	12013.25	1	1.9715	-38.68	2
北　京	2541.39	2	3.0303	11865.60	2	1.9473	-35.74	3
浙　江	1643.37	4	1.9595	9292.31	3	1.5250	-22.17	4
福　建	1046.51	6	1.2479	5971.29	11	1.0200	-18.26	5
天　津	1502.13	5	1.7911	8986.08	4	1.4747	-17.67	6

续表

地区	2000年非物消费地区差距			2016年非物消费地区差距			16年间地区差扩减（负值缩小为佳，取倒序）	
	城乡综合人均值		地区差（无差距=1）	城乡综合人均值		地区差（无差距=1）		
	人均值（元）	排序		人均值（元）	排序		比例（%）	排序
河　北	614.08	23	1.2678	5203.48	20	1.1460	-9.61	11
山　东	897.87	9	1.0706	5943.35	13	1.0246	-4.30	19
江　苏	1040.57	7	1.2408	8067.72	5	1.3240	6.71	28
海　南	720.01	16	1.1415	4685.70	24	1.2310	7.84	29
东　部	**1263.02**	[1]	**1.8184**	**7454.39**	[1]	**1.3916**	**-23.47**	[1]
安　徽	543.09	27	1.3524	5050.80	22	1.1711	-13.41	9
河　南	485.58	29	1.4210	4528.61	27	1.2568	-11.56	10
山　西	650.62	20	1.2242	5195.44	21	1.1474	-6.27	14
湖　北	757.66	15	1.0966	5635.76	16	1.0751	-1.96	20
江　西	556.63	26	1.3363	4183.44	29	1.3134	-1.71	21
湖　南	814.74	13	1.0285	5970.77	12	1.0201	-0.82	22
中　部	**624.97**	[4]	**1.2432**	**5085.95**	[3]	**1.1640**	**-6.37**	[2]
青　海	644.70	21	1.2313	5888.67	14	1.0336	-16.06	7
贵　州	428.31	30	1.4893	4355.40	28	1.2852	-13.70	8
甘　肃	536.70	28	1.3600	4637.92	25	1.2389	-8.90	12
宁　夏	698.59	17	1.1670	6566.71	9	1.0777	-7.65	13
陕　西	693.21	18	1.1734	5461.32	18	1.1037	-5.94	15
四　川	612.78	24	1.2693	4823.34	23	1.2084	-4.80	16
新　疆	687.56	19	1.1802	5334.50	19	1.1245	-4.72	17
云　南	575.86	25	1.3134	4553.53	26	1.2527	-4.62	18
重　庆	779.71	14	1.0703	5491.65	17	1.0987	2.65	24
西　藏	323.68	31	1.6141	1980.01	31	1.6751	3.78	25
广　西	639.22	22	1.2378	4176.39	30	1.3146	6.20	27
内蒙古	856.10	10	1.0208	6849.06	8	1.1240	10.11	30
西　部	**629.28**	[3]	**1.2606**	**4959.98**	[4]	**1.2114**	**-3.90**	[3]
吉　林	836.18	12	1.0030	6032.55	10	1.0100	0.70	23
黑龙江	836.18	11	1.0029	5807.00	15	1.0470	4.40	26
辽　宁	944.60	8	1.1263	7848.83	6	1.2881	14.37	31
东　北	**878.72**	[2]	**1.0441**	**6681.97**	[2]	**1.1150**	**6.79**	[4]

注：本文恢复自行演算城乡人均值，非物消费城乡人均值由人民生活消费支出后4类城乡综合人均值合计构成。

2000 年，全国城乡非物消费人均值为 838.65 元。10 个省域人均值高于全国人均值，21 个省域人均值低于全国人均值。其中，上海人均值 2696.55 元最高，高达全国人均值的 321.53%；西藏人均值 323.68 元最低，低至全国人均值的 38.59%。

2016 年，全国城乡非物消费人均值为 6093.36 元。9 个省域人均值高于全国人均值，22 个省域人均值低于全国人均值。其中，上海人均值 12013.25 元最高，高达全国人均值的 197.15%；西藏人均值 1980.01 元最低，低至全国人均值的 32.49%。

2000 年以来 16 年间，全国城乡非物消费人均值年均增长 13.20%。18 个省域人均值年均增长高于全国平均增长，13 个省域人均值年均增长低于全国平均增长。其中，贵州人均值年均增长 15.60% 最高，高于全国人均值年增 2.40 个百分点；广东人均值年均增长 9.21% 最低，低于全国人均值年增 3.99 个百分点。

各省域地区差指数依据其人均值与全国人均值的绝对偏差进行演算，全国和四大区域地区差取相应省域与全国人均值的绝对偏差平均值进行演算。当地人均值增大本身具有正面效应，但本来高于全国人均值的省域会导致地区差继续扩大，带来负面效应；而本来低于全国人均值的省域则导致地区差逐渐缩小，带来正面效应。

2000 年，全国城乡非物消费地区差为 1.4162，即 31 个省域人均值与全国人均值的绝对偏差平均值为 41.62%。23 个省域地区差小于全国地区差，8 个省域地区差大于全国地区差。其中，黑龙江地区差 1.0029 最低，即与全国人均值的绝对偏差为 0.29%，仅为全国总体地区差的 70.82%；上海地区差 3.2153 最高，即与全国人均值的绝对偏差为 221.53%，高达全国总体地区差的 227.04%。

2016 年，全国城乡非物消费地区差为 1.2510，即 31 个省域人均值与全国人均值的绝对偏差平均值为 25.10%。18 个省域地区差小于全国地区差，13 个省域地区差大于全国地区差。其中，吉林地区差 1.0100 最低，即与全国人均值的绝对偏差为 1.00%，仅为全国总体地区差的 80.73%；上海地区差1.9715最高，即与全国人均值的绝对偏差为97.15%，高达全国总体地区差的157.59%。

基于全国及各地城乡非物消费历年不同增长状况，与2000年相比，全国地区差显著缩小11.67%。同期，22个省域地区差缩小，9个省域地区差扩大。这无疑表明，全国及绝大部分省域非物消费增长变化态势已经转入“区域均衡发展”的健康轨道。9个省域地区差变化态势好于全国地区差变化态势，22个省域地区差变化态势逊于全国地区差变化态势。其中，广东地区差变化态势最佳，缩减43.62%；辽宁地区差变化态势不佳，扩增14.37%。

本项检测体系的地区差距相关性考察在经济、财政、民生全数据链当中通约演算，各地经济、社会、民生发展的地区差距具有贯通性。全国及各地产值地区差动态有可能影响居民生活各方面地区差变化，随之居民收入、总消费、物质消费或非物消费、积蓄地区差动态又有可能影响各分类单项消费地区差变化。

非物消费历年地区差变动相关系数（可简化理解为地区差变化同步程度）如下。

（1）与总消费之间全国为0.8787，呈较强正相关，21个省域呈75%以上强相关，8个省域呈60%以下弱相关；广东最高为0.9826，重庆最低为-0.3172。

（2）与交通消费之间全国为0.9795，呈极强正相关，17个省域呈75%以上强相关，7个省域呈60%以下弱相关；广东最高为0.9651，山东最低为0.0069。

（3）与文教消费之间全国为0.9599，呈极强正相关，21个省域呈75%以上强相关，8个省域呈60%以下弱相关；上海最高为0.9789，吉林最低为0.0669。

（4）与医疗消费之间全国为0.7665，呈稍强正相关，8个省域呈75%以上强相关，19个省域呈60%以下弱相关；北京最高为0.9642，宁夏最低为-0.7797。

（5）与其他消费之间全国为0.8281，呈稍强正相关，8个省域呈75%以上强相关，17个省域呈60%以下弱相关；河南最高为0.9474，重庆最低为-0.4146。

2000~2016年，全国非物消费地区差缩小11.67%，与之对应的数据链之间地区差变化相关系数的高低、正负差异在于，其间地区差扩减幅度的同步性是强还是弱，扩减变化的趋向性相近或是相左。后台数据库检测表明，全国居民总消费地区差缩小6.26%，交通消费地区差缩小12.65%，文教消费地区差缩小11.09%，医疗消费地区差缩小11.23%，其他消费地区差缩小5.22%。

2. 城镇与乡村人均值及其城乡比

全国及各地非物消费人均值城乡比变化状况见表3，分区域以城乡比扩减变化倒序位次排列。

表3　全国及各地非物消费人均值城乡比变化状况

地区	2000年非物消费城乡差距			2016年非物消费城乡差距			16年间城乡比扩减（负值缩小为佳，取倒序）	
	城镇人均值（元）	乡村人均值（元）	城乡比（乡村=1）	城镇人均值（元）	乡村人均值（元）	城乡比（乡村=1）	比例（%）	排序
全　国	**1599.44**	**419.88**	**3.8093**	**8036.96**	**3545.50**	**2.2668**	**-40.49**	**—**
西　藏	1493.25	56.96	26.2160	4302.68	1046.92	4.1099	-84.32	1
青　海	1406.75	248.65	5.6576	7782.49	3920.10	1.9853	-64.91	2
贵　州	1247.35	179.11	6.9641	6602.62	2654.33	2.4875	-64.28	3
云　南	1707.50	241.59	7.0678	6949.23	2657.19	2.6153	-63.00	4
重　庆	1739.51	320.18	5.4329	6940.73	3149.87	2.2035	-59.44	5
广　西	1413.42	347.34	4.0693	5627.96	2859.25	1.9683	-51.63	7
四　川	1427.07	325.98	4.3778	6706.39	3053.12	2.1966	-49.82	9
甘　肃	1352.24	284.97	4.7452	6903.29	2862.22	2.4119	-49.17	10
宁　夏	1465.84	339.68	4.3154	8732.74	3836.33	2.2763	-47.25	14
新　疆	1482.22	287.38	5.1577	7995.32	2898.51	2.7584	-46.52	16
内蒙古	1386.43	470.34	2.9477	8184.14	4783.04	1.7111	-41.95	18
陕　西	1399.20	367.31	3.8093	7355.48	3180.39	2.3128	-39.29	20
西　部	**1459.68**	**305.25**	**4.7819**	**6949.05**	**3012.74**	**2.3066**	**-51.76**	**[1]**

续表

地区	2000年非物消费城乡差距			2016年非物消费城乡差距			16年间城乡比扩减（负值缩小为佳，取倒序）	
	城镇人均值（元）	乡村人均值（元）	城乡比（乡村=1）	城镇人均值（元）	乡村人均值（元）	城乡比（乡村=1）	比例（%）	排序
山　西	1355.63	284.11	4.7715	6941.61	3006.90	2.3086	-51.62	8
安　徽	1188.27	302.76	3.9248	6683.97	3334.00	2.0048	-48.92	11
河　南	1122.80	299.30	3.7514	6089.85	3105.98	1.9607	-47.73	12
湖　北	1303.45	404.34	3.2236	6847.88	3997.38	1.7131	-46.86	15
湖　南	1658.77	469.83	3.5306	8043.16	3741.57	2.1497	-39.11	21
江　西	1019.13	384.36	2.6515	5611.56	2613.69	2.1470	-19.03	28
中　部	**1286.74**	**355.23**	**3.6222**	**6715.85**	**3319.92**	**2.0229**	**-44.15**	[2]
河　北	1434.92	333.60	4.3013	6665.57	3598.59	1.8523	-56.94	6
山　东	1655.87	456.65	3.6261	7538.60	3738.57	2.0164	-44.39	17
海　南	1324.57	336.66	3.9344	6254.45	2692.94	2.3225	-40.97	19
天　津	1838.91	656.01	2.8032	9699.84	5553.53	1.7466	-37.69	23
浙　江	2435.73	930.69	2.6171	10890.38	6133.83	1.7755	-32.16	24
广　东	2847.40	719.82	3.9557	9476.11	3511.96	2.6982	-31.79	25
江　苏	1634.65	636.70	2.5674	9477.44	5189.85	1.8261	-28.87	26
福　建	1614.10	659.39	2.4479	7338.45	3633.17	2.0198	-17.49	29
北　京	2969.85	1100.20	2.6994	12903.02	5211.64	2.4758	-8.28	30
上　海	2908.28	1164.96	2.4965	12923.02	5496.29	2.3512	-5.82	31
东　部	**2135.67**	**579.24**	**3.6870**	**9195.89**	**4170.37**	**2.2051**	**-40.19**	[3]
黑龙江	1257.98	397.21	3.1670	6950.27	4162.13	1.6699	-47.27	13
吉　林	1279.95	407.72	3.1393	7652.65	4000.58	1.9129	-39.07	22
辽　宁	1352.74	471.55	2.8687	9581.96	4272.13	2.2429	-21.81	27
东　北	**1301.92**	**427.88**	**3.0427**	**8264.93**	**4152.78**	**1.9902**	**-34.59**	[4]

2000年，全国城镇非物消费人均值为1599.44元。11个省域城镇人均值高于全国城镇人均值，20个省域城镇人均值低于全国城镇人均值。其中，北京城镇人均值2969.85元最高，高达全国城镇人均值的185.68%；江西城镇人均值1019.13元最低，低至全国城镇人均值的63.72%。

同年，全国乡村非物消费人均值为 419.88 元。11 个省域乡村人均值高于全国乡村人均值，20 个省域乡村人均值低于全国乡村人均值。其中，上海乡村人均值 1164.96 元最高，高达全国乡村人均值的 277.45%；西藏乡村人均值 56.96 元最低，低至全国乡村人均值的 13.57%。

2016 年，全国城镇非物消费人均值为 8036.96 元。10 个省域城镇人均值高于全国城镇人均值，21 个省域城镇人均值低于全国城镇人均值。其中，上海城镇人均值 12923.02 元最高，高达全国城镇人均值的 160.79%；西藏城镇人均值 4302.68 元最低，低至全国城镇人均值的 53.54%。

同年，全国乡村非物消费人均值为 3545.50 元，仅为城镇人均值的 44.11%。16 个省域乡村人均值高于全国乡村人均值，15 个省域乡村人均值低于全国乡村人均值。其中，浙江乡村人均值 6133.83 元最高，高达全国乡村人均值的 173.00%；西藏乡村人均值 1046.92 元最低，低至全国乡村人均值的 29.53%。

2000 年以来 16 年间，全国城镇非物消费人均值年均增长 10.62%。17 个省域城镇人均值年均增长高于全国城镇平均增长，14 个省域城镇人均值年均增长低于全国城镇平均增长。其中，辽宁城镇人均值年均增长 13.02% 最高，高于全国城镇年增 2.40 个百分点；西藏城镇人均值年均增长 6.84% 最低，低于全国城镇年增 3.78 个百分点。

同期，全国乡村非物消费人均值年均增长 14.26%，高于全国城镇年增 3.64 个百分点。在此期间，31 个省域乡村人均值年均增长高于自身城镇年增。20 个省域乡村人均值年均增长高于全国乡村平均增长，11 个省域乡村人均值年均增长低于全国乡村平均增长。其中，西藏乡村人均值年均增长 19.96% 最高，高于全国乡村年增 5.70 个百分点；上海乡村人均值年均增长 10.18% 最低，低于全国乡村年增 4.08 个百分点。

城乡比及其扩减变化基于城镇与乡村人均绝对值及其不同增长进行演算，在民生发展的城乡差距长期存在的情况下，倘若乡村人均值增长滞后于城镇人均值增长，势必导致城乡比进一步扩大。

2000 年，全国非物消费城乡比为 3.8093，即全国城镇人均值为乡村人均值的380.93%，其间倍差为3.81。15个省域城乡比小于全国城乡比，16个省域城乡比大于全国城乡比。其中，福建城乡比2.4479最低，即城镇与乡村的人均值倍差为2.45，仅为全国总体城乡比的64.26%；西藏城乡比26.2160最高，即城镇与乡村的人均值倍差为26.22，高达全国总体城乡比的688.21%。

2016年，全国非物消费城乡比为2.2668，即全国城镇人均值为乡村人均值的226.68%，其间倍差为2.27。19个省域城乡比小于全国城乡比，12个省域城乡比大于全国城乡比。其中，黑龙江城乡比1.6699最低，即城镇与乡村的人均值倍差为1.67，仅为全国总体城乡比的73.67%；西藏城乡比4.1099最高，即城镇与乡村的人均值倍差为4.11，高达全国总体城乡比的181.31%。

基于全国城镇与乡村非物消费历年不同增长状况，与2000年相比，全国城乡比极显著缩小40.49%。同期，31个省域城乡比缩小，无省域城乡比扩大。这无疑表明，全国及所有省域非物消费增长变化态势已经转入“城乡均衡发展”的健康轨道。19个省域城乡比变化态势好于全国城乡比变化态势，12个省域城乡比变化态势逊于全国城乡比变化态势。其中，西藏城乡比变化态势最佳，缩减84.32%；上海城乡比变化态势不佳，扩增5.82%。

本项检测体系的城乡差距相关性考察集中于民生数据链当中。首先，有必要检验城镇与乡村之间非物消费增长相关系数（可简化理解为城乡增长同步程度）：全国为－0.4430，呈稍强负相关，城乡增长同步性极差，17个省域呈负相关，其中2个省域呈低于－50%强负相关；江苏最高为0.6597，广西最低为－0.5836。

其次，全国及各地居民收入、总消费、积蓄的城乡差距动态有可能对分类单项消费的城乡差距变化产生影响，而物质消费和非物消费的城乡差距动态又有可能反过来对总消费、积蓄的城乡差距变化产生影响，尤其是各类消费需求之间城乡比变化具有贯通性。

非物消费历年城乡比变动相关系数（可简化理解为城乡比变化同步程

度）如下。

（1）与交通消费之间全国为0.9801，呈极强正相关，29个省域呈75%以上强相关；山东最高为0.9611，上海最低为0.6963。

（2）与文教消费之间全国为0.7631，呈稍强正相关，17个省域呈75%以上强相关，5个省域呈60%以下弱相关；黑龙江最高为0.9560，北京最低为-0.3539。

（3）与医疗消费之间全国为0.8401，呈稍强正相关，24个省域呈75%以上强相关，4个省域呈60%以下弱相关；重庆最高为0.9723，上海最低为-0.2444。

（4）与其他消费之间全国为0.7522，呈稍强正相关，16个省域呈75%以上强相关，9个省域呈60%以下弱相关；西藏最高为0.9495，北京最低为-0.1114。

2000~2016年，全国非物消费城乡比缩小40.49%，与之对应的数据链之间城乡比变化相关系数的高低、正负差异在于，其间城乡比扩减幅度的同步性是强还是弱，扩减变化的趋向性相近或是相左。后台数据库检测表明，全国交通消费城乡比缩小44.97%，文教消费城乡比缩小26.71%，医疗消费城乡比缩小51.68%，其他消费城乡比缩小35.13%。

中国社会由历史承继下来的结构性、体制性“非均衡格局”弊端根深蒂固，长期存在的城乡差距、地区差距系全国及各地民生发展“非均衡性”的主要成因。进入“全面建成小康社会”进程以来，国家把解决“三农”问题列为“重中之重”，并致力于推进区域“均衡发展”。就本文涉及的数据范围来看，国家大力推进缩小区域发展差距的几大战略已见成效，推进缩小城乡发展差距的长年多方努力更显成效。

三　非物消费相关性比值协调性检测

全国及各地非物消费相关性比值状况见表4，分区域以非物消费比重升降位次排列。

表 4　全国及各地非物消费相关性比值状况

地区	非物消费与居民收入相关性				非物消费与居民消费相关性			
	非物消费比		16 年间比值升降(负值下降,上升为佳)		非物消费比重值		16 年间比值升降(负值下降,上升为佳)	
	2000 年	2016 年			2000 年	2016 年		
	比值(%)	比值(%)	比值(%)	排序	比值(%)	比值(%)	比值(%)	排序
全　国	**22.77**	**24.95**	**9.57**	—	**29.41**	**34.87**	**18.57**	—
吉　林	24.65	29.95	21.50	11	30.24	40.52	33.99	6
辽　宁	23.81	29.79	25.12	8	29.98	39.08	30.35	9
黑龙江	23.50	28.98	23.32	9	30.91	39.86	28.96	11
东　北	**23.90**	**29.58**	**23.77**	[1]	**30.35**	**39.63**	**30.58**	[1]
河　南	18.57	23.71	27.68	6	25.76	34.53	34.05	5
湖　南	24.22	27.19	12.26	18	28.16	36.81	30.72	7
安　徽	19.08	24.45	28.14	5	25.72	33.53	30.37	8
山　西	22.67	26.39	16.41	15	30.92	39.92	29.11	10
湖　北	21.35	25.27	18.36	14	27.36	34.85	27.38	12
江　西	18.93	20.12	6.29	20	25.53	30.73	20.37	19
中　部	**20.76**	**24.59**	**18.45**	[2]	**27.03**	**34.92**	**29.19**	[2]
贵　州	19.05	27.01	41.78	1	23.29	34.68	48.91	1
宁　夏	25.49	33.68	32.13	4	30.32	42.65	40.67	2
云　南	22.29	25.76	15.57	17	26.62	36.96	38.84	3
青　海	23.45	32.92	40.38	2	28.87	38.87	34.64	4
广　西	21.66	22.09	1.99	26	26.53	33.16	24.99	13
新　疆	23.18	28.19	21.61	10	29.85	36.87	23.52	14
四　川	20.82	24.73	18.78	13	25.94	31.60	21.82	17
甘　肃	23.84	29.98	25.76	7	29.79	36.28	21.79	18
陕　西	26.60	27.58	3.68	24	31.41	37.75	20.18	20
西　藏	13.14	13.70	4.26	23	16.68	20.00	19.90	21
重　庆	23.54	24.19	2.76	25	28.38	32.69	15.19	23
内蒙古	25.63	27.86	8.70	19	33.07	37.39	13.06	24
西　部	**22.50**	**25.95**	**15.33**	[3]	**27.66**	**34.77**	**25.70**	[3]
河　北	18.67	25.43	36.21	3	28.90	35.47	22.73	15
江　苏	21.27	24.64	15.84	16	29.35	35.88	22.25	16
山　东	22.07	23.22	5.21	21	30.26	36.09	19.27	22
天　津	21.92	26.29	19.94	12	30.37	34.29	12.91	25
海　南	21.09	22.17	5.12	22	28.89	32.16	11.32	26
浙　江	24.77	23.80	-3.92	28	32.70	36.02	10.15	27

续表

地区	非物消费与居民收入相关性				非物消费与居民消费相关性			
	非物消费比		16年间比值升降（负值下降，上升为佳）		非物消费比重值		16年间比值升降（负值下降，上升为佳）	
	2000年	2016年			2000年	2016年		
	比值（%）	比值（%）	比值（%）	排序	比值（%）	比值（%）	比值（%）	排序
福　建	21.21	21.13	-0.38	27	28.14	29.07	3.30	28
上　海	24.57	22.35	-9.04	30	32.51	32.41	-0.31	29
北　京	28.13	22.58	-19.73	31	34.66	33.49	-3.38	30
广　东	26.85	25.01	-6.85	29	33.67	32.33	-3.98	31
东　部	**23.47**	**23.92**	**1.92**	[4]	**31.40**	**34.10**	**8.60**	[4]

注：非物消费相关性分析取非物消费比、非物消费比重两项。对于相关性比值的构思设计及界定阐释，详见本书技术报告。单独取非物消费与居民收入的关系（恩格尔定律关系扩展）来看，非物消费比上升意味着居民收入中扩展消费开支比重升高；单独取非物消费与居民总消费的关系（恩格尔系数扩展）来看，非物消费比重值上升意味着居民总消费中扩展消费开支占比升高。

1. 非物消费与居民收入之比

2000年，全国非物消费比为22.77%，此为全国城乡非物消费与居民收入的相对比值，非物生活“扩展消费”占比以高为佳。15个省域比值高于全国总体比值，16个省域比值低于全国总体比值。其中，北京比值28.13%最高，高达全国总体比值的123.55%；西藏比值13.14%最低，低至全国总体比值的57.72%。

到2016年，全国非物消费比为24.95%，意味着非物消费与居民收入的相对比值上升，非物生活“扩展消费”占比升高为佳。17个省域比值高于全国总体比值，14个省域比值低于全国总体比值。其中，宁夏比值33.68%最高，高达全国总体比值的134.96%；西藏比值13.70%最低，低至全国总体比值的54.89%。

基于非物消费与居民收入历年不同增长状况，与2000年相比，全国非物消费比升高9.57%。同期，26个省域比值上升，5个省域比值下降。18个省域比值升降变化态势好于全国比值变化，13个省域比值升降变化态势逊于全国比值变化。其中，贵州比值升降变化态势最佳，升高41.78%；北京比值升降变化态势不佳，降低19.73%。

2. 非物消费与居民消费之比

2000 年，全国非物消费比重为 29. 41% ，此为全国城乡非物消费与居民消费的相对比值，非物生活“扩展消费”占比以高为佳。15 个省域比值高于全国总体比值，16 个省域比值低于全国总体比值。其中，北京比值 34. 66% 最高，高达全国总体比值的 117. 86% ；西藏比值 16. 68% 最低，低至全国总体比值的 56. 71% 。

到 2016 年，全国非物消费比重为 34. 87% ，非物消费与居民消费的相对比值上升，非物生活“扩展消费”占比升高为佳。16 个省域比值高于全国总体比值，15 个省域比值低于全国总体比值。其中，宁夏比值 42. 65% 最高，高达全国总体比值的 122. 31% ；西藏比值 20. 00% 最低，低至全国总体比值的 57. 35% 。

基于非物消费与居民消费历年不同增长状况，与 2000 年相比，全国非物消费比重升高 18. 57% 。同期，28 个省域比值上升，3 个省域比值下降。22 个省域比值升降变化态势好于全国比值变化，9 个省域比值升降变化态势逊于全国比值变化。其中，贵州比值升降变化态势最佳，升高 48. 91% ；广东比值升降变化态势不佳，降低 3. 98% 。

本项检测体系建立各类相关性比值分析测算十分复杂，不同方面、不同层次的比值当然不具可比性。以下可对应比值之间历年变化相关系数（可简化理解为比值变化同步程度）检测在同一层面展开：①非物消费比与居民消费比同属对应于居民收入的相对比值；②非物比重与交通比重；③与文教比重；④与医疗比重；⑤与其他比重同属对应于总消费的相对比值。

相关性比值之间历年变化相关系数如下。

（1）非物消费比与居民消费比之间全国为 0. 1910，呈极弱正相关，24 个省域呈 60% 以下弱相关，其中 9 个省域呈负相关；青海最高为 0. 8411，吉林最低为 -0. 5579。

（2）非物比重与交通比重之间全国为 0. 8671，呈较强正相关，20 个省域呈 75% 以上强相关，4 个省域呈 60% 以下弱相关；吉林最高为 0. 9861，重庆最低为0.3959。

（3）与文教比重之间全国为-0.1162，呈很弱负相关，8个省域呈负相关；北京最高为0.8272，内蒙古最低为-0.3711。

（4）与医疗比重之间全国为0.7424，呈较弱正相关，9个省域呈75%以上强相关，12个省域呈60%以下弱相关；河南最高为0.8929，上海最低为-0.7140。

（5）与其他比重之间全国为-0.5365，呈较强负相关，18个省域呈低于-50%强负相关；上海最高为0.5320，贵州最低为-0.8336。

对应数据链之间比值升降变化相关系数的高低、正负差异在于，其间增长升降的同步性是强还是弱，升降变化的趋向性相近或是相左。后台数据库检测表明，2000~2016年，全国非物消费比增高9.57%，而居民消费比降低7.58%；非物消费比重增高18.57%，而交通消费比重增高94.73%，文教消费比重降低6.89%，医疗消费比重增高27.78%，其他消费比重降低45.80%。按分类单项消费比重值升降变化衡量，全国非物消费比重升高主要在于交通消费比重上升，其次在于医疗消费比重上升，而文教消费比重、其他消费比重反向下降。

四 “全面小康”进程居民非物消费指数排行

2016年统计数据为目前已经正式出版公布的最新年度全国及各地系统数据。全国及各地非物消费子系统专项指数排行见表5，分区域以2016年度无差距横向检测结果位次排列。

1. 各年度理想值横向检测指数

2016年度无差距横向检测非物消费指数，全国为85.29，即设各类人均值城乡、地区无差距为理想值100加以比较衡量，全国总体尚存差距14.71个点。21个省域此项指数高于全国指数，即非物消费指数检测结果高于全国平均水平；10个省域此项指数低于全国指数，即非物消费指数检测结果低于全国平均水平。

表 5　全国及各地非物消费子系统专项指数排行

地区	各五年期起始年纵向检测(基数值＝100)						2016 年度检测			
	“十五”以来 16 年(2000～2016 年)		“十一五”以来 11 年(2005～2016 年)		“十二五”以来 6 年(2010～2016 年)		基数值纵向检测(2015 年＝100)		无差距横向检测(理想值＝100)	
	检测指数	排序	检测指数	排序	检测指数	排序	检测指数	排序	检测指数	排序
全　国	**208.51**	—	**150.65**	—	**130.73**	—	**102.73**	—	**85.29**	—
辽　宁	219.50	15	152.88	20	137.37	13	108.54	1	100.66	1
黑龙江	201.20	23	148.62	22	128.82	23	104.99	8	91.45	6
吉　林	199.71	25	146.47	24	130.93	20	101.19	23	88.99	14
东　北	**208.04**	[3]	**149.41**	[3]	**132.54**	[3]	**105.33**	[1]	**94.33**	[1]
浙　江	177.78	27	131.41	29	119.68	29	102.19	16	93.40	2
天　津	210.82	18	164.23	13	144.51	8	101.86	20	93.23	3
上　海	159.72	31	124.43	31	115.28	30	103.42	12	93.13	4
江　苏	208.00	19	148.49	23	124.75	25	102.46	15	90.95	7
北　京	167.39	29	124.86	30	109.56	31	99.97	27	90.62	8
广　东	161.94	30	133.95	28	126.06	24	106.16	4	89.94	10
山　东	202.50	21	145.33	25	124.73	26	100.58	25	89.09	13
河　北	241.43	9	167.81	8	137.35	14	102.08	18	87.80	17
福　建	168.01	28	138.31	27	124.26	28	100.39	26	84.83	23
海　南	196.94	26	154.30	19	134.35	16	97.40	30	78.70	30
东　部	**185.25**	[4]	**141.79**	[4]	**124.13**	[4]	**102.26**	[4]	**87.17**	[2]
湖　北	229.29	12	164.90	12	148.54	4	102.60	14	89.78	11
湖　南	201.97	22	155.22	18	141.18	10	104.83	9	88.56	15
安　徽	256.45	4	168.34	7	137.26	15	105.33	6	88.09	16
山　西	233.95	11	167.74	9	130.15	22	102.14	17	87.55	18
河　南	250.26	8	175.50	4	132.71	18	101.83	21	82.96	25
江　西	201.12	24	139.61	26	130.53	21	98.89	29	79.39	29
中　部	**227.40**	[2]	**162.57**	[2]	**136.30**	[2]	**102.75**	[2]	**85.77**	[3]
宁　夏	250.64	7	180.89	3	142.64	9	107.26	3	91.90	5
青　海	269.44	3	186.48	2	167.06	1	105.29	7	90.43	9
内蒙古	214.83	17	162.37	14	134.34	17	100.76	24	89.33	12
甘　肃	252.40	5	169.94	6	156.37	3	105.97	5	86.72	19
重　庆	220.91	14	156.90	17	146.74	6	103.97	11	85.98	20
新　疆	226.08	13	165.52	10	147.32	5	104.75	10	85.90	21
陕　西	219.08	16	158.13	15	131.05	19	103.05	13	85.09	22
四　川	239.10	10	165.52	11	141.09	11	102.05	19	84.38	24

续表

<table>
<tr><th rowspan="3">地区</th><th colspan="6">各五年期起始年纵向检测(基数值=100)</th><th colspan="4">2016 年度检测</th></tr>
<tr><th colspan="2">“十五”以来 16 年(2000~2016 年)</th><th colspan="2">“十一五”以来 11 年(2005~2016 年)</th><th colspan="2">“十二五”以来 6 年(2010~2016 年)</th><th colspan="2">基数值纵向检测(2015 年=100)</th><th colspan="2">无差距横向检测(理想值=100)</th></tr>
<tr><th>检测指数</th><th>排序</th><th>检测指数</th><th>排序</th><th>检测指数</th><th>排序</th><th>检测指数</th><th>排序</th><th>检测指数</th><th>排序</th></tr>
<tr><td>贵 州</td><td>286.99</td><td>1</td><td>193.72</td><td>1</td><td>157.26</td><td>2</td><td>107.48</td><td>2</td><td>82.04</td><td>26</td></tr>
<tr><td>云 南</td><td>251.55</td><td>6</td><td>173.95</td><td>5</td><td>139.50</td><td>12</td><td>99.41</td><td>28</td><td>79.99</td><td>27</td></tr>
<tr><td>广 西</td><td>205.22</td><td>20</td><td>148.75</td><td>21</td><td>144.67</td><td>7</td><td>101.20</td><td>22</td><td>79.72</td><td>28</td></tr>
<tr><td>西 藏</td><td>276.50</td><td>2</td><td>157.80</td><td>16</td><td>124.37</td><td>27</td><td>95.69</td><td>31</td><td>61.89</td><td>31</td></tr>
<tr><td>西 部</td><td>231.04</td><td>[1]</td><td>163.33</td><td>[1]</td><td>141.61</td><td>[1]</td><td>102.68</td><td>[3]</td><td>82.98</td><td>[4]</td></tr>
</table>

注：在分解独立的“中国民生消费需求景气评价体系”中，居民非物消费二级子系统检测取非物消费 4 个小项分类数据进行复合演算，占据 20% 的综合测算权重。由于如此复合演算过于复杂，本文表 6、表 7 仅取非物消费合计数值展开预测算。详见本书技术报告表 2、表 3，以区别于在“中国人民生活发展指数检测体系”中的相应测算。

在此项检测中，辽宁、浙江、天津、上海、宁夏占据前 5 位。辽宁此项指数 100.66 最高，高于全国总体指数 15.37 个点；西藏此项指数 61.89 最低，低于全国总体指数 23.40 个点。

2. 2000年以来基数值纵向检测指数

“十五”以来 16 年纵向检测非物消费指数，全国为 208.51，即设 2000 年为基数值 100 加以对比衡量，至 2016 年提升 108.51%。18 个省域此项指数高于全国指数，即非物消费指数提升速度高于全国平均速度；13 个省域此项指数低于全国指数，即非物消费指数提升速度低于全国平均速度。

在此项检测中，贵州、西藏、青海、安徽、甘肃占据前 5 位。贵州此项指数 286.99 最高，即指数提升高达 186.99%；上海此项指数 159.72 最低，即指数提升仅为 59.72%。

3. 2005年以来基数值纵向检测指数

“十一五”以来 11 年纵向检测非物消费指数，全国为 150.65，即设 2005 年为基数值 100 加以对比衡量，至 2016 年提升 50.65%。20 个省域此项指数高于全国指数，即非物消费指数提升速度高于全国平均速度；11 个省域此项指数低于全国指数，即非物消费指数提升速度低于全国平均速度。

在此项检测中，贵州、青海、宁夏、河南、云南占据前5位。贵州此项指数193.72最高，即指数提升高达93.72%；上海此项指数124.43最低，即指数提升仅为24.43%。

4. 2010年以来基数值纵向检测指数

“十二五”以来6年纵向检测非物消费指数，全国为130.73，即设2010年为基数值100加以对比衡量，至2016年提升30.73%。20个省域此项指数高于全国指数，即非物消费指数提升速度高于全国平均速度；11个省域此项指数低于全国指数，即非物消费指数提升速度低于全国平均速度。

在此项检测中，青海、贵州、甘肃、湖北、新疆占据前5位。青海此项指数167.06最高，即指数提升高达67.06%；北京此项指数109.56最低，即指数提升仅为9.56%。

5. 逐年度基数值纵向检测指数

2016年度基数值纵向检测非物消费指数，全国为102.73，即设上年（2015年）为基数值100加以对比衡量，至2016年提升2.73%。13个省域此项指数高于全国指数，即非物消费指数提升速度高于全国平均速度；18个省域此项指数低于全国指数，即非物消费指数提升速度低于全国平均速度。

在此项检测中，辽宁、贵州、宁夏、广东、甘肃占据前5位。辽宁此项指数108.54最高，即指数提升8.54%；西藏此项指数95.69最低，即指数降低4.31%。

现有增长关系格局存在经济增长与民生发展不够协调的问题，存在城乡、区域间民生发展不够均衡的问题，维持现有格局既有增长关系并非应然选择。实现经济、社会、民生发展的协调性，增强城乡、区域发展的均衡性，均为“全面建成小康社会”的既定目标，有些甚至具体化为约束性指标。假定全国及各地城乡比、地区差不再扩大以至消除，非物消费增长将更加明显，各地排行也将发生变化，可为“全面建成小康社会”进程最后攻坚起到“倒计时”预测提示作用。

五 “全面小康”目标年非物消费增长预测

1. 实现非物消费比重最佳值及最小城乡比应然测算

居民非物消费率、消费比持续提升，亦即非物消费比重呈提升态势，而消除城乡差距的第一步是缩小城乡差距。按全国及非物消费比重历年最高值测算2020年非物消费总量、人均值，再取非物消费历年最小城乡比进行演算。

据此假定推演非物消费“应然增长”动向，亦即协调增长“应有目标”，预测全国及各地2020年非物消费主要数据及非物消费指数见表6，分区域以2016～2020年纵向检测假定目标差距位次排列。

表6 全国及各地2020年非物消费应然增长测算

地区	实现非物消费比重最佳值及最小城乡比测算				非物消费专项指数测算			
	非物消费		人均值差距		2016～2020年纵向检测(2016年基数值=100)		2020年度横向检测(无差距理想值=100)	
	城乡总量(亿元)	城乡人均(元)	地区差(无差距=1)	城乡比(乡村=1)	预测指数	差距排序(倒序)	预测指数	排序
全　国	**162778.93**	**11564.95**	**1.4080**	**1.9674**	**114.35**	**—**	**85.61**	**—**
辽　宁	5584.63	12608.74	1.0903	2.0534	106.85	1	90.49	21
黑龙江	3702.71	9763.64	1.1558	1.4357	108.80	2	89.57	22
吉　林	4221.31	15415.05	1.3329	1.6903	127.72	17	100.08	14
东　北	**13508.65**	**12325.46**	**1.1930**	**1.7955**	**108.52**	**[1]**	**89.30**	**[4]**
山　西	3599.50	9490.81	1.1793	1.9222	113.92	6	86.73	26
河　南	8977.71	9370.44	1.1898	1.6696	121.66	7	88.02	25
安　徽	6902.59	11096.73	1.0405	1.6592	124.69	12	93.98	19
江　西	4632.58	9887.67	1.1450	2.0734	127.99	18	88.36	24
湖　南	11452.57	16389.21	1.4171	1.9316	130.58	22	102.34	10
湖　北	9523.00	16027.12	1.3858	1.4842	134.29	25	103.20	9
中　部	**45087.96**	**12117.56**	**1.2263**	**1.7484**	**123.60**	**[2]**	**91.39**	**[3]**
河　北	6404.59	8340.92	1.2788	1.4747	109.37	4	83.86	29
海　南	919.22	9703.73	1.1609	2.0219	122.42	8	85.41	28

续表

地区	实现非物消费比重最佳值及最小城乡比测算				非物消费专项指数测算			
	非物消费		人均值差距		2016～2020 年纵向检测(2016 年基数值 = 100)		2020 年度横向检测(无差距理想值 = 100)	
	城乡总量(亿元)	城乡人均(元)	地区差(无差距 = 1)	城乡比(乡村 = 1)	预测指数	差距排序(倒序)	预测指数	排序
山　东	13718. 06	13475. 02	1. 1652	1. 7231	123. 56	10	96. 42	18
浙　江	12419. 01	21301. 30	1. 8419	1. 5602	124. 29	11	104. 77	5
江　苏	16143. 76	19751. 70	1. 7079	1. 6187	126. 20	14	101. 44	13
上　海	7001. 92	26227. 67	2. 2679	2. 0756	126. 86	15	105. 57	3
天　津	3917. 94	22054. 43	1. 9070	1. 4572	128. 55	19	103. 97	8
福　建	5888. 22	14762. 73	1. 2765	1. 8607	128. 97	20	97. 76	15
广　东	23723. 65	20372. 48	1. 7616	2. 4237	132. 25	23	104. 76	6
北　京	7025. 25	28959. 32	2. 5041	2. 2169	132. 66	24	110. 35	1
东　部	**97161. 63**	**17565. 07**	**1. 6872**	**1. 8953**	**123. 79**	[3]	**94. 90**	[1]
新　疆	2274. 64	8967. 26	1. 2246	2. 3347	108. 89	3	80. 16	31
甘　肃	2156. 45	8246. 13	1. 2870	2. 0176	110. 58	5	81. 71	30
宁　夏	1099. 99	15663. 04	1. 3544	1. 9512	123. 04	9	96. 67	17
云　南	4586. 43	9402. 39	1. 1870	2. 0229	125. 59	13	88. 44	23
青　海	869. 05	14250. 00	1. 2322	1. 5771	127. 48	16	97. 05	16
四　川	9289. 34	11221. 76	1. 0297	1. 8218	130. 16	21	93. 94	20
内蒙古	5276. 75	20578. 54	1. 7794	1. 4872	136. 70	26	105. 66	2
陕　西	6358. 43	16545. 15	1. 4306	2. 0478	138. 42	27	102. 15	11
重　庆	5566. 72	17772. 78	1. 5368	1. 7575	144. 41	28	104. 89	4
广　西	5929. 38	12110. 53	1. 0472	1. 6519	146. 11	29	102. 09	12
贵　州	5367. 94	15332. 29	1. 3258	1. 9595	153. 73	30	104. 13	7
西　藏	241. 48	6893. 28	1. 4040	2. 6087	171. 97	31	85. 58	27
西　部	**49016. 60**	**12930. 87**	**1. 3199**	**1. 9038**	**129. 37**	[4]	**91. 43**	[2]

注：①全国及 29 个省域城乡比自身趋于缩小，保持缩小趋势至 2020 年即为最小城乡比；2 个省域城乡比自身趋于扩大，同样按各自历年最小城乡比假定测算。②纵向检测排序取倒序，指数越低差距越小；横向检测指数普遍接近，四大区域差异明显减小，部分省域指数超出理想值 100，由其他指标明显提升所致。③全国人均值、城乡比、横向检测结果一般应在各地数值之间，此处“失常”由全国及各地分别假定测算所致。④表外附加城镇、乡村人均值按最小城乡比反推演算，势必突破相应背景数值关系，于是全国及各地物质消费与非物消费之和对应总消费测算数值或有出入，实属此项测算设计使然。

假定实现非物消费比重最佳值及最小城乡比测算，2020 年全国城乡非物消费总量应达 162778.93 亿元，人均值应为 11564.95 元。19 个省域人均值高于全国人均值，12 个省域人均值低于全国人均值。其中，北京人均值 28959.32 元最高，高达全国人均值的 250.41%；西藏人均值 6893.28 元最低，低至全国人均值的 59.60%。

全国城乡非物消费地区差应为 1.4080，即 31 个省域人均值与全国人均值的绝对偏差平均值为 40.80%。21 个省域地区差小于全国地区差，10 个省域地区差大于全国地区差。其中，四川地区差 1.0297 最小，即与全国人均值的绝对偏差为 2.97%，仅为全国总体地区差的 73.13%；北京地区差 2.5041 最大，即与全国人均值的绝对偏差为 150.41%，高达全国总体地区差的 177.85%。

基于城乡人均值测算反推，全国城镇非物消费人均值应为 14241.53 元。19 个省域城镇人均值高于全国城镇人均值，12 个省域城镇人均值低于全国城镇人均值。其中，北京城镇人均值 31123.84 元最高，高达全国城镇人均值的 218.54%；河北城镇人均值 9633.96 元最低，低至全国城镇人均值的 67.65%。

基于城镇人均值演算反推，全国乡村非物消费人均值应为 7238.65 元，仅为城镇人均值的 50.83%。22 个省域乡村人均值高于全国乡村人均值，9 个省域乡村人均值低于全国乡村人均值。其中，天津乡村人均值 15883.89 元最高，高达全国乡村人均值的 219.43%；西藏乡村人均值 4625.91 元最低，低至全国乡村人均值的 63.91%。

全国非物消费城乡比应为 1.9674，即全国城镇人均值为乡村人均值的 196.74%，其间倍差为 1.97。20 个省域城乡比小于全国城乡比，11 个省域城乡比大于全国城乡比。其中，黑龙江城乡比 1.4357 最小，即城镇与乡村的人均值倍差为 1.44，仅为全国总体城乡比的 72.97%；西藏城乡比 2.6087 最大，即城镇与乡村的人均值倍差为 2.61，高达全国总体城乡比的 132.59%。

2016～2020 年纵向检测非物消费指数，全国应为 114.35，即设 2016 年为基数值100加以对比衡量，至2020年达到假定目标需提升14.35%。6个省域此项指数低于全国指数，即假定测算非物消费指数提升差距小于全国；25个省域此项指数高于全国指数，即假定测算非物消费指数提升差距大于全国。其中，辽宁此项指数106.85最低，即达到假定增长测算目标的差距最小；西藏此项指数171.97最高，即达到假定增长测算目标的差距最大。

在此假定“应然目标”下，纵向检测指数即为差距测量结果，指数越低意味着差距越小，越容易实现。

2020年度横向检测非物消费指数，全国应为85.61，即设收入人均值城乡、地区无差距为理想值100加以比较衡量，全国总体尚存差距14.39个点。26个省域此项指数高于全国指数，即假定测算非物消费指数高于全国；5个省域此项指数依次低于全国指数，即假定测算非物消费指数低于全国。其中，北京此项指数110.35最高，即达到假定目标情况下高于全国总体指数24.74个点；新疆此项指数80.16最低，即达到假定目标情况下低于全国总体指数5.45个点。

在此项假定测算中，四大区域横向检测指数较为接近，地区性差异排序部分失去意义。由于预设全国所有省域同步达到“应然目标”，各地纵向检测差距愈大，倘若同时得以实现则横向检测排行有可能愈前，反之亦然。

保持非物消费比重提升态势，实现非物消费最小城乡比“应然目标”，本身即为“协调增长”的基本需要。在假定实现最小城乡比情况下，与2016年相比，全国非物消费城乡比应明显缩小，31个省域城乡比相应缩小。在此项假定测算当中，由于全国及29个省域城乡比自身趋于缩小，保持缩小趋势至2020年即为最小城乡比；2个省域城乡比自身趋于扩大，同样按各自历年最小城乡比假定测算，于是城乡综合演算的非物消费总量、人均值明显提升。由此可知，既有城乡差距在全国社会结构中的“非均衡性”影响极大。

但是，地区差距在全国社会结构中的“非均衡性”影响同样很大。假定各地按照自身历年最小城乡比测算下来，全国非物消费地区差将极显著扩大，22个省域地区差相应扩大。

特别应当注意，各地非物消费指数不仅普遍提升，而且相互接近，在四大区域之间尤为接近。

2. 实现非物消费比重最佳值并弥合城乡比理想测算

城乡差距系民生发展“非均衡性”的最主要成因，仅仅实现非物消费既往历年最小城乡比显然不够。假定全国及各地实现非物消费比重历年最佳值并同步弥合城乡比，以最小城乡比演算的各自城镇人均值作为城乡持平人均值进行测算，可以检测最终消除城乡差距的实际距离。

据此假定推演非物消费“理想增长”动向，亦即均衡发展“理想目标”，预测全国及各地2020年非物消费主要数据及非物消费指数见表7，分区域以2016～2020年纵向检测假定目标差距位次排列。

表7　全国及各地2020年非物消费理想增长测算

地区	实现非物消费比重最佳值并弥合城乡比测算			非物消费专项指数测算			
				2016～2020年纵向检测（2016年基数值＝100）		2020年度横向检测（无差距理想值＝100）	
	城乡总量（亿元）	城与乡人均（元）	地区差（无差距＝1）	预测指数	差距排序（倒序）	预测指数	排序
全　国	**200452.43**	**14241.53**	**1.3411**	**144.62**	**—**	**95.76**	**—**
黑龙江	4198.43	11070.81	1.2226	120.63	1	91.85	30
辽　宁	6603.37	14908.81	1.0469	135.01	3	99.90	24
吉　林	5119.05	18693.38	1.3126	152.38	14	107.47	12
东　北	**15920.86**	**14691.16**	**1.1940**	**131.79**	**[1]**	**96.97**	**[4]**
山　西	4438.56	11703.14	1.1782	143.19	6	96.28	25
河　南	10981.29	11461.67	1.1952	144.67	7	95.27	28
安　徽	8311.96	13362.47	1.0617	147.23	11	100.50	22
湖　北	10843.55	18249.59	1.2814	151.48	13	106.76	13
江　西	5909.96	12614.06	1.1143	162.49	22	100.43	23
湖　南	14379.11	20577.23	1.4449	163.20	24	112.56	6
中　部	**54864.42**	**14774.24**	**1.2126**	**149.97**	**[2]**	**99.83**	**[3]**
河　北	7397.45	9633.96	1.3235	123.85	2	87.53	31
天　津	4111.82	23145.76	1.6252	141.19	4	104.34	17
浙　江	13907.40	23854.21	1.6750	141.59	5	108.05	11
江　苏	18031.02	22060.74	1.5490	144.82	8	105.52	16

续表

地区	实现非物消费比重最佳值并弥合城乡比测算			非物消费专项指数测算			
				2016～2020 年纵向检测（2016 年基数值 = 100）		2020 年度横向检测（无差距理想值 = 100）	
	城乡总量（亿元）	城与乡人均（元）	地区差（无差距 = 1）	预测指数	差距排序（倒序）	预测指数	排序
山　东	16216. 19	15928. 90	1. 1185	147. 13	10	103. 36	19
上　海	7486. 97	28044. 56	1. 9692	153. 88	17	109. 77	8
福　建	6898. 17	17294. 84	1. 2144	154. 80	19	105. 52	15
海　南	1149. 43	12133. 88	1. 1480	155. 10	20	96. 11	26
北　京	7550. 34	31123. 84	2. 1854	162. 50	23	114. 63	4
广　东	28455. 68	24436. 06	1. 7158	172. 89	28	115. 49	2
东　部	**111204. 46**	**20498. 58**	**1. 5524**	**151. 82**	**[3]**	**102. 94**	**[1]**
甘　肃	2889. 38	11048. 79	1. 2242	146. 28	9	94. 21	29
青　海	1037. 62	17014. 06	1. 1947	148. 99	12	102. 55	20
内蒙古	5951. 75	23210. 94	1. 6298	153. 23	15	108. 10	10
新　疆	3134. 65	12357. 66	1. 1323	153. 73	16	95. 97	27
宁　夏	1361. 29	19383. 85	1. 3611	154. 51	18	106. 28	14
四　川	11683. 23	14113. 64	1. 0090	160. 73	21	103. 88	18
云　南	6123. 52	12553. 50	1. 1185	165. 62	25	101. 67	21
重　庆	6466. 85	20646. 60	1. 4497	171. 54	26	111. 07	7
广　西	7284. 00	14877. 28	1. 0446	172. 33	27	109. 28	9
陕　西	7941. 72	20665. 00	1. 4510	174. 67	29	112. 70	5
贵　州	7098. 44	20275. 08	1. 4237	196. 87	30	116. 01	1
西　藏	422. 73	12067. 40	1. 1527	280. 99	31	115. 10	3
西　部	**61395. 20**	**16415. 91**	**1. 2659**	**164. 12**	**[4]**	**102. 48**	**[2]**

注：①纵向检测排序取倒序，指数越低差距越小；横向检测指数普遍接近理想值 100，各地尚存地区差距影响，但全国地区差极显著扩大，较多省域指数超出理想值 100，由其他指标明显提升所致。②全国人均值、横向检测结果一般应在各地数值之间，此处“失常”由全国及各地分别假定测算所致。

假定实现非物消费比重最佳值并弥合城乡比测算，2020 年全国城乡非物消费总量应达 200452. 43 亿元，城乡持平人均值应为 14241. 53 元，即前面测算的城镇人均值水平。19 个省域人均值高于全国人均值，12 个省域人均值低于全国人均值。其中，北京人均值 31123. 84 元最高，高达全国人均值的218.54%；河北人均值9633.96元最低，低至全国人均值的67.65%。

全国城乡非物消费地区差应为1.3411，即31个省域人均值与全国人均值的绝对偏差平均值为34.11%。19个省域地区差小于全国地区差，12个省域地区差大于全国地区差。其中，四川地区差1.0090最小，即与全国人均值的绝对偏差为0.90%，仅为全国总体地区差的75.24%；北京地区差2.1854最大，即与全国人均值的绝对偏差为118.54%，高达全国总体地区差的162.96%。

2016~2020年纵向检测非物消费指数，全国应为144.62，即设2016年为基数值100加以对比衡量，至2020年达到假定目标需提升44.62%。6个省域此项指数低于全国指数，即假定测算非物消费指数提升差距小于全国；25个省域此项指数高于全国指数，即假定测算非物消费指数提升差距大于全国。其中，黑龙江此项指数120.63最低，即达到假定增长测算目标的差距最小；西藏此项指数280.99最高，即达到假定增长测算目标的差距最大。

在此假定“理想目标”下，纵向检测指数即为差距测量结果，指数越低意味着差距越小，越容易实现。

2020年度横向检测非物消费指数，全国应为95.76，即设各类人均值城乡、地区无差距为理想值100加以比较衡量，全国总体仅存差距4.24个点。27个省域此项指数高于全国指数，即假定测算非物消费指数略高于全国；4个省域此项指数低于全国指数，即假定测算非物消费指数略低于全国。其中，贵州此项指数116.01最高，即达到假定目标情况下高于全国总体指数20.25个点；河北此项指数87.53最低，即达到假定目标情况下低于全国总体指数8.23个点。

在此项假定测算中，四大区域横向检测指数较为接近，地区性差异排序部分失去意义。由于预设全国所有省域同步达到“理想目标”，各地纵向检测差距愈大，倘若同时得以实现则横向检测排行有可能愈前，反之亦然。

实现弥合非物消费城乡比“理想目标”，本身即为“均衡发展”的理念要求。在假定弥合城乡比情况下，与2016年相比，全国非物消费地区差仍将极显著扩大，20个省域地区差相应扩大，但对比最小城乡比测算，扩大程度和范围明显减小。据此假定测算可见，由于预设乡村非物消费高速增长，到2020年人均值与城镇持平，全国及各地城乡综合演算的非物消费总量、人均值大幅提升。由此得知，正是既有城乡差距加大了全国“非均衡性”地区差距。

特别应当注意，各地非物消费指数普遍十分接近，在四大区域之间更为明显。

设置“应然目标”和“理想目标”展开测算，特别针对中国社会结构体制造成的“非均衡性”地区鸿沟和城乡鸿沟。本项检测回溯“全面小康”建设进程展开测算推演，倘若保持2000年以来全国及各地非物消费增长变化态势，到2020年全国非物消费地区差将为1.2200，略微低于当前非物消费地区差；非物消费城乡比将为1.9482，明显低于当前非物消费城乡比。这意味着，非物消费地区差和城乡比依然明显存在，仅仅“维持现状”任其“自然增长”显然不够。彻底消除全国及各地民生发展各个方面的地区差距和城乡差距，还需要强有力的政策措施和长时期的持续努力，期待新中国成立百年之际得以基本弥合。

省域报告*

Provincial Reports

R.6
辽宁：2016年度民生需求景气排名第1位

魏海燕**

摘　要： 2000～2016年，辽宁城乡综合演算的各类民生消费数据人均值持续稳步增长，2016年居民总消费为2000年的6.38倍，物质消费为5.55倍，非物消费为8.31倍。物质消费比重极显著下降9.10个百分点，非物消费比重极显著增高9.10个百分点，消费结构出现极大升级变化。居民消费率从

* 限于篇幅无法全面展开省域单独分析，以兼顾排行位次与区域分布的方式选取子报告：按R.2技术报告兼综合指数排行报告表4（排行汇总表）年度横向及各类纵向测评结果，取东、中、西部和东北（为平衡数量归并河北、山东）四大区域各自省排名、直辖市单列排名、自治区单列排名前三位，共12省3直辖市3自治区，按各地最高位次拟题排文，相同位次以先横向后较长时段纵向测评为序。未有独立子报告的省域见该报告详尽展开列表的各地分析对比及各类排行。

** 魏海燕，云南省政协信息中心主任编辑，主要从事传媒信息分析研究。

28.19%极显著上升至39.55%，“十二五”期间加快上升。尤其应注意，居民消费支出年均增长较明显低于财政支出年增1.98个百分点。居民积蓄率从20.58%持续极显著升高至23.77%，反过来对消费需求的抑制作用加重。居民物质消费地区差逐渐缩小，但居民总消费、非物消费地区差继续扩大；居民非物消费城乡比逐渐缩小，但居民总消费、物质消费城乡比持续扩大。

关键词： 辽宁　民生消费　需求景气　检测评价

一　辽宁人民生活主要数据相关情况

辽宁城乡主要民生数据增长变化基本情况见图1，限于制图容量，图1未直接列出居民收入数据，而注明可据其他数据推算，另产值、财政收入、财政支出数据置于后台进行相关演算。

1. 城乡居民收入、积蓄财富总量增长简况

2000～2016年，辽宁城乡居民收入总量年均增长12.90%，积蓄总量年均增长13.92%。在这16年间，居民收入年均增长率高于产值增长2.65个百分点，低于财政收入增长0.47个百分点。

2. 城乡居民消费总量及其分类增长状况

2000～2016年，辽宁城乡居民消费总量年均增长12.61%。在这16年间，居民消费年均增长率高于产值增长2.36个百分点，低于财政支出增长1.98个百分点。

同期，辽宁城乡居民物质消费总量年均增长11.63%。在这16年间，物质消费年均增长率低于居民收入增长1.27个百分点，低于总消费增长0.98个百分点。

同期，辽宁城乡居民非物消费总量年均增长14.49%。在这16年间，

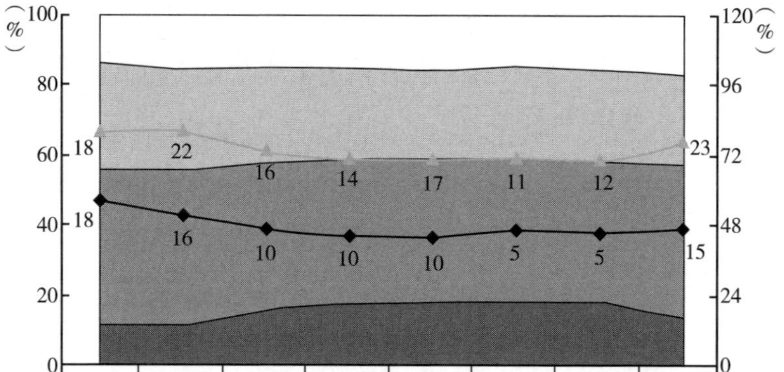

	2000年	2005年	2010年	2012年	2013年	2014年	2015年	2016年
（1）非物消费	394.60	828.64	1552.25	2075.22	2411.21	2539.04	2781.36	3437.94
（2）物质消费	921.59	1476.77	2713.77	3569.32	3882.92	4613.33	4849.91	5360.10
（3）总消费	1316.19	2305.41	4266.02	5644.54	6294.13	7152.37	7631.27	8798.04
（4）居民积蓄	341.14	582.97	1581.57	2407.43	2689.79	3004.28	3278.94	2743.61
物质消费比	55.61	51.13	46.41	44.33	43.22	45.42	44.45	46.44
居民消费比	79.42	79.82	72.95	70.10	70.06	70.42	69.95	76.23

图1　辽宁城乡主要民生数据增长变化基本情况

左轴面积：城乡居民（1）非物消费、（2）物质消费、（3）总消费、（4）积蓄总量（亿元转换为%），（1）+（2）=（3），（3）+（4）=居民收入，各项数值间呈直观比例。右轴曲线：物质消费比、居民消费比（占居民收入比）（%），二者之差即为非物消费比，二者之比即为物质消费比重（占总消费比），二者之差再与居民消费比之比即为非物消费比重。标注物质消费比、居民消费比省域排序位次。

非物消费年均增长率高于居民收入增长 1.59 个百分点，高于总消费增长 1.88 个百分点。

3. 城乡居民消费需求相关比值变化状况

在辽宁居民收入当中，2005 年有 79.82% 用于全部生活消费支出，为历年最高比值；2015 年仅有 69.95% 用于全部生活消费支出，为历年最低（最佳）比值；2000 年有 55.61% 用于物质消费支出，为历年最高比值；2013 年仅有 43.22% 用于物质消费支出，为历年最低（最佳）比值。居民收入与总消费之差即为居民积蓄，物质消费与总消费之差即为非物消费。

2000 年以来 16 年间，辽宁居民消费比降低 3.19 个百分点，同时物质消费比亦降低9.17个百分点，反过来导致非物消费比升高5.98个百分点。继续深入分析，居民消费比与物质消费比升降方向及其程度有差异，意味着物质消费占总消费比重变化，反过来又导致非物消费占总消费比重变化。由这些相对比值关系变化就能够看出民生消费需求态势，从中体现出民生发展的基本走向。

二 辽宁居民总消费增长及相关性分析

居民总消费及其相关性分析为民生消费需求检测系统的二级子系统之首。辽宁城乡居民总消费及其相关性变动态势见图2。

1. 城乡综合人均值及地区差变动状况

2000～2016年，辽宁城乡居民人均总消费年均增长12.27%（由于人口增长，人均值增长率略低于总量增长率）。人均值地区差最小（最佳，后同）值为2015年的1.0894，最大值为2009年的1.1669。在这16年间，辽宁居民总消费地区差扩大了4.03%。这意味着，辽宁与其余各地居民总消费增长的同步均衡性略微减弱，体现出“全面小康”建设进程在缩小居民总消费地区差距方面的成效欠佳。

由于其他省域相应变化，辽宁地区差位次从2000年第8位降至2016年第11位。按照本项检测的推演测算，2020年辽宁居民总消费地区差应为1.1741，相比当前将略微扩增；2035年辽宁居民总消费地区差应为1.3430，相比当前将继续明显扩增。

2. 城镇与乡村人均值及城乡比变动状况

2000～2016年，辽宁城镇居民人均总消费年均增长11.54%，乡村居民人均总消费年均增长11.46%，乡村年均增长率低于城镇0.08个百分点。城乡之间增长相关系数为0.0439，即历年增长同步程度4.39%，呈极弱正相关性。倘若用城乡各自年度增长指数绘制出两条曲线，就可以看出，二者历年增长严重失衡，其间均衡度很差。

同期，辽宁居民总消费城乡比最小（最佳，后同）值为2015年的

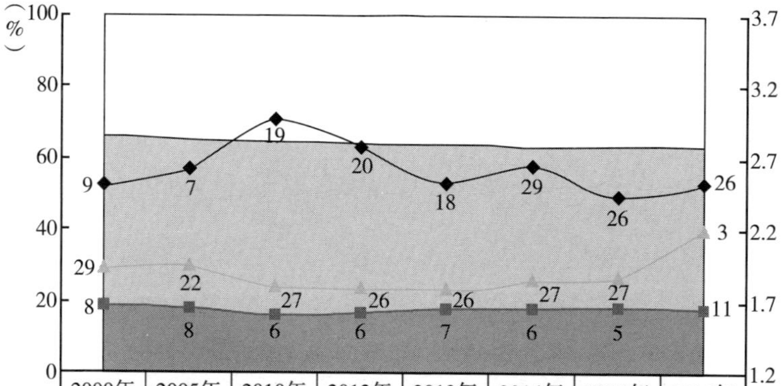

	2000年	2005年	2010年	2012年	2013年	2014年	2015年	2016年
城乡人均消费	3150.68	5464.35	9813.82	12869.44	14339.06	16290.57	17396.39	20085.94
城镇人均消费	4356.06	7369.27	13280.04	16593.60	18029.65	20519.57	21556.72	24995.89
乡村人均消费	1753.54	2805.94	4489.50	5998.39	7158.96	7800.75	8872.84	9953.15
人均值城乡比	2.4842	2.6263	2.9580	2.7663	2.5185	2.6305	2.4295	2.5114
人均值地区差	1.1049	1.1294	1.1191	1.1193	1.1306	1.1106	1.0894	1.1494
居民消费率	28.19	29.33	23.17	22.72	23.13	24.99	26.62	39.55

图2　辽宁城乡居民总消费及其相关性变动态势

左轴面积：城乡综合、城镇、乡村居民总消费人均值（元转换为%），各项数值间呈直观比例。右轴曲线：居民总消费城乡比（乡村=1）、地区差（无差距=1）。左轴曲线：居民消费率（与产值比）（%）。标注居民消费率及其城乡比、地区差省域排序位次。另需说明，近年年鉴始发布2014年以来城乡人均值数据，但与总量数据之间存在演算误差，对应同时发布的产值人均值和总量分别演算相应消费率有出入，本文恢复自行演算城乡人均值。

2.4295，最大值为2003年的3.2259。在这16年间，辽宁居民总消费城乡比扩大了1.10%。这意味着，辽宁城乡之间居民总消费增长的同步均衡性略微减弱，体现出“全面小康”建设进程在缩小居民总消费城乡差距方面的成效欠佳。

由于其他省域相应变化，辽宁城乡比位次从2000年第9位降至2016年第26位。按照本项检测的推演测算，2020年辽宁居民总消费城乡比应为2.5182，相比当前将略微扩增；2035年辽宁居民总消费城乡比应为2.5440，相比当前将继续略微扩增。

3. 城乡综合居民消费率历年变化状况

2000～2016年，辽宁居民消费率上升了11.36个百分点，其中“十二五”以来陡升16.38个百分点。应对国际金融危机实施“拉动内需，扩大消费，改善民生”国策以来，直到进入“十二五”期间，辽宁居民消费率开始略有回升。由于其他省域相应变化，辽宁居民消费率位次从2000年第29位升至2016年第3位。

在这16年间，辽宁居民消费率最高（最佳）值为2016年的39.55%，最低值为2011年的22.19%，近年来达到历年最佳值。这意味着，当地居民消费拉动经济增长的同步协调性有所增强。还应注意，辽宁居民消费率上升程度小于当地居民收入比上升程度，反过来即意味着居民积蓄率上升，同时亦即积蓄对消费的抑制作用加重。

三　辽宁居民物质消费结构性分析

辽宁居民物质消费分类结构性关系见图3。

1. 食品消费人均值增长及其比重变化

2000～2016年，辽宁城乡居民人均食品消费年均增长9.31%。人均值地区差最小值为2015年的1.0061，最大值为2009年的1.1672；城乡比最小值为2000年的2.1725，最大值为2009年的2.9942。在这16年间，辽宁居民食品消费地区差缩小了3.07%，城乡比扩大了18.60%。由于其他省域相应变化，辽宁地区差位次从2000年第10位升至2016年第5位，城乡比位次从2000年第12位降至2016年第29位。

同期，辽宁居民食品消费比重降低了14.69个百分点。最低（最佳，物质消费占比以低为佳，后同）比重值为2016年的27.50%，最高比重值为2000年的42.19%。由于其他省域相应变化，辽宁比重位次从2000年第15位升至2016年第7位。可以看出，进入“全面小康”建设进程以来，辽宁居民食品消费“最基本需求”所占比重越来越低，这间接反映出人民生活从温饱“基本小康”向富余“全面小康”的发展进步。

2. 衣着消费人均值增长及其比重变化

2000～2016年，辽宁城乡居民人均衣着消费年均增长10.18%。人均值

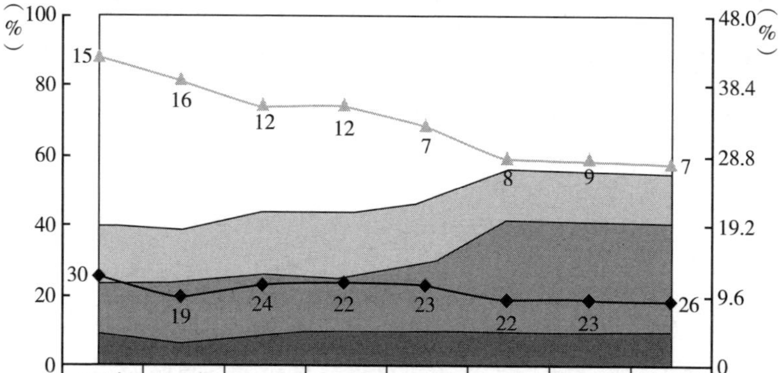

	2000年	2005年	2010年	2012年	2013年	2014年	2015年	2016年
食品消费人均	1329.15	2137.24	3497.21	4575.86	4688.64	4617.90	4913.73	5523.26
衣着消费人均	375.80	523.84	1106.67	1506.53	1585.87	1503.24	1584.38	1771.44
居住消费人均	308.14	619.70	1090.13	1273.87	1713.12	3451.85	3514.21	3742.94
用品消费人均	192.98	219.48	548.91	781.73	858.31	934.53	1043.62	1199.47
食品消费比重	42.186	39.113	35.636	35.556	32.698	28.347	28.246	27.498
衣着消费比重	11.927	9.587	11.277	11.706	11.060	9.228	9.108	8.819

图 3　辽宁居民物质消费分类结构性关系

左轴面积：城乡综合演算的居民物质消费单项（食品烟酒、衣着、居住、生活用品及服务四项）人均值（元转换为%），各项数值间呈直观比例。右轴曲线：食品、衣着消费比重（占总消费比，取3位小数对应整个物质消费比重演算小数四舍五入协调）（%），显示衣食温饱需求消费支出占总消费比。标注食品、衣着消费比重省域排序位次（物质消费比重以低为佳取倒序）。

地区差最小值为2006年的1.2290，最大值为2000年的1.5687；城乡比最小值为2005年的3.3519，最大值为2002年的4.4265。在这16年间，辽宁居民衣着消费地区差缩小了8.60%，城乡比缩小了2.02%。由于其他省域相应变化，辽宁地区差位次从2000年第28位升至2016年第25位，城乡比位次从2000年第7位降至2016年第27位。

同期，辽宁居民衣着消费比重降低了3.11个百分点。最低比重值为2016年的8.82%，最高比重值为2000年的11.93%。由于其他省域相应变化，辽宁比重位次从2000年第30位升至2016年第26位。可以看到，在食品消费比重持续明显下降的同时，辽宁居民衣着消费比重也有所降低。

3. 居住消费人均值增长及其比重变化

2000～2016 年，辽宁城乡居民人均居住消费年均增长 16.89%。人均值地区差最小值为 2011 年的 1.0019，最大值为 2013 年的 1.1379；城乡比最小值为 2001 年的 1.3881，最大值为 2014 年的 2.9685。在这 16 年间，辽宁居民居住消费地区差缩小了 7.45%，城乡比扩大了 62.15%。由于其他省域相应变化，辽宁地区差位次从 2000 年第 8 位升至 2016 年第 1 位，城乡比位次从 2000 年第 10 位降至 2016 年第 25 位。

同期，辽宁居民居住消费比重增高了 8.86 个百分点。最低比重值为 2000 年的 9.78%，最高比重值为 2014 年的 21.19%。由于其他省域相应变化，辽宁比重位次从 2000 年第 6 位降至 2016 年第 10 位。可以看到，在物质消费比重普遍明显下降的同时，辽宁居民居住消费“刚需”所占比重提升很大，这都是人们追求私家住房之“梦”带来的结果。

在图 3 里不难看出，2014 年居住消费人均值陡然高升，这是国家统计局首次提供城乡综合人均值数据带来的变化，本项检测自行演算人均值则还要略高一点。或许可以这样理解，各地居民受调查户样本的长期偏差近年得到修正，由私家住房相对普及带来的居住消费剧增得以体现。

4. 用品消费人均值增长及其比重变化

2000～2016 年，辽宁城乡居民人均用品消费年均增长 12.10%。人均值地区差最小值为 2011 年的 1.0084，最大值为 2003 年的 1.1757；城乡比最小值为 2005 年的 3.0353，最大值为 2012 年的 4.2698。在这 16 年间，辽宁居民用品消费地区差扩大了 6.35%，城乡比缩小了 19.90%。由于其他省域相应变化，辽宁地区差位次从 2000 年第 3 位降至 2016 年第 13 位，城乡比位次从 2000 年第 4 位降至 2016 年第 30 位。

同期，辽宁居民用品消费比重降低了 0.15 个百分点。最低比重值为 2005 年的 4.02%，最高比重值为 2000 年的 6.13%。由于其他省域相应变化，辽宁比重位次从 2000 年第 9 位降至 2016 年第 15 位。

本项检测将全部物质消费视为“全面小康”人民生活必需消费，只看食品消费或者扩大为衣食温饱显然已不具有足够的解释力。不难看出，辽宁居民食品消费比重下降“让出”的余地却被居住消费比重上升“抢占”，这两项冲抵仅仅留给处在上位的物质消费比重下降5.83个百分点（另综合衣着、用品消费比重变化，整个物质消费比重下降9.09个百分点），否则2000年以来16年间辽宁居民整个物质消费比重理当显著下降。

四 辽宁居民非物消费结构性分析

（一）非物生活分类消费增长分析

辽宁居民非物消费分类结构性关系见图4。

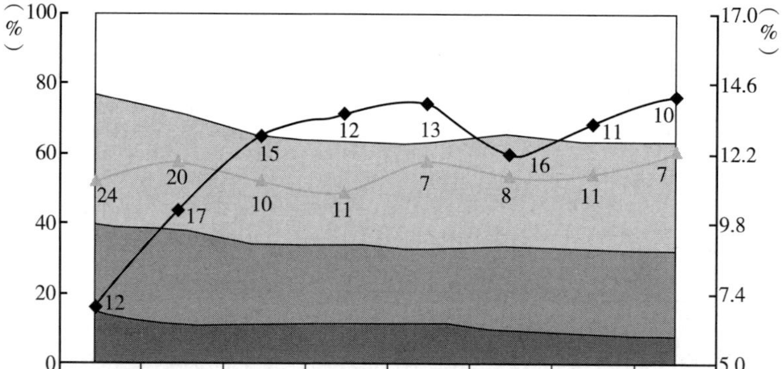

	2000年	2005年	2010年	2012年	2013年	2014年	2015年	2016年
交通消费人均	217.15	558.97	1251.08	1741.71	1998.82	1973.91	2303.93	2864.96
文教消费人均	353.99	652.25	1103.32	1391.40	1706.57	1856.49	1993.38	2449.17
医疗消费人均	239.79	535.08	817.21	1042.18	1155.12	1429.80	1533.17	1930.30
其他消费人均	133.67	217.78	399.31	556.15	632.61	522.85	509.96	604.40
交通消费比重	6.892	10.229	12.748	13.534	13.940	12.117	13.244	14.264
文教消费比重	11.235	11.936	11.242	10.812	11.902	11.396	11.459	12.193

图4 辽宁居民非物消费分类结构性关系

左轴面积：城乡综合演算的居民非物消费单项（交通通信、教育文化娱乐、医疗保健、其他用品及服务四项）人均值（元转换为%），各项数值间呈直观比例。右轴曲线：交通通信、教育文化娱乐消费比重（占总消费比，取3位小数对应整个非物消费比重演算小数四舍五入协调）（%），显示社会生活交往、精神文化生活需求变化。标注交通通信、教育文化娱乐消费比重省域排序位次。

1. 交通消费人均值增长及其比重变化

2000～2016 年，辽宁城乡居民人均交通消费年均增长 17.50%。人均值地区差最小值为 2005 年的 1.0081，最大值为 2016 年的 1.1993；城乡比最小值为 2015 年的 2.0492，最大值为 2010 年的 3.9496。在这 16 年间，辽宁居民交通消费地区差扩大了 10.62%，城乡比缩小了 23.95%。由于其他省域相应变化，辽宁地区差位次从 2000 年第 6 位降至 2016 年第 14 位，城乡比位次从 2000 年第 7 位降至 2016 年第 13 位。

同期，辽宁居民交通消费比重增高了 7.37 个百分点。最高（最佳，非物消费占比以高为佳，后同）比重值为 2016 年的 14.26%，最低比重值为 2000 年的 6.89%。由于其他省域相应变化，辽宁比重位次从 2000 年第 12 位升至 2016 年第 10 位。由此不难发现，交通消费比重持续显著增高，可以视为辽宁居民社会生活交往需求高涨的具体表现。

2. 文教消费人均值增长及其比重变化

2000～2016 年，辽宁城乡居民人均文教消费年均增长 12.85%。人均值地区差最小值为 2003 年的 1.0070，最大值为 2016 年的 1.2500；城乡比最小值为 2015 年的 2.1557，最大值为 2004 年的 3.8787。在这 16 年间，辽宁居民文教消费地区差扩大了 21.23%，城乡比缩小了 5.70%。由于其他省域相应变化，辽宁地区差位次从 2000 年第 2 位降至 2016 年第 22 位，城乡比位次从 2000 年第 6 位降至 2016 年第 22 位。

同期，辽宁居民文教消费比重增高了 0.96 个百分点。最高比重值为 2002 年的 12.76%，最低比重值为 2008 年的 10.19%。由于其他省域相应变化，辽宁比重位次从 2000 年第 24 位升至 2016 年第 7 位。这里发现一个问题，多年以来许多研究者预期“精神文化消费需求高涨”，这样的局面迄今尚未在辽宁居民人群里出现。

3. 医疗消费人均值增长及其比重变化

2000～2016 年，辽宁城乡居民人均医疗消费年均增长 13.92%。人均值地区差最小值为 2004 年的 1.2661，最大值为 2005 年的 1.5224；城乡比最小值为 2014 年的 1.5888，最大值为 2003 年的 4.0285。在这 16 年间，辽宁居民医疗消费地区差扩大了2.75%，城乡比缩小了36.85%。由于其他省域相应变化，辽宁地区差位次从2000年第23位降至2016年第27位，城乡比位次从2000年第13位降至2016年第26位。

同期，辽宁居民医疗消费比重增高了2.00个百分点。最高比重值为2005年的9.79%，最低比重值为2001年的7.53%。由于其他省域相应变化，辽宁比重位次从2000年第4位降至2016年第7位。

4. 其他消费人均值增长及其比重变化

2000～2016年，辽宁城乡居民人均其他消费年均增长9.89%。人均值地区差最小值为2000年的1.0640，最大值为2008年的1.5616；城乡比最小值为2007年的3.7035，最大值为2004年的6.2174。在这16年间，辽宁居民其他消费地区差扩大了35.94%，城乡比扩大了9.62%。由于其他省域相应变化，辽宁地区差位次从2000年第6位降至2016年第23位，城乡比位次从2000年第6位降至2016年第27位。

同期，辽宁居民其他消费比重降低了1.23个百分点。最高比重值为2009年的4.51%，最低比重值为2015年的2.93%。由于其他省域相应变化，辽宁比重位次从2000年第16位升至2016年第1位。

恩格尔系数检测仅能对应“基本小康”阶段，即使扩展为整个物质消费也难以适用于“全面小康”进程。为此，本项检测将全部非物消费视为“全面小康”民生应有消费。综合辽宁居民交通、文教、医疗、其他消费比重变化，16年间整个非物消费比重上升9.10个百分点。

实际说来，“交通消费”作为“交通通信消费”简称，包含通信消费，而通信消费里的信息内容消费部分显然应当归属于精神消费。假设辽宁居民信息内容消费占通信消费一半，通信消费又占整个交通通信消费一半，那么信息内容消费比重则上升1.84个百分点，再与文教消费比重变化合并演算，2000年以来16年间辽宁居民精神消费比重理当上升2.80个百分点。

至此可以归纳对比城乡居民物质生活、非物生活分类单项消费的增长变化差异。2000年以来16年间，辽宁各类消费人均值年均增长率、比重值升降变化（百分比演算更为精确）排序：交通消费年增17.50%，比重上升

106.95%为最高；居住消费年增16.89%，比重上升90.54%为次高；医疗消费年增13.92%，比重上升26.27%为第三高；文教消费年增12.85%，比重上升8.53%为第四高；用品消费年增12.10%，比重下降2.51%为第五高；衣着消费年增10.18%，比重下降26.06%为第六高；其他消费年增9.89%，比重下降29.07%为次低；食品消费年增9.31%，比重下降34.82%为最低。

（二）居民收入、积蓄与非物消费之间增长关系

分析居民收入、积蓄与非物生活各项消费之间增长关系，可以检测究竟是什么因素对居民非物生活各项消费增长产生重要影响。辽宁居民收入、积蓄与非物消费增长态势见图5，因相关系数分析需有历年不间断增长指数，而制图空间有限故截取2006~2016年（后台检测2000~2016年）。

1.居民收入与非物消费历年增长相关性

2006~2016年，标号（1）居民收入与（2）交通消费历年增长之间，相关系数为0.0923，亦即在9.23%程度上同步变动，呈极弱正相关性；与（3）文教消费历年增长之间，相关系数为-0.1963，亦即在19.63%程度上逆向变动，呈很弱负相关性；与（4）医疗消费历年增长之间，相关系数为-0.3896，亦即在38.96%程度上逆向变动，呈稍强负相关性。

这些数据之间的增长相关性表明，辽宁居民收入增高也不能“必然”带来本地居民生活消费向着非物质需求，尤其是精神文化需求方向“升级”。

2.居民积蓄与非物消费历年增长相关性

2006~2016年，标号（6）居民积蓄与（2）交通消费历年增长之间，相关系数为-0.1848，亦即在18.48%程度上逆向变动，呈很弱负相关性；与（3）文教消费历年增长之间，相关系数为-0.4379，亦即在43.79%程度上逆向变动，呈稍强负相关性；与（4）医疗消费历年增长之间，相关系数为-0.6866，亦即在68.66%程度上逆向变动，呈很强负相关性。

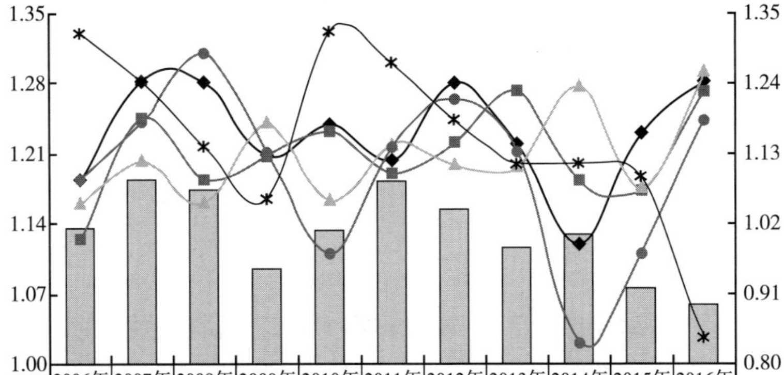

	2006年	2007年	2008年	2009年	2010年	2011年	2012年	2013年	2014年	2015年	2016年
（1）居民收入	1.1371	1.1844	1.1748	1.0948	1.1342	1.1814	1.1552	1.1149	1.1303	1.0751	1.0594
（2）交通消费	1.0878	1.2475	1.2454	1.1270	1.1751	1.1210	1.2419	1.1476	0.9875	1.1672	1.2435
（3）文教消费	0.9941	1.1884	1.0896	1.1280	1.1650	1.1007	1.1458	1.2265	1.0878	1.0737	1.2286
（4）医疗消费	1.0496	1.1179	1.0494	1.1781	1.0529	1.1449	1.1139	1.1084	1.2378	1.0723	1.2590
（5）其他消费	1.0919	1.1802	1.2880	1.1373	0.9714	1.1445	1.2170	1.1375	0.8265	0.9754	1.1852
（6）居民积蓄	1.3192	1.2459	1.1432	1.0581	1.3244	1.2725	1.1856	1.1164	1.1167	1.0924	0.8380

图5　辽宁居民收入、积蓄与非物消费增长态势

左轴柱形：居民收入年增指数，右轴曲线：非物消费各单项、积蓄年增指数，上年 =1（小于1为负增长）。曲线（3）、（4）与（6）之间大体形成横向镜面峰谷对应水中倒影负相关关系。

在当地这些数据之间的增长相关性中，相互间影响的正反方向、强弱程度已经不言自明。

图5中可见，在（4）医疗消费、（3）文教消费与（6）居民积蓄增长曲线之间，形成横向镜面峰谷对应水中倒影，其间分别呈68.66%、43.79%逆向增长相关性。“积蓄负相关性”对于医疗消费明显成立，对于文教消费接近成立，对于交通消费不明显，对于其他消费不明显。经后台数据库扩展演算，文教消费与积蓄增长之间2011～2016年长时段逆向程度为56.59%，呈较强负相关；2011～2016年逆向极值达56.59%，呈较强负相关。

显然，辽宁居民积蓄增长已经严重地抑制了本地居民消费向着保持人们身心健康、提升精神文化需求方向更快地“升级”。

五　辽宁民生消费需求景气指数检测

辽宁民生消费需求景气指数变动态势见图6。

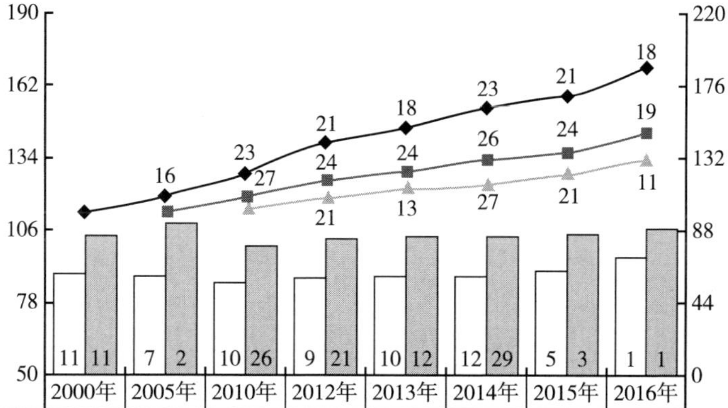

	2000年	2005年	2010年	2012年	2013年	2014年	2015年	2016年
横向理想测评	88.78	88.29	85.54	87.49	88.13	87.96	91.05	96.56
纵向基数测评（1）	103.46	108.48	99.41	103.04	103.73	103.64	104.74	107.01
纵向基数测评（2）	100.00	109.21	124.65	141.66	151.15	162.67	170.57	187.62
纵向理想测评（3）	—	100.00	106.83	118.00	132.97	130.35	136.08	147.19
纵向基数测评（4）	—	—	100.00	107.63	112.03	116.88	121.34	130.58

图6　辽宁民生消费需求景气指数变动态势

左轴柱形：左历年横向测评（城乡、地区无差距理想值=100）；右逐年纵向测评（1），上年基数值=100。右轴曲线：时段纵向测评（起点年基数值=100），（2）以2000年为起点（“十五”以来，以“九五”末年为基点，后同），（3）以2005年为起点（“十一五”以来），（4）以2010年为起点（“十二五”以来）。标注各类测评结果省域排序位次。

1. 各年度理想值横向检测指数

假定辽宁各类民生数据城乡、地区无差距理想值为100，2016年辽宁城乡民生需求景气指数为96.56，低于无差距理想值3.44%，但高于上年（2015年）检测指数5.51个点。辽宁此项检测指数在省域间排行变化，2000年为第11位，2005年为第7位，2010年为第10位，2016年从上年第5位上升为第1位。

各年度（包括图中省略年度）此项检测指数对比，全部各个年度均低于无差距理想值100；2002～2003年、2005年、2007～2008年、2011～2013年、2015～2016年10个年度高于上年检测指数值。其中，历年民生指数最高值为2016年的96.56，最低值为2004年的85.17。

2. 2000年以来基数值纵向检测指数

以“全面小康”建设进程起点年“九五”末年2000年数据指标演算基数值为100，2016年辽宁城乡民生需求景气指数为187.62，高于起点年基数值87.62%，也高于上年（2015年）检测指数17.05个点。辽宁此项检测指数在省域间排行变化，2000年起点不计，2005年为第16位，2010年为第23位，2016年从上年第21位上升为第18位。

各年度（包括图中省略年度）此项检测指数对比，2003～2016年14个年度高于起点年基数值100；全部各个年度均高于上年检测指数值。其中，历年民生指数最高值为2016年的187.62，最低值为2001年的97.81。

3. 2005年以来基数值纵向检测指数

以“全面小康”建设进程第一个五年期“十五”末年2005年数据指标演算基数值为100，2016年辽宁城乡民生需求景气指数为147.19，高于起点年基数值47.19%，也高于上年（2015年）检测指数11.11个点。辽宁此项检测指数在省域间排行变化，2005年起点不计，2010年为第27位，2016年从上年第24位上升为第19位。

各年度（包括图中省略年度）此项检测指数对比，2007～2016年10个年度高于起点年基数值100；全部各个年度均高于上年检测指数值。其中，历年民生指数最高值为2016年的147.19，最低值为2006年的99.42。

4. 2010年以来基数值纵向检测指数

以“全面小康”建设进程第二个五年期“十一五”末年2010年数据指标演算基数值为100，2016年辽宁城乡民生需求景气指数为130.58，高于起点年基数值30.58%，也高于上年（2015年）检测指数9.24个点。辽宁此项检测指数在省域间排行变化，2010年起点不计，2012年为第21位，2016年从上年第21位上升为第11位。

各年度（包括图中省略年度）此项检测指数对比，全部各个年度均高于起点年基数值100；全部各个年度均高于上年检测指数值。其中，历年民生指数最高值为2016年的130.58，最低值为2011年的104.26。

5. 逐年度基数值纵向检测指数

以上一年（2015年）起点数据指标演算基数值为100，2016年辽宁城乡民生需求景气指数为107.01，高于起点年基数值7.01%，也高于上年检测指数2.27个点。辽宁此项检测指数在省域间排行变化，2000年为第11位，2005年为第2位，2010年为第26位，2016年从上年第3位上升为第1位。

各年度（包括图中省略年度）此项检测指数对比，2000年、2002～2003年、2005年、2007～2009年、2011～2016年13个年度高于起点年基数值100；2002年、2005年、2007年、2009年、2011年、2013年、2015～2016年8个年度高于上年检测指数值。其中，历年民生指数最高值为2005年的108.48，最低值为2001年的97.81。

ℝ.7

安徽：2000 ~2016年民生需求景气提升第1位

袁春生*

摘　要： 2000～2016年，安徽城乡综合演算的各类民生消费数据人均值持续明显增长，2016年居民总消费为2000年的7.13倍，物质消费为6.38倍，非物消费为9.30倍。物质消费比重显著下降7.81个百分点，非物消费比重显著增高7.81个百分点，消费结构出现很大升级变化。但居民消费率从44.19%显著下降至38.08%，“十二五”期间略有回升。尤其应注意，居民消费支出年均增长显著低于财政支出年增6.44个百分点。居民积蓄率从25.81%持续显著升高至27.08%，反过来对消费需求的抑制作用加重。居民总消费、物质消费、非物消费地区差逐渐缩小；居民总消费、物质消费、非物消费城乡比逐渐缩小。

关键词： 安徽　民生消费　需求景气　检测评价

一　安徽人民生活主要数据相关情况

安徽城乡主要民生数据增长变化基本情况见图1，限于制图容量，图1

---

* 袁春生，云南省社会科学院科研处副处长、副研究员，主要从事民族文化和政治社会学研究。

未直接列出居民收入数据，而注明可据其他数据推算，另产值、财政收入、财政支出数据置于后台进行相关演算。

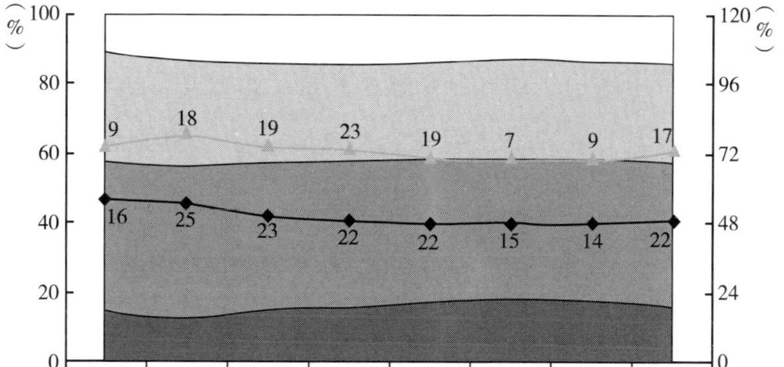

	2000年	2005年	2010年	2012年	2013年	2014年	2015年	2016年
（1）非物消费	340.06	681.37	1402.31	1992.47	2110.95	2226.86	2596.19	3116.24
（2）物质消费	982.17	1609.74	2969.45	3909.39	4322.96	4993.92	5406.17	6117.38
（3）总消费	1322.23	2291.11	4371.76	5901.86	6433.91	7220.78	8002.36	9293.62
（4）居民积蓄	459.92	641.34	1548.21	2162.14	2689.36	3168.77	3521.47	3450.63
物质消费比	55.11	54.89	50.16	48.48	47.38	48.07	46.91	48.47
居民消费比	74.19	78.13	73.85	73.19	70.52	69.50	69.44	72.92

图1　安徽城乡主要民生数据增长变化基本情况

左轴面积：城乡居民（1）非物消费、（2）物质消费、（3）总消费、（4）积蓄总量（亿元转换为%），（1）+（2）=（3），（3）+（4）=居民收入，各项数值间呈直观比例。右轴曲线：物质消费比、居民消费比（占居民收入比）（%），二者之差即为非物消费比，二者之比即为物质消费比重（占总消费比），二者之差再与居民消费比之比即为非物消费比重。标注物质消费比、居民消费比省域排序位次。

1. 城乡居民收入、积蓄财富总量增长简况

2000～2016年，安徽城乡居民收入总量年均增长13.08%，积蓄总量年均增长13.42%。在这16年间，居民收入年均增长率低于产值增长1.16个百分点，低于财政收入增长5.34个百分点。

2. 城乡居民消费总量及其分类增长状况

2000～2016年，安徽城乡居民消费总量年均增长12.96%。在这16年间，居民消费年均增长率低于产值增长1.28个百分点，低于财政支出增长

6.44 个百分点。

同期，安徽城乡居民物质消费总量年均增长 12.18%。在这 16 年间，物质消费年均增长率低于居民收入增长 0.90 个百分点，低于总消费增长 0.78 个百分点。

同期，安徽城乡居民非物消费总量年均增长 14.85%。在这 16 年间，非物消费年均增长率高于居民收入增长 1.77 个百分点，高于总消费增长 1.89 个百分点。

3. 城乡居民消费需求相关比值变化状况

在安徽居民收入当中，2005 年有 78.13% 用于全部生活消费支出，为历年最高比值；2015 年仅有 69.44% 用于全部生活消费支出，为历年最低（最佳）比值；2000 年有 55.11% 用于物质消费支出，为历年最高比值；2015 年仅有 46.91% 用于物质消费支出，为历年最低（最佳）比值。居民收入与总消费之差即为居民积蓄，物质消费与总消费之差即为非物消费。

2000 年以来 16 年间，安徽居民消费比降低 1.27 个百分点，同时物质消费比亦降低 6.64 个百分点，反过来导致非物消费比升高 5.37 个百分点。继续深入分析，居民消费比与物质消费比升降方向及其程度有差异，意味着物质消费占总消费比重变化，反过来又导致非物消费占总消费比重变化。由这些相对比值关系变化就能够看出民生消费需求态势，从中体现出民生发展的基本走向。

二　安徽居民总消费增长及相关性分析

居民总消费及其相关性分析为民生消费需求检测系统的二级子系统之首。安徽城乡居民总消费及其相关性变动态势见图 2。

1. 城乡综合人均值及地区差变动状况

2000~2016 年，安徽城乡居民人均总消费年均增长 13.07%（由于人口增长，人均值增长率略低于总量增长率）。人均值地区差最小（最佳，后

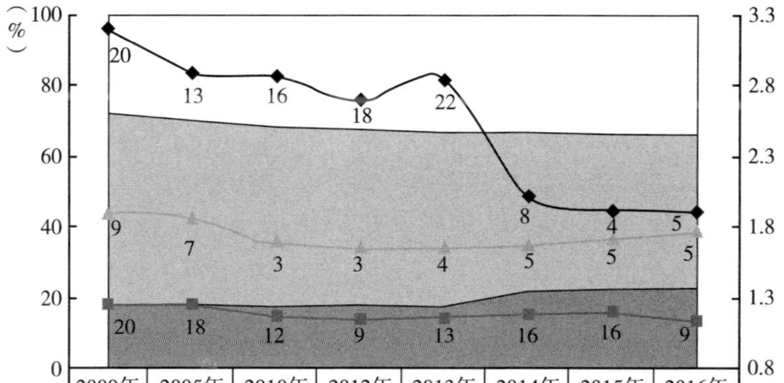

	2000年	2005年	2010年	2012年	2013年	2014年	2015年	2016年
城乡人均消费	2111.68	3642.18	7233.39	9872.63	10707.29	11922.66	13090.19	15063.09
城镇人均消费	4232.98	6367.67	11512.55	15011.66	16285.17	16107.07	17233.53	19606.25
乡村人均消费	1321.50	2196.23	4013.31	5555.99	5724.54	7980.76	8975.21	10287.30
人均值城乡比	3.2032	2.8994	2.8686	2.7019	2.8448	2.0182	1.9201	1.9059
人均值地区差	1.2595	1.2472	1.1752	1.1414	1.1558	1.1872	1.1803	1.1380
居民消费率	44.19	42.01	34.63	34.29	33.46	34.63	36.37	38.08

图2　安徽城乡居民总消费及其相关性变动态势

左轴面积：城乡综合、城镇、乡村居民总消费人均值（元转换为%），各项数值间呈直观比例。右轴曲线：居民总消费城乡比（乡村=1）、地区差（无差距=1）。左轴曲线：居民消费率（与产值比）（%）。标注居民消费率及其城乡比、地区差省域排序位次。另需说明，近年年鉴始发布2014年以来城乡人均值数据，但与总量数据之间存在演算误差，对应同时发布的产值人均值和总量分别演算相应消费率有出入，本文恢复自行演算城乡人均值。

同）值为2016年的1.1380，最大值为2002年的1.2874。在这16年间，安徽居民总消费地区差缩小了9.64%。这意味着，安徽与其余各地居民总消费增长的同步均衡性较明显增强，体现出“全面小康”建设进程在缩小居民总消费地区差距方面的有效进展。

由于其他省域相应变化，安徽地区差位次从2000年第20位升至2016年第9位。按照本项检测的推演测算，2020年安徽居民总消费地区差应为1.1170，相比当前将略微缩减；2035年安徽居民总消费地区差应为1.0728，相比当前将继续较明显缩减。

2. 城镇与乡村人均值及城乡比变动状况

2000～2016年，安徽城镇居民人均总消费年均增长10.05%，乡村居民人均总消费年均增长 13.68%，乡村年均增长率高于城镇 3.63 个百分点。城乡之间增长相关系数为 -0.1797，即历年增长逆向程度 17.97%，呈很弱负相关性。倘若用城乡各自年度增长指数绘制出两条曲线，就可以看出，二者历年增长相互逆反，其间均衡度极差。

同期，安徽居民总消费城乡比最小（最佳，后同）值为 2016 年的 1.9059，最大值为 2002 年的 3.2095。在这 16 年间，安徽居民总消费城乡比缩小了 40.50%。这意味着，安徽城乡之间居民总消费增长的同步均衡性显著增强，体现出“全面小康”建设进程在缩小居民总消费城乡差距方面的有效进展。

由于其他省域相应变化，安徽城乡比位次从 2000 年第 20 位升至 2016 年第 5 位。按照本项检测的推演测算，2020 年安徽居民总消费城乡比应为 1.6739，相比当前将明显缩减；2035 年安徽居民总消费城乡比应为 1.0288，相比当前将继续极显著缩减。

3. 城乡综合居民消费率历年变化状况

2000～2016 年，安徽居民消费率下降了 6.11 个百分点，其中“十二五”以来回升 3.45 个百分点。应对国际金融危机实施“拉动内需，扩大消费，改善民生”国策以来，直到进入“十二五”期间，安徽居民消费率开始略有回升。由于其他省域相应变化，安徽居民消费率位次从 2000 年第 9 位升至 2016 年第 5 位。

在这 16 年间，安徽居民消费率最高（最佳）值为 2000 年的 44.19%，最低值为 2013 年的 33.46%，近年来仍未回复 2000 年初始值，更未达到 2000 年最佳值。这意味着，当地居民消费拉动经济增长的同步协调性尚待增强。还应注意，安徽居民消费率下降程度小于当地居民收入比下降程度，反过来即意味着居民积蓄率上升，同时亦即积蓄对消费的抑制作用加重。

三　安徽居民物质消费结构性分析

安徽居民物质消费分类结构性关系见图 3。

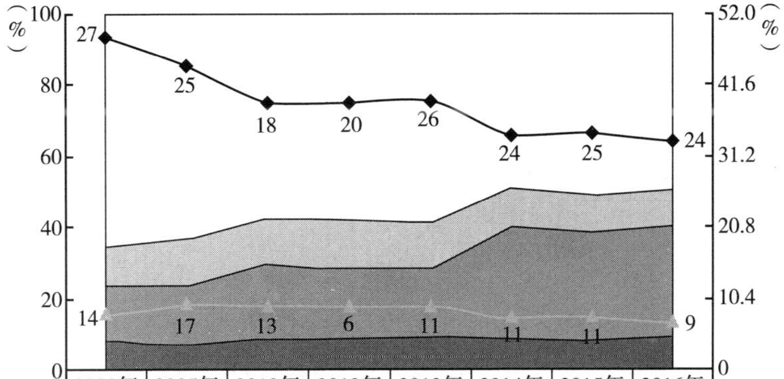

	2000年	2005年	2010年	2012年	2013年	2014年	2015年	2016年
食品消费人均	1030.14	1617.38	2808.05	3839.83	4204.41	4063.76	4502.59	4988.06
衣着消费人均	170.60	341.38	658.74	883.74	973.23	891.02	951.82	1026.76
居住消费人均	244.09	429.93	1023.00	1257.19	1386.46	2586.52	2677.23	3110.74
用品消费人均	123.76	170.32	423.39	558.87	630.17	704.45	711.72	886.73
食品消费比重	48.783	44.407	38.821	38.894	39.267	34.084	34.397	33.114
衣着消费比重	8.079	9.373	9.107	8.951	9.089	7.473	7.271	6.816

图3 安徽居民物质消费分类结构性关系

左轴面积：城乡综合演算的居民物质消费单项（食品烟酒、衣着、居住、生活用品及服务四项）人均值（元转换为%），各项数值间呈直观比例。右轴曲线：食品、衣着消费比重（占总消费比，取3位小数对应整个物质消费比重演算小数四舍五入协调）（%），显示衣食温饱需求消费支出占总消费比。标注食品、衣着消费比重省域排序位次（物质消费比重以低为佳取倒序）。

1. 食品消费人均值增长及其比重变化

2000～2016年，安徽城乡居民人均食品消费年均增长10.36%。人均值地区差最小值为2016年的1.0498，最大值为2002年的1.2083；城乡比最小值为2015年的1.8064，最大值为2003年的3.0472。在这16年间，安徽居民食品消费地区差缩小了9.40%，城乡比缩小了35.11%。由于其他省域相应变化，安徽地区差位次从2000年第15位升至2016年第4位，城乡比位次从2000年第24位升至2016年第10位。

同期，安徽居民食品消费比重降低了15.67个百分点。最低（最佳，物质消费占比以低为佳，后同）比重值为2016年的33.11%，最高比重值为

2000年的48.78%。由于其他省域相应变化，安徽比重位次从2000年第27位升至2016年第24位。可以看出，进入“全面小康”建设进程以来，安徽居民食品消费“最基本需求”所占比重越来越低，这间接反映出人民生活从温饱“基本小康”向富余“全面小康”的发展进步。

2. 衣着消费人均值增长及其比重变化

2000～2016年，安徽城乡居民人均衣着消费年均增长11.87%。人均值地区差最小值为2016年的1.1689，最大值为2001年的1.2934；城乡比最小值为2016年的2.7674，最大值为2002年的7.3794。在这16年间，安徽居民衣着消费地区差缩小了9.23%，城乡比缩小了54.99%。由于其他省域相应变化，安徽地区差位次保持第18位不变，城乡比位次从2000年第24位升至2016年第12位。

同期，安徽居民衣着消费比重降低了1.26个百分点。最低比重值为2016年的6.82%，最高比重值为2006年的9.64%。由于其他省域相应变化，安徽比重位次从2000年第14位升至2016年第9位。可以看到，在食品消费比重持续明显下降的同时，安徽居民衣着消费比重也有所降低。

3. 居住消费人均值增长及其比重变化

2000～2016年，安徽城乡居民人均居住消费年均增长17.24%。人均值地区差最小值为2009年的1.0195，最大值为2000年的1.2911；城乡比最小值为2012年的1.2257，最大值为2014年的2.1011。在这16年间，安徽居民居住消费地区差缩小了8.00%，城乡比缩小了7.20%。由于其他省域相应变化，安徽地区差位次从2000年第20位升至2016年第8位，城乡比位次从2000年第14位升至2016年第4位。

同期，安徽居民居住消费比重增高了9.09个百分点。最低比重值为2000年的11.56%，最高比重值为2014年的21.69%。由于其他省域相应变化，安徽比重位次从2000年第18位升至2016年第17位。可以看到，在物质消费比重普遍明显下降的同时，安徽居民居住消费“刚需”所占比重提升很大，这都是人们追求私家住房之“梦”带来的结果。

在图3里不难看出，2014年居住消费人均值陡然高升，这是国家统计局首次提供城乡综合人均值数据带来的变化，本项检测自行演算人均值则还要略高一点。或许可以这样理解，各地居民受调查户样本的长期偏差近年得到修正，由私家住房相对普及带来的居住消费剧增得以体现。

4. 用品消费人均值增长及其比重变化

2000～2016 年，安徽城乡居民人均用品消费年均增长 13.10%。人均值地区差最小值为 2016 年的 1.1691，最大值为 2002 年的 1.3957；城乡比最小值为 2016 年的 1.7388，最大值为 2001 年的 5.4991。在这 16 年间，安徽居民用品消费地区差缩小了 16.21%，城乡比缩小了 66.79%。由于其他省域相应变化，安徽地区差位次从 2000 年第 22 位升至 2016 年第 16 位，城乡比位次从 2000 年第 15 位升至 2016 年第 3 位。

同期，安徽居民用品消费比重增高了 0.03 个百分点。最低比重值为 2004 年的 4.38%，最高比重值为 2009 年的 5.94%。由于其他省域相应变化，安徽比重位次从 2000 年第 7 位降至 2016 年第 12 位。

本项检测将全部物质消费视为“全面小康”人民生活必需消费，只看食品消费或者扩大为衣食温饱显然已不具有足够的解释力。不难看出，安徽居民食品消费比重下降“让出”的余地却被居住消费比重上升“抢占”，这两项冲抵仅仅留给处在上位的物质消费比重下降 6.58 个百分点（另综合衣着、用品消费比重变化，整个物质消费比重下降 7.81 个百分点），否则 2000 年以来 16 年间安徽居民整个物质消费比重理当显著下降。

四　安徽居民非物消费结构性分析

（一）非物生活分类消费增长分析

安徽居民非物消费分类结构性关系见图 4。

1. 交通消费人均值增长及其比重变化

2000～2016 年，安徽城乡居民人均交通消费年均增长 18.97%。人均值地区差最小值为 2016 年的 1.1499，最大值为 2009 年的 1.4000；城乡比最

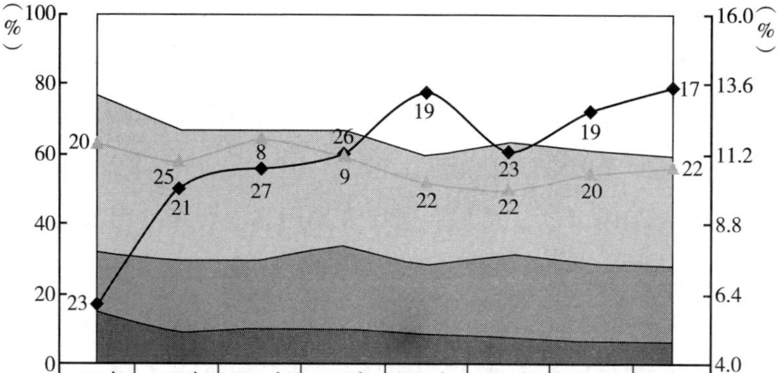

	2000年	2005年	2010年	2012年	2013年	2014年	2015年	2016年
交通消费人均	126.14	363.15	775.93	1106.93	1423.35	1351.68	1658.89	2030.72
文教消费人均	244.02	398.79	843.04	1092.07	1097.36	1179.33	1371.98	1607.23
医疗消费人均	91.48	226.11	467.34	798.99	701.84	874.74	940.31	1104.78
其他消费人均	81.45	95.12	233.90	335.02	290.47	271.16	275.65	308.06
交通消费比重	5.973	9.971	10.727	11.212	13.293	11.337	12.673	13.481
文教消费比重	11.556	10.949	11.655	11.062	10.249	9.892	10.481	10.670

图 4　安徽居民非物消费分类结构性关系

左轴面积：城乡综合演算的居民非物消费单项（交通通信、教育文化娱乐、医疗保健、其他用品及服务四项）人均值（元转换为%），各项数值间呈直观比例。右轴曲线：交通通信、教育文化娱乐消费比重（占总消费比，取 3 位小数对应整个非物消费比重演算小数四舍五入协调）（%），显示社会生活交往、精神文化生活需求变化。标注交通通信、教育文化娱乐消费比重省域排序位次。

小值为 2015 年的 2. 1449，最大值为 2000 年的 5. 2681。在这 16 年间，安徽居民交通消费地区差缩小了 16. 08%，城乡比缩小了 59. 12%。由于其他省域相应变化，安徽地区差位次从 2000 年第 20 位升至 2016 年第 9 位，城乡比位次从 2000 年第 20 位升至 2016 年第 14 位。

同期，安徽居民交通消费比重增高了 7. 51 个百分点。最高（最佳，非物消费占比以高为佳，后同）比重值为 2016 年的 13. 48%，最低比重值为 2000 年的 5. 97%。由于其他省域相应变化，安徽比重位次从 2000 年第 23 位升至 2016 年第 17 位。由此不难发现，交通消费比重持续显著增高，可以视为安徽居民社会生活交往需求高涨的具体表现。

2. 文教消费人均值增长及其比重变化

2000～2016 年，安徽城乡居民人均文教消费年均增长 12.50%。人均值地区差最小值为 2010 年的 1.1357，最大值为 2002 年的 1.4634；城乡比最小值为 2014 年的 2.2457，最大值为 2013 年的 5.0554。在这 16 年间，安徽居民文教消费地区差缩小了 8.49%，城乡比缩小了 32.70%。由于其他省域相应变化，安徽地区差位次从 2000 年第 19 位升至 2016 年第 13 位，城乡比位次保持第 20 位不变。

同期，安徽居民文教消费比重降低了 0.89 个百分点。最高比重值为 2007 年的 12.53%，最低比重值为 2014 年的 9.89%。由于其他省域相应变化，安徽比重位次从 2000 年第 20 位降至 2016 年第 22 位。这里发现一个问题，多年以来许多研究者预期"精神文化消费需求高涨"，这样的局面迄今尚未在安徽居民人群里出现。

3. 医疗消费人均值增长及其比重变化

2000～2016 年，安徽城乡居民人均医疗消费年均增长 16.85%。人均值地区差最小值为 2012 年的 1.0004，最大值为 2000 年的 1.4600；城乡比最小值为 2014 年的 1.2538，最大值为 2004 年的 4.3039。在这 16 年间，安徽居民医疗消费地区差缩小了 20.03%，城乡比缩小了 56.37%。由于其他省域相应变化，安徽地区差位次从 2000 年第 24 位升至 2016 年第 16 位，城乡比位次从 2000 年第 12 位升至 2016 年第 2 位。

同期，安徽居民医疗消费比重增高了 3.00 个百分点。最高比重值为 2012 年的 8.09%，最低比重值为 2000 年的 4.33%。由于其他省域相应变化，安徽比重位次从 2000 年第 25 位升至 2016 年第 19 位。

4. 其他消费人均值增长及其比重变化

2000～2016 年，安徽城乡居民人均其他消费年均增长 8.67%。人均值地区差最小值为 2012 年的 1.1871，最大值为 2006 年的 1.3816；城乡比最小值为 2015 年的 2.3948，最大值为 2003 年的 5.9451。在这 16 年间，安徽居民其他消费地区差缩小了 6.58%，城乡比缩小了 47.55%。由于其他省域相应变化，安徽地区差位次从 2000 年第 20 位升至 2016 年第 17 位，城乡比位次从2000年第13位升至2016年第8位。

同期，安徽居民其他消费比重降低了1.81个百分点。最高比重值为2000年的3.86%，最低比重值为2016年的2.05%。由于其他省域相应变化，安徽比重位次从2000年第29位升至2016年第22位。

恩格尔系数检测仅能对应“基本小康”阶段，即使扩展为整个物质消费也难以适用于“全面小康”进程。为此，本项检测将全部非物消费视为“全面小康”民生应有消费。综合安徽居民交通、文教、医疗、其他消费比重变化，16年间整个非物消费比重上升7.81个百分点。

实际说来，“交通消费”作为“交通通信消费”简称，包含通信消费，而通信消费里的信息内容消费部分显然应当归属于精神消费。假设安徽居民信息内容消费占通信消费一半，通信消费又占整个交通通信消费一半，那么信息内容消费比重则上升1.88个百分点，再与文教消费比重变化合并演算，2000年以来16年间安徽居民精神消费比重理当上升0.99个百分点。

至此可以归纳对比城乡居民物质生活、非物生活分类单项消费的增长变化差异。2000年以来16年间，安徽各类消费人均值年均增长率、比重值升降变化（百分比演算更为精确）排序：交通消费年增18.97%，比重上升125.70%为最高；居住消费年增17.24%，比重上升78.66%为次高；医疗消费年增16.85%，比重上升69.30%为第三高；用品消费年增13.10%，比重上升0.44%为第四高；文教消费年增12.50%，比重下降7.67%为第五高；衣着消费年增11.87%，比重下降15.63%为第六高；食品消费年增10.36%，比重下降32.12%为次低；其他消费年增8.67%，比重下降46.98%为最低。

（二）居民收入、积蓄与非物消费之间增长关系

分析居民收入、积蓄与非物生活各项消费之间增长关系，可以检测究竟是什么因素对居民非物生活各项消费增长产生重要影响。安徽居民收入、积蓄与非物消费增长态势见图5，因相关系数分析需有历年不间断增长指数，而制图空间有限故截取2006~2016年（后台检测2000~2016年）。

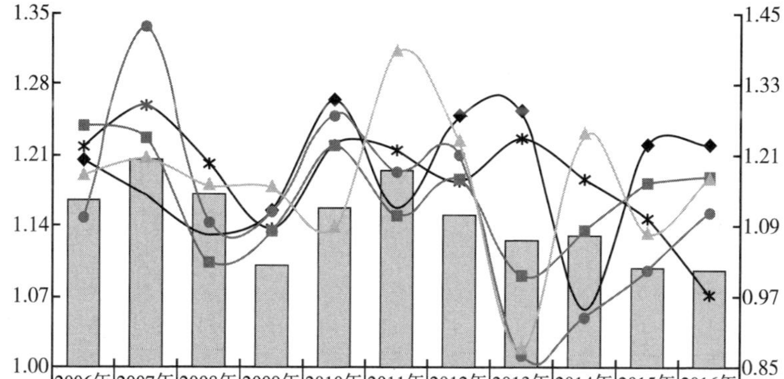

	2006年	2007年	2008年	2009年	2010年	2011年	2012年	2013年	2014年	2015年	2016年
（1）居民收入	1.1665	1.2058	1.1717	1.1013	1.1576	1.1959	1.1515	1.1255	1.1299	1.0989	1.0958
（2）交通消费	1.2039	1.1397	1.0721	1.1156	1.3020	1.1205	1.2732	1.2859	0.9496	1.2273	1.2241
（3）文教消费	1.2556	1.2369	1.0294	1.0811	1.2231	1.1058	1.1715	1.0049	1.0747	1.1634	1.1715
（4）医疗消费	1.1735	1.2063	1.1607	1.1557	1.0884	1.3854	1.2341	0.8784	1.2463	1.0750	1.1749
（5）其他消费	1.1061	1.4270	1.0966	1.1076	1.2826	1.1807	1.2131	0.8670	0.9335	1.0166	1.1176
（6）居民积蓄	1.2241	1.2926	1.1949	1.0840	1.2260	1.2154	1.1617	1.2375	1.1690	1.1010	0.9709

图5　安徽居民收入、积蓄与非物消费增长态势

左轴柱形：居民收入年增指数，右轴曲线：非物消费各单项、积蓄年增指数，上年＝1（小于1为负增长）。曲线（3）、（4）与（6）之间局部年度形成横向镜面峰谷对应水中倒影负相关关系。

1. 居民收入与非物消费历年增长相关性

2006～2016年，标号（1）居民收入与（2）交通消费历年增长之间，相关系数为－0.1418，亦即在14.18%程度上逆向变动，呈很弱负相关性；与（3）文教消费历年增长之间，相关系数为0.2623，亦即在26.23%程度上同步变动，呈极弱正相关性；与（4）医疗消费历年增长之间，相关系数为0.4505，亦即在45.05%程度上同步变动，呈很弱正相关性。

这些数据之间的增长相关性表明，安徽居民收入增高也不能“必然”带来本地居民生活消费向着非物质需求，尤其是精神文化需求方向“升级”。

2. 居民积蓄与非物消费历年增长相关性

2006～2016年，标号（6）居民积蓄与（2）交通消费历年增长之间，相

关系数为 -0.0218，亦即在2.18%程度上逆向变动，呈极弱负相关性；与（3）文教消费历年增长之间，相关系数为0.0842，亦即在8.42%程度上同步变动，呈极弱正相关性；与（4）医疗消费历年增长之间，相关系数为 -0.0337，亦即在3.37%程度上逆向变动，呈极弱负相关性。

在当地这些数据之间的增长相关性中，相互间影响的正反方向、强弱程度已经不言自明。

图5中可见，在（4）医疗消费与（6）居民积蓄增长曲线之间，形成横向镜面峰谷对应水中倒影，其间呈3.37%逆向增长相关性。“积蓄负相关性”对于医疗消费不明显，对于交通消费不明显，对于文教消费不成立，对于其他消费不成立。经后台数据库扩展演算，文教消费与积蓄增长之间2011～2016年长时段逆向程度为70.39%，呈极强负相关；2011～2015年逆向极值达77.48%，呈极强负相关。

显然，安徽居民积蓄增长已经严重地抑制了本地居民消费向着提升精神文化需求、保持人们身心健康的方向更快地“升级”。

五　安徽民生消费需求景气指数检测

安徽民生消费需求景气指数变动态势见图6。

1. 各年度理想值横向检测指数

假定安徽各类民生数据城乡、地区无差距理想值为100，2016年安徽城乡民生需求景气指数为89.57，低于无差距理想值10.43%，但高于上年（2015年）检测指数2.79个点。安徽此项检测指数在省域间排行变化，2000年为第23位，2005年为第18位，2010年为第16位，2016年从上年第17位上升为第8位。

各年度（包括图中省略年度）此项检测指数对比，全部各个年度均低于无差距理想值100；2001年、2003～2005年、2007～2008年、2010～2012年、2014～2016年12个年度高于上年检测指数值。其中，历年民生指数最高值为2016年的89.57，最低值为2002年的79.56。

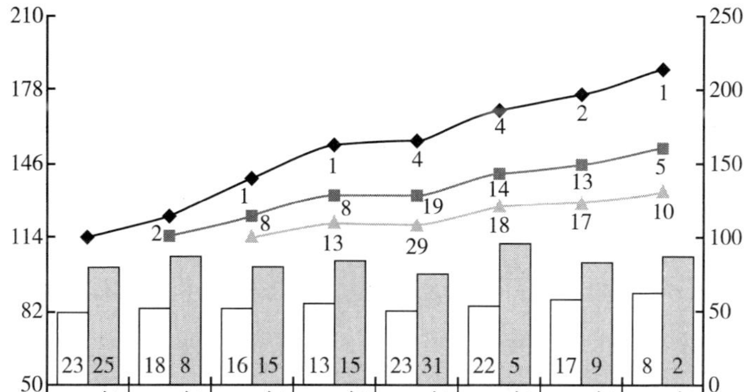

	2000年	2005年	2010年	2012年	2013年	2014年	2015年	2016年
横向理想测评	81.46	83.26	83.32	85.53	82.67	84.49	86.78	89.57
纵向基数测评（1）	101.31	106.18	101.55	103.86	98.64	111.72	103.44	105.43
纵向基数测评（2）	100.00	114.56	138.92	162.35	165.67	185.43	195.58	213.84
纵向基数测评（3）	—	100.00	113.13	127.29	127.74	142.46	148.22	159.33
纵向基数测评（4）	—	—	100.00	108.74	107.59	119.99	123.46	130.69

图6　安徽民生消费需求景气指数变动态势

左轴柱形：左历年横向测评（城乡、地区无差距理想值＝100）；右逐年纵向测评（1），上年基数值＝100。右轴曲线：时段纵向测评（起点年基数值＝100），（2）以2000年为起点（“十五”以来，以“九五”末年为基点，后同），（3）以2005年为起点（“十一五”以来），（4）以2010年为起点（“十二五”以来）。标注各类测评结果省域排序位次。

2. 2000年以来基数值纵向检测指数

以“全面小康”建设进程起点年“九五”末年2000年数据指标演算基数值为100，2016年安徽城乡民生需求景气指数为213.84，高于起点年基数值113.84%，也高于上年（2015年）检测指数18.26个点。安徽此项检测指数在省域间排行变化，2000年起点不计，2005年为第2位，2010年为第1位，2016年从上年第2位上升为第1位。

各年度（包括图中省略年度）此项检测指数对比，全部各个年度均高于起点年基数值100；全部各个年度均高于上年检测指数值。其中，历年民生指数最高值为2016年的213.84，最低值为2001年的100.60。

3. 2005年以来基数值纵向检测指数

以“全面小康”建设进程第一个五年期“十五”末年2005年数据指标

演算基数值为100，2016年安徽城乡民生需求景气指数为159.33，高于起点年基数值59.33%，也高于上年（2015年）检测指数11.11个点。安徽此项检测指数在省域间排行变化，2005年起点不计，2010年为第8位，2016年从上年第13位上升为第5位。

各年度（包括图中省略年度）此项检测指数对比，全部各个年度均高于起点年基数值100；全部各个年度均高于上年检测指数值。其中，历年民生指数最高值为2016年的159.33，最低值为2006年的100.16。

4. 2010年以来基数值纵向检测指数

以“全面小康”建设进程第二个五年期“十一五”末年2010年数据指标演算基数值为100，2016年安徽城乡民生需求景气指数为130.69，高于起点年基数值30.69%，也高于上年（2015年）检测指数7.23个点。安徽此项检测指数在省域间排行变化，2010年起点不计，2012年为第13位，2016年从上年第17位上升为第10位。

各年度（包括图中省略年度）此项检测指数对比，全部各个年度均高于起点年基数值100；2012年、2014~2016年4个年度高于上年检测指数值。其中，历年民生指数最高值为2016年的130.69，最低值为2011年的104.80。

5. 逐年度基数值纵向检测指数

以上一年（2015年）起点数据指标演算基数值为100，2016年安徽城乡民生需求景气指数为105.43，高于起点年基数值5.43%，也高于上年检测指数1.99个点。安徽此项检测指数在省域间排行变化，2000年为第25位，2005年为第8位，2010年为第15位，2016年从上年第9位上升为第2位。

各年度（包括图中省略年度）此项检测指数对比，2000~2012年、2014~2016年16个年度高于起点年基数值100；2002~2005年、2007年、2009年、2011年、2014年、2016年9个年度高于上年检测指数值。其中，历年民生指数最高值为2014年的111.72，最低值为2013年的98.64。

R.8

贵州：2005~2016年民生需求景气提升第1位

汪　洋*

摘　要： 2000~2016年，贵州城乡综合演算的各类民生消费数据人均值持续明显增长，2016年居民总消费为2000年的6.83倍，物质消费为5.82倍，非物消费为10.17倍。物质消费比重极显著下降11.39个百分点，非物消费比重极显著增高11.39个百分点，消费结构出现极大升级变化。但居民消费率从66.65%极显著下降至37.78%，“十二五”期间继续下降。尤其应注意，居民消费支出年均增长极显著低于财政支出年增8.62个百分点。居民积蓄率从18.22%持续极显著升高至22.11%，反过来对消费需求的抑制作用加重。居民总消费、物质消费、非物消费地区差逐渐缩小；居民总消费、物质消费、非物消费城乡比逐渐缩小。

关键词： 贵州　民生消费　需求景气　检测评价

一　贵州人民生活主要数据相关情况

贵州城乡主要民生数据增长变化基本情况见图1，限于制图容量，图1

* 汪洋，云南省社会科学院信息中心副主任、副研究员，主要从事民族文化、社会经济研究。

未直接列出居民收入数据，而注明可据其他数据推算，另产值、财政收入、财政支出数据置于后台进行相关演算。

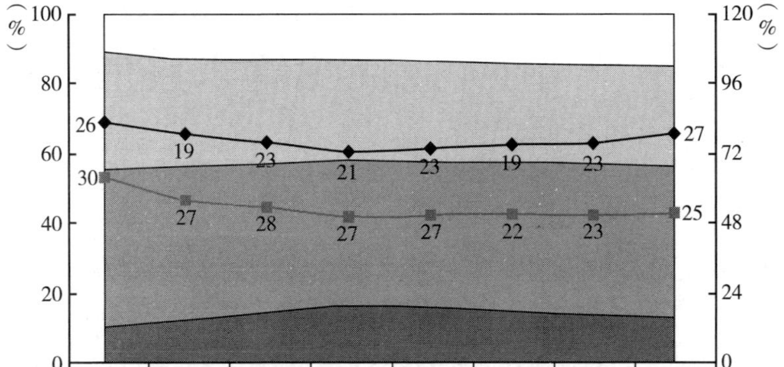

	2000年	2005年	2010年	2012年	2013年	2014年	2015年	2016年
（1）非物消费	159.89	310.46	533.84	752.89	885.98	1100.40	1284.19	1542.80
（2）物质消费	526.55	749.06	1297.34	1680.84	1932.04	2258.85	2536.02	2906.44
（3）总消费	686.44	1059.52	1831.18	2433.73	2818.02	3359.25	3820.21	4449.24
（4）居民积蓄	152.92	292.88	606.86	948.94	1055.46	1145.08	1260.24	1263.14
物质消费比	62.73	55.39	53.21	49.69	49.88	50.15	49.92	50.88
居民消费比	81.78	78.34	75.11	71.95	72.75	74.58	75.19	77.89

图1　贵州城乡主要民生数据增长变化基本情况

左轴面积：城乡居民（1）非物消费、（2）物质消费、（3）总消费、（4）积蓄总量（亿元转换为%），（1）+（2）=（3），（3）+（4）=居民收入，各项数值间呈直观比例。右轴曲线：物质消费比、居民消费比（占居民收入比）（%），二者之差即为非物消费比，二者之比即为物质消费比重（占总消费比），二者之差再与居民消费比之比即为非物消费比重。标注物质消费比、居民消费比省域排序位次。

1. 城乡居民收入、积蓄财富总量增长简况

2000～2016年，贵州城乡居民收入总量年均增长12.73%，积蓄总量年均增长14.11%。在这16年间，居民收入年均增长率低于产值增长3.72个百分点，低于财政收入增长7.20个百分点。

2. 城乡居民消费总量及其分类增长状况

2000～2016年，贵州城乡居民消费总量年均增长12.39%。在这16年间，居民消费年均增长率低于产值增长4.06个百分点，低于财政支出增长

8.62 个百分点。

同期，贵州城乡居民物质消费总量年均增长 11.27%。在这 16 年间，物质消费年均增长率低于居民收入增长 1.46 个百分点，低于总消费增长 1.12 个百分点。

同期，贵州城乡居民非物消费总量年均增长 15.22%。在这 16 年间，非物消费年均增长率高于居民收入增长 2.49 个百分点，高于总消费增长 2.83 个百分点。

3. 城乡居民消费需求相关比值变化状况

在贵州居民收入当中，2000 年有 81.78% 用于全部生活消费支出，为历年最高比值；2012 年仅有 71.95% 用于全部生活消费支出，为历年最低（最佳）比值；2000 年有 62.73% 用于物质消费支出，为历年最高比值；2012 年仅有 49.69% 用于物质消费支出，为历年最低（最佳）比值。居民收入与总消费之差即为居民积蓄，物质消费与总消费之差即为非物消费。

2000 年以来 16 年间，贵州居民消费比降低 3.89 个百分点，同时物质消费比亦降低 11.85 个百分点，反过来导致非物消费比升高 7.96 个百分点。继续深入分析，居民消费比与物质消费比升降方向及其程度有差异，意味着物质消费占总消费比重变化，反过来又导致非物消费占总消费比重变化。由这些相对比值关系变化就能够看出民生消费需求态势，从中体现出民生发展的基本走向。

二 贵州居民总消费增长及相关性分析

居民总消费及其相关性分析为民生消费需求检测系统的二级子系统之首。贵州城乡居民总消费及其相关性变动态势见图 2。

1. 城乡综合人均值及地区差变动状况

2000～2016 年，贵州城乡居民人均总消费年均增长 12.76%（由于人口增长，人均值增长率略低于总量增长率）。人均值地区差最小（最佳，后

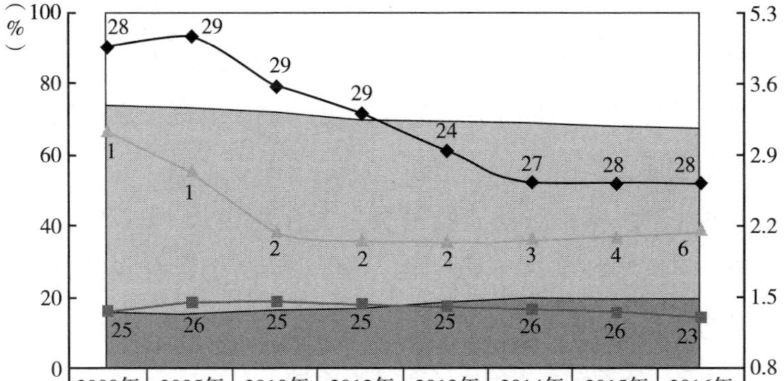

	2000年	2005年	2010年	2012年	2013年	2014年	2015年	2016年
城乡人均消费	1838.84	2775.78	5032.83	7000.73	8067.28	9583.82	10856.67	12560.48
城镇人均消费	4278.28	6159.29	10058.29	12585.70	13702.87	15254.64	16914.20	19201.68
乡村人均消费	1096.64	1552.39	2852.48	3901.71	4740.16	5970.25	6644.93	7533.29
人均值城乡比	3.9013	3.9676	3.5262	3.2257	2.8908	2.5551	2.5454	2.5489
人均值地区差	1.3552	1.4263	1.4261	1.3911	1.3639	1.3466	1.3201	1.2812
居民消费率	66.65	54.94	38.36	35.52	34.85	36.25	36.37	37.78

图2　贵州城乡居民总消费及其相关性变动态势

左轴面积：城乡综合、城镇、乡村居民总消费人均值（元转换为%），各项数值间呈直观比例。右轴曲线：居民总消费城乡比（乡村＝1）、地区差（无差距＝1）。左轴曲线：居民消费率（与产值比）（%）。标注居民消费率及其城乡比、地区差省域排序位次。另需说明，近年年鉴始发布2014年以来城乡人均值数据，但与总量数据之间存在演算误差，对应同时发布的产值人均值和总量分别演算相应消费率有出入，本文恢复自行演算城乡人均值。

同）值为2016年的1.2812，最大值为2008年的1.4450。在这16年间，贵州居民总消费地区差缩小了5.45%。这意味着，贵州与其余各地居民总消费增长的同步均衡性较明显增强，体现出“全面小康”建设进程在缩小居民总消费地区差距方面的有效进展。

由于其他省域相应变化，贵州地区差位次从2000年第25位升至2016年第23位。按照本项检测的推演测算，2020年贵州居民总消费地区差应为1.2547，相比当前将略微缩减；2035年贵州居民总消费地区差应为1.1993，相比当前将继续较明显缩减。

2. 城镇与乡村人均值及城乡比变动状况

2000～2016年，贵州城镇居民人均总消费年均增长9.84%，乡村居民人均总消费年均增长12.80%，乡村年均增长率高于城镇2.96个百分点。城乡之间增长相关系数为0.6258，即历年增长同步程度62.58%，呈较弱正相关性。倘若用城乡各自年度增长指数绘制出两条曲线，就可以看出，二者历年增长难显并行，其间均衡度稍差。

同期，贵州居民总消费城乡比最小（最佳，后同）值为2015年的2.5454，最大值为2004年的4.2384。在这16年间，贵州居民总消费城乡比缩小了34.66%。这意味着，贵州城乡之间居民总消费增长的同步均衡性明显增强，体现出“全面小康”建设进程在缩小居民总消费城乡差距方面的有效进展。

由于其他省域相应变化，贵州城乡比位次保持第28位不变。按照本项检测的推演测算，2020年贵州居民总消费城乡比应为2.2916，相比当前将显著缩减；2035年贵州居民总消费城乡比应为1.5376，相比当前将继续极显著缩减。

3. 城乡综合居民消费率历年变化状况

2000～2016年，贵州居民消费率下降了28.87个百分点，其中“十二五”以来下降0.58个百分点。应对国际金融危机实施“拉动内需，扩大消费，改善民生”国策以来，直到进入“十二五”期间，贵州居民消费率开始略有回升。由于其他省域相应变化，贵州居民消费率位次从2000年第1位降至2016年第6位。

在这16年间，贵州居民消费率最高（最佳）值为2000年的66.65%，最低值为2013年的34.85%，近年来仍未回复2000年初始值，更未达到2000年最佳值。这意味着，当地居民消费拉动经济增长的同步协调性尚待增强。还应注意，贵州居民消费率下降程度小于当地居民收入比下降程度，反过来即意味着居民积蓄率上升，同时亦即积蓄对消费的抑制作用加重。

三 贵州居民物质消费结构性分析

贵州居民物质消费分类结构性关系见图3。

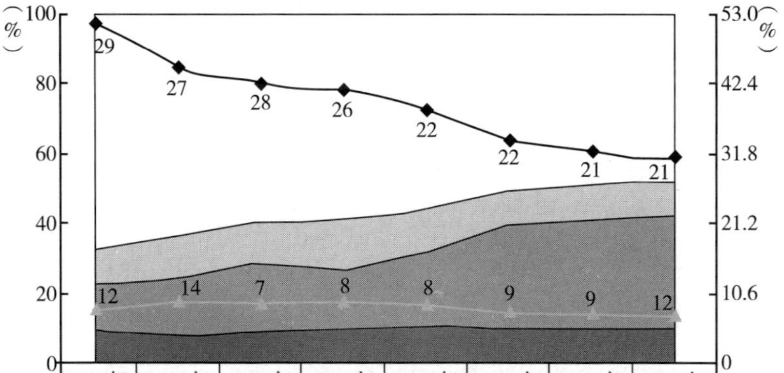

	2000年	2005年	2010年	2012年	2013年	2014年	2015年	2016年
食品消费人均	955.66	1254.96	2134.66	2901.20	3104.88	3230.03	3505.69	3907.94
衣着消费人均	146.36	245.11	429.46	645.12	680.26	693.57	761.95	872.47
居住消费人均	183.81	327.90	703.18	849.43	1172.22	1879.46	2273.11	2628.48
用品消费人均	124.71	134.45	298.34	439.25	573.58	641.33	666.38	796.19
食品消费比重	51.971	45.211	42.415	41.441	38.487	33.703	32.291	31.113
衣着消费比重	7.959	8.830	8.533	9.215	8.432	7.237	7.018	6.946

图 3　贵州居民物质消费分类结构性关系

左轴面积：城乡综合演算的居民物质消费单项（食品烟酒、衣着、居住、生活用品及服务四项）人均值（元转换为%），各项数值间呈直观比例。右轴曲线：食品、衣着消费比重（占总消费比，取 3 位小数对应整个物质消费比重演算小数四舍五入协调）（%），显示衣食温饱需求消费支出占总消费比。标注食品、衣着消费比重省域排序位次（物质消费比重以低为佳取倒序）。

1. 食品消费人均值增长及其比重变化

2000～2016 年，贵州城乡居民人均食品消费年均增长 9.20%。人均值地区差最小值为 2000 年的 1.2195，最大值为 2009 年的 1.3625；城乡比最小值为 2014 年的 2.1630，最大值为 2009 年的 3.4331。在这 16 年间，贵州居民食品消费地区差扩大了 2.95%，城乡比缩小了 2.95%。由于其他省域相应变化，贵州地区差位次从 2000 年第 18 位降至 2016 年第 20 位，城乡比位次从 2000 年第 23 位降至 2016 年第 30 位。

同期，贵州居民食品消费比重降低了 20.86 个百分点。最低（最佳，物质消费占比以低为佳，后同）比重值为 2016 年的 31.11%，最高比重值为

2000 年的 51.97%。由于其他省域相应变化，贵州比重位次从 2000 年第 29 位升至 2016 年第 21 位。可以看出，进入“全面小康”建设进程以来，贵州居民食品消费“最基本需求”所占比重越来越低，这间接反映出人民生活从温饱“基本小康”向富余“全面小康”的发展进步。

2. 衣着消费人均值增长及其比重变化

2000 ~2016 年，贵州城乡居民人均衣着消费年均增长 11.80%。人均值地区差最小值为 2016 年的 1.2938，最大值为 2008 年的 1.4965；城乡比最小值为 2014 年的 3.6469，最大值为 2004 年的 10.5191。在这 16 年间，贵州居民衣着消费地区差缩小了 6.86%，城乡比缩小了 52.79%。由于其他省域相应变化，贵州地区差位次从 2000 年第 24 位升至 2016 年第 23 位，城乡比位次从 2000 年第 28 位降至 2016 年第 31 位。

同期，贵州居民衣着消费比重降低了 1.01 个百分点。最低比重值为 2016 年的 6.95%，最高比重值为 2006 年的 9.55%。由于其他省域相应变化，贵州比重位次保持第 12 位不变。可以看到，在食品消费比重持续明显下降的同时，贵州居民衣着消费比重也有所降低。

3. 居住消费人均值增长及其比重变化

2000 ~2016 年，贵州城乡居民人均居住消费年均增长 18.09%。人均值地区差最小值为 2013 年的 1.2214，最大值为 2004 年的 1.5039；城乡比最小值为 2009 年的 1.2705，最大值为 2002 年的 3.1810。在这 16 年间，贵州居民居住消费地区差缩小了 10.40%，城乡比缩小了 8.99%。由于其他省域相应变化，贵州地区差位次从 2000 年第 25 位升至 2016 年第 20 位，城乡比位次从 2000 年第 23 位升至 2016 年第 20 位。

同期，贵州居民居住消费比重增高了 10.93 个百分点。最低比重值为 2000 年的 10.00%，最高比重值为 2015 年的 20.94%。由于其他省域相应变化，贵州比重位次从 2000 年第 9 位降至 2016 年第 19 位。可以看到，在物质消费比重普遍明显下降的同时，贵州居民居住消费“刚需”所占比重提升很大，这都是人们追求私家住房之“梦”带来的结果。

在图 3 里不难看出，2014 年居住消费人均值陡然高升，这是国家统计

局首次提供城乡综合人均值数据带来的变化，本项检测自行演算人均值则还要略高一点。或许可以这样理解，各地居民受调查户样本的长期偏差近年得到修正，由私家住房相对普及带来的居住消费剧增得以体现。

4. 用品消费人均值增长及其比重变化

2000～2016年，贵州城乡居民人均用品消费年均增长12.28%。人均值地区差最小值为2016年的1.2539，最大值为2004年的1.5227；城乡比最小值为2015年的2.8398，最大值为2000年的10.6966。在这16年间，贵州居民用品消费地区差缩小了9.83%，城乡比缩小了72.85%。由于其他省域相应变化，贵州地区差位次从2000年第19位升至2016年第18位，城乡比位次从2000年第31位升至2016年第26位。

同期，贵州居民用品消费比重降低了0.44个百分点。最低比重值为2004年的4.40%，最高比重值为2013年的7.11%。由于其他省域相应变化，贵州比重位次从2000年第13位降至2016年第22位。

本项检测将全部物质消费视为"全面小康"人民生活必需消费，只看食品消费或者扩大为衣食温饱显然已不具有足够的解释力。不难看出，贵州居民食品消费比重下降"让出"的余地却被居住消费比重上升"抢占"，这两项冲抵仅仅留给处在上位的物质消费比重下降9.93个百分点（另综合衣着、用品消费比重变化，整个物质消费比重下降11.38个百分点），否则2000年以来16年间贵州居民整个物质消费比重理当显著下降。

四　贵州居民非物消费结构性分析

（一）非物生活分类消费增长分析

贵州居民非物消费分类结构性关系见图4。

1. 交通消费人均值增长及其比重变化

2000～2016年，贵州城乡居民人均交通消费年均增长19.47%。人均值地区差最小值为2016年的1.2869，最大值为2009年的1.5838；城乡比最

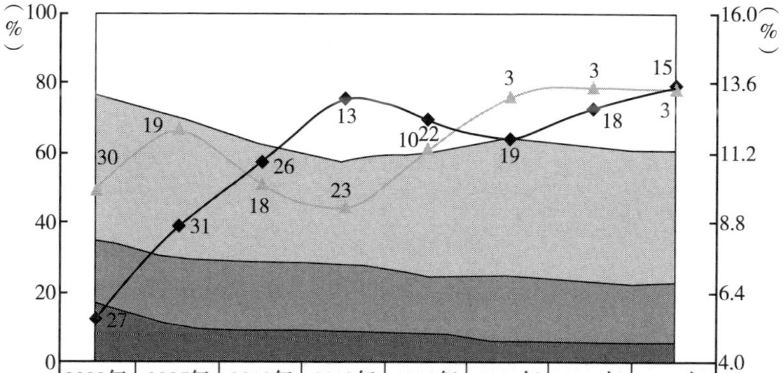

	2000年	2005年	2010年	2012年	2013年	2014年	2015年	2016年
交通消费人均	98.85	238.96	544.60	913.67	1002.11	1117.78	1384.71	1703.52
文教消费人均	181.98	333.74	509.46	643.82	913.48	1262.04	1463.29	1679.55
医疗消费人均	75.64	159.86	289.65	415.27	425.33	588.76	622.85	752.85
其他消费人均	71.83	80.79	123.50	192.97	195.43	170.84	178.69	219.48
交通消费比重	5.376	8.609	10.821	13.051	12.422	11.663	12.754	13.563
文教消费比重	9.897	12.023	10.132	9.196	11.332	13.168	13.478	13.372

图4　贵州居民非物消费分类结构性关系

左轴面积：城乡综合演算的居民非物消费单项（交通通信、教育文化娱乐、医疗保健、其他用品及服务四项）人均值（元转换为%），各项数值间呈直观比例。右轴曲线：交通通信、教育文化娱乐消费比重（占总消费比，取3位小数对应整个非物消费比重演算小数四舍五入协调）（%），显示社会生活交往、精神文化生活需求变化。标注交通通信、教育文化娱乐消费比重省域排序位次。

小值为2016年的2.7932，最大值为2000年的12.4547。在这16年间，贵州居民交通消费地区差缩小了14.58%，城乡比缩小了77.57%。由于其他省域相应变化，贵州地区差位次从2000年第24位升至2016年第20位，城乡比位次从2000年第29位升至2016年第28位。

同期，贵州居民交通消费比重增高了8.19个百分点。最高（最佳，非物消费占比以高为佳，后同）比重值为2016年的13.56%，最低比重值为2000年的5.38%。由于其他省域相应变化，贵州比重位次从2000年第27位升至2016年第15位。由此不难发现，交通消费比重持续显著增高，可以视为贵州居民社会生活交往需求高涨的具体表现。

2. 文教消费人均值增长及其比重变化

2000～2016年，贵州城乡居民人均文教消费年均增长14.90%。人均值地区差最小值为2016年的1.1428，最大值为2008年的1.5491；城乡比最小值为2016年的2.3449，最大值为2008年的7.6554。在这16年间，贵州居民文教消费地区差缩小了22.25%，城乡比缩小了50.47%。由于其他省域相应变化，贵州地区差位次从2000年第25位升至2016年第11位，城乡比位次从2000年第26位升至2016年第19位。

同期，贵州居民文教消费比重增高了3.48个百分点。最高比重值为2015年的13.48%，最低比重值为2008年的9.02%。由于其他省域相应变化，贵州比重位次从2000年第30位升至2016年第3位。这里发现一个问题，多年以来许多研究者预期“精神文化消费需求高涨”，这样的局面迄今尚未在贵州居民人群里出现。

3. 医疗消费人均值增长及其比重变化

2000～2016年，贵州城乡居民人均医疗消费年均增长15.44%。人均值地区差最小值为2016年的1.4328，最大值为2007年的1.6351；城乡比最小值为2015年的1.9406，最大值为2000年的8.4277。在这16年间，贵州居民医疗消费地区差缩小了7.77%，城乡比缩小了76.39%。由于其他省域相应变化，贵州地区差位次保持第26位不变，城乡比位次从2000年第30位升至2016年第24位。

同期，贵州居民医疗消费比重增高了1.88个百分点。最高比重值为2014年的6.14%，最低比重值为2000年的4.11%。由于其他省域相应变化，贵州比重位次从2000年第29位升至2016年第26位。

4. 其他消费人均值增长及其比重变化

2000～2016年，贵州城乡居民人均其他消费年均增长7.23%。人均值地区差最小值为2002年的1.4036，最大值为2011年的1.6033；城乡比最小值为2014年的3.1945，最大值为2005年的10.0063。在这16年间，贵州居民其他消费地区差扩大了3.26%，城乡比缩小了54.21%。由于其他省域相应变化，贵州地区差位次保持第26位不变，城乡比位次从2000年第

25 位升至 2016 年第 24 位。

同期，贵州居民其他消费比重降低了 2.16 个百分点。最高比重值为 2000 年的 3.91%，最低比重值为 2015 年的 1.65%。由于其他省域相应变化，贵州比重位次从 2000 年第 25 位降至 2016 年第 30 位。

恩格尔系数检测仅能对应“基本小康”阶段，即使扩展为整个物质消费也难以适用于“全面小康”进程。为此，本项检测将全部非物消费视为“全面小康”民生应有消费。综合贵州居民交通、文教、医疗、其他消费比重变化，16 年间整个非物消费比重上升 11.38 个百分点。

实际说来，“交通消费”作为“交通通信消费”简称，包含通信消费，而通信消费里的信息内容消费部分显然应当归属于精神消费。假设贵州居民信息内容消费占通信消费一半，通信消费又占整个交通通信消费一半，那么信息内容消费比重则上升 2.05 个百分点，再与文教消费比重变化合并演算，2000 年以来 16 年间贵州居民精神消费比重理当上升 5.52 个百分点。

至此可以归纳对比城乡居民物质生活、非物生活分类单项消费的增长变化差异。2000 年以来 16 年间，贵州各类消费人均值年均增长率、比重值升降变化（百分比演算更为精确）排序：交通消费年增 19.47%，比重上升 152.29% 为最高；居住消费年增 18.09%，比重上升 109.35% 为次高；医疗消费年增 15.44%，比重上升 45.71% 为第三高；文教消费年增 14.90%，比重上升 35.11% 为第四高；用品消费年增 12.28%，比重下降 6.53% 为第五高；衣着消费年增 11.80%，比重下降 12.73% 为第六高；食品消费年增 9.20%，比重下降 40.13% 为次低；其他消费年增 7.23%，比重下降 55.27% 为最低。

（二）居民收入、积蓄与非物消费之间增长关系

分析居民收入、积蓄与非物生活各项消费之间增长关系，可以检测究竟是什么因素对居民非物生活各项消费增长产生重要影响。贵州居民收入、积蓄与非物消费增长态势见图 5，因相关系数分析需有历年不间断增长指数，而制图空间有限故截取 2005～2015 年（后台检测 2000～2016 年）。

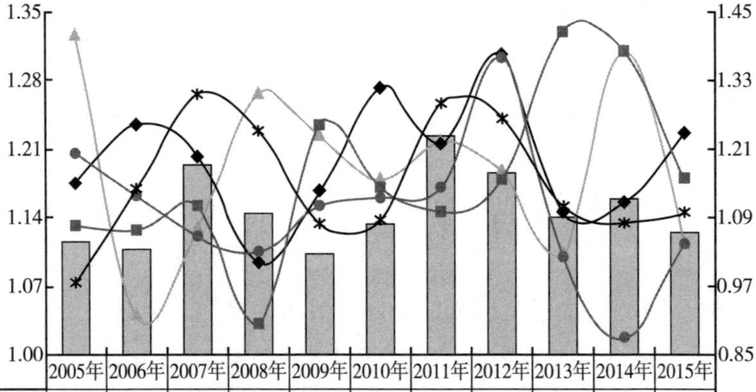

	2005年	2006年	2007年	2008年	2009年	2010年	2011年	2012年	2013年	2014年	2015年
（1）居民收入	1.1160	1.1071	1.1948	1.1450	1.1018	1.1333	1.2233	1.1870	1.1396	1.1589	1.1235
（2）交通消费	1.1482	1.2546	1.2033	1.0079	1.1370	1.3173	1.2163	1.3793	1.0968	1.1154	1.2388
（3）文教消费	1.0776	1.0654	1.1103	0.8994	1.2532	1.1449	1.0989	1.1500	1.4189	1.3816	1.1595
（4）医疗消费	1.4132	0.9102	1.0718	1.3074	1.2350	1.1503	1.2264	1.1690	1.0242	1.3843	1.0579
（5）其他消费	1.2047	1.1307	1.0570	1.0221	1.1118	1.1255	1.1384	1.3726	1.0128	0.8742	1.0460
（6）居民积蓄	0.9724	1.1426	1.3063	1.2467	1.0761	1.0856	1.2893	1.2693	1.1069	1.0812	1.0963

图5　贵州居民收入、积蓄与非物消费增长态势

左轴柱形：居民收入年增指数，右轴曲线：非物消费各单项、积蓄年增指数，上年 =1（小于1为负增长）。曲线（3）、（4）与（6）之间局部年度形成横向镜面峰谷对应水中倒影负相关关系。

1. 居民收入与非物消费历年增长相关性

2005～2015年，标号（1）居民收入与（2）交通消费历年增长之间，相关系数为0.2082，亦即在20.82%程度上同步变动，呈极弱正相关性；与（3）文教消费历年增长之间，相关系数为 -0.0674，亦即在6.74%程度上逆向变动，呈极弱负相关性；与（4）医疗消费历年增长之间，相关系数为0.0926，亦即在9.26%程度上同步变动，呈极弱正相关性。

这些数据之间的增长相关性表明，贵州居民收入增高也不能“必然”带来本地居民生活消费向着非物质需求，尤其是精神文化需求方向“升级”。

2. 居民积蓄与非物消费历年增长相关性

2005～2015年，标号（6）居民积蓄与（2）交通消费历年增长之间，相关系数为0.1732，亦即在17.32%程度上同步变动，呈极弱正相关性；与（3）文教消费历年增长之间，相关系数为－0.3742，亦即在37.42%程度上逆向变动，呈稍强负相关性；与（4）医疗消费历年增长之间，相关系数为－0.2467，亦即在24.67%程度上逆向变动，呈很弱负相关性。

在当地这些数据之间的增长相关性中，相互间影响的正反方向、强弱程度已经不言自明。

图5中可见，在（3）文教消费与（6）居民积蓄增长曲线之间，形成横向镜面峰谷对应水中倒影，其间呈37.42%逆向增长相关性。“积蓄负相关性”对于文教消费不明显，对于医疗消费不明显，对于交通消费不成立，对于其他消费不成立。经后台数据库扩展演算，文教消费与积蓄增长之间2006～2015年长时段逆向程度为57.99%，呈较强负相关；2011～2015年逆向极值达73.00%，呈极强负相关。

显然，贵州居民积蓄增长已经严重地抑制了本地居民消费向着提升精神文化需求、保持人们身心健康的方向更快地“升级”。

五　贵州民生消费需求景气指数检测

贵州民生消费需求景气指数变动态势见图6。

1. 各年度理想值横向检测指数

假定贵州各类民生数据城乡、地区无差距理想值为100，2016年贵州城乡民生需求景气指数为82.30，低于无差距理想值17.70%，但高于上年（2015年）检测指数2.21个点。贵州此项检测指数在省域间排行变化，2000年为第28位，2005年为第30位，2010年为第29位，2016年从上年第30位上升为第27位。

各年度（包括图中省略年度）此项检测指数对比，全部各个年度均低于无差距理想值100；2003年、2005年、2009～2010年、2012～2016年9个年度高于上年检测指数值。其中，历年民生指数最高值为2016年的82.30，最低值为2008年的72.81。

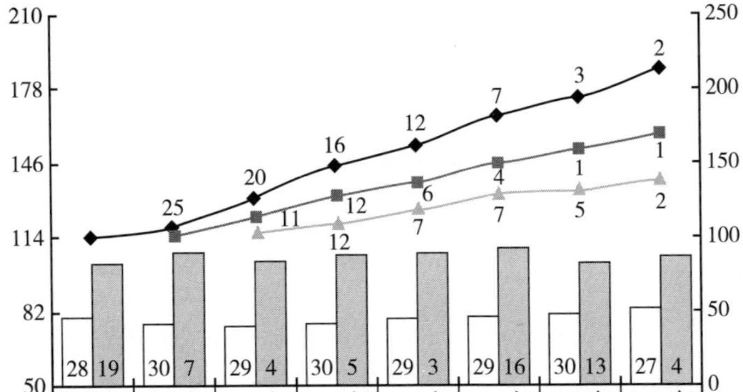

	2000年	2005年	2010年	2012年	2013年	2014年	2015年	2016年
横向理想测评	79.15	75.96	74.98	76.16	78.04	79.15	80.09	82.30
纵向基数测评（1）	102.52	106.46	103.05	105.51	106.31	108.30	102.52	105.18
纵向基数测评（2）	100.00	106.68	126.47	148.29	162.33	182.62	195.38	213.41
纵向基数测评（3）	—	100.00	111.41	126.01	136.09	150.23	157.75	169.62
纵向基数测评（4）	—	—	100.00	108.75	115.94	126.96	130.93	138.88

图 6　贵州民生消费需求景气指数变动态势

左轴柱形：左历年横向测评（城乡、地区无差距理想值＝100）；右逐年纵向测评（1），上年基数值＝100。右轴曲线：时段纵向测评（起点年基数值＝100），（2）以 2000 年为起点（“十五”以来，以“九五”末年为基点，后同），（3）以 2005 年为起点（“十一五”以来），（4）以 2010 年为起点（“十二五”以来）。标注各类测评结果省域排序位次。

2. 2000年以来基数值纵向检测指数

以“全面小康”建设进程起点年“九五”末年 2000 年数据指标演算基数值为 100，2016 年贵州城乡民生需求景气指数为 213.41，高于起点年基数值 113.41%，也高于上年（2015 年）检测指数 18.03 个点。贵州此项检测指数在省域间排行变化，2000 年起点不计，2005 年为第 25 位，2010 年为第 20 位，2016 年从上年第 3 位上升为第 2 位。

各年度（包括图中省略年度）此项检测指数对比，2005～2016 年 12 个年度高于起点年基数值 100；全部各个年度均高于上年检测指数值。其中，历年民生指数最高值为 2016 年的 213.41，最低值为 2001 年的 96.58。

3. 2005年以来基数值纵向检测指数

以“全面小康”建设进程第一个五年期“十五”末年 2005 年数据指标

演算基数值为100，2016年贵州城乡民生需求景气指数为169.62，高于起点年基数值69.62%，也高于上年（2015年）检测指数11.87个点。贵州此项检测指数在省域间排行变化，2005年起点不计，2010年为第11位，2016年与上年持平，皆为第1位。

各年度（包括图中省略年度）此项检测指数对比，2007 ~2016年10个年度高于起点年基数值100；全部各个年度均高于上年检测指数值。其中，历年民生指数最高值为2016年的169.62，最低值为2006年的99.32。

4. 2010年以来基数值纵向检测指数

以“全面小康”建设进程第二个五年期“十一五”末年2010年数据指标演算基数值为100，2016年贵州城乡民生需求景气指数为138.88，高于起点年基数值38.88%，也高于上年（2015年）检测指数7.95个点。贵州此项检测指数在省域间排行变化，2010年起点不计，2012年为第12位，2016年从上年第5位上升为第2位。

各年度（包括图中省略年度）此项检测指数对比，全部各个年度均高于起点年基数值100；全部各个年度均高于上年检测指数值。其中，历年民生指数最高值为2016年的138.88，最低值为2011年的102.97。

5. 逐年度基数值纵向检测指数

以上一年（2015年）起点数据指标演算基数值为100，2016年贵州城乡民生需求景气指数为105.18，高于起点年基数值5.18%，也高于上年检测指数2.66个点。贵州此项检测指数在省域间排行变化，2000年为第19位，2005年为第7位，2010年为第4位，2016年从上年第13位上升为第4位。

各年度（包括图中省略年度）此项检测指数对比，2000年、2002 ~2003年、2005年、2007年、2009 ~2016年13个年度高于起点年基数值100；2002年、2005年、2007年、2009年、2012 ~2014年、2016年8个年度高于上年检测指数值。其中，历年民生指数最高值为2014年的108.30，最低值为2001年的96.58。

ℝ.9

甘肃：2010～2016年民生需求景气提升第1位

郭　娜*

摘　要： 2000～2016年，甘肃城乡综合演算的各类民生消费数据人均值持续稳步增长，2016年居民总消费为2000年的7.10倍，物质消费为6.44倍，非物消费为8.64倍。物质消费比重明显下降6.49个百分点，非物消费比重明显增高6.49个百分点，消费结构出现很大升级变化。居民消费率从43.63%较明显上升至46.24%，“十二五”期间加快上升。尤其应注意，居民消费支出年均增长显著低于财政支出年增6.07个百分点。居民积蓄率从19.97%持续明显降低至17.37%，反过来对消费需求的抑制作用减轻。居民总消费、物质消费、非物消费地区差逐渐缩小；居民总消费、物质消费、非物消费城乡比逐渐缩小。

关键词： 甘肃　民生消费　需求景气　检测评价

一　甘肃人民生活主要数据相关情况

甘肃城乡主要民生数据增长变化基本情况见图1，限于制图容量，图1

* 郭娜，云南省社会科学院科研处副处长、副研究员，主要从事生态文化、环境经济相关研究。

未直接列出居民收入数据，而注明可据其他数据推算，另产值、财政收入、财政支出数据置于后台进行相关演算。

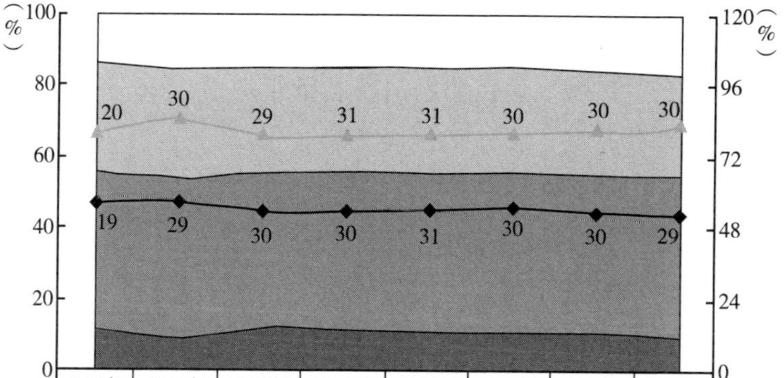

	2000年	2005年	2010年	2012年	2013年	2014年	2015年	2016年
（1）非物消费	136.86	279.80	423.21	639.62	715.77	822.12	992.19	1208.07
（2）物质消费	322.55	555.16	936.43	1275.36	1468.54	1804.28	1949.94	2121.60
（3）总消费	459.41	834.96	1359.64	1914.98	2184.31	2626.40	2942.13	3329.67
（4）居民积蓄	114.67	148.80	366.06	478.05	543.39	639.86	711.50	700.00
物质消费比	56.19	56.43	54.26	53.29	53.84	55.24	53.37	52.65
居民消费比	80.03	84.87	78.79	80.02	80.08	80.41	80.53	82.63

图1　甘肃城乡主要民生数据增长变化基本情况

左轴面积：城乡居民（1）非物消费、（2）物质消费、（3）总消费、（4）积蓄总量（亿元转换为%），（1）＋（2）＝（3），（3）＋（4）＝居民收入，各项数值间呈直观比例。右轴曲线：物质消费比、居民消费比（占居民收入比）（%），二者之差即为非物消费比，二者之比即为物质消费比重（占总消费比），二者之差再与居民消费比之比即为非物消费比重。标注物质消费比、居民消费比省域排序位次。

1. 城乡居民收入、积蓄财富总量增长简况

2000～2016年，甘肃城乡居民收入总量年均增长12.95%，积蓄总量年均增长11.97%。在这16年间，居民收入年均增长率高于产值增长0.18个百分点，低于财政收入增长4.35个百分点。

2. 城乡居民消费总量及其分类增长状况

2000～2016年，甘肃城乡居民消费总量年均增长13.18%。在这16年间，居民消费年均增长率高于产值增长0.41个百分点，低于财政支出增长

6.07 个百分点。

同期，甘肃城乡居民物质消费总量年均增长 12.49%。在这 16 年间，物质消费年均增长率低于居民收入增长 0.46 个百分点，低于总消费增长 0.69 个百分点。

同期，甘肃城乡居民非物消费总量年均增长 14.58%。在这 16 年间，非物消费年均增长率高于居民收入增长 1.63 个百分点，高于总消费增长 1.40 个百分点。

3. 城乡居民消费需求相关比值变化状况

在甘肃居民收入当中，2005 年有 84.87% 用于全部生活消费支出，为历年最高比值；2002 年仅有 78.14% 用于全部生活消费支出，为历年最低（最佳）比值；2009 年有 56.49% 用于物质消费支出，为历年最高比值；2002 年仅有 51.72% 用于物质消费支出，为历年最低（最佳）比值。居民收入与总消费之差即为居民积蓄，物质消费与总消费之差即为非物消费。

2000 年以来 16 年间，甘肃居民消费比升高 2.60 个百分点，同时物质消费比却降低 3.54 个百分点，反过来导致非物消费比升高 6.14 个百分点。继续深入分析，居民消费比与物质消费比升降方向及其程度有差异，意味着物质消费占总消费比重变化，反过来又导致非物消费占总消费比重变化。由这些相对比值关系变化就能够看出民生消费需求态势，从中体现出民生发展的基本走向。

二　甘肃居民总消费增长及相关性分析

居民总消费及其相关性分析为民生消费需求检测系统的二级子系统之首。甘肃城乡居民总消费及其相关性变动态势见图 2。

1. 城乡综合人均值及地区差变动状况

2000～2016 年，甘肃城乡居民人均总消费年均增长 13.03%（由于人口增长，人均值增长率略低于总量增长率）。人均值地区差最小（最佳，后

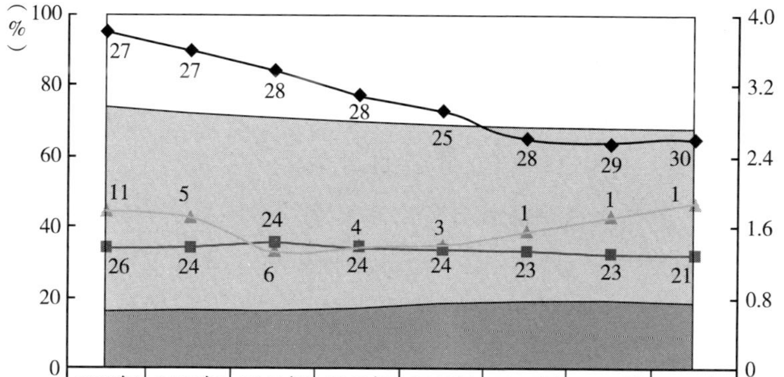

	2000年	2005年	2010年	2012年	2013年	2014年	2015年	2016年
城乡人均消费	1801.62	3203.38	5234.44	7448.75	8466.75	10154.33	11336.98	12782.95
城镇人均消费	4126.47	6529.20	9895.35	12847.05	14020.72	15942.25	17450.86	19539.22
乡村人均消费	1084.00	1819.58	2941.99	4146.24	4849.61	6147.78	6829.79	7487.03
人均值城乡比	3.8067	3.5883	3.3635	3.0985	2.8911	2.5932	2.5551	2.6097
人均值地区差	1.3682	1.3379	1.4031	1.3522	1.3324	1.3077	1.2901	1.2685
居民消费率	43.63	42.84	32.49	33.89	34.50	38.42	43.33	46.24

图 2　甘肃城乡居民总消费及其相关性变动态势

左轴面积：城乡综合、城镇、乡村居民总消费人均值（元转换为%），各项数值间呈直观比例。右轴曲线：居民总消费城乡比（乡村=1）、地区差（无差距=1）。左轴曲线：居民消费率（与产值比）（%）。标注居民消费率及其城乡比、地区差省域排序位次。另需说明，近年年鉴始发布2014年以来城乡人均值数据，但与总量数据之间存在演算误差，对应同时发布的产值人均值和总量分别演算相应消费率有出入，本文恢复自行演算城乡人均值。

同）值为2016年的1.2685，最大值为2010年的1.4031。在这16年间，甘肃居民总消费地区差缩小了7.29%。这意味着，甘肃与其余各地居民总消费增长的同步均衡性较明显增强，体现出“全面小康”建设进程在缩小居民总消费地区差距方面的有效进展。

由于其他省域相应变化，甘肃地区差位次从2000年第26位升至2016年第21位。按照本项检测的推演测算，2020年甘肃居民总消费地区差应为1.2426，相比当前将略微缩减；2035年甘肃居民总消费地区差应为1.1596，相比当前将继续较明显缩减。

2. 城镇与乡村人均值及城乡比变动状况

2000~2016年，甘肃城镇居民人均总消费年均增长10.21%，乡村居民人均总消费年均增长12.84%，乡村年均增长率高于城镇2.63个百分点。城乡之间增长相关系数为0.0710，即历年增长同步程度7.10%，呈极弱正相关性。

同期，甘肃居民总消费城乡比最小（最佳，后同）值为2015年的2.5551，最大值为2002年的4.3911。在这16年间，甘肃居民总消费城乡比缩小了31.44%。这意味着，甘肃城乡之间居民总消费增长的同步均衡性明显增强，体现出“全面小康”建设进程在缩小居民总消费城乡差距方面的有效进展。

由于其他省域相应变化，甘肃城乡比位次从2000年第27位降至2016年第30位。按照本项检测的推演测算，2020年甘肃居民总消费城乡比应为2.3747，相比当前将明显缩减；2035年甘肃居民总消费城乡比应为1.6669，相比当前将继续极显著缩减。

3. 城乡综合居民消费率历年变化状况

2000~2016年，甘肃居民消费率上升了2.61个百分点，其中“十二五”以来陡升13.75个百分点。应对国际金融危机实施“拉动内需，扩大消费，改善民生”国策以来，直到进入“十二五”期间，甘肃居民消费率开始略有回升。由于其他省域相应变化，甘肃居民消费率位次从2000年第11位升至2016年第1位。

在这16年间，甘肃居民消费率最高（最佳）值为2016年的46.24%，最低值为2011年的32.23%，近年来达到历年最佳值。这意味着，当地居民消费拉动经济增长的同步协调性有所增强。还应注意，甘肃居民消费率上升程度大于当地居民收入比上升程度，反过来即意味着居民积蓄率下降，同时亦即积蓄对消费的抑制作用减轻。

三　甘肃居民物质消费结构性分析

甘肃居民物质消费分类结构性关系见图3。

1. 食品消费人均值增长及其比重变化

2000~2016年，甘肃城乡居民人均食品消费年均增长10.61%。人均值

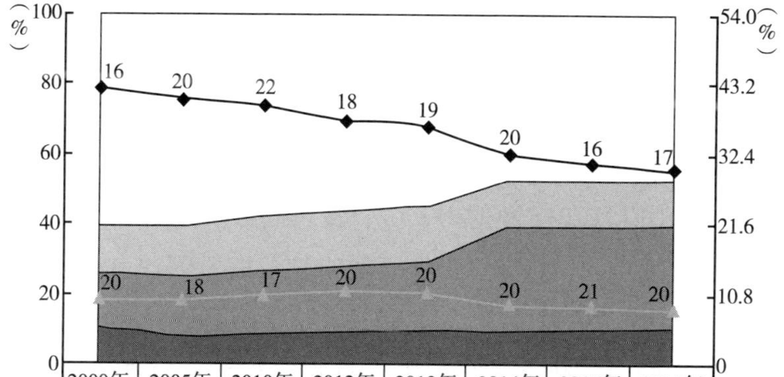

	2000年	2005年	2010年	2012年	2013年	2014年	2015年	2016年
食品消费人均	767.54	1297.85	2102.20	2769.73	3125.45	3298.68	3560.40	3851.87
衣着消费人均	168.24	302.10	537.48	807.30	902.77	919.68	1014.68	1051.28
居住消费人均	202.05	370.04	669.89	912.18	1110.29	2085.21	2205.15	2400.73
用品消费人均	127.08	159.92	295.55	471.61	553.82	672.23	733.50	841.14
食品消费比重	42.603	40.515	40.161	37.184	36.914	32.485	31.405	30.133
衣着消费比重	9.338	9.431	10.268	10.838	10.663	9.057	8.950	8.224

图3　甘肃居民物质消费分类结构性关系

左轴面积：城乡综合演算的居民物质消费单项（食品烟酒、衣着、居住、生活用品及服务四项）人均值（元转换为%），各项数值间呈直观比例。右轴曲线：食品、衣着消费比重（占总消费比，取3位小数对应整个物质消费比重演算小数四舍五入协调）（%），显示衣食温饱需求消费支出占总消费比。标注食品、衣着消费比重省域排序位次（物质消费比重以低为佳取倒序）。

地区差最小值为2016年的1.2662，最大值为2002年的1.3863；城乡比最小值为2014年的2.3135，最大值为2002年的3.3735。在这16年间，甘肃居民食品消费地区差缩小了7.79%，城乡比缩小了16.59%。由于其他省域相应变化，甘肃地区差位次从2000年第25位升至2016年第22位，城乡比位次从2000年第29位升至2016年第28位。

同期，甘肃居民食品消费比重降低12.47个百分点。最低（最佳，物质消费占比以低为佳，后同）比重值为2016年的30.13%，最高比重值为2000年的42.60%。由于其他省域相应变化，甘肃比重位次从2000年第16位降至2016年第17位。可以看出，进入“全面小康”建设进程以来，甘肃居民食品消费“最基本需求”所占比重越来越低，这间接反映出人民生活从温饱“基本小康”向富余“全面小康”的发展进步。

2. 衣着消费人均值增长及其比重变化

2000～2016 年，甘肃城乡居民人均衣着消费年均增长 12.13%。人均值地区差最小值为 2015 年的 1.1462，最大值为 2010 年的 1.3554；城乡比最小值为 2016 年的 3.6830，最大值为 2004 年的 8.9419。在这 16 年间，甘肃居民衣着消费地区差缩小了 11.45%，城乡比缩小了 56.89%。由于其他省域相应变化，甘肃地区差位次从 2000 年第 19 位升至 2016 年第 16 位，城乡比位次从 2000 年第 27 位降至 2016 年第 28 位。

同期，甘肃居民衣着消费比重降低 1.11 个百分点。最低比重值为 2016 年的 8.22%，最高比重值为 2012 年的 10.84%。由于其他省域相应变化，甘肃比重位次保持第 20 位不变。可以看到，在食品消费比重持续明显下降的同时，甘肃居民衣着消费比重也有所降低。

3. 居住消费人均值增长及其比重变化

2000～2016 年，甘肃城乡居民人均居住消费年均增长 16.73%。人均值地区差最小值为 2013 年的 1.2625，最大值为 2001 年的 1.4622；城乡比最小值为 2009 年的 1.2352，最大值为 2014 年的 3.2763。在这 16 年间，甘肃居民居住消费地区差缩小了 2.83%，城乡比扩大了 58.41%。由于其他省域相应变化，甘肃地区差位次保持第 24 位不变，城乡比位次从 2000 年第 13 位降至 2016 年第 29 位。

同期，甘肃居民居住消费比重增高 7.57 个百分点。最低比重值为 2001 年的 10.51%，最高比重值为 2014 年的 20.54%。由于其他省域相应变化，甘肃比重位次从 2000 年第 14 位升至 2016 年第 11 位。可以看到，在物质消费比重普遍明显下降的同时，甘肃居民居住消费“刚需”所占比重提升很大，这都是人们追求私家住房之“梦”带来的结果。

在图 3 里不难看出，2014 年居住消费人均值陡然高升，这是国家统计局首次提供城乡综合人均值数据带来的变化，本项检测自行演算人均值则还要略高一点。或许可以这样理解，各地居民受调查户样本的长期偏差近年得到修正，由私家住房相对普及带来的居住消费剧增得以体现。

4. 用品消费人均值增长及其比重变化

2000～2016年，甘肃城乡居民人均用品消费年均增长12.54%。人均值地区差最小值为2016年的1.2118，最大值为2010年的1.4717；城乡比最小值为2015年的2.5279，最大值为2000年的9.5245。在这16年间，甘肃居民用品消费地区差缩小了12.12%，城乡比缩小了69.58%。由于其他省域相应变化，甘肃地区差位次从2000年第18位升至2016年第17位，城乡比位次从2000年第30位升至2016年第25位。

同期，甘肃居民用品消费比重降低0.47个百分点。最低比重值为2005年的4.99%，最高比重值为2000年的7.05%。由于其他省域相应变化，甘肃比重位次从2000年第18位降至2016年第26位。

本项检测将全部物质消费视为“全面小康”人民生活必需消费，只看食品消费或者扩大为衣食温饱显然已不具有足够的解释力。不难看出，甘肃居民食品消费比重下降“让出”的余地却被居住消费比重上升“抢占”，这两项冲抵仅仅留给处在上位的物质消费比重下降4.90个百分点（另综合衣着、用品消费比重变化，整个物质消费比重下降6.49个百分点），否则2000年以来16年间甘肃居民整个物质消费比重理当显著下降。

四　甘肃居民非物消费结构性分析

（一）非物生活分类消费增长分析

甘肃居民非物消费分类结构性关系见图4。

1. 交通消费人均值增长及其比重变化

2000～2016年，甘肃城乡居民人均交通消费年均增长19.41%。人均值地区差最小值为2016年的1.3129，最大值为2010年的1.5594；城乡比最小值为2014年的2.2299，最大值为2002年的6.4580。在这16年间，甘肃居民交通消费地区差缩小了13.67%，城乡比缩小了56.49%。由于其他省

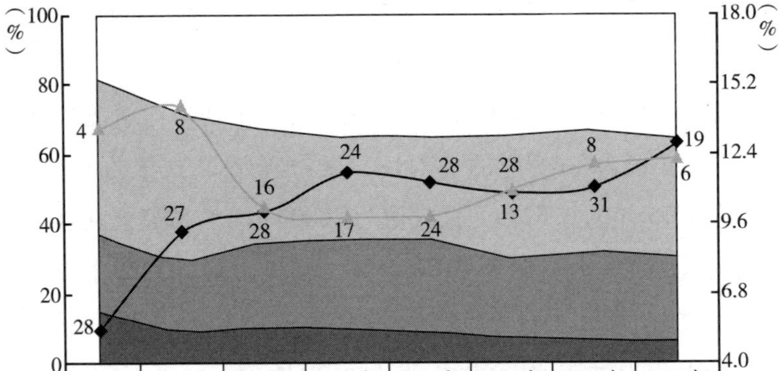

	2000年	2005年	2010年	2012年	2013年	2014年	2015年	2016年
交通消费人均	96.01	297.12	527.02	868.60	955.44	1097.87	1252.52	1641.53
文教消费人均	242.75	459.11	534.31	729.98	832.36	1117.83	1359.18	1561.60
医疗消费人均	118.21	225.11	409.33	645.35	751.55	751.56	975.75	1156.16
其他消费人均	79.73	92.14	158.66	244.01	235.08	211.27	235.81	278.64
交通消费比重	5.329	9.275	10.068	11.661	11.285	10.812	11.048	12.842
文教消费比重	13.474	14.332	10.208	9.800	9.831	11.008	11.989	12.216

图4　甘肃居民非物消费分类结构性关系

左轴面积：城乡综合演算的居民非物消费单项（交通通信、教育文化娱乐、医疗保健、其他用品及服务四项）人均值（元转换为%），各项数值间呈直观比例。右轴曲线：交通通信、教育文化娱乐消费比重（占总消费比，取3位小数对应整个非物消费比重演算小数四舍五入协调）（%），显示社会生活交往、精神文化生活需求变化。标注交通通信、教育文化娱乐消费比重省域排序位次。

域相应变化，甘肃地区差位次从2000年第25位升至2016年第21位，城乡比位次从2000年第27位升至2016年第25位。

同期，甘肃居民交通消费比重增高7.51个百分点。最高（最佳，非物消费占比以高为佳，后同）比重值为2016年的12.84%，最低比重值为2000年的5.33%。由于其他省域相应变化，甘肃比重位次从2000年第28位升至2016年第19位。由此不难发现，交通消费比重持续显著增高，可以视为甘肃居民社会生活交往需求高涨的具体表现。

2. 文教消费人均值增长及其比重变化

2000～2016年，甘肃城乡居民人均文教消费年均增长12.34%。人均值地区差最小值为2016年的1.2030，最大值为2011年的1.4724；城乡比最小值为2014年的2.1827，最大值为2007年的5.0678。在这16年间，甘肃居民文教消费地区差缩小了6.95%，城乡比缩小了38.55%。由于其他省域相应变化，甘肃地区差位次从2000年第20位升至2016年第15位，城乡比位次保持第23位不变。

同期，甘肃居民文教消费比重降低1.26个百分点。最高比重值为2002年的15.13%，最低比重值为2011年的9.46%。由于其他省域相应变化，甘肃比重位次从2000年第4位降至2016年第6位。这里发现一个问题，多年以来许多研究者预期“精神文化消费需求高涨”，这样的局面迄今尚未在甘肃居民人群里出现。

3. 医疗消费人均值增长及其比重变化

2000～2016年，甘肃城乡居民人均医疗消费年均增长15.32%。人均值地区差最小值为2016年的1.1289，最大值为2004年的1.3975；城乡比最小值为2014年的1.9191，最大值为2002年的5.0203。在这16年间，甘肃居民医疗消费地区差缩小了13.31%，城乡比缩小了50.04%。由于其他省域相应变化，甘肃地区差位次从2000年第17位升至2016年第9位，城乡比位次从2000年第20位降至2016年第21位。

同期，甘肃居民医疗消费比重增高2.48个百分点。最高比重值为2016年的9.04%，最低比重值为2004年的6.51%。由于其他省域相应变化，甘肃比重位次从2000年第14位升至2016年第10位。

4. 其他消费人均值增长及其比重变化

2000～2016年，甘肃城乡居民人均其他消费年均增长8.13%。人均值地区差最小值为2016年的1.3331，最大值为2008年的1.4935；城乡比最小值为2013年的3.2899，最大值为2007年的12.0453。在这16年间，甘肃居民其他消费地区差缩小了2.36%，城乡比缩小了57.76%。由于其他省域相应变化，甘肃地区差位次从2000年第22位升至2016年第20位，城乡比位次从2000年第30位升至2016年第26位。

同期，甘肃居民其他消费比重降低2.25个百分点。最高比重值为2001

年的 4.63%，最低比重值为 2015 年的 2.08%。由于其他省域相应变化，甘肃比重位次从 2000 年第 14 位降至 2016 年第 21 位。

恩格尔系数检测仅能对应“基本小康”阶段，即使扩展为整个物质消费也难以适用于“全面小康”进程。为此，本项检测将全部非物消费视为“全面小康”民生应有消费。综合甘肃居民交通、文教、医疗、其他消费比重变化，16 年间整个非物消费比重上升 6.49 个百分点。

实际说来，“交通消费”作为“交通通信消费”简称，包含通信消费，而通信消费里的信息内容消费部分显然应当归属于精神消费。假设甘肃居民信息内容消费占通信消费一半，通信消费又占整个交通通信消费一半，那么信息内容消费比重则上升 1.88 个百分点，再与文教消费比重变化合并演算，2000 年以来 16 年间甘肃居民精神消费比重理当上升 0.62 个百分点。

至此可以归纳对比城乡居民物质生活、非物生活分类单项消费的增长变化差异。2000 年以来 16 年间，甘肃各类消费人均值年均增长率、比重值升降变化（百分比演算更为精确）排序：交通消费年增 19.41%，比重上升 140.97% 为最高；居住消费年增 16.73%，比重上升 67.46% 为次高；医疗消费年增 15.32%，比重上升 37.85% 为第三高；用品消费年增 12.54%，比重下降 6.71% 为第四高；文教消费年增 12.34%，比重下降 9.34% 为第五高；衣着消费年增 12.13%，比重下降 11.93% 为第六高；食品消费年增 10.61%，比重下降 29.27% 为次低；其他消费年增 8.13%，比重下降 50.75% 为最低。

（二）居民收入、积蓄与非物消费之间增长关系

分析居民收入、积蓄与非物生活各项消费之间增长关系，可以检测究竟是什么因素对居民非物生活各项消费增长产生重要影响。甘肃居民收入、积蓄与非物消费增长态势见图 5，因相关系数分析需有历年不间断增长指数，而制图空间有限故截取 2000 ~ 2010 年（后台检测 2000 ~ 2016 年）。

1. 居民收入与非物消费历年增长相关性

2000 ~ 2010 年，标号（1）居民收入与（2）交通消费历年增长之间，相关系数为 -0.5139，亦即在 51.39% 程度上逆向变动，呈较强负相

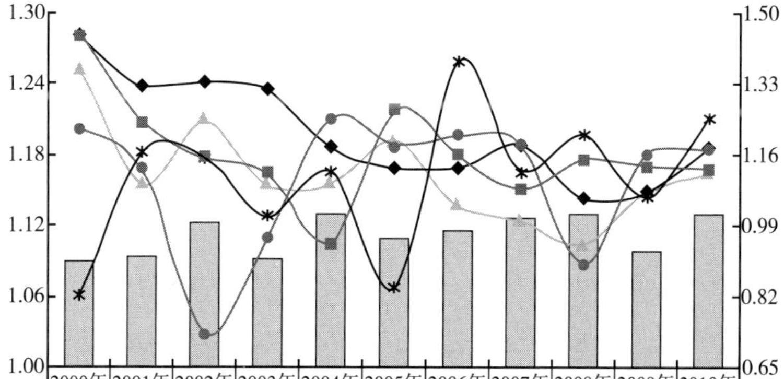

	2000年	2001年	2002年	2003年	2004年	2005年	2006年	2007年	2008年	2009年	2010年
（1）居民收入	1.0894	1.0931	1.1231	1.0907	1.1300	1.1079	1.1148	1.1259	1.1299	1.0985	1.1300
（2）交通消费	1.4361	1.3247	1.3348	1.3128	1.1787	1.1310	1.1310	1.1838	1.0567	1.0719	1.1697
（3）文教消费	1.3647	1.0902	1.2346	1.0825	1.0905	1.1903	1.0339	1.0012	0.9433	1.0688	1.1151
（4）医疗消费	1.4440	1.2346	1.1526	1.1136	0.9461	1.2702	1.1567	1.0743	1.1474	1.1331	1.1256
（5）其他消费	1.2219	1.1248	0.7300	0.9567	1.2454	1.1813	1.2032	1.1817	0.8949	1.1586	1.1681
（6）居民积蓄	0.8194	1.1656	1.1530	1.0116	1.1185	0.8349	1.3806	1.1212	1.2088	1.0569	1.2483

图5　甘肃居民收入、积蓄与非物消费增长态势

左轴柱形：居民收入年增指数，右轴曲线：非物消费各单项、积蓄年增指数，上年＝1（小于1为负增长）。曲线（3）、（4）与（6）之间大体形成横向镜面峰谷对应水中倒影负相关关系。

关性；与（3）文教消费历年增长之间，相关系数为－0.4172，亦即在41.72%程度上逆向变动，呈稍强负相关性；与（4）医疗消费历年增长之间，相关系数为－0.6172，亦即在61.72%程度上逆向变动，呈很强负相关性。

这些数据之间的增长相关性表明，甘肃居民收入增高也不能“必然”带来本地居民生活消费向着非物质需求，尤其是精神文化需求方向“升级”。

2. 居民积蓄与非物消费历年增长相关性

2000～2010年，标号（6）居民积蓄与（2）交通消费历年增长之间，相关系数为－0.3802，亦即在38.02%程度上逆向变动，呈稍强负相关性；与（3）文教消费历年增长之间，相关系数为－0.6410，亦即在

64.10%程度上逆向变动，呈很强负相关性；与（4）医疗消费历年增长之间，相关系数为-0.5393，亦即在53.93%程度上逆向变动，呈较强负相关性。

在当地这些数据之间的增长相关性中，相互间影响的正反方向、强弱程度已经不言自明。

图5中可见，在（3）文教消费、（4）医疗消费与（6）居民积蓄增长曲线之间，形成横向镜面峰谷对应水中倒影，其间分别呈64.10%、53.93%逆向增长相关性。“积蓄负相关性”对于文教消费明显成立，对于医疗消费基本成立，对于交通消费不明显，对于其他消费不明显。经后台数据库扩展演算，文教消费与积蓄增长之间2000～2013年长时段逆向程度为52.32%，呈较强负相关；2003～2007年逆向极值达77.03%，呈极强负相关。

显然，甘肃居民积蓄增长已经严重地抑制了本地居民消费向着提升精神文化需求、保持人们身心健康方向更快地“升级”。

五　甘肃民生消费需求景气指数检测

甘肃民生消费需求景气指数变动态势见图6。

1. 各年度理想值横向检测指数

假定甘肃各类民生数据城乡、地区无差距理想值为100，2016年甘肃城乡民生需求景气指数为84.39，低于无差距理想值15.61%，但高于上年（2015年）检测指数1.25个点。甘肃此项检测指数在省域间排行变化，2000年为第27位，2005年为第22位，2010年为第30位，2016年从上年第27位上升为第22位。

各年度（包括图中省略年度）此项检测指数对比，全部各个年度均低于无差距理想值100；2003年、2005年、2007年、2009年、2011～2012年、2014～2016年9个年度高于上年检测指数值。其中，历年指数最高值为2016年的84.39，最低值为2008年的74.14。

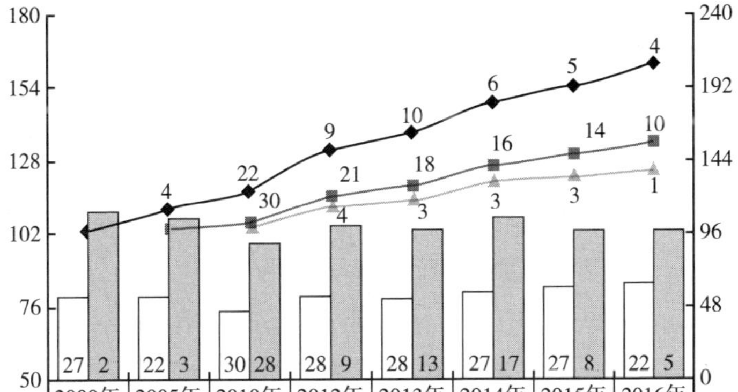

	2000年	2005年	2010年	2012年	2013年	2014年	2015年	2016年
横向理想测评	79.82	79.80	74.55	79.60	79.53	81.48	83.14	84.39
纵向理想测评（1）	110.98	108.07	98.91	104.54	103.70	108.15	103.48	103.53
纵向理想测评（2）	100.00	113.53	125.59	151.92	163.01	183.13	194.76	208.83
纵向理想测评（3）	—	100.00	104.49	121.51	128.33	141.34	148.08	155.88
纵向理想测评（4）	—	—	100.00	113.33	118.35	129.40	133.58	139.20

图6　甘肃民生消费需求景气指数变动态势

左轴柱形：左历年横向测评（城乡、地区无差距理想值＝100）；右逐年纵向测评（1），上年基数值＝100。右轴曲线：时段纵向测评（起点年基数值＝100），（2）以2000年为起点（“十五”以来，以“九五”末年为基点，后同），（3）以2005年为起点（“十一五”以来），（4）以2010年为起点（“十二五”以来）。标注各类测评结果省域排序位次。

2. 2000年以来基数值纵向检测指数

以“全面小康”建设进程起点年“九五”末年2000年数据指标演算基数值为100，2016年甘肃城乡民生需求景气指数为208.83，高于起点年基数值108.83%，也高于上年（2015年）检测指数14.07个点。甘肃此项检测指数在省域间排行变化，2000年起点不计，2005年为第4位，2010年为第22位，2016年从上年第5位上升为第4位。

各年度（包括图中省略年度）此项检测指数对比，2003～2016年14个年度高于起点年基数值100；2002～2005年、2007～2016年14个年度高于上年检测指数值。其中，历年指数最高值为2016年的208.83，最低值为的2001年的99.28。

3. 2005年以来基数值纵向检测指数

以“全面小康”建设进程第一个五年期“十五”末年2005年数据指标

演算基数值为100，2016年甘肃城乡民生需求景气指数为155.88，高于起点年基数值55.88%，也高于上年（2015年）检测指数7.80个点。甘肃此项检测指数在省域间排行变化，2005年起点不计，2010年为第30位，2016年从上年第14位上升为第10位。

各年度（包括图中省略年度）此项检测指数对比，2009~2016年8个年度高于起点年基数值100；2007~2009年、2011~2016年9个年度高于上年检测指数值。其中，历年指数最高值为2016年的155.88，最低值为2006年的96.37。

4. 2010年以来基数值纵向检测指数

以“全面小康”建设进程第二个五年期“十一五”末年2010年数据指标演算基数值为100，2016年甘肃城乡民生需求景气指数为139.20，高于起点年基数值39.20%，也高于上年（2015年）检测指数5.62个点。甘肃此项检测指数在省域间排行变化，2010年起点不计，2012年为第4位，2016年从上年第3位上升为第1位。

各年度（包括图中省略年度）此项检测指数对比，全部各个年度均高于起点年基数值100；全部各个年度均高于上年检测指数值。其中，历年指数最高值为2016年的139.20，最低值为2011年的108.27。

5. 逐年度基数值纵向检测指数

以上一年（2015年）起点数据指标演算基数值为100，2016年甘肃城乡民生需求景气指数为103.53，高于起点年基数值3.53%，也高于上年检测指数0.05个点。甘肃此项检测指数在省域间排行变化，2000年为第2位，2005年为第3位，2010年为第28位，2016年从上年第8位上升为第5位。

各年度（包括图中省略年度）此项检测指数对比，2000年、2002~2003年、2005年、2007~2009年、2011~2016年13个年度高于起点年基数值100；2002~2003年、2005年、2007年、2009年、2011年、2014年、2016年8个年度高于上年检测指数值。其中，历年指数最高值为2000年的110.98，最低值为2006年的96.37。

ℝ.10
上海：2016年度民生需求景气排名第2位

邓云斐*

摘　要： 2000～2016年，上海城乡综合演算的各类民生消费数据人均值持续稳步增长，2016年居民总消费为2000年的4.47倍，物质消费为4.48倍，非物消费为4.46倍。物质消费比重略微增高0.10个百分点，非物消费比重略微下降0.10个百分点，消费结构出现一定“逆升级”变化。居民消费率从27.95%明显上升至31.80%，“十二五”期间略有上升。尤其应注意，居民消费支出年均增长明显低于财政支出年增3.54个百分点。居民积蓄率从24.43%持续略微升高至31.04%，反过来对消费需求的抑制作用加重。居民总消费、物质消费、非物消费地区差逐渐缩小；居民非物消费城乡比逐渐缩小，但居民总消费、物质消费城乡比持续扩大。

关键词： 上海　民生消费　需求景气　检测评价

一　上海人民生活主要数据相关情况

上海城乡主要民生数据增长变化基本情况见图1，限于制图容量，图1

* 邓云斐，云南省社会科学院东南亚研究所副研究员，主要从事文化、社会研究。

未直接列出居民收入数据，而注明可据其他数据推算，另产值、财政收入、财政支出数据置于后台进行相关演算。

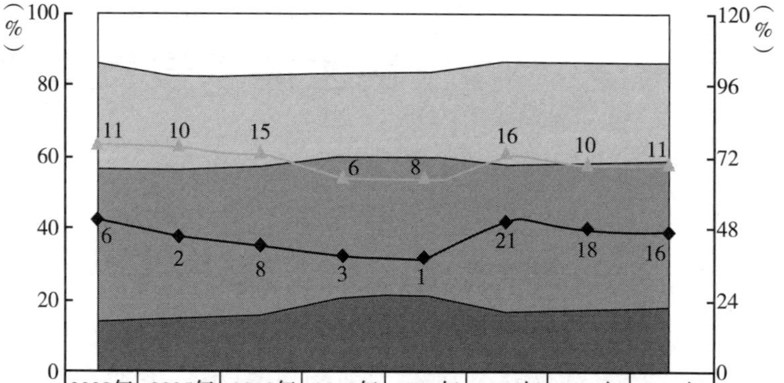

	2000年	2005年	2010年	2012年	2013年	2014年	2015年	2016年
（1）非物消费	419.98	937.29	1885.36	2377.35	2650.34	2449.33	2668.94	2904.37
（2）物质消费	871.75	1361.23	2699.56	3467.57	3748.53	5553.71	5700.11	6056.72
（3）总消费	1291.73	2298.52	4584.92	5844.92	6398.87	8003.04	8369.05	8961.09
（4）居民积蓄	417.55	781.96	1706.17	3089.17	3502.22	3122.60	3629.30	4033.88
物质消费比	51.00	44.19	42.91	38.81	37.86	49.92	47.51	46.61
居民消费比	75.57	74.62	72.88	65.42	64.63	71.93	69.75	68.96

图 1　上海城乡主要民生数据增长变化基本情况

左轴面积：城乡居民（1）非物消费、（2）物质消费、（3）总消费、（4）积蓄总量（亿元转换为%），（1）+（2）=（3），（3）+（4）=居民收入，各项数值间呈直观比例。右轴曲线：物质消费比、居民消费比（占居民收入比），二者之差即为非物消费比，二者之比即为物质消费比重（占总消费比）（%），二者之差再与居民消费比之比即为非物消费比重。标注物质消费比、居民消费比省域排序位次。

1. 城乡居民收入、积蓄财富总量增长简况

2000～2016 年，上海城乡居民收入总量年均增长 13.52%，积蓄总量年均增长 15.23%。在这 16 年间，居民收入年均增长率高于产值增长 1.78 个百分点，低于财政收入增长 3.98 个百分点。

2. 城乡居民消费总量及其分类增长状况

2000～2016 年，上海城乡居民消费总量年均增长 12.87%。在这 16 年间，居民消费年均增长率高于产值增长 1.13 个百分点，低于财政支出增长

3.54 个百分点。

同期，上海城乡居民物质消费总量年均增长 12.88%。在这 16 年间，物质消费年均增长率低于居民收入增长 0.64 个百分点，高于总消费增长 0.01 个百分点。

同期，上海城乡居民非物消费总量年均增长 12.85%。在这 16 年间，非物消费年均增长率低于居民收入增长 0.67 个百分点，低于总消费增长 0.02 个百分点。

3. 城乡居民消费需求相关比值变化状况

在上海居民收入当中，2002 年有 79.33% 用于全部生活消费支出，为历年最高比值；2013 年仅有 64.63% 用于全部生活消费支出，为历年最低（最佳）比值；2000 年有 51.00% 用于物质消费支出，为历年最高比值；2013 年仅有 37.86% 用于物质消费支出，为历年最低（最佳）比值。居民收入与总消费之差即为居民积蓄，物质消费与总消费之差即为非物消费。

2000 年以来 16 年间，上海居民消费比降低 6.61 个百分点，同时物质消费比亦降低 4.39 个百分点，反过来导致非物消费比降低 2.22 个百分点。继续深入分析，居民消费比与物质消费比升降方向及其程度有差异，意味着物质消费占总消费比重变化，反过来又导致非物消费占总消费比重变化。由这些相对比值关系变化就能够看出民生消费需求态势，从中体现出民生发展的基本走向。

二　上海居民总消费增长及相关性分析

居民总消费及其相关性分析为民生消费需求检测系统的二级子系统之首。上海城乡居民总消费及其相关性变动态势见图 2。

1. 城乡综合人均值及地区差变动状况

2000～2016 年，上海城乡居民人均总消费年均增长 9.81%（由于人口增长，人均值增长率略低于总量增长率）。人均值地区差最小（最佳，后

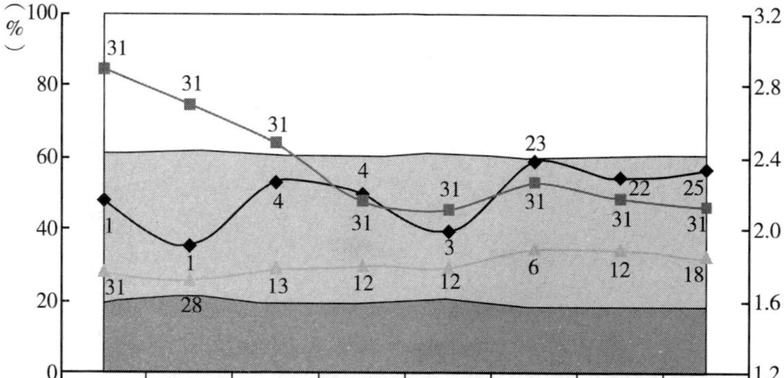

	2000年	2005年	2010年	2012年	2013年	2014年	2015年	2016年
城乡人均消费	8293.64	13059.79	21710.64	24725.28	26686.55	33064.76	34576.07	37065.52
城镇人均消费	8868.19	13773.41	23200.40	26253.47	28155.00	35182.44	36946.12	39856.76
乡村人均消费	4137.61	7277.94	10210.46	11971.50	14234.72	14820.08	16152.29	17070.85
人均值城乡比	2.1433	1.8925	2.2722	2.1930	1.9779	2.3740	2.2874	2.3348
人均值地区差	2.9084	2.6992	2.4756	2.1504	2.1041	2.2542	2.1652	2.1210
居民消费率	27.95	25.34	28.54	28.96	29.33	33.96	33.31	31.80

图 2　上海城乡居民总消费及其相关性变动态势

左轴面积：城乡综合、城镇、乡村居民总消费人均值（元转换为%），各项数值间呈直观比例。右轴曲线：居民总消费城乡比（乡村 =1）、地区差（无差距 =1）。左轴曲线：居民消费率（与产值比）（%）。标注居民消费率及其城乡比、地区差省域排序位次。另需说明，近年年鉴始发布 2014 年以来城乡人均值数据，但与总量数据之间存在演算误差，对应同时发布的产值人均值和总量分别演算相应消费率有出入，本文恢复自行演算城乡人均值。

同）值为 2013 年的 2.1041，最大值为 2000 年的 2.9084。在这 16 年间，上海居民总消费地区差缩小了 27.07%。这意味着，上海与其余各地居民总消费增长的同步均衡性显著增强，体现出“全面小康”建设进程在缩小居民总消费地区差距方面的有效进展。

由于其他省域相应变化，上海地区差位次保持第 31 位不变。按照本项检测的推演测算，2020 年上海居民总消费地区差应为 1.9950，相比当前将较明显缩减；2035 年上海居民总消费地区差应为 1.6693，相比当前将继续极显著缩减。

2. 城镇与乡村人均值及城乡比变动状况

2000～2016 年，上海城镇居民人均总消费年均增长 9.85%，乡村居民人均总消费年均增长9.26%，乡村年均增长率低于城镇0.59个百分点。城乡之间增长相关系数为-0.2746，即历年增长逆向程度27.46%，呈较弱负相关性。倘若用城乡各自年度增长指数绘制出两条曲线，就可以看出，二者历年增长相互逆反，其间均衡度极差。

同期，上海居民总消费城乡比最小（最佳，后同）值为2006年的1.8438，最大值为2014年的2.3740。在这16年间，上海居民总消费城乡比扩大了8.93%。这意味着，上海城乡之间居民总消费增长的同步均衡性较明显减弱，体现出“全面小康”建设进程在缩小居民总消费城乡差距方面的成效欠佳。

由于其他省域相应变化，上海城乡比位次从2000年第1位降至2016年第25位。按照本项检测的推演测算，2020年上海居民总消费城乡比应为2.3853，相比当前将较明显扩增；2035年上海居民总消费城乡比应为2.5845，相比当前将继续明显扩增。

3. 城乡综合居民消费率历年变化状况

2000~2016年，上海居民消费率上升了3.85个百分点，其中“十二五”以来陡升3.26个百分点。应对国际金融危机实施“拉动内需，扩大消费，改善民生”国策以来，上海居民消费率更加明显上升。由于其他省域相应变化，上海居民消费率位次从2000年第31位升至2016年第18位。

在这16年间，上海居民消费率最高（最佳）值为2014年的33.96%，最低值为2006年的24.29%，近年来达到历年最佳值。这意味着，当地居民消费拉动经济增长的同步协调性有所增强。还应注意，上海居民消费率上升程度小于当地居民收入比上升程度，反过来即意味着居民积蓄率上升，同时亦即积蓄对消费的抑制作用加重。

三　上海居民物质消费结构性分析

上海居民物质消费分类结构性关系见图3。

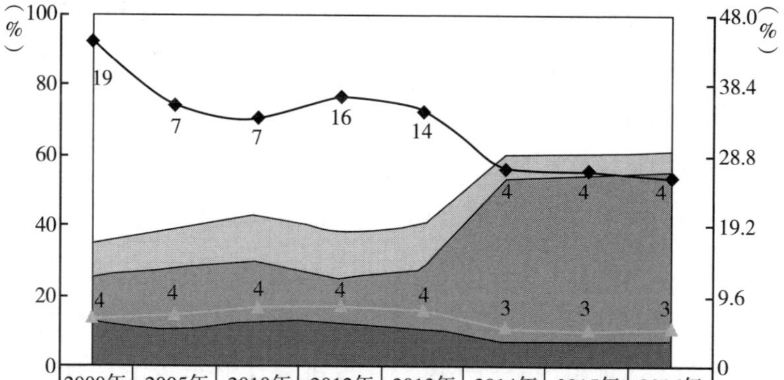

	2000年	2005年	2010年	2012年	2013年	2014年	2015年	2016年
食品消费人均	3661.38	4692.19	7321.66	9141.14	9349.41	9011.57	9231.27	9490.12
衣着消费人均	522.90	877.39	1651.86	1960.65	1899.20	1613.02	1614.20	1717.47
居住消费人均	739.06	1401.96	2155.21	1795.14	2785.91	10789.09	11227.90	12107.98
用品消费人均	673.74	762.71	1654.29	1771.63	1598.74	1531.60	1476.16	1736.69
食品消费比重	44.147	35.928	33.724	36..971	35.034	27.254	26.698	25.604
衣着消费比重	6.305	6.718	7.609	7.930	7.117	4.878	4.669	4.634

图3　上海居民物质消费分类结构性关系

左轴面积：城乡综合演算的居民物质消费单项（食品烟酒、衣着、居住、生活用品及服务四项）人均值（元转换为%），各项数值间呈直观比例。右轴曲线：食品、衣着消费比重（占总消费比，取3位小数对应整个物质消费比重演算小数四舍五入协调）（%），显示衣食温饱需求消费支出占总消费比。标注食品、衣着消费比重省域排序位次（物质消费比重以低为佳取倒序）。

1. 食品消费人均值增长及其比重变化

2000～2016年，上海城乡居民人均食品消费年均增长6.13%。人均值地区差最小值为2016年的1.8078，最大值为2000年的2.9902；城乡比最小值为2015年的1.7121，最大值为2002年的2.2023。在这16年间，上海居民食品消费地区差缩小了39.54%，城乡比缩小了18.68%。由于其他省域相应变化，上海地区差位次保持第31位不变，城乡比位次保持第7位不变。

同期，上海居民食品消费比重降低了18.54个百分点。最低（最佳，物质消费占比以低为佳，后同）比重值为2016年的25.60%，最高比重值为

2000 年的 44.15%。由于其他省域相应变化，上海比重位次从 2000 年第 19 位升至 2016 年第 4 位。可以看出，进入“全面小康”建设进程以来，上海居民食品消费“最基本需求”所占比重越来越低，这间接反映出人民生活从温饱“基本小康”向富余“全面小康”的发展进步。

2. 衣着消费人均值增长及其比重变化

2000～2016 年，上海城乡居民人均衣着消费年均增长 7.72%。人均值地区差最小值为 2015 年的 1.3583，最大值为 2000 年的 2.1828；城乡比最小值为 2014 年的 1.9762，最大值为 2008 年的 3.2538。在这 16 年间，上海居民衣着消费地区差缩小了 36.31%，城乡比缩小了 25.80%。由于其他省域相应变化，上海地区差位次从 2000 年第 30 位升至 2016 年第 24 位，城乡比位次从 2000 年第 1 位降至 2016 年第 3 位。

同期，上海居民衣着消费比重降低了 1.67 个百分点。最低比重值为 2016 年的 4.63%，最高比重值为 2011 年的 8.06%。由于其他省域相应变化，上海比重位次从 2000 年第 4 位升至 2016 年第 3 位。可以看到，在食品消费比重持续明显下降的同时，上海居民衣着消费比重也有所降低。

3. 居住消费人均值增长及其比重变化

2000～2016 年，上海城乡居民人均居住消费年均增长 19.10%。人均值地区差最小值为 2012 年的 1.3884，最大值为 2014 年的 3.3278；城乡比最小值为 2007 年的 0.6733，最大值为 2014 年的 3.2142。在这 16 年间，上海居民居住消费地区差扩大了 47.28%，城乡比扩大了 209.38%。由于其他省域相应变化，上海地区差位次从 2000 年第 30 位降至 2016 年第 31 位，城乡比位次从 2000 年第 2 位降至 2016 年第 30 位。

同期，上海居民居住消费比重增高了 23.76 个百分点。最低比重值为 2012 年的 7.26%，最高比重值为 2016 年的 32.67%。由于其他省域相应变化，上海比重位次从 2000 年第 4 位降至 2016 年第 31 位。可以看到，在物质消费比重普遍明显下降的同时，上海居民居住消费“刚需”所占比重提升很大，这都是人们追求私家住房之“梦”带来的结果。

在图 3 里不难看出，2014 年居住消费人均值陡然高升，这是国家统计

局首次提供城乡综合人均值数据带来的变化，本项检测自行演算人均值则还要略高一点。或许可以这样理解，各地居民受调查户样本的长期偏差近年得到修正，由私家住房相对普及带来的居住消费剧增得以体现。

4. 用品消费人均值增长及其比重变化

2000～2016 年，上海城乡居民人均用品消费年均增长 6.10%。人均值地区差最小值为 2015 年的 1.5259，最大值为 2003 年的 3.4657；城乡比最小值为 2005 年的 1.7470，最大值为 2010 年的 3.4094。在这 16 年间，上海居民用品消费地区差缩小了 50.57%，城乡比缩小了 28.06%。由于其他省域相应变化，上海地区差位次保持第 30 位不变，城乡比位次从 2000 年第 2 位降至 2016 年第 16 位。

同期，上海居民用品消费比重降低了 3.44 个百分点。最低比重值为 2015 年的 4.27%，最高比重值为 2000 年的 8.12%。由于其他省域相应变化，上海比重位次从 2000 年第 26 位升至 2016 年第 1 位。

本项检测将全部物质消费视为“全面小康”人民生活必需消费，只看食品消费或者扩大为衣食温饱显然已不具有足够的解释力。不难看出，上海居民食品消费比重下降“让出”的余地却被居住消费比重上升“抢占”，这两项冲抵反而留给处在上位的物质消费比重上升 5.21 个百分点（另综合衣着、用品消费比重变化，整个物质消费比重上升 0.10 个百分点），否则 2000 年以来 16 年间上海居民整个物质消费比重理当显著下降。

四　上海居民非物消费结构性分析

（一）非物生活分类消费增长分析

上海居民非物消费分类结构性关系见图 4。

1. 交通消费人均值增长及其比重变化

2000～2016 年，上海城乡居民人均交通消费年均增长 12.45%。人均值地区差最小值为 2016 年的 1.7550，最大值为 2007 年的 3.6884；城乡比最

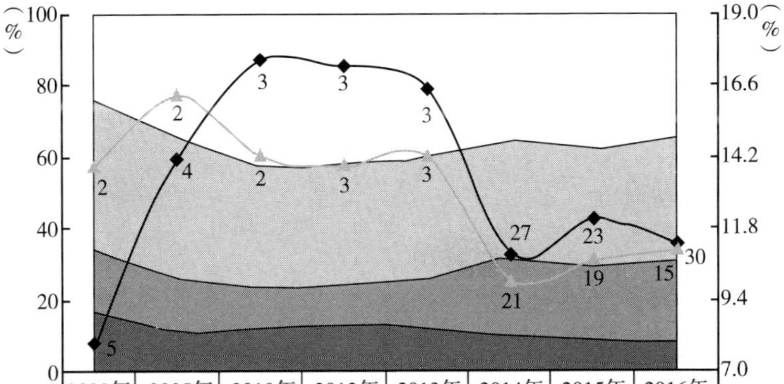

	2000年	2005年	2010年	2012年	2013年	2014年	2015年	2016年
交通消费人均	641.45	1847.91	3776.33	4257.89	4418.03	3596.53	4182.40	4192.58
文教消费人均	1146.50	2125.95	3091.95	3427.17	3788.90	3311.44	3686.66	4115.76
医疗消费人均	465.40	770.99	957.25	1017.97	1417.86	2223.90	2259.38	2701.16
其他消费人均	443.19	580.70	1102.09	1353.69	1428.51	987.59	898.10	1003.76
交通消费比重	7.734	14.150	17.394	17.221	16.555	10.877	12.096	11.311
文教消费比重	13.824	16.279	14.242	13.861	14.198	10.015	10.662	11.104

图4　上海居民非物消费分类结构性关系

左轴面积：城乡综合演算的居民非物消费单项（交通通信、教育文化娱乐、医疗保健、其他用品及服务四项）人均值（元转换为%），各项数值间呈直观比例。右轴曲线：交通通信、教育文化娱乐消费比重（占总消费比，取3位小数对应整个非物消费比重演算小数四舍五入协调）（%），显示社会生活交往、精神文化生活需求变化。标注交通通信、教育文化娱乐消费比重省域排序位次。

小值为2016年的1.8793，最大值为2008年的3.8350。在这16年间，上海居民交通消费地区差缩小了45.20%，城乡比缩小了24.29%。由于其他省域相应变化，上海地区差位次从2000年第30位升至2016年第29位，城乡比位次从2000年第3位降至2016年第9位。

同期，上海居民交通消费比重增高了3.58个百分点。最高（最佳，非物消费占比以高为佳，后同）比重值为2007年的17.77%，最低比重值为2000年的7.73%。由于其他省域相应变化，上海比重位次从2000年第5位降至2016年第30位。由此不难发现，交通消费比重持续显著增高，可以视为上海居民社会生活交往需求高涨的具体表现。

2. 文教消费人均值增长及其比重变化

2000 ~2016 年，上海城乡居民人均文教消费年均增长 8. 32%。人均值地区差最小值为 2016 年的 2. 1005，最大值为 2004 年的 3. 5752；城乡比最小值为 2001 年的 2. 0212，最大值为 2014 年的 4. 6055。在这 16 年间，上海居民文教消费地区差缩小了 37. 10%，城乡比扩大了 83. 83%。由于其他省域相应变化，上海地区差位次保持第 31 位不变，城乡比位次从 2000 年第 2 位降至 2016 年第 30 位。

同期，上海居民文教消费比重降低了 2. 72 个百分点。最高比重值为 2004 年的 17. 10%，最低比重值为 2014 年的 10. 02%。由于其他省域相应变化，上海比重位次从 2000 年第 2 位降至 2016 年第 15 位。这里发现一个问题，多年以来许多研究者预期“精神文化消费需求高涨”，这样的局面迄今尚未在上海居民人群里出现。

3. 医疗消费人均值增长及其比重变化

2000 ~2016 年，上海城乡居民人均医疗消费年均增长 11. 62%。人均值地区差最小值为 2012 年的 1. 2736，最大值为 2002 年的 2. 9748；城乡比最小值为 2013 年的 0. 6782，最大值为 2002 年的 2. 6176。在这 16 年间，上海居民医疗消费地区差缩小了 25. 92%，城乡比缩小了 30. 61%。由于其他省域相应变化，上海地区差位次从 2000 年第 30 位降至 2016 年第 31 位，城乡比位次从 2000 年第 5 位降至 2016 年第 16 位。

同期，上海居民医疗消费比重增高了 1. 68 个百分点。最高比重值为 2016 年的 7. 29%，最低比重值为 2008 年的 4. 11%。由于其他省域相应变化，上海比重位次从 2000 年第 17 位降至 2016 年第 20 位。

4. 其他消费人均值增长及其比重变化

2000 ~2016 年，上海城乡居民人均其他消费年均增长 5. 24%。人均值地区差最小值为 2015 年的 2. 2583，最大值为 2009 年的 3. 8943；城乡比最小值为 2002 年的 2. 7189，最大值为 2009 年的 5. 9343。在这 16 年间，上海居民其他消费地区差缩小了 31. 91%，城乡比缩小了 10. 82%。由于其他省域相应变化，上海地区差位次从 2000 年第 31 位升至 2016 年第 30 位，城乡比位次从2000年第11位降至2016年第25位。

同期，上海居民其他消费比重降低了2.64个百分点。最高比重值为2001年的5.92%，最低比重值为2015年的2.60%。由于其他省域相应变化，上海比重位次从2000年第6位降至2016年第8位。

恩格尔系数检测仅能对应“基本小康”阶段，即使扩展为整个物质消费也难以适用于“全面小康”进程。为此，本项检测将全部非物消费视为“全面小康”民生应有消费。综合上海居民交通、文教、医疗、其他消费比重变化，16年间整个非物消费比重下降0.10个百分点。

实际说来，“交通消费”作为“交通通信消费”简称，包含通信消费，而通信消费里的信息内容消费部分显然应当归属于精神消费。假设上海居民信息内容消费占通信消费一半，通信消费又占整个交通通信消费一半，那么信息内容消费比重则上升0.89个百分点，再与文教消费比重变化合并演算，2000年以来16年间上海居民精神消费比重仅仅下降1.83个百分点。

至此可以归纳对比城乡居民物质生活、非物生活分类单项消费的增长变化差异。2000年以来16年间，上海各类消费人均值年均增长率、比重值升降变化（百分比演算更为精确）排序：居住消费年增19.10%，比重上升266.58%为最高；交通消费年增12.45%，比重上升46.25%为次高；医疗消费年增11.62%，比重上升29.87%为第三高；文教消费年增8.32%，比重下降19.67%为第四高；衣着消费年增7.72%，比重下降26.51%为第五高；食品消费年增6.13%，比重下降42.00%为第六高；用品消费年增6.10%，比重下降42.32%为次低；其他消费年增5.24%，比重下降49.32%为最低。

（二）居民收入、积蓄与非物消费之间增长关系

分析居民收入、积蓄与非物生活各项消费之间增长关系，可以检测究竟是什么因素对居民非物生活各项消费增长产生重要影响。上海居民收入、积蓄与非物消费增长态势见图5，因相关系数分析需有历年不间断增长指数，而制图空间有限故截取2000~2010年（后台检测2000~2016年）。

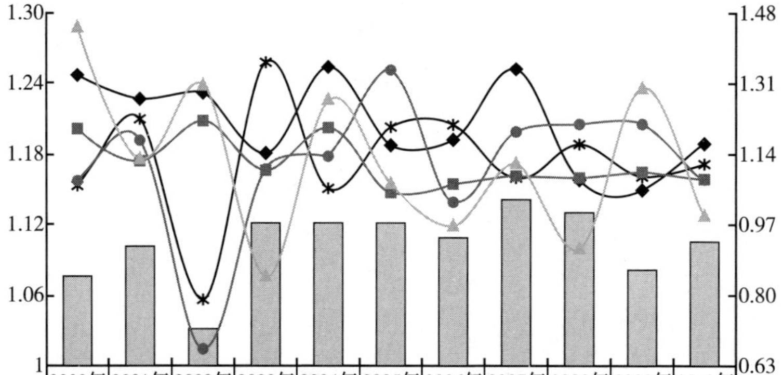

	2000年	2001年	2002年	2003年	2004年	2005年	2006年	2007年	2008年	2009年	2010年
（1）居民收入	1.0755	1.0998	1.0312	1.1201	1.1199	1.1211	1.1077	1.1399	1.1288	1.0813	1.1044
（2）交通消费	1.3265	1.2678	1.2790	1.1373	1.3471	1.1597	1.1691	1.3411	1.0666	1.0479	1.1662
（3）文教消费	1.1928	1.1164	1.2133	1.0966	1.1981	1.0420	1.0649	1.0825	1.0795	1.0920	1.0703
（4）医疗消费	1.4439	1.1258	1.3008	0.8396	1.2654	1.0647	0.9588	1.1158	0.9077	1.2985	0.9847
（5）其他消费	1.0715	1.1751	0.6632	1.1036	1.1399	1.3364	1.0213	1.1898	1.2063	1.2082	1.0716
（6）居民积蓄	1.0581	1.2180	0.7878	1.3630	1.0503	1.2065	1.2100	1.0779	1.1587	1.0807	1.1133

图5　上海居民收入、积蓄与非物消费增长态势

左轴柱形：居民收入年增指数，右轴曲线：非物消费各单项、积蓄年增指数，上年 =1（小于1为负增长）。曲线（3）、（4）与（6）之间大体形成横向镜面峰谷对应水中倒影负相关关系。

1. 居民收入与非物消费历年增长相关性

2000~2010年，标号（1）居民收入与（2）交通消费历年增长之间，相关系数为 -0.1150，亦即在11.50%程度上逆向变动，呈很弱负相关性；与（3）文教消费历年增长之间，相关系数为 -0.6220，亦即在62.20%程度上逆向变动，呈很强负相关性；与（4）医疗消费历年增长之间，相关系数为 -0.6140，亦即在61.40%程度上逆向变动，呈很强负相关性。

这些数据之间的增长相关性表明，上海居民收入增高也不能“必然”带来本地居民生活消费向着非物质需求，尤其是精神文化需求方向“升级”。

2. 居民积蓄与非物消费历年增长相关性

2000~2010年，标号（6）居民积蓄与（2）交通消费历年增长之间，相关系数为 -0.4130，亦即在41.30%程度上逆向变动，呈稍强负相关性；与（3）文教消费历年增长之间，相关系数为 -0.6644，亦即在66.44%程度上逆向变动，呈很强负相关性；与（4）医疗消费历年增长之间，相关系数为 -0.6971，亦即在69.71%程度上逆向变动，呈很强负相关性。

在当地这些数据之间的增长相关性中，相互间影响的正反方向、强弱程度已经不言自明。

图5中可见，在（4）医疗消费、（3）文教消费、（2）交通消费与（6）居民积蓄增长曲线之间，形成横向镜面峰谷对应水中倒影，其间分别呈69.71%、66.44%、41.30%逆向增长相关性。“积蓄负相关性”对于医疗消费明显成立，对于文教消费明显成立，对于交通消费接近成立，对于其他消费不成立。经后台数据库扩展演算，文教消费与积蓄增长之间2000～2013年长时段逆向程度为64.30%，呈很强负相关；2000～2004年逆向极值达91.44%，呈极强负相关。

显然，上海居民积蓄增长已经严重地抑制了本地居民消费向着保持人们身心健康、提升精神文化需求、扩展社会生活交往方向更快地“升级”。

五　上海民生消费需求景气指数检测

上海民生消费需求景气指数变动态势见图6。

1. 各年度理想值横向检测指数

假定上海各类民生数据城乡、地区无差距理想值为100，2016年上海城乡民生需求景气指数为94.21，低于无差距理想值5.79%，也低于上年（2015年）检测指数0.26个点。上海此项检测指数在省域间排行变化，2000年为第1位，2005年与之持平，2010年与之持平，2016年与上年持平，皆为第2位。

各年度（包括图中省略年度）此项检测指数对比，2000～2010年11个年度高于无差距理想值100；2001年、2004年、2006～2007年、2010年、

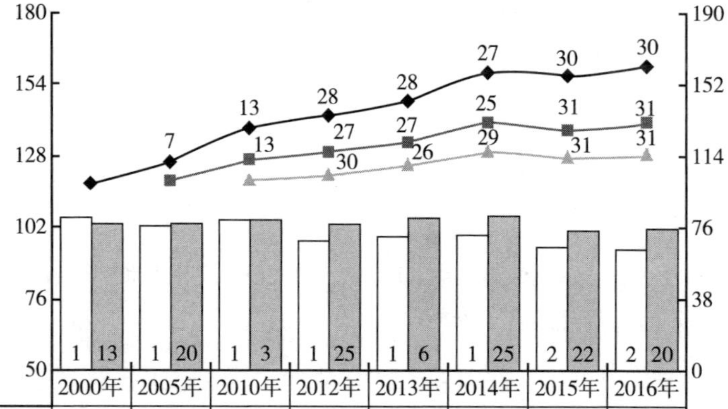

	2000年	2005年	2010年	2012年	2013年	2014年	2015年	2016年
横向理想测评	105.34	102.51	104.36	97.07	98.65	99.34	94.47	94.21
纵向基数测评（1）	103.20	102.75	104.05	102.54	105.40	106.20	100.94	101.68
纵向基数测评（2）	100.00	112.04	128.91	136.04	143.24	158.57	157.04	162.08
纵向基数测评（3）	—	100.00	111.24	116.04	120.97	131.60	127.68	131.09
纵向基数测评（4）	—	—	100.00	103.81	108.95	116.41	113.00	114.89

图 6　上海民生消费需求景气指数变动态势

左轴柱形：左历年横向测评（城乡、地区无差距理想值 = 100）；右逐年纵向测评（1），上年基数值 = 100。右轴曲线：时段纵向测评（起点年基数值 = 100），（2）以 2000 年为起点（“十五”以来，以“九五”末年为基点，后同），（3）以 2005 年为起点（“十一五”以来），（4）以 2010 年为起点（“十二五”以来）。标注各类测评结果省域排序位次。

2013～2014 年 7 个年度高于上年检测指数值。其中，历年民生指数最高值为 2001 年的 106.15，最低值为 2016 年的 94.21。

2. 2000年以来基数值纵向检测指数

以“全面小康”建设进程起点年“九五”末年 2000 年数据指标演算基数值为 100，2016 年上海城乡民生需求景气指数为 162.08，高于起点年基数值 62.08%，也高于上年（2015 年）检测指数 5.04 个点。上海此项检测指数在省域间排行变化，2000 年起点不计，2005 年为第 7 位，2010 年为第 13 位，2016 年与上年持平，皆为第 30 位。

各年度（包括图中省略年度）此项检测指数对比，全部各个年度均高于起点年基数值 100；2002 年、2004～2014 年、2016 年 13 个年度高于上年检测指数值。其中，历年民生指数最高值为 2016 年的 162.08，最低值为

2001 年的 102.70。

3. 2005年以来基数值纵向检测指数

以“全面小康”建设进程第一个五年期“十五”末年 2005 年数据指标演算基数值为 100，2016 年上海城乡民生需求景气指数为 131.09，高于起点年基数值 31.09%，也高于上年（2015 年）检测指数 3.41 个点。上海此项检测指数在省域间排行变化，2005 年起点不计，2010 年为第 13 位，2016 年与上年持平，皆为第 31 位。

各年度（包括图中省略年度）此项检测指数对比，全部各个年度均高于起点年基数值 100；2007 年、2009～2014 年、2016 年 8 个年度高于上年检测指数值。其中，历年民生指数最高值为 2014 年的 131.60，最低值为 2006 年的 101.68。

4. 2010年以来基数值纵向检测指数

以“全面小康”建设进程第二个五年期“十一五”末年 2010 年数据指标演算基数值为 100，2016 年上海城乡民生需求景气指数为 114.89，高于起点年基数值 14.89%，也高于上年（2015 年）检测指数 1.89 个点。上海此项检测指数在省域间排行变化，2010 年起点不计，2012 年为第 30 位，2016 年与上年持平，皆为第 31 位。

各年度（包括图中省略年度）此项检测指数对比，全部各个年度均高于起点年基数值 100；2012～2014 年、2016 年 4 个年度高于上年检测指数值。其中，历年民生指数最高值为 2014 年的 116.41，最低值为 2011 年的 101.28。

5. 逐年度基数值纵向检测指数

以上一年（2015 年）起点数据指标演算基数值为 100，2016 年上海城乡民生需求景气指数为 101.68，高于起点年基数值 1.68%，也高于上年检测指数 0.74 个点。上海此项检测指数在省域间排行变化，2000 年为第 13 位，2005 年为第 20 位，2010 年为第 3 位，2016 年从上年第 22 位上升为第 20 位。

各年度（包括图中省略年度）此项检测指数对比，2000～2002 年、

2004 ~2007 年、2009 ~2016 年 15 个年度高于起点年基数值 100；2002 年、2004 年、2007 年、2009 ~2010 年、2012 ~2014 年、2016 年 9 个年度高于上年检测指数值。其中，历年民生指数最高值为 2014 年的 106. 20，最低值为 2008 年的 99. 40。

ℝ.11
河南：2005～2016年民生需求景气提升第2位

沈宗涛*

摘　要： 2000～2016年，河南城乡综合演算的各类民生消费数据人均值持续明显增长，2016年居民总消费为2000年的6.96倍，物质消费为6.14倍，非物消费为9.33倍。物质消费比重显著下降8.77个百分点，非物消费比重显著增高8.77个百分点，消费结构出现很大升级变化。但居民消费率从34.58%明显下降至30.81%，"十二五"期间略有回升。尤其应注意，居民消费支出年均增长显著低于财政支出年增6.31个百分点。居民积蓄率从27.92%持续显著升高至31.34%，反过来对消费需求的抑制作用加重。居民总消费、物质消费、非物消费地区差逐渐缩小；居民总消费、物质消费、非物消费城乡比逐渐缩小。

关键词： 河南　民生消费　需求景气　检测评价

一　河南人民生活主要数据相关情况

河南城乡主要民生数据增长变化基本情况见图1，限于制图容量，图1

---

* 沈宗涛，云南省社会科学院信息中心副主任、助理研究员，主要从事网络信息分析研究。

未直接列出居民收入数据，而注明可据其他数据推算，另产值、财政收入、财政支出数据置于后台进行相关演算。

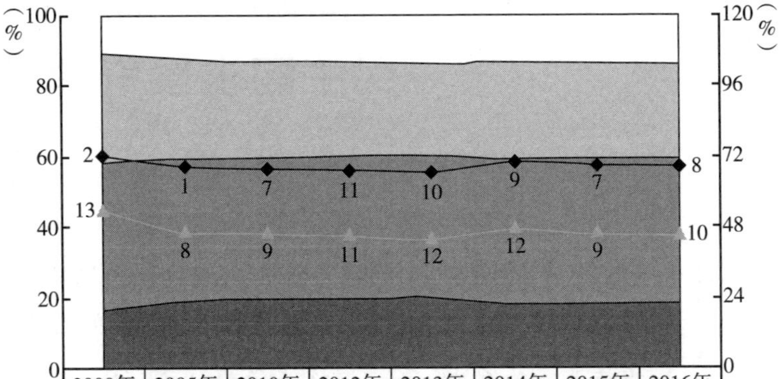

	2000年	2005年	2010年	2012年	2013年	2014年	2015年	2016年
（1）非物消费	458.26	943.19	2009.75	2727.95	3124.09	3463.91	3901.61	4304.89
（2）物质消费	1320.43	2044.30	4080.08	5393.93	5901.54	7130.38	7592.41	8163.66
（3）总消费	1778.69	2987.49	6089.83	8121.88	9025.63	10594.29	11494.02	12468.55
（4）居民积蓄	689.00	1405.16	2925.65	3986.99	4597.83	4546.78	5179.76	5691.68
物质消费比	53.51	46.54	45.26	44.55	43.32	47.09	45.54	44.95
居民消费比	72.08	68.01	67.55	67.07	66.25	69.97	68.93	68.66

图1　河南城乡主要民生数据增长变化基本情况

左轴面积：城乡居民（1）非物消费、（2）物质消费、（3）总消费、（4）积蓄总量（亿元转换为%），（1）+（2）=（3），（3）+（4）=居民收入，各项数值间呈直观比例。右轴曲线：物质消费比、居民消费比（占居民收入比），二者之差即为非物消费比，二者之比即为物质消费比重（占总消费比）（%），二者之差再与居民消费比之比即为非物消费比重。标注物质消费比、居民消费比省域排序位次。

1. 城乡居民收入、积蓄财富总量增长简况

2000～2016年，河南城乡居民收入总量年均增长13.29%，积蓄总量年均增长14.11%。在这16年间，居民收入年均增长率低于产值增长0.60个百分点，低于财政收入增长3.98个百分点。

2. 城乡居民消费总量及其分类增长状况

2000～2016年，河南城乡居民消费总量年均增长12.94%。在这16年间，居民消费年均增长率低于产值增长0.95个百分点，低于财政支出增长

6.31 个百分点。

同期，河南城乡居民物质消费总量年均增长 12.06%。在这 16 年间，物质消费年均增长率低于居民收入增长 1.23 个百分点，低于总消费增长 0.88 个百分点。

同期，河南城乡居民非物消费总量年均增长 15.03%。在这 16 年间，非物消费年均增长率高于居民收入增长 1.74 个百分点，高于总消费增长 2.09 个百分点。

3. 城乡居民消费需求相关比值变化状况

在河南居民收入当中，2000 年有 72.08% 用于全部生活消费支出，为历年最高比值；2013 年仅有 66.25% 用于全部生活消费支出，为历年最低（最佳）比值；2000 年有 53.51% 用于物质消费支出，为历年最高比值；2013 年仅有 43.32% 用于物质消费支出，为历年最低（最佳）比值。居民收入与总消费之差即为居民积蓄，物质消费与总消费之差即为非物消费。

2000 年以来 16 年间，河南居民消费比降低 3.42 个百分点，同时物质消费比亦降低 8.56 个百分点，反过来导致非物消费比升高 5.14 个百分点。继续深入分析，居民消费比与物质消费比升降方向及其程度有差异，意味着物质消费占总消费比重变化，反过来又导致非物消费占总消费比重变化。由这些相对比值关系变化就能够看出民生消费需求态势，从中体现出民生发展的基本走向。

二　河南居民总消费增长及相关性分析

居民总消费及其相关性分析为民生消费需求检测系统的二级子系统之首。河南城乡居民总消费及其相关性变动态势见图 2。

1. 城乡综合人均值及地区差变动状况

2000 ~2016 年，河南城乡居民人均总消费年均增长 12.89%（由于人口增长，人均值增长率略低于总量增长率）。人均值地区差最小（最佳，后

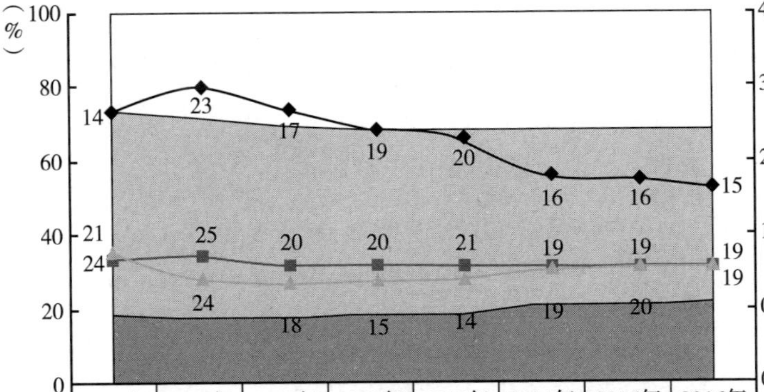

	2000年	2005年	2010年	2012年	2013年	2014年	2015年	2016年
城乡人均消费	1884.71	3128.76	6446.84	8643.06	9591.86	11241.01	12152.70	13116.51
城镇人均消费	3830.71	6038.02	10838.49	13732.96	14821.98	16184.46	17154.30	18087.79
乡村人均消费	1315.83	1891.57	3682.21	5032.14	5627.73	7277.21	7887.45	8586.59
人均值城乡比	2.9112	3.1921	2.9435	2.7290	2.6337	2.2240	2.1749	2.1065
人均值地区差	1.3391	1.3534	1.2649	1.2483	1.2437	1.2336	1.2390	1.2494
居民消费率	34.58	27.58	26.37	27.44	28.04	30.32	31.06	30.81

图2　河南城乡居民总消费及其相关性变动态势

左轴面积：城乡综合、城镇、乡村居民总消费人均值（元转换为%），各项数值间呈直观比例。右轴曲线：居民总消费城乡比（乡村=1）、地区差（无差距=1）。左轴曲线：居民消费率（与产值比）（%）。标注居民消费率及其城乡比、地区差省域排序位次。另需说明，近年年鉴始发布2014年以来城乡人均值数据，但与总量数据之间存在演算误差，对应同时发布的产值人均值和总量分别演算相应消费率有出入，本文恢复自行演算城乡人均值。

同）值为2014年的1.2336，最大值为2004年的1.3655。在这16年间，河南居民总消费地区差缩小了6.69%。这意味着，河南与其余各地居民总消费增长的同步均衡性较明显增强，体现出“全面小康”建设进程在缩小居民总消费地区差距方面的有效进展。

由于其他省域相应变化，河南地区差位次从2000年第24位升至2016年第19位。按照本项检测的推演测算，2020年河南居民总消费地区差应为1.2298，相比当前将略微缩减；2035年河南居民总消费地区差应为1.1804，相比当前将继续较明显缩减。

2. 城镇与乡村人均值及城乡比变动状况

2000～2016年，河南城镇居民人均总消费年均增长10.19%，乡村居民人均总消费年均增长12.44%，乡村年均增长率高于城镇2.25个百分点。城乡之间增长相关系数为0.4072，即历年增长同步程度40.72%，呈很弱正相关性。

同期，河南居民总消费城乡比最小（最佳，后同）值为2016年的2.1065，最大值为2003年的3.2754。在这16年间，河南居民总消费城乡比缩小了27.64%。这意味着，河南城乡之间居民总消费增长的同步均衡性明显增强，体现出“全面小康”建设进程在缩小居民总消费城乡差距方面的有效进展。

由于其他省域相应变化，河南城乡比位次从2000年第14位降至2016年第15位。按照本项检测的推演测算，2020年河南居民总消费城乡比应为1.9428，相比当前将明显缩减；2035年河南居民总消费城乡比应为1.4345，相比当前将继续极显著缩减。

3. 城乡综合居民消费率历年变化状况

2000～2016年，河南居民消费率下降了3.77个百分点，其中“十二五”以来回升4.44个百分点。应对国际金融危机实施“拉动内需，扩大消费，改善民生”国策以来，直到进入“十二五”期间，河南居民消费率开始略有回升。由于其他省域相应变化，河南居民消费率位次从2000年第21位升至2016年第19位。

在这16年间，河南居民消费率最高（最佳）值为2000年的34.58%，最低值为2008年的25.94%，近年来仍未回复2000年初始值，更未达到2000年最佳值。这意味着，当地居民消费拉动经济增长的同步协调性尚待增强。还应注意，河南居民消费率下降程度大于当地居民收入比下降程度，反过来即意味着居民积蓄率上升，同时亦即积蓄对消费的抑制作用加重。

三　河南居民物质消费结构性分析

河南居民物质消费分类结构性关系见图3。

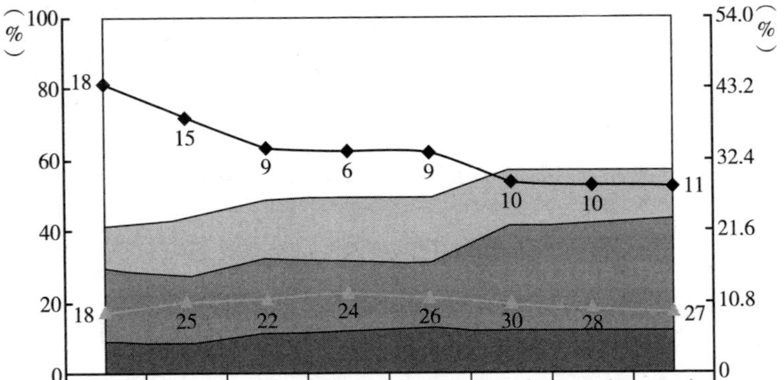

	2000年	2005年	2010年	2012年	2013年	2014年	2015年	2016年
食品消费人均	819.85	1219.57	2222.85	2907.65	3221.32	3270.18	3459.99	3696.63
衣着消费人均	171.50	333.47	718.58	1030.81	1100.57	1144.80	1181.01	1187.18
居住消费人均	283.27	417.63	886.84	1114.69	1160.93	2251.68	2447.77	2714.48
用品消费人均	124.50	170.29	491.00	686.91	788.96	898.99	938.74	989.60
食品消费比重	43.500	38.979	34.480	33.641	33.584	29.091	28.471	28.183
衣着消费比重	9.100	10.658	11.146	11.926	11.474	10.184	9.718	9.051

图3　河南居民物质消费分类结构性关系

左轴面积：城乡综合演算的居民物质消费单项（食品烟酒、衣着、居住、生活用品及服务四项）人均值（元转换为%），各项数值间呈直观比例。右轴曲线：食品、衣着消费比重（占总消费比，取3位小数对应整个物质消费比重演算小数四舍五入协调）（%），显示衣食温饱需求消费支出占总消费比。标注食品、衣着消费比重省域排序位次（物质消费比重以低为佳取倒序）。

1. 食品消费人均值增长及其比重变化

2000～2016年，河南城乡居民人均食品消费年均增长9.87%。人均值地区差最小值为2014年的1.2801，最大值为2005年的1.3597；城乡比最小值为2016年的2.0707，最大值为2012年的2.7075。在这16年间，河南居民食品消费地区差缩小了2.60%，城乡比缩小了2.32%。由于其他省域相应变化，河南地区差位次从2000年第23位降至2016年第24位，城乡比位次从2000年第5位降至2016年第22位。

同期，河南居民食品消费比重降低15.32个百分点。最低（最佳，物质消费占比以低为佳，后同）比重值为2016年的28.18%，最高比重值为

2000 年的 43.50%。由于其他省域相应变化，河南比重位次从 2000 年第 18 位升至 2016 年第 11 位。可以看出，进入“全面小康”建设进程以来，河南居民食品消费“最基本需求”所占比重越来越低，这间接反映出人民生活从温饱“基本小康”向富余“全面小康”的发展进步。

2. 衣着消费人均值增长及其比重变化

2000～2016 年，河南城乡居民人均衣着消费年均增长 12.85%。人均值地区差最小值为 2015 年的 1.0062，最大值为 2001 年的 1.2915；城乡比最小值为 2016 年的 2.5784，最大值为 2003 年的 6.2540。在这 16 年间，河南居民衣着消费地区差缩小了 19.08%，城乡比缩小了 51.41%。由于其他省域相应变化，河南地区差位次从 2000 年第 17 位升至 2016 年第 4 位，城乡比位次从 2000 年第 19 位升至 2016 年第 9 位。

同期，河南居民衣着消费比重降低 0.05 个百分点。最低比重值为 2016 年的 9.05%，最高比重值为 2011 年的 11.97%。由于其他省域相应变化，河南比重位次从 2000 年第 18 位降至 2016 年第 27 位。可以看到，在食品消费比重持续明显下降的同时，河南居民衣着消费比重也略有降低。

3. 居住消费人均值增长及其比重变化

2000～2016 年，河南城乡居民人均居住消费年均增长 15.17%。人均值地区差最小值为 2009 年的 1.0773，最大值为 2014 年的 1.3055；城乡比最小值为 2012 年的 1.1227，最大值为 2001 年的 2.8554。在这 16 年间，河南居民居住消费地区差扩大了 9.68%，城乡比缩小了 20.02%。由于其他省域相应变化，河南地区差位次从 2000 年第 14 位降至 2016 年第 16 位，城乡比位次从 2000 年第 26 位升至 2016 年第 17 位。

同期，河南居民居住消费比重增高 5.67 个百分点。最低比重值为 2013 年的 12.10%，最高比重值为 2016 年的 20.70%。由于其他省域相应变化，河南比重位次从 2000 年第 30 位升至 2016 年第 18 位。可以看到，在物质消费比重普遍明显下降的同时，河南居民居住消费“刚需”所占比重提升很大，这都是人们追求私家住房之“梦”带来的结果。

在图 3 里不难看出，2014 年居住消费人均值陡然高升，这是国家统计

局首次提供城乡综合人均值数据带来的变化，本项检测自行演算人均值则还要略高一点。或许可以这样理解，各地居民受调查户样本的长期偏差近年得到修正，由私家住房相对普及带来的居住消费剧增得以体现。

4. 用品消费人均值增长及其比重变化

2000～2016 年，河南城乡居民人均用品消费年均增长 13.83%。人均值地区差最小值为 2014 年的 1.0019，最大值为 2000 年的 1.3915；城乡比最小值为 2016 年的 2.4319，最大值为 2003 年的 5.4593。在这 16 年间，河南居民用品消费地区差缩小了 22.92%，城乡比缩小了 46.06%。由于其他省域相应变化，河南地区差位次从 2000 年第 20 位升至 2016 年第 6 位，城乡比位次从 2000 年第 7 位降至 2016 年第 18 位。

同期，河南居民用品消费比重增高 0.94 个百分点。最低比重值为 2004 年的 5.19%，最高比重值为 2013 年的 8.23%。由于其他省域相应变化，河南比重位次从 2000 年第 12 位降至 2016 年第 31 位。

本项检测将全部物质消费视为“全面小康”人民生活必需消费，只看食品消费或者扩大为衣食温饱显然已不具有足够的解释力。不难看出，河南居民食品消费比重下降“让出”的余地却被居住消费比重上升“抢占”，这两项冲抵仅仅留给处在上位的物质消费比重下降 9.65 个百分点（另综合衣着、用品消费比重变化，整个物质消费比重下降 8.76 个百分点），否则 2000 年以来 16 年间河南居民整个物质消费比重理当显著下降。

四　河南居民非物消费结构性分析

（一）非物生活分类消费增长分析

河南居民非物消费分类结构性关系见图 4。

1. 交通消费人均值增长及其比重变化

2000～2016 年，河南城乡居民人均交通消费年均增长 18.90%。人均值地区差最小值为 2016 年的 1.3369，最大值为 2000 年的 1.5041；城乡比最

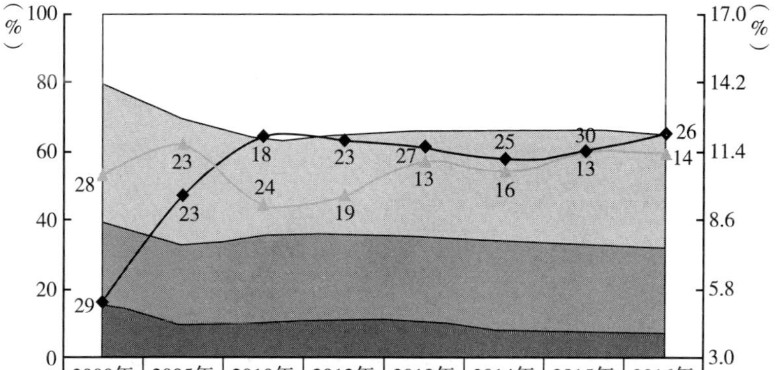

	2000年	2005年	2010年	2012年	2013年	2014年	2015年	2016年
交通消费人均	99.33	302.01	777.45	1025.29	1112.81	1249.15	1386.32	1584.14
文教消费人均	195.10	364.87	593.02	834.16	1056.17	1186.86	1376.31	1487.52
医疗消费人均	112.69	227.51	540.29	724.73	798.10	941.76	1043.54	1144.28
其他消费人均	78.46	93.41	216.81	318.82	353.00	297.59	319.03	312.67
交通消费比重	5.270	9.653	12.059	11.863	11.602	11.112	11.408	12.077
文教消费比重	10.352	11.662	9.199	9.651	11.011	10.558	11.325	11.341

图 4　河南居民非物消费分类结构性关系

左轴面积：城乡综合演算的居民非物消费单项（交通通信、教育文化娱乐、医疗保健、其他用品及服务四项）人均值（元转换为%），各项数值间呈直观比例。右轴曲线：交通通信、教育文化娱乐消费比重（占总消费比，取3位小数对应整个非物消费比重演算小数四舍五入协调）（%），显示社会生活交往、精神文化生活需求变化。标注交通通信、教育文化娱乐消费比重省域排序位次。

小值为2016年的1.6465，最大值为2002年的6.1769。在这16年间，河南居民交通消费地区差缩小了11.12%，城乡比缩小了62.30%。由于其他省域相应变化，河南地区差位次从2000年第23位降至2016年第24位，城乡比位次从2000年第16位升至2016年第2位。

同期，河南居民交通消费比重增高6.81个百分点。最高（最佳，非物消费占比以高为佳，后同）比重值为2016年的12.08%，最低比重值为2000年的5.27%。由于其他省域相应变化，河南比重位次从2000年第29位升至2016年第26位。由此不难发现，交通消费比重持续显著增高，可以视为河南居民社会生活交往需求高涨的具体表现。

2. 文教消费人均值增长及其比重变化

2000～2016 年，河南城乡居民人均文教消费年均增长 13.54%。人均值地区差最小值为 2015 年的 1.2148，最大值为 2002 年的 1.4787；城乡比最小值为 2016 年的 2.1911，最大值为 2011 年的 4.9387。在这 16 年间，河南居民文教消费地区差缩小了 13.33%，城乡比缩小了 28.40%。由于其他省域相应变化，河南地区差位次从 2000 年第 24 位升至 2016 年第 20 位，城乡比位次从 2000 年第 15 位升至 2016 年第 13 位。

同期，河南居民文教消费比重增高 0.99 个百分点。最高比重值为 2003 年的 11.80%，最低比重值为 2010 年的 9.20%。由于其他省域相应变化，河南比重位次从 2000 年第 28 位升至 2016 年第 14 位。这里发现一个问题，多年以来许多研究者预期"精神文化消费需求高涨"，这样的局面迄今尚未在河南居民人群里出现。

3. 医疗消费人均值增长及其比重变化

2000～2016 年，河南城乡居民人均医疗消费年均增长 15.59%。人均值地区差最小值为 2010 年的 1.0835，最大值为 2005 年的 1.3527；城乡比最小值为 2014 年的 1.6464，最大值为 2002 年的 5.2797。在这 16 年间，河南居民医疗消费地区差缩小了 14.76%，城乡比缩小了 56.75%。由于其他省域相应变化，河南地区差位次从 2000 年第 19 位升至 2016 年第 12 位，城乡比位次从 2000 年第 24 位升至 2016 年第 20 位。

同期，河南居民医疗消费比重增高 2.75 个百分点。最高比重值为 2016 年的 8.72%，最低比重值为 2000 年的 5.98%。由于其他省域相应变化，河南比重位次从 2000 年第 16 位升至 2016 年第 11 位。

4. 其他消费人均值增长及其比重变化

2000～2016 年，河南城乡居民人均其他消费年均增长 9.03%。人均值地区差最小值为 2014 年的 1.1817，最大值为 2004 年的 1.4328；城乡比最小值为 2002 年的 2.8554，最大值为 2005 年的 5.7252。在这 16 年间，河南居民其他消费地区差缩小了 8.99%，城乡比缩小了 18.54%。由于其他省域相应变化，河南地区差位次从 2000 年第 24 位升至 2016 年第 15 位，城乡比位次从2000年第10位降至2016年第22位。

同期，河南居民其他消费比重降低1.78个百分点。最高比重值为2000年的4.16%，最低比重值为2016年的2.38%。由于其他省域相应变化，河南比重位次从2000年第18位升至2016年第15位。

恩格尔系数检测仅能对应“基本小康”阶段，即使扩展为整个物质消费也难以适用于“全面小康”进程。为此，本项检测将全部非物消费视为“全面小康”民生应有消费。综合河南居民交通、文教、医疗、其他消费比重变化，16年间整个非物消费比重上升8.76个百分点。

实际说来，“交通消费”作为“交通通信消费”简称，包含通信消费，而通信消费里的信息内容消费部分显然应当归属于精神消费。假设河南居民信息内容消费占通信消费一半，通信消费又占整个交通通信消费一半，那么信息内容消费比重则上升1.70个百分点，再与文教消费比重变化合并演算，2000年以来16年间河南居民精神消费比重理当上升2.69个百分点。

至此可以归纳对比城乡居民物质生活、非物生活分类单项消费的增长变化差异。2000年以来16年间，河南各类消费人均值年均增长率、比重值升降变化（百分比演算更为精确）排序：交通消费年增18.90%，比重上升129.17%为最高；医疗消费年增15.59%，比重上升45.91%为次高；居住消费年增15.17%，比重上升37.69%为第三高；用品消费年增13.83%，比重上升14.21%为第四高；文教消费年增13.54%，比重上升9.55%为第五高；衣着消费年增12.85%，比重下降0.54%为第六高；食品消费年增9.87%，比重下降35.21%为次低；其他消费年增9.03%，比重下降42.74%为最低。

（二）居民收入、积蓄与非物消费之间增长关系

分析居民收入、积蓄与非物生活各项消费之间增长关系，可以检测究竟是什么因素对居民非物生活各项消费增长产生重要影响。河南居民收入、积蓄与非物消费增长态势见图5，因相关系数分析需有历年不间断增长指数，而制图空间有限故截取2000~2010年（后台检测2000~2016年）。

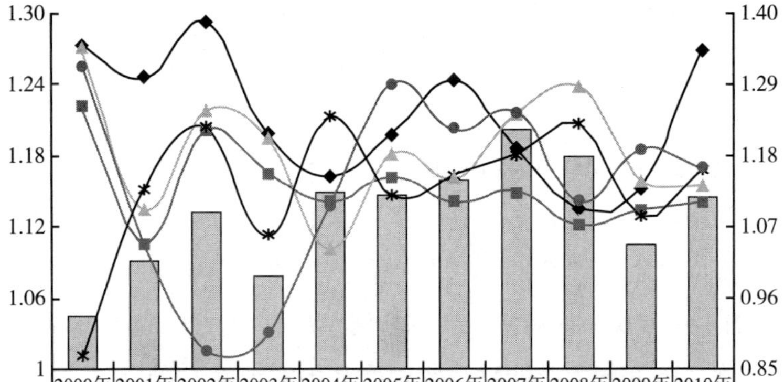

	2000年	2001年	2002年	2003年	2004年	2005年	2006年	2007年	2008年	2009年	2010年
（1）居民收入	1.0445	1.0919	1.1332	1.0791	1.1487	1.1471	1.1582	1.2010	1.1787	1.1049	1.1453
（2）交通消费	1.3536	1.2949	1.3887	1.2109	1.1471	1.2174	1.2969	1.1902	1.0950	1.1303	1.3474
（3）文教消费	1.2549	1.0417	1.2207	1.1548	1.1064	1.1511	1.1053	1.1265	1.0719	1.0970	1.1102
（4）医疗消费	1.3391	1.0934	1.2476	1.2073	1.0333	1.1864	1.1450	1.2462	1.2864	1.1401	1.1348
（5）其他消费	1.3238	1.0451	0.8774	0.9070	1.1062	1.2940	1.2159	1.2480	1.1074	1.1899	1.1609
（6）居民积蓄	0.8710	1.1317	1.2241	1.0517	1.2406	1.1153	1.1501	1.1829	1.2287	1.0842	1.1613

图 5　河南居民收入、积蓄与非物消费增长态势

左轴柱形：居民收入年增指数，右轴曲线：非物消费各单项、积蓄年增指数，上年 =1（小于 1 为负增长）。曲线（3）与（6）之间大体形成横向镜面峰谷对应水中倒影负相关关系。

1. 居民收入与非物消费历年增长相关性

2000～2010 年，标号（1）居民收入与（2）交通消费历年增长之间，相关系数为 -0. 3641，亦即在 36. 41% 程度上逆向变动，呈稍强负相关性；与（3）文教消费历年增长之间，相关系数为 -0. 4070，亦即在 40. 70% 程度上逆向变动，呈稍强负相关性；与（4）医疗消费历年增长之间，相关系数为 -0. 1200，亦即在 12. 00% 程度上逆向变动，呈很弱负相关性。

这些数据之间的增长相关性表明，河南居民收入增高也不能“必然”带来本地居民生活消费向着非物质需求，尤其是精神文化需求方向“升级”。

2. 居民积蓄与非物消费历年增长相关性

2000～2010 年，标号（6）居民积蓄与（2）交通消费历年增长之间，相关系数为－0.2922，亦即在29.22%程度上逆向变动，呈较弱负相关性；与（3）文教消费历年增长之间，相关系数为－0.5253，亦即在52.53%程度上逆向变动，呈较强负相关性；与（4）医疗消费历年增长之间，相关系数为－0.4242，亦即在42.42%程度上逆向变动，呈稍强负相关性。

在当地这些数据之间的增长相关性中，相互间影响的正反方向、强弱程度已经不言自明。

图5中可见，在（3）文教消费、（4）医疗消费与（6）居民积蓄增长曲线之间，形成横向镜面峰谷对应水中倒影，其间分别呈52.53%、42.42%逆向增长相关性。“积蓄负相关性”对于文教消费基本成立，对于医疗消费接近成立，对于其他消费不明显，对于交通消费不明显。经后台数据库扩展演算，文教消费与积蓄增长之间2000～2010年长时段逆向程度为52.53%，呈较强负相关；2003～2008年逆向极值达82.42%，呈极强负相关。

显然，河南居民积蓄增长已经严重地抑制了本地居民消费向着提升精神文化需求、保持人们身心健康方向更快地“升级”。

五　河南民生消费需求景气指数检测

河南民生消费需求景气指数变动态势见图6。

1. 各年度理想值横向检测指数

假定各类民生数据城乡、地区无差距理想值为100，2016年河南城乡民生需求景气指数为83.32，低于无差距理想值16.68%，也低于上年（2015年）检测指数1.09个点。河南此项检测指数在省域间排行变化，2000年为第24位，2005年为第28位，2010年为第19位，2016年从上年第24位下降为第25位。

各年度（包括图中省略年度）此项检测指数对比，全部各个年度均低于无差距理想值100；2003年、2005～2007年、2009～2010年、2012年、

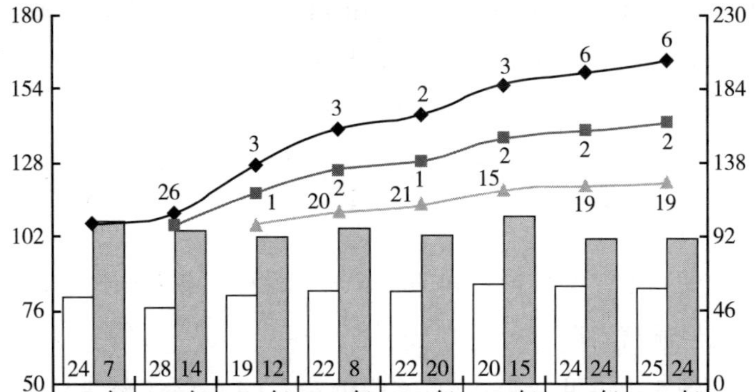

	2000年	2005年	2010年	2012年	2013年	2014年	2015年	2016年
横向理想测评	80.98	76.90	81.69	82.81	82.75	84.87	84.41	83.32
纵向基数测评（1）	106.71	103.86	101.96	104.59	102.40	109.12	100.91	101.29
纵向基数测评（2）	100.00	105.82	138.38	159.85	168.44	187.14	194.00	202.56
纵向基数测评（3）	—	100.00	120.17	133.91	139.26	153.93	157.21	162.30
纵向基数测评（4）	—	—	100.00	107.87	110.90	121.62	122.46	125.15

图6　河南民生消费需求景气指数变动态势

左轴柱形：左历年横向测评（城乡、地区无差距理想值=100）；右逐年纵向测评（1），上年基数值=100。右轴曲线：时段纵向测评（起点年基数值=100），（2）以2000年为起点（“十五”以来，以“九五”末年为基点，后同），（3）以2005年为起点（“十一五”以来），（4）以2010年为起点（“十二五”以来）。标注各类测评结果省域排序位次。

2014年8个年度高于上年检测指数值。其中，历年指数最高值为2014年的84.87，最低值为2004年的76.00。

2. 2000年以来基数值纵向检测指数

以“全面小康”建设进程起点年“九五”末年2000年数据指标演算基数值为100，2016年河南城乡民生需求景气指数为202.56，高于起点年基数值102.56%，也高于上年（2015年）检测指数8.56个点。河南此项检测指数在省域间排行变化，2000年起点不计，2005年为第26位，2010年为第3位，2016年与上年持平，皆为第6位。

各年度（包括图中省略年度）此项检测指数对比，2002～2016年15个年度高于起点年基数值100；全部各个年度均高于上年检测指数值。其中，历年指数最高值为2016年的202.56，最低值为2001年的99.47。

3. 2005年以来基数值纵向检测指数

以“全面小康”建设进程第一个五年期“十五”末年2005年数据指标演算基数值为100，2016年河南城乡民生需求景气指数为162.30，高于起点年基数值62.30%，也高于上年（2015年）检测指数5.09个点。河南此项检测指数在省域间排行变化，2005年起点不计，2010年为第1位，2016年与上年持平，皆为第2位。

各年度（包括图中省略年度）此项检测指数对比，全部各个年度均高于起点年基数值100；全部各个年度均高于上年检测指数值。其中，历年指数最高值为2016年的162.30，最低值为2006年的104.49。

4. 2010年以来基数值纵向检测指数

以“全面小康”建设进程第二个五年期“十一五”末年2010年数据指标演算基数值为100，2016年河南城乡民生需求景气指数为125.15，高于起点年基数值25.15%，也高于上年（2015年）检测指数2.69个点。河南此项检测指数在省域间排行变化，2010年起点不计，2012年为第20位，2016年与上年持平，皆为第19位。

各年度（包括图中省略年度）此项检测指数对比，全部各个年度均高于起点年基数值100；全部各个年度均高于上年检测指数值。其中，历年指数最高值为2016年的125.15，最低值为2011年的102.91。

5. 逐年度基数值纵向检测指数

以上一年（2015年）起点数据指标演算基数值为100，2016年河南城乡民生需求景气指数为101.29，高于起点年基数值1.29%，也高于上年检测指数0.38个点。河南此项检测指数在省域间排行变化，2000年为第7位，2005年为第14位，2010年为第12位，2016年与上年持平，皆为第24位。

各年度（包括图中省略年度）此项检测指数对比，2000年、2002～2003年、2005～2016年15个年度高于起点年基数值100；2002～2003年、2005～2007年、2009年、2011～2012年、2014年、2016年10个年度高于上年检测指数值。其中，历年指数最高值为2014年的109.12，最低值为2001年的99.47。

R.12

浙江：2016年度民生需求景气排名第3位

李恒杰*

摘　要： 2000～2016年，浙江城乡综合演算的各类民生消费数据人均值持续稳步增长，2016年居民总消费为2000年的5.13倍，物质消费为4.88倍，非物消费为5.65倍。物质消费比重较明显下降3.32个百分点，非物消费比重较明显增高3.32个百分点，消费结构出现较大升级变化。但居民消费率从37.46%极显著下降至30.38%，"十二五"期间略有回升。尤其应注意，居民消费支出年均增长显著低于财政支出年增6.81个百分点。居民积蓄率从24.24%持续较明显升高至33.93%，反过来对消费需求的抑制作用加重。居民总消费、物质消费、非物消费地区差逐渐缩小；居民总消费、物质消费、非物消费城乡比逐渐缩小。

关键词： 浙江　民生消费　需求景气　检测评价

一　浙江人民生活主要数据相关情况

浙江城乡主要民生数据增长变化基本情况见图1，限于制图容量，图中

---

* 李恒杰，云南省商务研究院院长助理、助理研究员，主要从事市场流通与商务政策相关研究。

未直接列出居民收入数据，而注明可据其他数据推算，另产值、财政收入、财政支出数据置于后台进行相关演算。

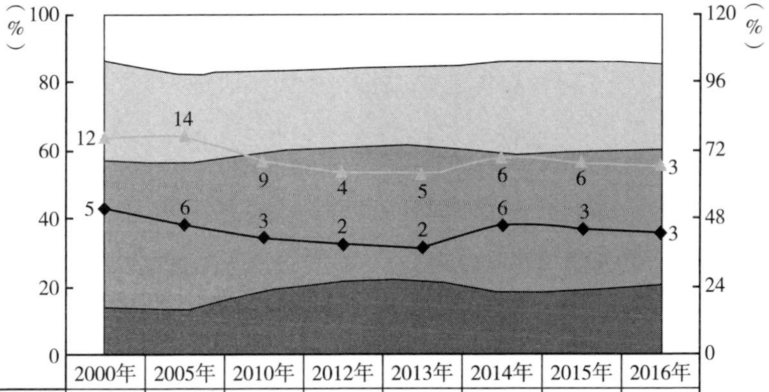

	2000年	2005年	2010年	2012年	2013年	2014年	2015年	2016年
（1）非物消费	745.35	1781.70	2986.21	3840.37	4196.89	4267.42	4660.47	5170.71
（2）物质消费	1533.85	2645.32	4516.00	5725.46	6269.08	8229.57	8767.02	9184.52
（3）总消费	2279.20	4427.02	7502.21	9565.83	10465.97	12496.99	13427.49	14355.23
（4）居民积蓄	729.37	1338.32	3462.61	5258.42	5961.39	5617.37	6393.11	7373.67
物质消费比	50.98	45.88	41.19	38.62	38.16	45.43	44.23	42.27
居民消费比	75.76	76.79	68.42	64.53	63.71	68.99	67.75	66.07

图1　浙江城乡主要民生数据增长变化基本情况

左轴面积：城乡居民（1）非物消费、（2）物质消费、（3）总消费、（4）积蓄总量（亿元转换为%），（1）+（2）=（3），（3）+（4）=居民收入，各项数值间呈直观比例。右轴曲线：物质消费比、居民消费比（占居民收入比），二者之差即为非物消费比，二者之比即为物质消费比重（占总消费比）（%），二者之差再与居民消费比之比即为非物消费比重。标注物质消费比、居民消费比省域排序位次。

1. 城乡居民收入、积蓄财富总量增长简况

2000～2016年，浙江城乡居民收入总量年均增长13.15%，积蓄总量年均增长15.56%。在这16年间，居民收入年均增长率低于产值增长0.45个百分点，低于财政收入增长5.52个百分点。

2. 城乡居民消费总量及其分类增长状况

2000～2016年，浙江城乡居民消费总量年均增长12.19%。在这16年间，居民消费年均增长率低于产值增长1.41个百分点，低于财政支出增长

6.81 个百分点。

同期，浙江城乡居民物质消费总量年均增长 11.84%。在这 16 年间，物质消费年均增长率低于居民收入增长 1.31 个百分点，低于总消费增长 0.35 个百分点。

同期，浙江城乡居民非物消费总量年均增长 12.87%。在这 16 年间，非物消费年均增长率低于居民收入增长 0.28 个百分点，高于总消费增长 0.68 个百分点。

3. 城乡居民消费需求相关比值变化状况

在浙江居民收入当中，2005 年有 76.79% 用于全部生活消费支出，为历年最高比值；2013 年仅有 63.71% 用于全部生活消费支出，为历年最低（最佳）比值；2000 年有 50.98% 用于物质消费支出，为历年最高比值；2013 年仅有 38.16% 用于物质消费支出，为历年最低（最佳）比值。居民收入与总消费之差即为居民积蓄，物质消费与总消费之差即为非物消费。

2000 年以来 16 年间，浙江居民消费比降低 9.69 个百分点，同时物质消费比亦降低 8.71 个百分点，反过来导致非物消费比降低 0.98 个百分点。继续深入分析，居民消费比与物质消费比升降方向及其程度有差异，意味着物质消费占总消费比重变化，反过来又导致非物消费占总消费比重变化。由这些相对比值关系变化就能够看出民生消费需求态势，从中体现出民生发展的基本走向。

二　浙江居民总消费增长及相关性分析

居民总消费及其相关性分析为民生消费需求检测系统的二级子系统之首。浙江城乡居民总消费及其相关性变动态势见图 2。

1. 城乡综合人均值及地区差变动状况

2000 ~ 2016 年，浙江城乡居民人均总消费年均增长 10.76%（由于人口增长，人均值增长率略低于总量增长率）。人均值地区差最小（最佳，后

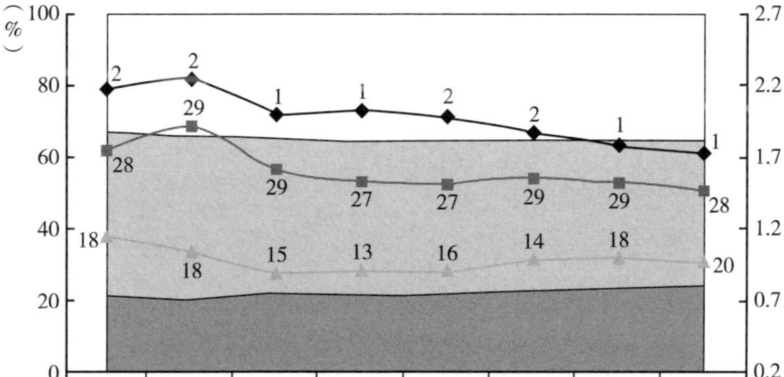

	2000年	2005年	2010年	2012年	2013年	2014年	2015年	2016年
城乡人均消费	5025.23	9205.69	14119.80	17487.80	19072.39	22709.41	24309.74	25797.88
城镇人均消费	7020.22	12253.74	17858.20	21545.18	23257.19	27241.74	28661.27	30067.66
乡村人均消费	3230.88	5432.95	8928.89	10652.73	11760.24	14497.81	16107.72	17358.93
人均值城乡比	2.1729	2.2554	2.0000	2.0225	1.9776	1.8790	1.7794	1.7321
人均值地区差	1.7622	1.9026	1.6101	1.5209	1.5037	1.5482	1.5223	1.4762
居民消费率	37.46	33.23	27.31	27.59	27.72	31.11	31.31	30.38

图 2 浙江城乡居民总消费及其相关性变动态势

左轴面积：城乡综合、城镇、乡村居民总消费人均值（元转换为%），各项数值间呈直观比例。右轴曲线：居民总消费城乡比（乡村 =1）、地区差（无差距 =1）。左轴曲线：居民消费率（与产值比）（%）。标注居民消费率及其城乡比、地区差省域排序位次。另需说明，近年年鉴始发布 2014 年以来城乡人均值数据，但与总量数据之间存在演算误差，对应同时发布的产值人均值和总量分别演算相应消费率有出入，本文恢复自行演算城乡人均值。

同）值为 2016 年的 1.4762，最大值为 2005 年的 1.9026。在这 16 年间，浙江居民总消费地区差缩小了 16.23%。这意味着，浙江与其余各地居民总消费增长的同步均衡性明显增强，体现出“全面小康”建设进程在缩小居民总消费地区差距方面的有效进展。

由于其他省域相应变化，浙江地区差位次保持第 28 位不变。按照本项检测的推演测算，2020 年浙江居民总消费地区差应为 1.4175，相比当前将较明显缩减；2035 年浙江居民总消费地区差应为 1.2455，相比当前将继续明显缩减。

2. 城镇与乡村人均值及城乡比变动状况

2000 ~2016 年，浙江城镇居民人均总消费年均增长 9.52%，乡村居民人均总消费年均增长 11.08%，乡村年均增长率高于城镇 1.56 个百分点。城乡之间增长相关系数为 0.4468，即历年增长同步程度 44.68%，呈很弱正相关性。倘若用城乡各自年度增长指数绘制出两条曲线，就可以看出，二者历年增长明显不均，其间均衡度较差。

同期，浙江居民总消费城乡比最小（最佳，后同）值为 2016 年的 1.7321，最大值为 2002 年的 2.3594。在这 16 年间，浙江居民总消费城乡比缩小了 20.28%。这意味着，浙江城乡之间居民总消费增长的同步均衡性明显增强，体现出“全面小康”建设进程在缩小居民总消费城乡差距方面的有效进展。

由于其他省域相应变化，浙江城乡比位次从 2000 年第 2 位升至 2016 年第 1 位。按照本项检测的推演测算，2020 年浙江居民总消费城乡比应为 1.6367，相比当前将较明显缩减；2035 年浙江居民总消费城乡比应为 1.3233，相比当前将继续极显著缩减。

3. 城乡综合居民消费率历年变化状况

2000~2016 年，浙江居民消费率下降了 7.08 个百分点，其中“十二五”以来回升 3.07 个百分点。应对国际金融危机实施“拉动内需，扩大消费，改善民生”国策以来，直到进入“十二五”期间，浙江居民消费率开始略有回升。由于其他省域相应变化，浙江居民消费率位次从 2000 年第 18 位降至 2016 年第 20 位。

在这 16 年间，浙江居民消费率最高（最佳）值为 2001 年的 38.67%，最低值为 2010 年的 27.31%，近年来仍未回复 2000 年初始值，更未达到 2001 年最佳值。这意味着，当地居民消费拉动经济增长的同步协调性尚待增强。还应注意，浙江居民消费率下降程度大于当地居民收入比下降程度，反过来即意味着居民积蓄率上升，同时亦即积蓄对消费的抑制作用加重。

三　浙江居民物质消费结构性分析

浙江居民物质消费分类结构性关系见图 3。

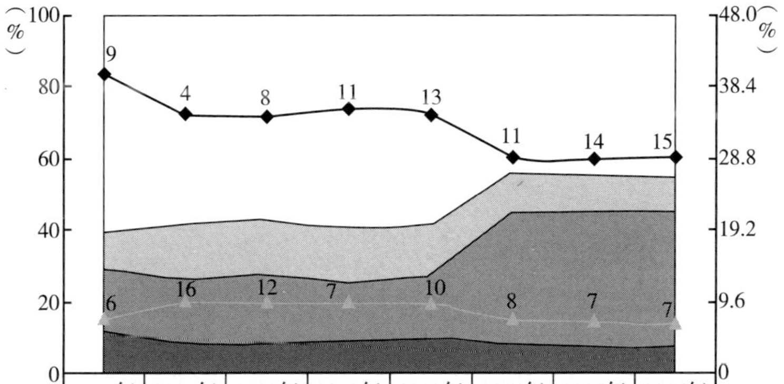

	2000年	2005年	2010年	2012年	2013年	2014年	2015年	2016年
食品消费人均	2043.68	3211.33	4836.14	6209.29	6618.71	6607.29	7023.13	7477.14
衣着消费人均	358.02	841.67	1278.64	1603.73	1730.30	1600.85	1663.29	1584.38
居住消费人均	589.74	994.43	1680.22	1700.09	1978.89	5621.65	6017.92	6208.27
用品消费人均	390.43	453.34	704.51	953.92	1096.40	1124.91	1167.87	1235.77
食品消费比重	40.668	34.884	34.251	35.506	34.703	29.095	28.890	28.984
衣着消费比重	7.124	9.143	9.056	9.171	9.072	7.049	6.842	6.142

图3　浙江居民物质消费分类结构性关系

左轴面积：城乡综合演算的居民物质消费单项（食品烟酒、衣着、居住、生活用品及服务四项）人均值（元转换为%），各项数值间呈直观比例。右轴曲线：食品、衣着消费比重（占总消费比，取3位小数对应整个物质消费比重演算小数四舍五入协调）（%），显示衣食温饱需求消费支出占总消费比。标注食品、衣着消费比重省域排序位次（物质消费比重以低为佳取倒序）。

1. 食品消费人均值增长及其比重变化

2000～2016年，浙江城乡居民人均食品消费年均增长8.44%。人均值地区差最小值为2016年的1.4244，最大值为2002年的1.7989；城乡比最小值为2016年的1.5339，最大值为2002年的2.3042。在这16年间，浙江居民食品消费地区差缩小了14.66%，城乡比缩小了21.62%。由于其他省域相应变化，浙江地区差位次从2000年第28位升至2016年第27位，城乡比位次从2000年第4位升至2016年第1位。

同期，浙江居民食品消费比重降低了11.68个百分点。最低（最佳，物质消费占比以低为佳，后同）比重值为2015年的28.89%，最高比重值为

2000 年的 40.67%。由于其他省域相应变化，浙江比重位次从 2000 年第 9 位降至 2016 年第 15 位。可以看出，进入“全面小康”建设进程以来，浙江居民食品消费“最基本需求”所占比重越来越低，这间接反映出人民生活从温饱“基本小康”向富余“全面小康”的发展进步。

2. 衣着消费人均值增长及其比重变化

2000～2016 年，浙江城乡居民人均衣着消费年均增长 9.74%。人均值地区差最小值为 2016 年的 1.2824，最大值为 2005 年的 1.9811；城乡比最小值为 2016 年的 1.9982，最大值为 2005 年的 3.9643。在这 16 年间，浙江居民衣着消费地区差缩小了 14.19%，城乡比缩小了 41.31%。由于其他省域相应变化，浙江地区差位次从 2000 年第 26 位升至 2016 年第 22 位，城乡比位次从 2000 年第 5 位升至 2016 年第 2 位。

同期，浙江居民衣着消费比重降低了 0.98 个百分点。最低比重值为 2016 年的 6.14%，最高比重值为 2011 年的 9.67%。由于其他省域相应变化，浙江比重位次从 2000 年第 6 位降至 2016 年第 7 位。可以看到，在食品消费比重持续明显下降的同时，浙江居民衣着消费比重也略有降低。

3. 居住消费人均值增长及其比重变化

2000～2016 年，浙江城乡居民人均居住消费年均增长 15.85%。人均值地区差最小值为 2011 年的 1.3131，最大值为 2003 年的 1.8711；城乡比最小值为 2010 年的 0.6936，最大值为 2014 年的 2.0902。在这 16 年间，浙江居民居住消费地区差缩小了 5.36%，城乡比扩大了 84.09%。由于其他省域相应变化，浙江地区差位次保持第 29 位不变，城乡比位次从 2000 年第 3 位降至 2016 年第 7 位。

同期，浙江居民居住消费比重增高了 12.33 个百分点。最低比重值为 2011 年的 9.56%，最高比重值为 2015 年的 24.76%。由于其他省域相应变化，浙江比重位次从 2000 年第 19 位降至 2016 年第 28 位。可以看到，在物质消费比重普遍明显下降的同时，浙江居民居住消费“刚需”所占比重提升很大，这都是人们追求私家住房之“梦”带来的结果。

在图 3 里不难看出，2014 年居住消费人均值陡然高升，这是国家统计

局首次提供城乡综合人均值数据带来的变化，本项检测自行演算人均值则还要略高一点。或许可以这样理解，各地居民受调查户样本的长期偏差近年得到修正，由私家住房相对普及带来的居住消费剧增得以体现。

4. 用品消费人均值增长及其比重变化

2000～2016 年，浙江城乡居民人均用品消费年均增长 7.47%。人均值地区差最小值为 2016 年的 1.1580，最大值为 2001 年的 2.5481；城乡比最小值为 2016 年的 1.6324，最大值为 2001 年的 5.9433。在这 16 年间，浙江居民用品消费地区差缩小了 39.31%，城乡比缩小了 64.04%。由于其他省域相应变化，浙江地区差位次从 2000 年第 28 位升至 2016 年第 15 位，城乡比位次从 2000 年第 8 位升至 2016 年第 2 位。

同期，浙江居民用品消费比重降低了 2.98 个百分点。最低比重值为 2006 年的 4.65%，最高比重值为 2001 年的 9.44%。由于其他省域相应变化，浙江比重位次从 2000 年第 25 位升至 2016 年第 2 位。

本项检测将全部物质消费视为“全面小康”人民生活必需消费，只看食品消费或者扩大为衣食温饱显然已不具有足够的解释力。不难看出，浙江居民食品消费比重下降“让出”的余地却被居住消费比重上升“抢占”，这两项冲抵反而留给处在上位的物质消费比重上升 0.65 个百分点（另综合衣着、用品消费比重变化，整个物质消费比重下降 3.32 个百分点），否则 2000 年以来 16 年间浙江居民整个物质消费比重理当显著下降。

四　浙江居民非物消费结构性分析

（一）非物生活分类消费增长分析

浙江居民非物消费分类结构性关系见图 4。

1. 交通消费人均值增长及其比重变化

2000～2016 年，浙江城乡居民人均交通消费年均增长 15.51%。人均值地区差最小值为 2016 年的 1.8504，最大值为 2006 年的 2.5585；城乡比最

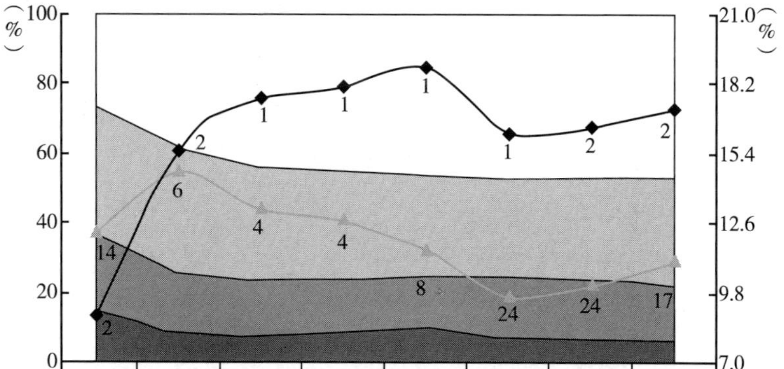

	2000年	2005年	2010年	2012年	2013年	2014年	2015年	2016年
交通消费人均	440.05	1436.41	2477.92	3152.52	3593.82	3698.27	3994.89	4420.54
文教消费人均	607.01	1346.20	1854.72	2216.45	2193.30	2184.95	2451.01	2833.60
医疗消费人均	361.53	645.82	897.88	1048.49	1135.01	1363.84	1437.53	1517.61
其他消费人均	234.77	276.50	389.77	603.32	725.96	507.65	554.10	520.55
交通消费比重	8.757	15.604	17.549	18.027	18.843	16.285	16.433	17.135
文教消费比重	12.079	14.624	13.136	12.674	11.500	9.621	10.082	10.984

图 4　浙江居民非物消费分类结构性关系

左轴面积：城乡综合演算的居民非物消费单项（交通通信、教育文化娱乐、医疗保健、其他用品及服务四项）人均值（元转换为%），各项数值间呈直观比例。右轴曲线：交通通信、教育文化娱乐消费比重（占总消费比，取 3 位小数对应整个非物消费比重演算小数四舍五入协调）（%），显示社会生活交往、精神文化生活需求变化。标注交通通信、教育文化娱乐消费比重省域排序位次。

小值为 2016 年的 1.6583，最大值为 2006 年的 3.7485。在这 16 年间，浙江居民交通消费地区差缩小了 15.77%，城乡比缩小了 26.68%。由于其他省域相应变化，浙江地区差位次从 2000 年第 28 位降至 2016 年第 30 位，城乡比位次从 2000 年第 1 位降至 2016 年第 3 位。

同期，浙江居民交通消费比重增高了 8.38 个百分点。最高（最佳，非物消费占比以高为佳，后同）比重值为 2013 年的 18.84%，最低比重值为 2001 年的 8.65%。由于其他省域相应变化，浙江比重位次保持第 2 位不变。由此不难发现，交通消费比重持续显著增高，可以视为浙江居民社会生活交往需求高涨的具体表现。

2. 文教消费人均值增长及其比重变化

2000～2016 年，浙江城乡居民人均文教消费年均增长 10.11%。人均值地区差最小值为 2015 年的 1.3982，最大值为 2005 年的 2.1189；城乡比最小值为 2014 年的 1.9500，最大值为 2011 年的 3.3284。在这 16 年间，浙江居民文教消费地区差缩小了 18.21%，城乡比缩小了 23.36%。由于其他省域相应变化，浙江地区差位次从 2000 年第 27 位降至 2016 年第 28 位，城乡比位次从 2000 年第 10 位降至 2016 年第 11 位。

同期，浙江居民文教消费比重降低了 1.10 个百分点。最高比重值为 2004 年的 14.99%，最低比重值为 2014 年的 9.62%。由于其他省域相应变化，浙江比重位次从 2000 年第 14 位降至 2016 年第 17 位。这里发现一个问题，多年以来许多研究者预期“精神文化消费需求高涨”，这样的局面迄今尚未在浙江居民人群里出现。

3. 医疗消费人均值增长及其比重变化

2000～2016 年，浙江城乡居民人均医疗消费年均增长 9.38%。人均值地区差最小值为 2016 年的 1.1435，最大值为 2000 年的 2.1342；城乡比最小值为 2015 年的 1.2348，最大值为 2000 年的 2.7045。在这 16 年间，浙江居民医疗消费地区差缩小了 46.42%，城乡比缩小了 46.68%。由于其他省域相应变化，浙江地区差位次从 2000 年第 28 位升至 2016 年第 13 位，城乡比位次从 2000 年第 6 位降至 2016 年第 8 位。

同期，浙江居民医疗消费比重降低了 1.31 个百分点。最高比重值为 2004 年的 7.58%，最低比重值为 2016 年的 5.88%。由于其他省域相应变化，浙江比重位次从 2000 年第 7 位降至 2016 年第 27 位。

4. 其他消费人均值增长及其比重变化

2000～2016 年，浙江城乡居民人均其他消费年均增长 5.10%。人均值地区差最小值为 2016 年的 1.2458，最大值为 2001 年的 2.1196；城乡比最小值为 2002 年的 1.5778，最大值为 2011 年的 3.6062。在这 16 年间，浙江居民其他消费地区差缩小了 33.34%，城乡比缩小了 15.45%。由于其他省域相应变化，浙江地区差位次从 2000 年第 28 位升至 2016 年第 13 位，城乡比位次从2000年第2位降至2016年第7位。

同期，浙江居民其他消费比重降低了2.65个百分点。最高比重值为2001年的5.24%，最低比重值为2016年的2.02%。由于其他省域相应变化，浙江比重位次从2000年第10位降至2016年第24位。

恩格尔系数检测仅能对应"基本小康"阶段，即使扩展为整个物质消费也难以适用于"全面小康"进程。为此，本项检测将全部非物消费视为"全面小康"民生应有消费。综合浙江居民交通、文教、医疗、其他消费比重变化，16年间整个非物消费比重上升3.32个百分点。

实际说来，"交通消费"作为"交通通信消费"简称，包含通信消费，而通信消费里的信息内容消费部分显然应当归属于精神消费。假设浙江居民信息内容消费占通信消费一半，通信消费又占整个交通通信消费一半，那么信息内容消费比重则上升2.10个百分点，再与文教消费比重变化合并演算，2000年以来16年间浙江居民精神消费比重理当上升1.00个百分点。

至此可以归纳对比城乡居民物质生活、非物生活分类单项消费的增长变化差异。2000年以来16年间，浙江各类消费人均值年均增长率、比重值升降变化（百分比演算更为精确）排序：居住消费年增15.85%，比重上升105.06%为最高；交通消费年增15.51%，比重上升95.68%为次高；文教消费年增10.11%，比重下降9.07%为第三高；衣着消费年增9.74%，比重下降13.80%为第四高；医疗消费年增9.38%，比重下降18.23%为第五高；食品消费年增8.44%，比重下降28.73%为第六高；用品消费年增7.47%，比重下降38.34%为次低；其他消费年增5.10%，比重下降56.81%为最低。

（二）居民收入、积蓄与非物消费之间增长关系

分析居民收入、积蓄与非物生活各项消费之间增长关系，可以检测究竟是什么因素对居民非物生活各项消费增长产生重要影响。浙江居民收入、积蓄与非物消费增长态势见图5，因相关系数分析需有历年不间断增长指数，而制图空间有限故截取2000~2010年（后台检测2000~2016年）。

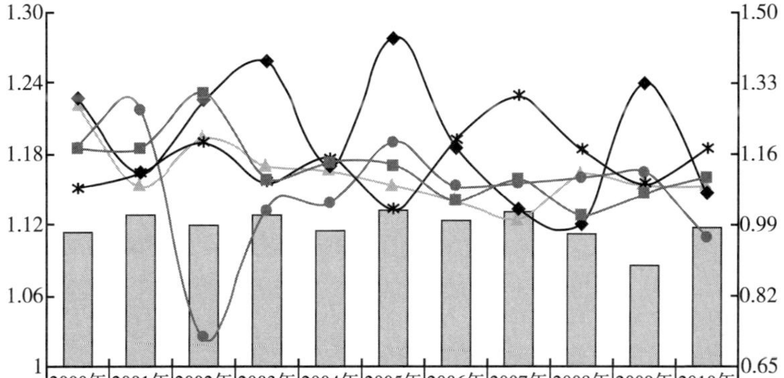

	2000年	2001年	2002年	2003年	2004年	2005年	2006年	2007年	2008年	2009年	2010年
（1）居民收入	1.1151	1.1291	1.1201	1.1288	1.1169	1.1336	1.1248	1.1318	1.1131	1.0855	1.1191
（2）交通消费	1.2959	1.1184	1.2886	1.3833	1.1324	1.4460	1.1786	1.0302	0.9953	1.3304	1.0730
（3）文教消费	1.1786	1.1728	1.3091	1.1069	1.1450	1.1398	1.0511	1.0961	1.0177	1.0655	1.1028
（4）医疗消费	1.2750	1.0808	1.2048	1.1314	1.1204	1.0822	1.0536	1.0046	1.1150	1.0836	1.0871
（5）其他消费	1.1824	1.2689	0.7176	1.0412	1.0448	1.1889	1.0833	1.0923	1.1042	1.1149	0.9677
（6）居民积蓄	1.0843	1.1191	1.1896	1.0937	1.1525	1.0313	1.1949	1.2983	1.1764	1.0908	1.1765

图5　浙江居民收入、积蓄与非物消费增长态势

左轴柱形：居民收入年增指数，右轴曲线：非物消费各单项、积蓄年增指数，上年 = 1（小于1为负增长）。曲线（2）与（6）之间大体形成横向镜面峰谷对应水中倒影负相关关系。

1. 居民收入与非物消费历年增长相关性

2000～2010年，标号（1）居民收入与（2）交通消费历年增长之间，相关系数为 -0.0547，亦即在5.47%程度上逆向变动，呈极弱负相关性；与（3）文教消费历年增长之间，相关系数为0.2180，亦即在21.80%程度上同步变动，呈极弱正相关性；与（4）医疗消费历年增长之间，相关系数为 -0.1936，亦即在19.36%程度上逆向变动，呈很弱负相关性。

这些数据之间的增长相关性表明，浙江居民收入增高也不能“必然”带来本地居民生活消费向着非物质需求，尤其是精神文化需求方向“升级”。

2. 居民积蓄与非物消费历年增长相关性

2000～2010年，标号（6）居民积蓄与（2）交通消费历年增长之间，相关系数为 -0.7527，亦即在75.27%程度上逆向变动，呈极强负相关性；与（3）文教消费历年增长之间，相关系数为 -0.1023，亦即在10.23%程度上逆向变动，呈很弱负相关性；与（4）医疗消费历年增长之间，相关系数为 -0.3939，亦即在39.39%程度上逆向变动，呈稍强负相关性。

在当地这些数据之间的增长相关性中，相互间影响的正反方向、强弱程度已经不言自明。

图5中可见，在（2）交通消费与（6）居民积蓄增长曲线之间，形成横向镜面峰谷对应水中倒影，其间呈75.27%逆向增长相关性。“积蓄负相关性”对于交通消费显著成立，对于医疗消费不明显，对于其他消费不明显，对于文教消费不明显。经后台数据库扩展演算，文教消费与积蓄增长之间2004～2008年长时段逆向程度为40.13%，呈稍强负相关；2003～2007年逆向极值达51.50%，呈较强负相关。

显然，浙江居民积蓄增长已经严重地抑制了本地居民消费向着扩展社会生活交往方向更快地“升级”。

五　浙江民生消费需求景气指数检测

浙江民生消费需求景气指数变动态势见图6。

1. 各年度理想值横向检测指数

假定浙江各类民生数据城乡、地区无差距理想值为100，2016年浙江城乡民生需求景气指数为93.29，低于无差距理想值6.71%，但高于上年（2015年）检测指数0.04个点。浙江此项检测指数在省域间排行变化，2000年为第3位，2005年与之持平，2010年与之持平，2016年与上年持平，皆为第3位。

各年度（包括图中省略年度）此项检测指数对比，全部各个年度均低于无差距理想值100；2001年、2003年、2005年、2008年、2011年、2013～2014年、2016年8个年度高于上年检测指数值。其中，历年民生指数最高值为2005年的98.23，最低值为2015年的93.25。

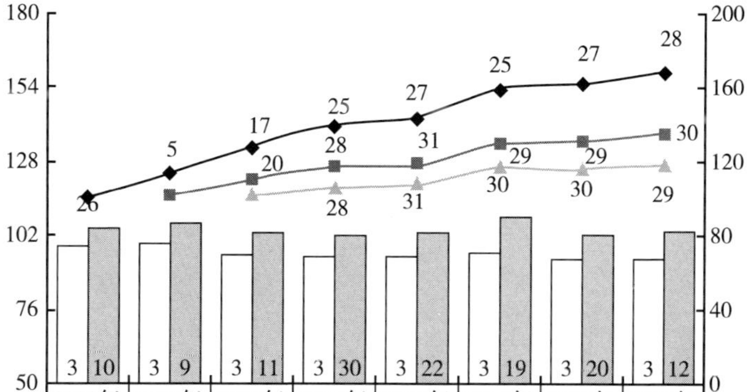

	2000年	2005年	2010年	2012年	2013年	2014年	2015年	2016年
横向理想测评	97.37	98.23	94.81	93.66	93.75	95.30	93.25	93.29
纵向基数测评（1）	103.60	105.32	102.00	101.12	102.06	107.70	101.03	102.66
纵向基数测评（2）	100.00	112.77	128.34	139.60	144.75	159.71	162.43	168.42
纵向基数测评（3）	—	100.00	109.05	115.92	119.07	129.33	129.85	134.03
纵向基数测评（4）	—	—	100.00	104.90	107.25	115.74	114.72	117.88

图6　浙江民生消费需求景气指数变动态势

左轴柱形：左历年横向测评（城乡、地区无差距理想值=100）；右逐年纵向测评（1），上年基数值=100。右轴曲线：时段纵向测评（起点年基数值=100），（2）以2000年为起点（“十五”以来，以“九五”末年为基点，后同），（3）以2005年为起点（“十一五”以来），（4）以2010年为起点（“十二五”以来）。标注各类测评结果省域排序位次。

2. 2000年以来基数值纵向检测指数

以“全面小康”建设进程起点年“九五”末年2000年数据指标演算基数值为100，2016年浙江城乡民生需求景气指数为168.42，高于起点年基数值68.42%，也高于上年（2015年）检测指数5.99个点。浙江此项检测指数在省域间排行变化，2000年起点不计，2005年为第5位，2010年为第17位，2016年从上年第27位下降为第28位。

各年度（包括图中省略年度）此项检测指数对比，2002~2016年15个年度高于起点年基数值100；全部各个年度均高于上年检测指数值。其中，历年民生指数最高值为2016年的168.42，最低值为2001年的99.74。

3. 2005年以来基数值纵向检测指数

以“全面小康”建设进程第一个五年期“十五”末年2005年数据指标

演算基数值为100，2016年浙江城乡民生需求景气指数为134.03，高于起点年基数值34.03%，也高于上年（2015年）检测指数4.18个点。浙江此项检测指数在省域间排行变化，2005年起点不计，2010年为第20位，2016年从上年第29位下降为第30位。

各年度（包括图中省略年度）此项检测指数对比，全部各个年度均高于起点年基数值100；全部各个年度均高于上年检测指数值。其中，历年民生指数最高值为2016年的134.03，最低值为2006年的100.68。

4. 2010年以来基数值纵向检测指数

以“全面小康”建设进程第二个五年期“十一五”末年2010年数据指标演算基数值为100，2016年浙江城乡民生需求景气指数为117.88，高于起点年基数值17.88%，也高于上年（2015年）检测指数3.16个点。浙江此项检测指数在省域间排行变化，2010年起点不计，2012年为第28位，2016年从上年第30位上升为第29位。

各年度（包括图中省略年度）此项检测指数对比，全部各个年度均高于起点年基数值100；2012～2014年、2016年4个年度高于上年检测指数值。其中，历年民生指数最高值为2016年的117.88，最低值为2011年的104.09。

5. 逐年度基数值纵向检测指数

以上一年（2015年）起点数据指标演算基数值为100，2016年浙江城乡民生需求景气指数为102.66，高于起点年基数值2.66%，也高于上年检测指数1.63个点。浙江此项检测指数在省域间排行变化，2000年为第10位，2005年为第9位，2010年为第11位，2016年从上年第20位上升为第12位。

各年度（包括图中省略年度）此项检测指数对比，2000年、2002～2016年16个年度高于起点年基数值100；2002～2003年、2005年、2007～2008年、2010～2011年、2013～2014年、2016年10个年度高于上年检测指数值。其中，历年民生指数最高值为2014年的107.70，最低值为2001年的99.74。

R.13

青海：2000 ~2016年民生需求景气提升第3位

杨 超*

摘 要： 2000~2016年，青海城乡综合演算的各类民生消费数据人均值持续稳步增长，2016年居民总消费为2000年的6.78倍，物质消费为5.83倍，非物消费为9.13倍。物质消费比重极显著下降10.00个百分点，非物消费比重极显著增高10.00个百分点，消费结构出现极大升级变化。但居民消费率从43.46%极显著下降至34.80%，“十二五”期间略有回升。尤其应注意，居民消费支出年均增长极显著低于财政支出年增7.73个百分点。居民积蓄率从18.76%持续极显著降低至15.30%，反过来对消费需求的抑制作用减轻。居民总消费、物质消费、非物消费地区差逐渐缩小；居民总消费、物质消费、非物消费城乡比逐渐缩小。

关键词： 青海 民生消费 需求景气 检测评价

一 青海人民生活主要数据相关情况

青海城乡主要民生数据增长变化基本情况见图1，限于制图容量，图中

---

* 杨超，云南省商务研究院院长学术助理、信息中心主任，主要从事大数据相关研究。

未直接列出居民收入数据，而注明可据其他数据推算，另产值、财政收入、财政支出数据置于后台进行相关演算。

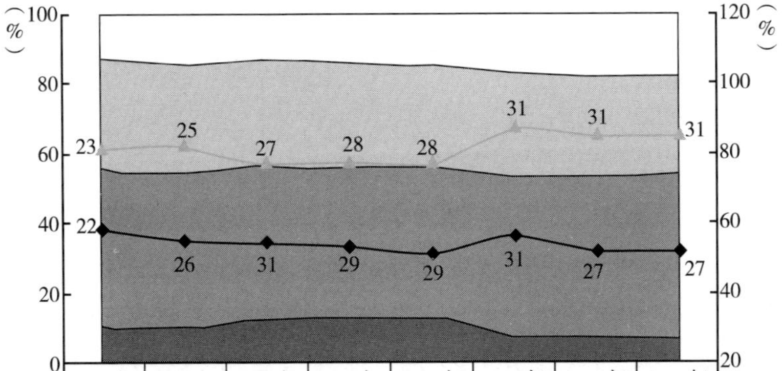

	2000年	2005年	2010年	2012年	2013年	2014年	2015年	2016年
（1）非物消费	33.11	64.51	103.03	156.03	183.71	264.01	314.87	347.85
（2）物质消费	81.56	131.98	246.21	336.02	371.54	478.30	498.86	547.09
（3）总消费	114.67	196.49	349.24	492.05	555.25	742.31	813.73	894.94
（4）居民积蓄	26.48	43.85	102.99	140.35	168.61	109.24	138.09	161.61
物质消费比	57.78	54.91	54.44	53.13	51.33	56.17	52.41	51.78
居民消费比	81.24	81.76	77.23	77.81	76.71	87.17	85.49	84.70

图1　青海城乡主要民生数据增长变化基本情况

左轴面积：城乡居民（1）非物消费、（2）物质消费、（3）总消费、（4）积蓄总量（亿元转换为%），（1）+（2）=（3），（3）+（4）=居民收入，各项数值间呈直观比例。右轴曲线：物质消费比、居民消费比（占居民收入比），二者之差即为非物消费比，二者之比即为物质消费比重（占总消费比）（%），二者之差再与居民消费比之比即为非物消费比重。标注物质消费比、居民消费比省域排序位次。

1. 城乡居民收入、积蓄财富总量增长简况

2000～2016 年，青海城乡居民收入总量年均增长 13.41%，积蓄总量年均增长 11.97%。在这 16 年间，居民收入年均增长率低于产值增长 1.89 个百分点，低于财政收入增长 4.72 个百分点。

2. 城乡居民消费总量及其分类增长状况

2000～2016 年，青海城乡居民消费总量年均增长 13.70%。在这 16 年间，居民消费年均增长率低于产值增长 1.60 个百分点，低于财政支出增长

7.73个百分点。

同期，青海城乡居民物质消费总量年均增长12.63%。在这16年间，物质消费年均增长率低于居民收入增长0.78个百分点，低于总消费增长1.07个百分点。

同期，青海城乡居民非物消费总量年均增长15.84%。在这16年间，非物消费年均增长率高于居民收入增长2.43个百分点，高于总消费增长2.14个百分点。

3. 城乡居民消费需求相关比值变化状况

在青海居民收入当中，2014年有87.17%用于全部生活消费支出，为历年最高比值；2009年仅有76.48%用于全部生活消费支出，为历年最低（最佳）比值；2000年有57.78%用于物质消费支出，为历年最高比值；2013年仅有51.33%用于物质消费支出，为历年最低（最佳）比值。居民收入与总消费之差即为居民积蓄，物质消费与总消费之差即为非物消费。

2000年以来16年间，青海居民消费比升高3.46个百分点，同时物质消费比却降低6.00个百分点，反过来导致非物消费比升高9.46个百分点。继续深入分析，居民消费比与物质消费比升降方向及其程度有差异，意味着物质消费占总消费比重变化，反过来又导致非物消费占总消费比重变化。由这些相对比值关系变化就能够看出民生消费需求态势，从中体现出民生发展的基本走向。

二 青海居民总消费增长及相关性分析

居民总消费及其相关性分析为民生消费需求检测系统的二级子系统之首。青海城乡居民总消费及其相关性变动态势见图2。

1. 城乡综合人均值及地区差变动状况

2000～2016年，青海城乡居民人均总消费年均增长12.71%（由于人口增长，人均值增长率略低于总量增长率）。人均值地区差最小（最佳，后

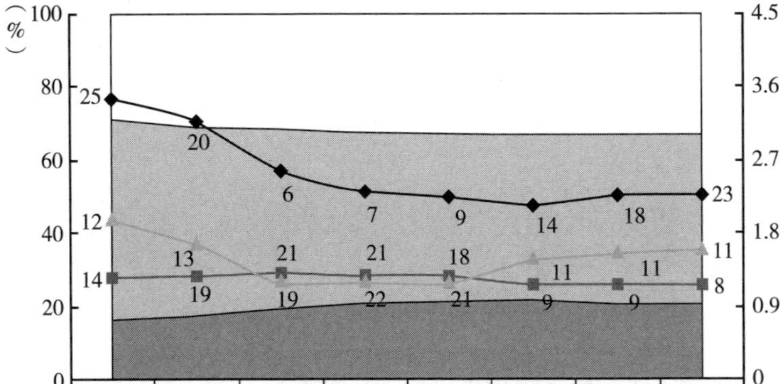

	2000年	2005年	2010年	2012年	2013年	2014年	2015年	2016年
城乡人均消费	2233.07	3632.01	6236.36	8622.24	9648.54	12785.15	13887.94	15150.20
城镇人均消费	4185.73	6245.26	9613.79	12346.29	13539.50	17492.89	19200.65	20853.17
乡村人均消费	1218.23	1976.03	3774.50	5338.91	6060.19	8235.14	8566.49	9222.15
人均值城乡比	3.4359	3.1605	2.5470	2.3125	2.2342	2.1242	2.2414	2.2612
人均值地区差	1.2169	1.2493	1.2889	1.2501	1.2393	1.1284	1.1303	1.1331
居民消费率	43.46	36.16	25.86	25.99	26.17	32.23	33.67	34.80

图 2　青海城乡居民总消费及其相关性变动态势

左轴面积：城乡综合、城镇、乡村居民总消费人均值（元转换为%），各项数值间呈直观比例。右轴曲线：居民总消费城乡比（乡村 = 1）、地区差（无差距 = 1）。左轴曲线：居民消费率（与产值比）（%）。标注居民消费率及其城乡比、地区差省域排序位次。另需说明，近年年鉴始发布 2014 年以来城乡人均值数据，但与总量数据之间存在演算误差，对应同时发布的产值人均值和总量分别演算相应消费率有出入，本文恢复自行演算城乡人均值。

同）值为 2014 年的 1.1284，最大值为 2009 年的 1.2934。在这 16 年间，青海居民总消费地区差缩小了 6.89%。这意味着，青海与其余各地居民总消费增长的同步均衡性较明显增强，体现出“全面小康”建设进程在缩小居民总消费地区差距方面的有效进展。

由于其他省域相应变化，青海地区差位次从 2000 年第 14 位升至 2016 年第 8 位。按照本项检测的推演测算，2020 年青海居民总消费地区差应为 1.1061，相比当前将略微缩减；2035 年青海居民总消费地区差应为 1.0026，相比当前将继续较明显缩减。

2. 城镇与乡村人均值及城乡比变动状况

2000～2016 年，青海城镇居民人均总消费年均增长 10.56%，乡村居民人均总消费年均增长 13.49%，乡村年均增长率高于城镇 2.93 个百分点。城乡之间增长相关系数为 0.7870，即历年增长同步程度 78.70%，呈稍强正相关性。

同期，青海居民总消费城乡比最小（最佳，后同）值为 2014 年的 2.1242，最大值为 2002 年的 3.6380。在这 16 年间，青海居民总消费城乡比缩小了 34.19%。这意味着，青海城乡之间居民总消费增长的同步均衡性明显增强，体现出“全面小康”建设进程在缩小居民总消费城乡差距方面的有效进展。

由于其他省域相应变化，青海城乡比位次从 2000 年第 25 位升至 2016 年第 23 位。按照本项检测的推演测算，2020 年青海居民总消费城乡比应为 2.0366，相比当前将明显缩减；2035 年青海居民总消费城乡比应为 1.3758，相比当前将继续极显著缩减。

3. 城乡综合居民消费率历年变化状况

2000～2016 年，青海居民消费率下降了 8.66 个百分点，其中“十二五”以来回升 8.94 个百分点。应对国际金融危机实施“拉动内需，扩大消费，改善民生”国策以来，直到进入“十二五”期间，青海居民消费率开始略有回升。由于其他省域相应变化，青海居民消费率位次从 2000 年第 12 位升至 2016 年第 11 位。

在这 16 年间，青海居民消费率最高（最佳）值为 2001 年的 43.58%，最低值为 2011 年的 25.02%，近年来仍未回复 2000 年初始值，更未达到 2001 年最佳值。这意味着，当地居民消费拉动经济增长的同步协调性尚待增强。还应注意，青海居民消费率下降程度小于当地居民收入比下降程度，反过来即意味着居民积蓄率下降，同时亦即积蓄对消费的抑制作用减轻。

三　青海居民物质消费结构性分析

青海居民物质消费分类结构性关系见图 3。

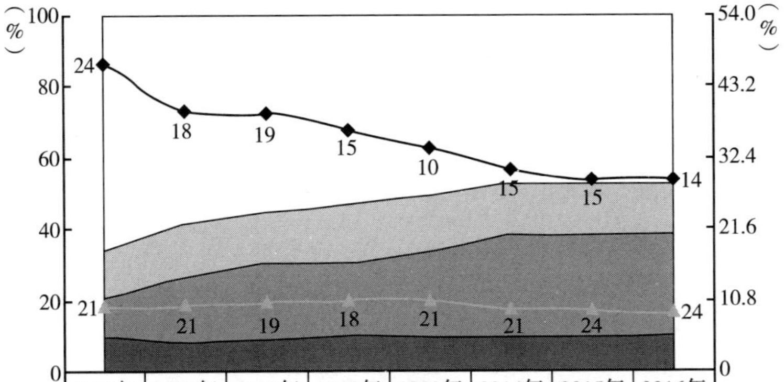

	2000年	2005年	2010年	2012年	2013年	2014年	2015年	2016年
食品消费人均	1049.20	1426.29	2430.24	3174.66	3265.78	3905.08	4034.61	4377.10
衣着消费人均	218.25	363.49	647.44	923.52	1037.36	1175.15	1265.20	1312.42
居住消费人均	176.90	460.07	935.50	1220.35	1562.18	2414.08	2401.69	2670.49
用品消费人均	144.02	189.69	383.49	569.60	590.88	743.69	812.57	901.52
食品消费比重	46.985	39.270	38.969	36.819	33.847	30.544	29.051	28.891
衣着消费比重	9.773	10.008	10.382	10.711	10.752	9.192	9.110	8.663

图3　青海居民物质消费分类结构性关系

左轴面积：城乡综合演算的居民物质消费单项（食品烟酒、衣着、居住、生活用品及服务四项）人均值（元转换为%），各项数值间呈直观比例。右轴曲线：食品、衣着消费比重（占总消费比，取3位小数对应整个物质消费比重演算小数四舍五入协调）（%），显示衣食温饱需求消费支出占总消费比。标注食品、衣着消费比重省域排序位次（物质消费比重以低为佳取倒序）。

1. 食品消费人均值增长及其比重变化

2000～2016年，青海城乡居民人均食品消费年均增长9.34%。人均值地区差最小值为2014年的1.1403，最大值为2013年的1.2781；城乡比最小值为2014年的1.9910，最大值为2009年的3.0487。在这16年间，青海居民食品消费地区差扩大了2.02%，城乡比缩小了9.30%。由于其他省域相应变化，青海地区差位次从2000年第14位升至2016年第12位，城乡比位次从2000年第19位降至2016年第25位。

同期，青海居民食品消费比重降低18.09个百分点。最低（最佳，物质消费占比以低为佳，后同）比重值为2016年的28.89%，最高比重值为

2000 年的 46.98%。由于其他省域相应变化，青海比重位次从 2000 年第 24 位升至 2016 年第 14 位。可以看出，进入“全面小康”建设进程以来，青海居民食品消费“最基本需求”所占比重越来越低，这间接反映出人民生活从温饱“基本小康”向富余“全面小康”的发展进步。

2. 衣着消费人均值增长及其比重变化

2000～2016 年，青海城乡居民人均衣着消费年均增长 11.87%。人均值地区差最小值为 2001 年的 1.0252，最大值为 2010 年的 1.2235；城乡比最小值为 2014 年的 2.8502，最大值为 2003 年的 5.3807。在这 16 年间，青海居民衣着消费地区差缩小了 2.45%，城乡比缩小了 37.11%。由于其他省域相应变化，青海地区差位次保持第 7 位不变，城乡比位次从 2000 年第 15 位降至 2016 年第 20 位。

同期，青海居民衣着消费比重降低 1.11 个百分点。最低比重值为 2016 年的 8.66%，最高比重值为 2011 年的 11.00%。由于其他省域相应变化，青海比重位次从 2000 年第 21 位降至 2016 年第 24 位。可以看到，在食品消费比重持续明显下降的同时，青海居民衣着消费比重也有所降低。

3. 居住消费人均值增长及其比重变化

2000～2016 年，青海城乡居民人均居住消费年均增长 18.49%。人均值地区差最小值为 2013 年的 1.0376，最大值为 2000 年的 1.4862；城乡比最小值为 2009 年的 0.9630，最大值为 2002 年的 3.2665。在这 16 年间，青海居民居住消费地区差缩小了 12.35%，城乡比扩大了 17.81%。由于其他省域相应变化，青海地区差位次从 2000 年第 26 位升至 2016 年第 18 位，城乡比位次从 2000 年第 19 位降至 2016 年第 27 位。

同期，青海居民居住消费比重增高 9.71 个百分点。最低比重值为 2000 年的 7.92%，最高比重值为 2014 年的 18.88%。由于其他省域相应变化，青海比重位次保持第 3 位不变。可以看到，在物质消费比重普遍明显下降的同时，青海居民居住消费“刚需”所占比重提升很大，这都是人们追求私家住房之“梦”带来的结果。

在图 3 里不难看出，2014 年居住消费人均值陡然高升，这是国家统计

局首次提供城乡综合人均值数据带来的变化，本项检测自行演算人均值则还要略高一点。或许可以这样理解，各地居民受调查户样本的长期偏差近年得到修正，由私家住房相对普及带来的居住消费剧增得以体现。

4. 用品消费人均值增长及其比重变化

2000～2016 年，青海城乡居民人均用品消费年均增长 12.15%。人均值地区差最小值为 2004 年的 1.0608，最大值为 2009 年的 1.3940；城乡比最小值为 2014 年的 2.0691，最大值为 2000 年的 7.4740。在这 16 年间，青海居民用品消费地区差缩小了 10.88%，城乡比缩小了 61.91%。由于其他省域相应变化，青海地区差位次从 2000 年第 15 位升至 2016 年第 14 位，城乡比位次从 2000 年第 25 位升至 2016 年第 24 位。

同期，青海居民用品消费比重降低 0.50 个百分点。最低比重值为 2009 年的 5.20%，最高比重值为 2012 年的 6.61%。由于其他省域相应变化，青海比重位次从 2000 年第 10 位降至 2016 年第 14 位。

本项检测将全部物质消费视为“全面小康”人民生活必需消费，只看食品消费或者扩大为衣食温饱显然已不具有足够的解释力。不难看出，青海居民食品消费比重下降“让出”的余地却被居住消费比重上升“抢占”，这两项冲抵仅仅留给处在上位的物质消费比重下降 8.39 个百分点（另综合衣着、用品消费比重变化，整个物质消费比重下降 10.00 个百分点），否则 2000 年以来 16 年间青海居民整个物质消费比重理当显著下降。

四　青海居民非物消费结构性分析

（一）非物生活分类消费增长分析

青海居民非物消费分类结构性关系见图 4。

1. 交通消费人均值增长及其比重变化

2000～2016 年，青海城乡居民人均交通消费年均增长 19.40%。人均值地区差最小值为 2016 年的 1.0226，最大值为 2010 年的 1.4277；城乡比最

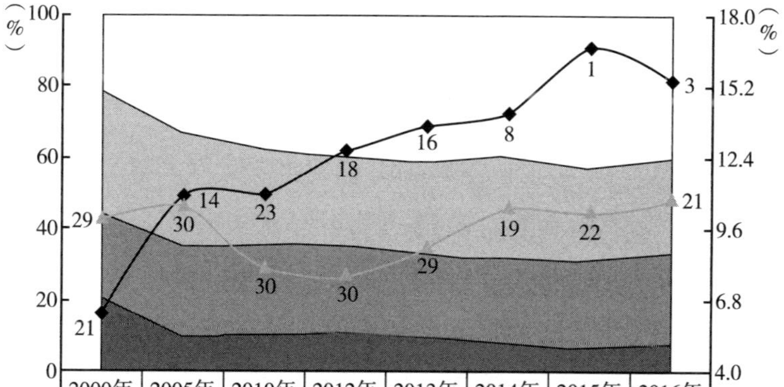

	2000年	2005年	2010年	2012年	2013年	2014年	2015年	2016年
交通消费人均	136.79	395.71	684.52	1089.51	1310.10	1806.55	2317.28	2335.03
文教消费人均	221.63	378.55	497.67	664.65	846.73	1321.19	1415.05	1616.72
医疗消费人均	156.53	308.18	481.14	700.96	742.18	1076.43	1325.18	1519.14
其他消费人均	129.75	110.04	176.36	279.00	293.32	342.99	316.37	417.79
交通消费比重	6.126	10.895	10.976	12.636	13.578	14.130	16.686	15.413
文教消费比重	9.925	10.423	7.980	7.709	8.776	10.334	10.189	10.671

图4　青海居民非物消费分类结构性关系

左轴面积：城乡综合演算的居民非物消费单项（交通通信、教育文化娱乐、医疗保健、其他用品及服务四项）人均值（元转换为%），各项数值间呈直观比例。右轴曲线：交通通信、教育文化娱乐消费比重（占总消费比，取3位小数对应整个非物消费比重演算小数四舍五入协调）（%），显示社会生活交往、精神文化生活需求变化。标注交通通信、教育文化娱乐消费比重省域排序位次。

小值为2014年的1.6054，最大值为2000年的5.6015。在这16年间，青海居民交通消费地区差缩小了22.36%，城乡比缩小了65.31%。由于其他省域相应变化，青海地区差位次从2000年第16位升至2016年第2位，城乡比位次从2000年第23位升至2016年第10位。

同期，青海居民交通消费比重增高9.29个百分点。最高（最佳，非物消费占比以高为佳，后同）比重值为2015年的16.69%，最低比重值为2000年的6.13%。由于其他省域相应变化，青海比重位次从2000年第21位升至2016年第3位。由此不难发现，交通消费比重持续显著增高，可以视为青海居民社会生活交往需求高涨的具体表现。

2. 文教消费人均值增长及其比重变化

2000～2016 年，青海城乡居民人均文教消费年均增长 13.22%。人均值地区差最小值为 2014 年的 1.1506，最大值为 2011 年的 1.4905；城乡比最小值为 2015 年的 2.5074，最大值为 2005 年的 7.3321。在这 16 年间，青海居民文教消费地区差缩小了 13.26%，城乡比缩小了 55.71%。由于其他省域相应变化，青海地区差位次从 2000 年第 23 位升至 2016 年第 12 位，城乡比位次从 2000 年第 30 位升至 2016 年第 25 位。

同期，青海居民文教消费比重增高 0.75 个百分点。最高比重值为 2002 年的 11.66%，最低比重值为 2012 年的 7.71%。由于其他省域相应变化，青海比重位次从 2000 年第 29 位升至 2016 年第 21 位。这里发现一个问题，多年以来许多研究者预期“精神文化消费需求高涨”，这样的局面迄今尚未在青海居民人群里出现。

3. 医疗消费人均值增长及其比重变化

2000～2016 年，青海城乡居民人均医疗消费年均增长 15.26%。人均值地区差最小值为 2001 年的 1.0024，最大值为 2011 年的 1.2204；城乡比最小值为 2013 年的 1.2015，最大值为 2001 年的 4.3728。在这 16 年间，青海居民医疗消费地区差扩大了 6.38%，城乡比缩小了 65.16%。由于其他省域相应变化，青海地区差位次从 2000 年第 6 位降至 2016 年第 14 位，城乡比位次从 2000 年第 21 位升至 2016 年第 5 位。

同期，青海居民医疗消费比重增高 3.02 个百分点。最高比重值为 2016 年的 10.03%，最低比重值为 2000 年的 7.01%。由于其他省域相应变化，青海比重位次从 2000 年第 9 位升至 2016 年第 4 位。

4. 其他消费人均值增长及其比重变化

2000～2016 年，青海城乡居民人均其他消费年均增长 7.58%。人均值地区差最小值为 2016 年的 1.0001，最大值为 2010 年的 1.3910；城乡比最小值为 2015 年的 2.2679，最大值为 2001 年的 10.9503。在这 16 年间，青海居民其他消费地区差缩小了 3.17%，城乡比缩小了 64.27%。由于其他省域相应变化，青海地区差位次从 2000 年第 2 位升至 2016 年第 1 位，城乡比位次从2000年第26位升至2016年第16位。

同期，青海居民其他消费比重降低3.05个百分点。最高比重值为2001年的6.52%，最低比重值为2015年的2.28%。由于其他省域相应变化，青海比重位次从2000年第1位降至2016年第6位。

恩格尔系数检测仅能对应“基本小康”阶段，即使扩展为整个物质消费也难以适用于“全面小康”进程。为此，本项检测将全部非物消费视为“全面小康”民生应有消费。综合青海居民交通、文教、医疗、其他消费比重变化，16年间整个非物消费比重上升10.00个百分点。

实际说来，“交通消费”作为“交通通信消费”简称，包含通信消费，而通信消费里的信息内容消费部分显然应当归属于精神消费。假设青海居民信息内容消费占通信消费一半，通信消费又占整个交通通信消费一半，那么信息内容消费比重则上升2.32个百分点，再与文教消费比重变化合并演算，2000年以来16年间青海居民精神消费比重理当上升3.07个百分点。

至此可以归纳对比城乡居民物质生活、非物生活分类单项消费的增长变化差异。2000年以来16年间，青海各类消费人均值年均增长率、比重值升降变化（百分比演算更为精确）排序：交通消费年增19.40%，比重上升151.61%为最高；居住消费年增18.49%，比重上升122.51%为次高；医疗消费年增15.26%，比重上升43.05%为第三高；文教消费年增13.22%，比重上升7.52%为第四高；用品消费年增12.15%，比重下降7.73%为第五高；衣着消费年增11.87%，比重下降11.37%为第六高；食品消费年增9.34%，比重下降38.51%为次低；其他消费年增7.58%，比重下降52.54%为最低。

（二）居民收入、积蓄与非物消费之间增长关系

分析居民收入、积蓄与非物生活各项消费之间增长关系，可以检测究竟是什么因素对居民非物生活各项消费增长产生重要影响。青海居民收入、积蓄与非物消费增长态势见图5，因相关系数分析需有历年不间断增长指数，而制图空间有限故截取2006～2016年（后台检测2000～2016年）。

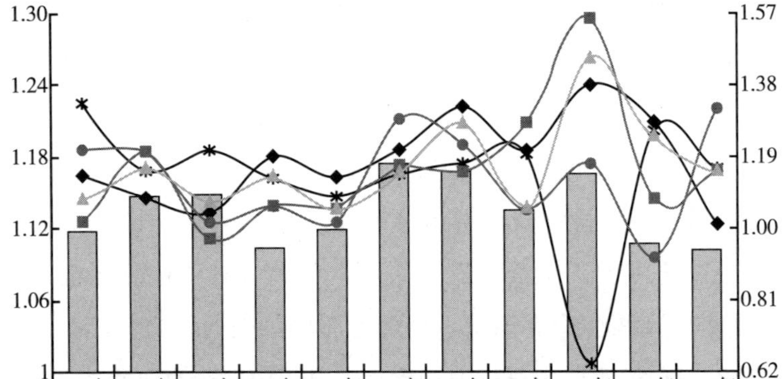

	2006年	2007年	2008年	2009年	2010年	2011年	2012年	2013年	2014年	2015年	2016年
（1）居民收入	1.1175	1.1467	1.1481	1.1039	1.1192	1.1750	1.1679	1.1351	1.1660	1.1076	1.1010
（2）交通消费	1.1396	1.0813	1.0408	1.1901	1.1334	1.2050	1.3209	1.2025	1.3789	1.2827	1.0077
（3）文教消费	1.0132	1.1984	0.9689	1.0554	1.0588	1.1598	1.1515	1.2740	1.5603	1.0710	1.1425
（4）医疗消费	1.0714	1.1554	1.0689	1.1308	1.0434	1.1441	1.2733	1.0588	1.4504	1.2311	1.1464
（5）其他消费	1.2112	1.1994	1.0189	1.0630	1.0185	1.2940	1.2226	1.0513	1.1693	0.9224	1.3206
（6）居民积蓄	1.3305	1.1487	1.2066	1.1355	1.0837	1.1434	1.1696	1.1913	0.6422	1.2526	1.1608

图5　青海居民收入、积蓄与非物消费增长态势

左轴柱形：居民收入年增指数，右轴曲线：非物消费各单项、积蓄年增指数，上年＝1（小于1为负增长）。曲线（2）、（3）、（4）与（6）之间大体形成横向镜面峰谷对应水中倒影负相关关系。

1. 居民收入与非物消费历年增长相关性

2006～2016年，标号（1）居民收入与（2）交通消费历年增长之间，相关系数为0.4134，亦即在41.34%程度上同步变动，呈很弱正相关性；与（3）文教消费历年增长之间，相关系数为0.4684，亦即在46.84%程度上同步变动，呈很弱正相关性；与（4）医疗消费历年增长之间，相关系数为0.4198，亦即在41.98%程度上同步变动，呈很弱正相关性。

这些数据之间的增长相关性表明，青海居民收入增高也不能“必然”带来本地居民生活消费向着非物质需求，尤其是精神文化需求方向“升级”。

2. 居民积蓄与非物消费历年增长相关性

2006～2016年，标号（6）居民积蓄与（2）交通消费历年增长之间，相关系数为－0.4969，亦即在49.69%程度上逆向变动，呈较强负相关性；与（3）文教消费历年增长之间，相关系数为－0.8426，亦即在84.26%程度上逆向变动，呈极强负相关性；与（4）医疗消费历年增长之间，相关系数为－0.7370，亦即在73.70%程度上逆向变动，呈极强负相关性。

在当地这些数据之间的增长相关性中，相互间影响的正反方向、强弱程度已经不言自明。

图5中可见，在（3）文教消费、（4）医疗消费、（2）交通消费与（6）居民积蓄增长曲线之间，形成横向镜面峰谷对应水中倒影，其间分别呈84.26%、73.70%、49.69%逆向增长相关性。“积蓄负相关性”对于文教消费显著成立，对于医疗消费明显成立，对于交通消费基本成立，对于其他消费不明显。经后台数据库扩展演算，文教消费与积蓄增长之间2004～2016年长时段逆向程度为80.98%，呈极强负相关；2011～2015年逆向极值达94.11%，呈极强负相关。

显然，青海居民积蓄增长已经严重地抑制了本地居民消费向着提升精神文化需求、保持人们身心健康、扩展社会生活交往方向更快地“升级”。

五　青海民生消费需求景气指数检测

青海民生消费需求景气指数变动态势见图6。

1. 各年度理想值横向检测指数

假定青海各类民生数据城乡、地区无差距理想值为100，2016年青海城乡民生需求景气指数为86.52，低于无差距理想值13.48%，但高于上年（2015年）检测指数0.26个点。青海此项检测指数在省域间排行变化，2000年为第25位，2005年为第24位，2010年为第28位，2016年与上年持平，皆为第18位。

各年度（包括图中省略年度）此项检测指数对比，全部各个年度均低于无差距理想值100；2001年、2003年、2005年、2007年、2011～2014

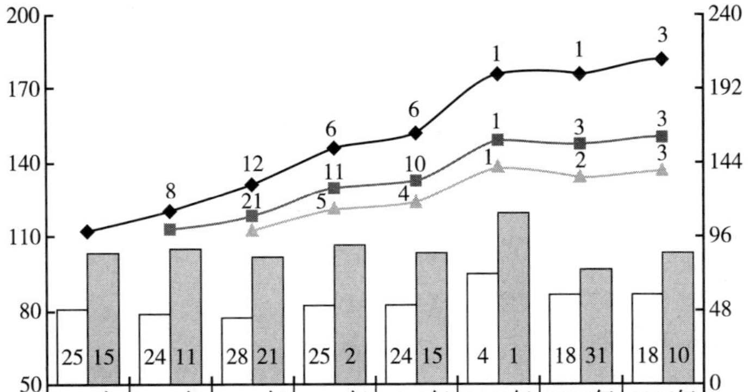

	2000年	2005年	2010年	2012年	2013年	2014年	2015年	2016年
横向理想测评	80.01	78.90	76.86	81.84	82.07	94.60	86.26	86.52
纵向基数测评（1）	102.83	104.40	101.04	106.08	103.15	119.35	96.76	102.78
纵向基数测评（2）	100.00	111.94	129.42	154.37	164.85	202.02	202.24	211.21
纵向基数测评（3）	—	100.00	108.92	126.09	131.81	158.00	154.62	160.29
纵向基数测评（4）	—	—	100.00	113.28	117.40	140.23	134.28	138.53

图 6　青海民生消费需求景气指数变动态势

左轴柱形：左历年横向测评（城乡、地区无差距理想值 = 100）；右逐年纵向测评（1），上年基数值 = 100。右轴曲线：时段纵向测评（起点年基数值 = 100），（2）以 2000 年为起点（“十五”以来，以“九五”末年为基点，后同），（3）以 2005 年为起点（“十一五”以来），（4）以 2010 年为起点（“十二五”以来）。标注各类测评结果省域排序位次。

年、2016 年 9 个年度高于上年检测指数值。其中，历年指数最高值为 2014 年的 94.60，最低值为 2010 年的 76.86。

2. 2000年以来基数值纵向检测指数

以“全面小康”建设进程起点年“九五”末年 2000 年数据指标演算基数值为 100，2016 年青海城乡民生需求景气指数为 211.21，高于起点年基数值 111.21%，也高于上年（2015 年）检测指数 8.97 个点。青海此项检测指数在省域间排行变化，2000 年起点不计，2005 年为第 8 位，2010 年为第 12 位，2016 年从上年第 1 位下降为第 3 位。

各年度（包括图中省略年度）此项检测指数对比，全部各个年度均高于起点年基数值 100；2002 ~ 2003 年、2005 年、2007 ~ 2016 年 13 个年度高于上年检测指数值。其中，历年指数最高值为 2016 年的 211.21，最低值为

2001 年的 102.50。

3. 2005年以来基数值纵向检测指数

以“全面小康”建设进程第一个五年期“十五”末年 2005 年数据指标演算基数值为 100，2016 年青海城乡民生需求景气指数为 160.29，高于起点年基数值 60.29%，也高于上年（2015 年）检测指数 5.67 个点。青海此项检测指数在省域间排行变化，2005 年起点不计，2010 年为第 21 位，2016 年与上年持平，皆为第 3 位。

各年度（包括图中省略年度）此项检测指数对比，2007～2016 年 10 个年度高于起点年基数值 100；2007～2014 年、2016 年 9 个年度高于上年检测指数值。其中，历年指数最高值为 2016 年的 160.29，最低值为 2006 年的 99.16。

4. 2010年以来基数值纵向检测指数

以“全面小康”建设进程第二个五年期“十一五”末年 2010 年数据指标演算基数值为 100，2016 年青海城乡民生需求景气指数为 138.53，高于起点年基数值 38.53%，也高于上年（2015 年）检测指数 4.25 个点。青海此项检测指数在省域间排行变化，2010 年起点不计，2012 年为第 5 位，2016 年从上年第 2 位下降为第 3 位。

各年度（包括图中省略年度）此项检测指数对比，全部各个年度均高于起点年基数值 100；2012～2014 年、2016 年 4 个年度高于上年检测指数值。其中，历年指数最高值为 2014 年的 140.23，最低值为 2011 年的 106.64。

5. 逐年度基数值纵向检测指数

以上一年（2015 年）起点数据指标演算基数值为 100，2016 年青海城乡民生需求景气指数为 102.78，高于起点年基数值 2.78%，也高于上年检测指数 6.02 个点。青海此项检测指数在省域间排行变化，2000 年为第 15 位，2005 年为第 11 位，2010 年为第 21 位，2016 年从上年第 31 位上升为第 10 位。

各年度（包括图中省略年度）此项检测指数对比，2000～2003 年、

2005 年、2007 ~ 2014 年、2016 年 14 个年度高于起点年基数值 100；2003 年、2005 年、2007 年、2009 年、2011 年、2014 年、2016 年 7 个年度高于上年检测指数值。其中，历年指数最高值为 2014 年的 119.35，最低值为 2015 年的 96.76。

R.14

广东：2015~2016年民生需求景气提升第3位

刘振中*

摘　要： 2000~2016年，广东城乡综合演算的各类民生消费数据人均值持续稳步增长，2016年居民总消费为2000年的4.27倍，物质消费为4.35倍，非物消费为4.10倍。物质消费比重略微增高1.34个百分点，非物消费比重略微下降1.34个百分点，消费结构出现一定“逆升级”变化。但居民消费率从43.40%极显著下降至31.86%，“十二五”期间略有回升。尤其应注意，居民消费支出年均增长明显低于财政支出年增4.96个百分点。居民积蓄率从20.25%持续略微升高至22.65%，反过来对消费需求的抑制作用加重。居民总消费、物质消费、非物消费地区差逐渐缩小；居民总消费、物质消费、非物消费城乡比逐渐缩小。

关键词： 广东　民生消费　需求景气　检测评价

一　广东人民生活主要数据相关情况

广东城乡主要民生数据增长变化基本情况见图1，限于制图容量，图中

* 刘振中，云南省商务研究院院长学术助理、助理研究员，主要从事国际关系相关研究。

未直接列出居民收入数据，而注明可据其他数据推算，另产值、财政收入、财政支出数据置于后台进行相关演算。

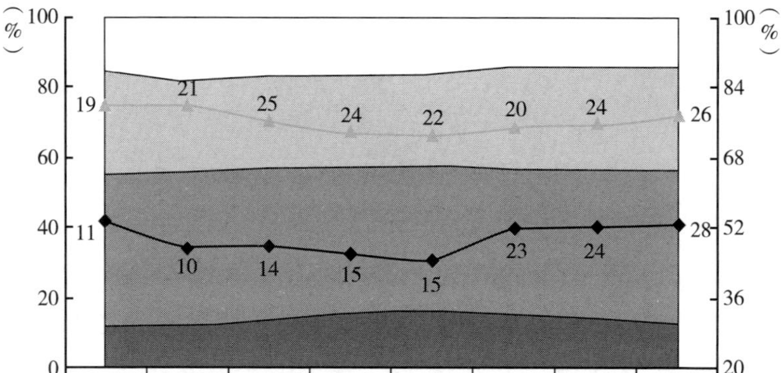

	2000年	2005年	2010年	2012年	2013年	2014年	2015年	2016年
（1）非物消费	1393.79	3056.27	5249.26	7056.76	7876.58	6625.81	7275.93	8329.15
（2）物质消费	2745.43	4451.02	8590.60	11362.22	12314.68	13944.72	15443.34	17434.86
（3）总消费	4139.22	7507.29	13839.86	18418.98	20191.26	20570.53	22719.27	25764.01
（4）居民积蓄	1050.95	1900.30	4325.36	6605.91	7572.69	6946.64	7468.48	7544.21
物质消费比	52.90	47.31	47.29	45.40	44.35	50.68	51.16	52.34
居民消费比	79.75	79.80	76.19	73.60	72.72	74.76	75.26	77.35

图1　广东城乡主要民生数据增长变化基本情况

左轴面积：城乡居民（1）非物消费、（2）物质消费、（3）总消费、（4）积蓄总量（亿元转换为%），（1）+（2）=（3），（3）+（4）=居民收入，各项数值间呈直观比例。右轴曲线：物质消费比、居民消费比（占居民收入比），二者之差即为非物消费比，二者之比即为物质消费比重（占总消费比）（%），二者之差再与居民消费比之比即为非物消费比重。标注物质消费比、居民消费比省域排序位次。

1. 城乡居民收入、积蓄财富总量增长简况

2000～2016年，广东城乡居民收入总量年均增长12.32%，积蓄总量年均增长13.11%。在这16年间，居民收入年均增长率低于产值增长1.13个百分点，低于财政收入增长4.11个百分点。

2. 城乡居民消费总量及其分类增长状况

2000～2016年，广东城乡居民消费总量年均增长12.11%。在这16年间，居民消费年均增长率低于产值增长1.34个百分点，低于财政支出增长

4.96 个百分点。

同期，广东城乡居民物质消费总量年均增长 12.25%。在这 16 年间，物质消费年均增长率低于居民收入增长 0.07 个百分点，高于总消费增长 0.14 个百分点。

同期，广东城乡居民非物消费总量年均增长 11.82%。在这 16 年间，非物消费年均增长率低于居民收入增长 0.50 个百分点，低于总消费增长 0.29 个百分点。

3. 城乡居民消费需求相关比值变化状况

在广东居民收入当中，2007 年有 80.02% 用于全部生活消费支出，为历年最高比值；2013 年仅有 72.72% 用于全部生活消费支出，为历年最低（最佳）比值；2000 年有 52.90% 用于物质消费支出，为历年最高比值；2013 年仅有 44.35% 用于物质消费支出，为历年最低（最佳）比值。居民收入与总消费之差即为居民积蓄，物质消费与总消费之差即为非物消费。

2000 年以来 16 年间，广东居民消费比降低 2.40 个百分点，同时物质消费比亦降低 0.56 个百分点，反过来导致非物消费比降低 1.84 个百分点。继续深入分析，居民消费比与物质消费比升降方向及其程度有差异，意味着物质消费占总消费比重变化，反过来又导致非物消费占总消费比重变化。由这些相对比值关系变化就能够看出民生消费需求态势，从中体现出民生发展的基本走向。

二　广东居民总消费增长及相关性分析

居民总消费及其相关性分析为民生消费需求检测系统的二级子系统之首。广东城乡居民总消费及其相关性变动态势见图 2。

1. 城乡综合人均值及地区差变动状况

2000～2016 年，广东城乡居民人均总消费年均增长 9.49%（由于人口增长，人均值增长率略低于总量增长率）。人均值地区差最小（最佳，后

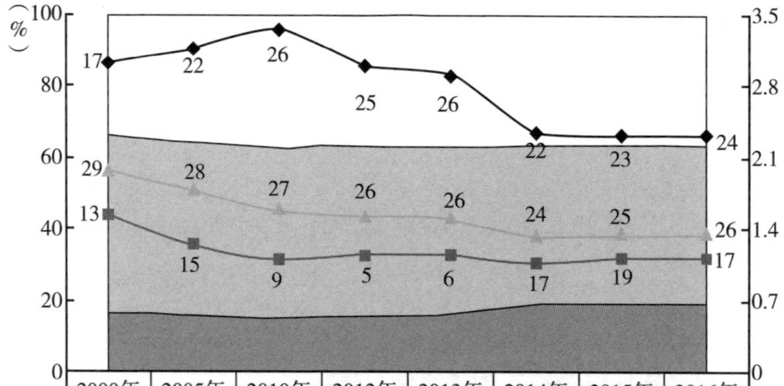

	2000年	2005年	2010年	2012年	2013年	2014年	2015年	2016年
城乡人均消费	5527.43	8580.75	13785.44	17459.70	19014.27	19253.59	21062.69	23584.78
城镇人均消费	8016.91	11809.87	18489.53	22396.35	24133.26	23611.74	21556.72	28613.33
乡村人均消费	2646.02	3707.73	5515.58	7458.56	8343.45	10043.21	11103.63	12414.84
人均值城乡比	3.0298	3.1852	3.3522	3.0028	2.8925	2.3510	2.3123	2.3048
人均值地区差	1.9384	1.7735	1.5719	1.5185	1.4992	1.3126	1.3190	1.3496
居民消费率	43.40	35.12	30.82	32.28	32.32	30.34	31.20	31.86

图 2　广东城乡居民总消费及其相关性变动态势

左轴面积：城乡综合、城镇、乡村居民总消费人均值（元转换为%），各项数值间呈直观比例。右轴曲线：居民总消费城乡比（乡村 =1）、地区差（无差距 =1）。左轴曲线：居民消费率（与产值比）（%）。标注居民消费率及其城乡比、地区差省域排序位次。另需说明，近年年鉴始发布 2014 年以来城乡人均值数据，但与总量数据之间存在演算误差，对应同时发布的产值人均值和总量分别演算相应消费率有出入，本文恢复自行演算城乡人均值。

同）值为 2014 年的 1.3126，最大值为 2000 年的 1.9384。在这 16 年间，广东居民总消费地区差缩小了 30.37%。这意味着，广东与其余各地居民总消费增长的同步均衡性显著增强，体现出“全面小康”建设进程在缩小居民总消费地区差距方面的有效进展。

由于其他省域相应变化，广东地区差位次从 2000 年第 29 位升至 2016 年第 26 位。按照本项检测的推演测算，2020 年广东居民总消费地区差应为 1.2369，相比当前将较明显缩减；2035 年广东居民总消费地区差应为 1.0770，相比当前将继续显著缩减。

2. 城镇与乡村人均值及城乡比变动状况

2000 ~2016 年，广东城镇居民人均总消费年均增长 8.28%，乡村居民人均总消费年均增长10.14%，乡村年均增长率高于城镇1.86个百分点。城乡之间增长相关系数为-0.0229，即历年增长逆向程度2.29%，呈极弱负相关性。

同期，广东居民总消费城乡比最小（最佳，后同）值为2016年的2.3048，最大值为2007年的3.4117。在这16年间，广东居民总消费城乡比缩小了23.93%。这意味着，广东城乡之间居民总消费增长的同步均衡性明显增强，体现出“全面小康”建设进程在缩小居民总消费城乡差距方面的有效进展。

由于其他省域相应变化，广东城乡比位次从2000年第17位降至2016年第24位。按照本项检测的推演测算，2020年广东居民总消费城乡比应为2.1524，相比当前将明显缩减；2035年广东居民总消费城乡比应为1.6656，相比当前将继续极显著缩减。

3. 城乡综合居民消费率历年变化状况

2000～2016年，广东居民消费率下降了11.54个百分点，其中“十二五”以来回升1.04个百分点。应对国际金融危机实施“拉动内需，扩大消费，改善民生”国策以来，直到进入“十二五”期间，广东居民消费率开始略有回升。由于其他省域相应变化，广东居民消费率位次从2000年第13位降至2016年第17位。

在这16年间，广东居民消费率最高（最佳）值为2000年的43.40%，最低值为2014年的30.34%，近年来仍未回复2000年初始值，更未达到2000年最佳值。这意味着，当地居民消费拉动经济增长的同步协调性尚待增强。还应注意，广东居民消费率下降程度小于当地居民收入比下降程度，反过来即意味着居民积蓄率上升，同时亦即积蓄对消费的抑制作用加重。

三　广东居民物质消费结构性分析

广东居民物质消费分类结构性关系见图3。

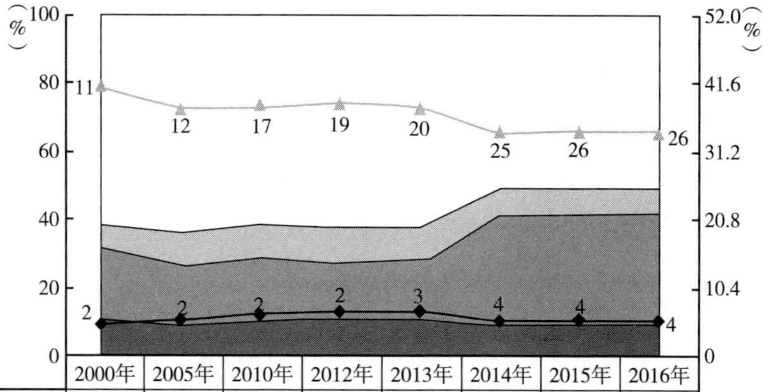

	2000年	2005年	2010年	2012年	2013年	2014年	2015年	2016年
食品消费人均	2271.81	3278.47	5254.03	6738.30	7196.92	6603.53	7260.67	8052.22
衣着消费人均	246.80	462.51	862.63	1123.64	1191.57	1018.22	1109.86	1219.76
居住消费人均	765.74	921.91	1584.92	1801.11	2014.54	4310.97	4696.28	5277.76
用品消费人均	381.84	424.58	855.23	1107.41	1193.81	1119.24	1250.47	1410.40
食品消费比重	41.101	38.207	38.113	38.593	37.850	34.298	34.472	34.142
衣着消费比重	4.465	5.390	6.258	6.436	6.267	5.288	5.269	5.172

图3　广东居民物质消费分类结构性关系

左轴面积：城乡综合演算的居民物质消费单项（食品烟酒、衣着、居住、生活用品及服务四项）人均值（元转换为%），各项数值间呈直观比例。右轴曲线：食品、衣着消费比重（占总消费比，取3位小数对应整个物质消费比重演算小数四舍五入协调）（%），显示衣食温饱需求消费支出占总消费比。标注食品、衣着消费比重省域排序位次（物质消费比重以低为佳取倒序）。

1. 食品消费人均值增长及其比重变化

2000～2016年，广东城乡居民人均食品消费年均增长8.23%。人均值地区差最小值为2014年的1.4537，最大值为2000年的1.8554；城乡比最小值为2016年的1.8804，最大值为2002年的2.5728。在这16年间，广东居民食品消费地区差缩小了17.32%，城乡比缩小了19.99%。由于其他省域相应变化，广东地区差位次从2000年第29位降至2016年第30位，城乡比位次从2000年第16位升至2016年第14位。

同期，广东居民食品消费比重降低6.96个百分点。最低（最佳，物质消费占比以低为佳，后同）比重值为2016年的34.14%，最高比重值为

2000 年的 41.10%。由于其他省域相应变化，广东比重位次从 2000 年第 11 位降至 2016 年第 26 位。可以看出，进入“全面小康”建设进程以来，广东居民食品消费“最基本需求”所占比重越来越低，这间接反映出人民生活从温饱“基本小康”向富余“全面小康”的发展进步。

2. 衣着消费人均值增长及其比重变化

2000～2016 年，广东城乡居民人均衣着消费年均增长 10.50%。人均值地区差最小值为 2011 年的 1.0029，最大值为 2004 年的 1.1711；城乡比最小值为 2000 年的 3.5504，最大值为 2010 年的 5.7107。在这 16 年间，广东居民衣着消费地区差缩小了 1.70%，城乡比扩大了 8.26%。由于其他省域相应变化，广东地区差位次从 2000 年第 3 位升至 2016 年第 1 位，城乡比位次从 2000 年第 6 位降至 2016 年第 29 位。

同期，广东居民衣着消费比重增高 0.71 个百分点。最低比重值为 2000 年的 4.46%，最高比重值为 2011 年的 6.51%。由于其他省域相应变化，广东比重位次从 2000 年第 2 位降至 2016 年第 4 位。可以看到，在食品消费比重持续明显下降的同时，广东居民衣着消费比重则略有提升。

3. 居住消费人均值增长及其比重变化

2000～2016 年，广东城乡居民人均居住消费年均增长 12.82%。人均值地区差最小值为 2014 年的 1.3297，最大值为 2000 年的 2.2240；城乡比最小值为 2011 年的 1.7104，最大值为 2001 年的 3.0079。在这 16 年间，广东居民居住消费地区差缩小了 38.04%，城乡比缩小了 20.06%。由于其他省域相应变化，广东地区差位次从 2000 年第 31 位升至 2016 年第 25 位，城乡比位次从 2000 年第 28 位升至 2016 年第 23 位。

同期，广东居民居住消费比重增高 8.53 个百分点。最低比重值为 2012 年的 10.32%，最高比重值为 2014 年的 22.39%。由于其他省域相应变化，广东比重位次从 2000 年第 28 位升至 2016 年第 24 位。可以看到，在物质消费比重普遍明显下降的同时，广东居民居住消费“刚需”所占比重提升很大，这都是人们追求私家住房之“梦”带来的结果。

在图 3 里不难看出，2014 年居住消费人均值陡然高升，这是国家统计

局首次提供城乡综合人均值数据带来的变化，本项检测自行演算人均值则还要略高一点。或许可以这样理解，各地居民受调查户样本的长期偏差近年得到修正，由私家住房相对普及带来的居住消费剧增得以体现。

4. 用品消费人均值增长及其比重变化

2000～2016 年，广东城乡居民人均用品消费年均增长 8.51%。人均值地区差最小值为 2014 年的 1.2426，最大值为 2003 年的 2.0334；城乡比最小值为 2014 年的 2.2765，最大值为 2003 年的 5.4004。在这 16 年间，广东居民用品消费地区差缩小了 29.18%，城乡比缩小了 50.08%。由于其他省域相应变化，广东地区差位次从 2000 年第 27 位升至 2016 年第 24 位，城乡比位次从 2000 年第 12 位降至 2016 年第 17 位。

同期，广东居民用品消费比重降低 0.93 个百分点。最低比重值为 2006 年的 4.89%，最高比重值为 2000 年的 6.91%。由于其他省域相应变化，广东比重位次从 2000 年第 16 位降至 2016 年第 17 位。

本项检测将全部物质消费视为“全面小康”人民生活必需消费，只看食品消费或者扩大为衣食温饱显然已不具有足够的解释力。不难看出，广东居民食品消费比重下降“让出”的余地却被居住消费比重上升“抢占”，这两项冲抵反而留给处在上位的物质消费比重上升 1.57 个百分点（另综合衣着、用品消费比重变化，整个物质消费比重上升 1.35 个百分点），否则 2000 年以来 16 年间广东居民整个物质消费比重理当显著下降。

四　广东居民非物消费结构性分析

（一）非物生活分类消费增长分析

广东居民非物消费分类结构性关系见图 4。

1. 交通消费人均值增长及其比重变化

2000～2016 年，广东城乡居民人均交通消费年均增长 10.49%。人均值地区差最小值为 2016 年的 1.3899，最大值为 2000 年的 3.3596；城乡比最

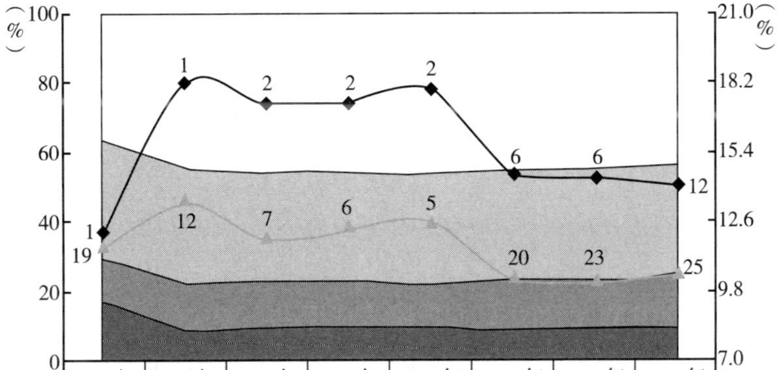

	2000年	2005年	2010年	2012年	2013年	2014年	2015年	2016年
交通消费人均	672.95	1567.27	2410.80	3047.54	3408.48	2804.20	3036.57	3320.30
文教消费人均	639.63	1147.64	1632.88	2132.06	2399.87	1970.47	2127.56	2468.38
医疗消费人均	232.42	505.21	703.95	849.39	921.48	891.52	978.31	1149.08
其他消费人均	316.24	273.17	480.99	660.24	687.61	535.43	602.97	686.88
交通消费比重	12.175	18.265	17.488	17.455	17.926	14.565	14.417	14.078
文教消费比重	11.572	13.375	11.845	12.211	12.621	10.234	10.101	10.466

图4　广东居民非物消费分类结构性关系

左轴面积：城乡综合演算的居民非物消费单项（交通通信、教育文化娱乐、医疗保健、其他用品及服务四项）人均值（元转换为%），各项数值间呈直观比例。右轴曲线：交通通信、教育文化娱乐消费比重（占总消费比，取3位小数对应整个非物消费比重演算小数四舍五入协调）（%），显示社会生活交往、精神文化生活需求变化。标注交通通信、教育文化娱乐消费比重省域排序位次。

小值为2016年的3.0632，最大值为2007年的6.6918。在这16年间，广东居民交通消费地区差缩小了58.63%，城乡比缩小了41.53%。由于其他省域相应变化，广东地区差位次从2000年第31位升至2016年第25位，城乡比位次从2000年第19位降至2016年第29位。

同期，广东居民交通消费比重增高1.90个百分点。最高（最佳，非物消费占比以高为佳，后同）比重值为2007年的19.20%，最低比重值为2000年的12.17%。由于其他省域相应变化，广东比重位次从2000年第1位降至2016年第12位。由此不难发现，交通消费比重持续显著增高，可以视为广东居民社会生活交往需求高涨的具体表现。

2. 文教消费人均值增长及其比重变化

2000～2016 年，广东城乡居民人均文教消费年均增长 8.81%。人均值地区差最小值为 2015 年的 1.2137，最大值为 2002 年的 1.9275；城乡比最小值为 2014 年的 2.6882，最大值为 2007 年的 7.8248。在这 16 年间，广东居民文教消费地区差缩小了 32.38%，城乡比缩小了 0.20%。由于其他省域相应变化，广东地区差位次从 2000 年第 29 位升至 2016 年第 24 位，城乡比位次从 2000 年第 12 位降至 2016 年第 27 位。

同期，广东居民文教消费比重降低 1.11 个百分点。最高比重值为 2002 年的 14.51%，最低比重值为 2015 年的 10.10%。由于其他省域相应变化，广东比重位次从 2000 年第 19 位降至 2016 年第 25 位。这里发现一个问题，多年以来许多研究者预期"精神文化消费需求高涨"，这样的局面迄今尚未在广东居民人群里出现。

3. 医疗消费人均值增长及其比重变化

2000～2016 年，广东城乡居民人均医疗消费年均增长 10.50%。人均值地区差最小值为 2013 年的 1.0446，最大值为 2003 年的 1.6006；城乡比最小值为 2014 年的 1.4387，最大值为 2003 年的 4.4882。在这 16 年间，广东居民医疗消费地区差缩小了 17.33%，城乡比缩小了 53.03%。由于其他省域相应变化，广东地区差位次从 2000 年第 21 位升至 2016 年第 11 位，城乡比位次从 2000 年第 16 位升至 2016 年第 14 位。

同期，广东居民医疗消费比重增高 0.67 个百分点。最高比重值为 2003 年的 6.09%，最低比重值为 2000 年的 4.20%。由于其他省域相应变化，广东比重位次从 2000 年第 27 位降至 2016 年第 30 位。

4. 其他消费人均值增长及其比重变化

2000～2016 年，广东城乡居民人均其他消费年均增长 4.97%。人均值地区差最小值为 2014 年的 1.4722，最大值为 2000 年的 2.5173；城乡比最小值为 2002 年的 2.6027，最大值为 2000 年的 4.9995。在这 16 年间，广东居民其他消费地区差缩小了 34.70%，城乡比缩小了 37.80%。由于其他省域相应变化，广东地区差位次从 2000 年第 29 位升至 2016 年第 28 位，城乡比位次从2000年第18位降至2016年第19位。

同期，广东居民其他消费比重降低2.81个百分点。最高比重值为2001年的5.90%，最低比重值为2014年的2.78%。由于其他省域相应变化，广东比重位次从2000年第2位降至2016年第3位。

恩格尔系数检测仅能对应“基本小康”阶段，即使扩展为整个物质消费也难以适用于“全面小康”进程。为此，本项检测将全部非物消费视为“全面小康”民生应有消费。综合广东居民交通、文教、医疗、其他消费比重变化，16年间整个非物消费比重下降1.35个百分点。

实际说来，“交通消费”作为“交通通信消费”简称，包含通信消费，而通信消费里的信息内容消费部分显然应当归属于精神消费。假设广东居民信息内容消费占通信消费一半，通信消费又占整个交通通信消费一半，那么信息内容消费比重则上升0.48个百分点，再与文教消费比重变化合并演算，2000年以来16年间广东居民精神消费比重仅仅下降0.63个百分点。

至此可以归纳对比城乡居民物质生活、非物生活分类单项消费的增长变化差异。2000年以来16年间，广东各类消费人均值年均增长率、比重值升降变化（百分比演算更为精确）排序：居住消费年增12.82%，比重上升61.53%为最高；医疗消费年增10.50%，比重上升15.87%为次高；衣着消费年增10.50%，比重上升15.83%为第三高；交通消费年增10.49%，比重上升15.63%为第四高；文教消费年增8.81%，比重下降9.56%为第五高；用品消费年增8.51%，比重下降13.43%为第六高；食品消费年增8.23%，比重下降16.93%为次低；其他消费年增4.97%，比重下降49.09%为最低。

（二）居民收入、积蓄与非物消费之间增长关系

分析居民收入、积蓄与非物生活各项消费之间增长关系，可以检测究竟是什么因素对居民非物生活各项消费增长产生重要影响。广东居民收入、积蓄与非物消费增长态势见图5，因相关系数分析需有历年不间断增长指数，而制图空间有限故截取2000～2010年（后台检测2000～2016年）。

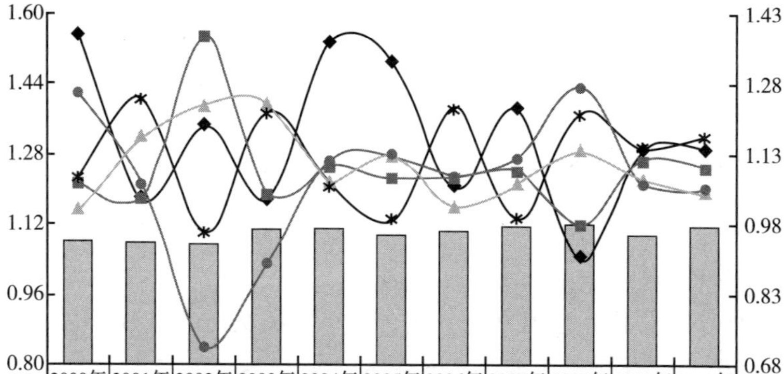

	2000年	2001年	2002年	2003年	2004年	2005年	2006年	2007年	2008年	2009年	2010年
（1）居民收入	1.0791	1.0768	1.0733	1.1076	1.1080	1.0938	1.1014	1.1180	1.1203	1.0924	1.1166
（2）交通消费	1.3868	1.0352	1.1923	1.0322	1.3748	1.3297	1.0529	1.2328	0.9029	1.1396	1.1517
（3）文教消费	1.0664	1.0372	1.3826	1.0471	1.1034	1.0829	1.0784	1.0928	0.9799	1.1194	1.1008
（4）医疗消费	1.0122	1.1652	1.2359	1.2394	1.0755	1.1324	1.0153	1.0688	1.1386	1.0759	1.0481
（5）其他消费	1.2644	1.0641	0.7162	0.8990	1.1180	1.1278	1.0863	1.1246	1.2775	1.0710	1.0535
（6）居民积蓄	1.0789	1.2546	0.9594	1.2212	1.0625	0.9910	1.2301	0.9903	1.2174	1.1428	1.1705

图5　广东居民收入、积蓄与非物消费增长态势

左轴柱形：居民收入年增指数，右轴曲线：非物消费各单项、积蓄年增指数，上年 =1（小于1 为负增长）。曲线（2）、（3）与（6）之间大体形成横向镜面峰谷对应水中倒影负相关关系。

1. 居民收入与非物消费历年增长相关性

2000～2010 年，标号（1）居民收入与（2）交通消费历年增长之间，相关系数为 -0. 2635，亦即在 26. 35% 程度上逆向变动，呈较弱负相关性；与（3）文教消费历年增长之间，相关系数为 -0. 4842，亦即在 48. 42% 程度上逆向变动，呈稍强负相关性；与（4）医疗消费历年增长之间，相关系数为 -0. 2276，亦即在 22. 76% 程度上逆向变动，呈很弱负相关性。

这些数据之间的增长相关性表明，广东居民收入增高也不能“必然”带来本地居民生活消费向着非物质需求，尤其是精神文化需求方向“升级”。

2. 居民积蓄与非物消费历年增长相关性

2000～2010 年，标号（6）居民积蓄与（2）交通消费历年增长之间，相关系数为 -0.7454，亦即在 74.54% 程度上逆向变动，呈极强负相关性；与（3）文教消费历年增长之间，相关系数为 -0.6218，亦即在 62.18% 程度上逆向变动，呈很强负相关性；与（4）医疗消费历年增长之间，相关系数为 -0.0322，亦即在 3.22% 程度上逆向变动，呈极弱负相关性。

在当地这些数据之间的增长相关性中，相互间影响的正反方向、强弱程度已经不言自明。

图 5 中可见，在（2）交通消费、（3）文教消费与（6）居民积蓄增长曲线之间，形成横向镜面峰谷对应水中倒影，其间分别呈 74.54%、62.18% 逆向增长相关性。“积蓄负相关性”对于交通消费明显成立，对于文教消费明显成立，对于医疗消费不明显，对于其他消费不成立。经后台数据库扩展演算，文教消费与积蓄增长之间 2000 ~2013 年长时段逆向程度为 52.53%，呈较强负相关；2000 ~2004 年逆向极值达 81.47%，呈极强负相关。

显然，广东居民积蓄增长已经严重地抑制了本地居民消费向着扩展社会生活交往、提升精神文化需求方向更快地“升级”。

五　广东民生消费需求景气指数检测

广东民生消费需求景气指数变动态势见图 6。

1. 各年度理想值横向检测指数

假定广东各类民生数据城乡、地区无差距理想值为 100，2016 年广东城乡民生需求景气指数为 91.81，低于无差距理想值 8.19%，但高于上年（2015 年）检测指数 2.73 个点。广东此项检测指数在省域间排行变化，2000 年为第 4 位，2005 年与之持平，2010 年与之持平，2016 年从上年第 8 位上升为第 5 位。

各年度（包括图中省略年度）此项检测指数对比，全部各个年度均低于无差距理想值 100；2002 年、2004 年、2007 年、2010 年、2012 年、

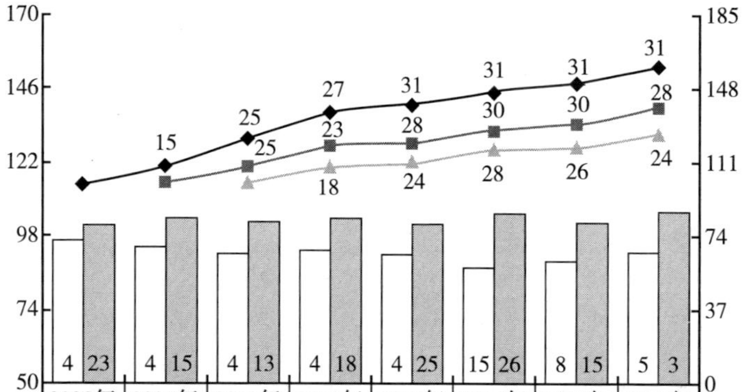

	2000年	2005年	2010年	2012年	2013年	2014年	2015年	2016年
横向理想测评	95.86	93.73	91.82	92.64	91.37	87.23	89.08	91.81
纵向基数测评（1）	101.42	103.51	101.83	103.50	101.52	104.91	102.18	105.25
纵向基数测评（2）	100.00	109.41	122.54	136.41	140.77	146.15	150.23	159.44
纵向基数测评（3）	—	100.00	107.78	118.17	120.96	127.30	129.78	136.80
纵向基数测评（4）	—	—	100.00	108.14	110.05	116.47	117.58	123.20

图 6　广东民生消费需求景气指数变动态势

左轴柱形：左历年横向测评（城乡、地区无差距理想值 = 100）；右逐年纵向测评（1），上年基数值 = 100。右轴曲线：时段纵向测评（起点年基数值 = 100），（2）以 2000 年为起点（“十五”以来，以“九五”末年为基点，后同），（3）以 2005 年为起点（“十一五”以来），（4）以 2010 年为起点（“十二五”以来）。标注各类测评结果省域排序位次。

2015 ~ 2016 年 7 个年度高于上年检测指数值。其中，历年指数最高值为 2000 年的 95.86，最低值为 2014 年的 87.23。

2. 2000年以来基数值纵向检测指数

以“全面小康”建设进程起点年“九五”末年 2000 年数据指标演算基数值为 100，2016 年广东城乡民生需求景气指数为 159.44，高于起点年基数值 59.44%，也高于上年（2015 年）检测指数 9.21 个点。广东此项检测指数在省域间排行变化，2000 年起点不计，2005 年为第 15 位，2010 年为第 25 位，2016 年与上年持平，皆为第 31 位。

各年度（包括图中省略年度）此项检测指数对比，2002 ~ 2016 年 15 个年度高于起点年基数值 100；2002 年、2004 ~ 2016 年 14 个年度高于上年检测指数值。其中，历年指数最高值为 2016 年的 159.44，最低值为 2001 年的 99.00。

3. 2005年以来基数值纵向检测指数

以“全面小康”建设进程第一个五年期“十五”末年2005年数据指标演算基数值为100，2016年广东城乡民生需求景气指数为136.80，高于起点年基数值36.80%，也高于上年（2015年）检测指数7.02个点。广东此项检测指数在省域间排行变化，2005年起点不计，2010年为第25位，2016年从上年第30位上升为第28位。

各年度（包括图中省略年度）此项检测指数对比，全部各个年度均高于起点年基数值100；全部各个年度均高于上年检测指数值。其中，历年指数最高值为2016年的136.80，最低值为2006年的100.40。

4. 2010年以来基数值纵向检测指数

以“全面小康”建设进程第二个五年期“十一五”末年2010年数据指标演算基数值为100，2016年广东城乡民生需求景气指数为123.20，高于起点年基数值23.20%，也高于上年（2015年）检测指数5.62个点。广东此项检测指数在省域间排行变化，2010年起点不计，2012年为第18位，2016年从上年第26位上升为第24位。

各年度（包括图中省略年度）此项检测指数对比，全部各个年度均高于起点年基数值100；全部各个年度均高于上年检测指数值。其中，历年指数最高值为2016年的123.20，最低值为2011年的104.38。

5. 逐年度基数值纵向检测指数

以上一年（2015年）起点数据指标演算基数值为100，2016年广东城乡民生需求景气指数为105.25，高于起点年基数值5.25%，也高于上年检测指数3.07个点。广东此项检测指数在省域间排行变化，2000年为第23位，2005年为第15位，2010年为第13位，2016年从上年第15位上升为第3位。

各年度（包括图中省略年度）此项检测指数对比，2000年、2002年、2004～2016年15个年度高于起点年基数值100；2002年、2004年、2007年、2009～2011年、2014年、2016年8个年度高于上年检测指数值。其中，历年指数最高值为2016年的105.25，最低值为2003年的98.96。

R.15

北京：2016年度 民生需求景气排名第4位

陈 莺*

摘 要： 2000～2016年，北京城乡综合演算的各类民生消费数据人均值持续稳步增长，2016年居民总消费为2000年的4.83倍，物质消费为4.92倍，非物消费为4.67倍。物质消费比重略微增高1.17个百分点，非物消费比重略微下降1.17个百分点，消费结构出现一定"逆升级"变化。但居民消费率从30.40%略微下降至29.98%，"十二五"期间略有回升。尤其应注意，居民消费支出年均增长明显低于财政支出年增4.26个百分点。居民积蓄率从18.83%持续略微升高至32.58%，反过来对消费需求的抑制作用加重。居民总消费、物质消费、非物消费地区差逐渐缩小；居民总消费、物质消费、非物消费城乡比逐渐缩小。

关键词： 北京 民生消费 需求景气 检测评价

一 北京人民生活主要数据相关情况

北京城乡主要民生数据增长变化基本情况见图1，限于制图容量，图1

* 陈莺，云南省消费市场监测与研究中心区域分析师，主要从事国际贸易相关研究。

未直接列出居民收入数据，而注明可据其他数据推算，另产值、财政收入、财政支出数据置于后台进行相关演算。

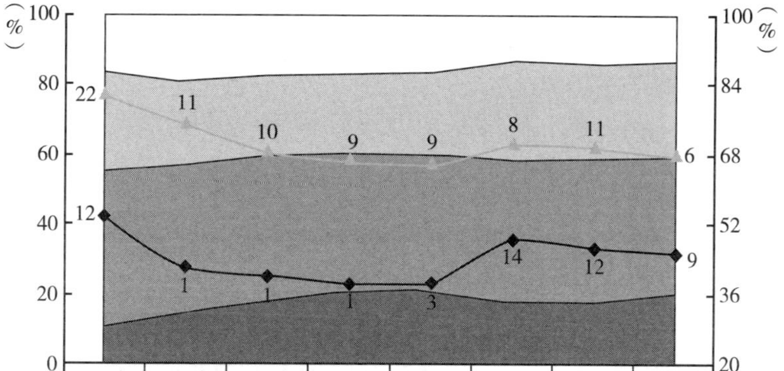

	2000年	2005年	2010年	2012年	2013年	2014年	2015年	2016年
（1）非物消费	332.16	801.11	1430.77	1926.18	2149.20	2076.34	2452.67	2576.91
（2）物质消费	626.15	1002.43	1980.07	2645.49	2981.71	4556.70	4855.31	5118.24
（3）总消费	958.31	1803.54	3410.84	4571.67	5130.91	6633.04	7307.98	7695.15
（4）居民积蓄	222.32	607.07	1557.14	2318.43	2672.10	2854.43	3168.73	3719.37
物质消费比	53.04	41.58	39.86	38.40	38.21	48.03	46.34	44.84
居民消费比	81.17	74.82	68.66	66.35	65.76	69.91	69.75	67.42

图1　北京城乡主要民生数据增长变化基本情况

左轴面积：城乡居民（1）非物消费、（2）物质消费、（3）总消费、（4）积蓄总量（亿元转换为%），（1）＋（2）＝（3），（3）＋（4）＝居民收入，各项数值间呈直观比例。右轴曲线：物质消费比、居民消费比（占居民收入比），二者之差即为非物消费比，二者之比即为物质消费比重（占总消费比）（%），二者之差再与居民消费比之比即为非物消费比重。标注物质消费比、居民消费比省域排序位次。

1. 城乡居民收入、积蓄财富总量增长简况

2000～2016年，北京城乡居民收入总量年均增长15.23%，积蓄总量年均增长19.25%。在这16年间，居民收入年均增长率高于产值增长1.24个百分点，低于财政收入增长3.08个百分点。

2. 城乡居民消费总量及其分类增长状况

2000～2016年，北京城乡居民消费总量年均增长13.91%。在这16年

间，居民消费年均增长率低于产值增长 0.08 个百分点，低于财政支出增长 4.26 个百分点。

同期，北京城乡居民物质消费总量年均增长 14.03%。在这 16 年间，物质消费年均增长率低于居民收入增长 1.20 个百分点，高于总消费增长 0.12 个百分点。

同期，北京城乡居民非物消费总量年均增长 13.66%。在这 16 年间，非物消费年均增长率低于居民收入增长 1.57 个百分点，低于总消费增长 0.25 个百分点。

3. 城乡居民消费需求相关比值变化状况

在北京居民收入当中，2002 年有 81.17% 用于全部生活消费支出，为历年最高比值；2013 年仅有 65.76% 用于全部生活消费支出，为历年最低（最佳）比值；2000 年有 53.04% 用于物质消费支出，为历年最高比值；2013 年仅有 38.21% 用于物质消费支出，为历年最低（最佳）比值。居民收入与总消费之差即为居民积蓄，物质消费与总消费之差即为非物消费。

2000 年以来 16 年间，北京居民消费比降低 13.75 个百分点，同时物质消费比亦降低 8.20 个百分点，反过来导致非物消费比降低 5.55 个百分点。继续深入分析，居民消费比与物质消费比升降方向及其程度有差异，意味着物质消费占总消费比重变化，反过来又导致非物消费占总消费比重变化。由这些相对比值关系变化就能够看出民生消费需求态势，从中体现出民生发展的基本走向。

二　北京居民总消费增长及相关性分析

居民总消费及其相关性分析为民生消费需求检测系统的二级子系统之首。北京城乡居民总消费及其相关性变动态势见图 2。

1. 城乡综合人均值及地区差变动状况

2000 ~ 2016 年，北京城乡居民人均总消费年均增长 10.35%（由于人口

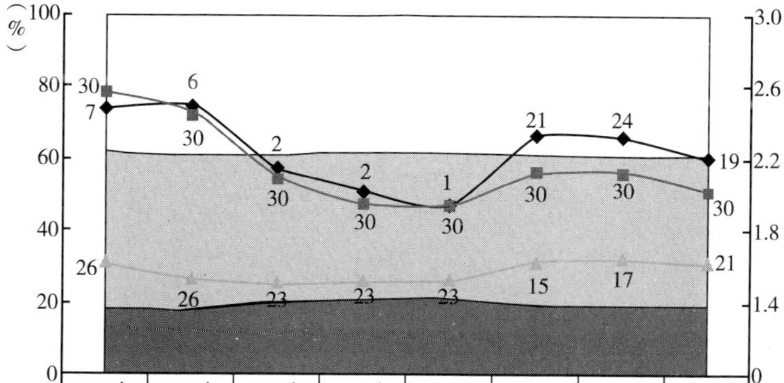

	2000年	2005年	2010年	2012年	2013年	2014年	2015年	2016年
城乡人均消费	7332.13	11900.64	18353.15	22366.82	24525.74	31094.30	33816.79	35432.94
城镇人均消费	8493.49	13244.20	19934.48	24045.86	26274.89	33717.45	36642.00	38255.52
乡村人均消费	3425.71	5315.71	9254.77	11878.92	13553.22	14535.06	15811.22	17329.03
人均值城乡比	2.4793	2.4915	2.1540	2.0242	1.9386	2.3197	2.3175	2.2076
人均值地区差	2.5712	2.4596	2.0928	1.9453	1.9337	2.1199	2.1176	2.0276
居民消费率	30.40	26.19	24.85	25.57	25.91	31.10	31.75	29.98

图2　北京城乡居民总消费及其相关性变动态势

左轴面积：城乡综合、城镇、乡村居民总消费人均值（元转换为%），各项数值间呈直观比例。右轴曲线：居民总消费城乡比（乡村=1）、地区差（无差距=1）。左轴曲线：居民消费率（与产值比）（%）。标注居民消费率及其城乡比、地区差省域排序位次。另需说明，近年年鉴始发布2014年以来城乡人均值数据，但与总量数据之间存在演算误差，对应同时发布的产值人均值和总量分别演算相应消费率有出入，本文恢复自行演算城乡人均值。

增长，人均值增长率略低于总量增长率）。人均值地区差最小（最佳，后同）值为2013年的1.9337，最大值为2003年的2.6000。在这16年间，北京居民总消费地区差缩小了21.14%。这意味着，北京与其余各地居民总消费增长的同步均衡性明显增强，体现出“全面小康”建设进程在缩小居民总消费地区差距方面的有效进展。

由于其他省域相应变化，北京地区差位次保持第30位不变。按照本项检测的推演测算，2020年北京居民总消费地区差应为1.9262，相比当前将较明显缩减；2035年北京居民总消费地区差应为1.6802，相比当前将继续显著缩减。

2. 城镇与乡村人均值及城乡比变动状况

2000～2016年，北京城镇居民人均总消费年均增长9.86%，乡村居民人均总消费年均增长10.66%，乡村年均增长率高于城镇0.80个百分点。城乡之间增长相关系数为-0.2272，即历年增长逆向程度22.72%，呈很弱负相关性。

同期，北京居民总消费城乡比最小（最佳，后同）值为2013年的1.9386，最大值为2002年的2.7560。在这16年间，北京居民总消费城乡比缩小了10.96%。这意味着，北京城乡之间居民总消费增长的同步均衡性较明显增强，体现出“全面小康”建设进程在缩小居民总消费城乡差距方面的有效进展。

由于其他省域相应变化，北京城乡比位次从2000年第7位降至2016年第19位。按照本项检测的推演测算，2020年北京居民总消费城乡比应为2.1445，相比当前将较明显缩减；2035年北京居民总消费城乡比应为1.9233，相比当前将继续显著缩减。

3. 城乡综合居民消费率历年变化状况

2000～2016年，北京居民消费率下降了0.42个百分点，其中“十二五”以来回升5.13个百分点。应对国际金融危机实施“拉动内需，扩大消费，改善民生”国策以来，直到进入“十二五”期间，北京居民消费率开始略有回升。由于其他省域相应变化，北京居民消费率位次从2000年第26位升至2016年第21位。

在这16年间，北京居民消费率最高（最佳）值为2015年的31.75%，最低值为2009年的23.48%，近年来达到历年最佳值。这意味着，当地居民消费拉动经济增长的同步协调性尚待增强。还应注意，北京居民消费率下降而当地居民收入比上升，反过来即意味着居民积蓄率上升，同时亦即积蓄对消费的抑制作用加重。

三　北京居民物质消费结构性分析

北京居民物质消费分类结构性关系见图3。

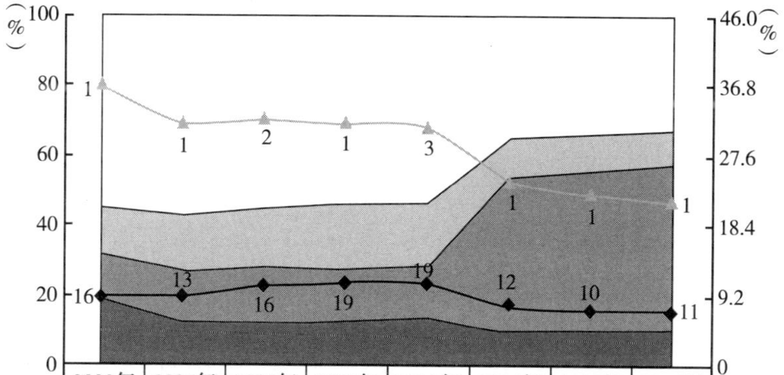

	2000年	2005年	2010年	2012年	2013年	2014年	2015年	2016年
食品消费人均	2675.76	3795.36	5889.73	7039.79	7692.52	7465.98	7586.71	7611.34
衣着消费人均	638.36	1047.64	1882.32	2405.55	2571.85	2359.04	2426.80	2434.25
居住消费人均	576.45	1008.36	1638.48	2002.52	2161.87	9495.03	10354.70	11193.42
用品消费人均	900.16	763.16	1243.89	1495.17	1826.31	2040.83	2099.15	2328.33
食品消费比重	36.494	31.892	32.091	31.474	31.365	24.011	22.435	21.481
衣着消费比重	8.706	8.803	10.256	10.755	10.486	7.587	7.176	6.870

图3　北京居民物质消费分类结构性关系

左轴面积：城乡综合演算的居民物质消费单项（食品烟酒、衣着、居住、生活用品及服务四项）人均值（元转换为%），各项数值间呈直观比例。右轴曲线：食品、衣着消费比重（占总消费比，取3位小数对应整个物质消费比重演算小数四舍五入协调）（%），显示衣食温饱需求消费支出占总消费比。标注食品、衣着消费比重省域排序位次（物质消费比重以低为佳取倒序）。

1. 食品消费人均值增长及其比重变化

2000～2016年，北京城乡居民人均食品消费年均增长6.75%。人均值地区差最小值为2016年的1.4499，最大值为2001年的2.2070；城乡比最小值为2016年的1.7292，最大值为2002年的2.7269。在这16年间，北京居民食品消费地区差缩小了33.65%，城乡比缩小了26.83%。由于其他省域相应变化，北京地区差位次从2000年第30位升至2016年第28位，城乡比位次从2000年第17位升至2016年第4位。

同期，北京居民食品消费比重降低15.01个百分点。最低（最佳，物质消费占比以低为佳，后同）比重值为2016年的21.48%，最高比重值为

2000 年的 36.49%。由于其他省域相应变化，北京比重位次保持第 1 位不变。可以看出，进入“全面小康”建设进程以来，北京居民食品消费“最基本需求”所占比重越来越低，这间接反映出人民生活从温饱“基本小康”向富余“全面小康”的发展进步。

2. 衣着消费人均值增长及其比重变化

2000～2016 年，北京城乡居民人均衣着消费年均增长 8.73%。人均值地区差最小值为 2016 年的 1.9703，最大值为 2001 年的 2.6947；城乡比最小值为 2013 年的 2.3830，最大值为 2004 年的 3.4401。在这 16 年间，北京居民衣着消费地区差缩小了 26.06%，城乡比缩小了 21.38%。由于其他省域相应变化，北京地区差位次保持第 31 位不变，城乡比位次从 2000 年第 2 位降至 2016 年第 5 位。

同期，北京居民衣着消费比重降低 1.84 个百分点。最低比重值为 2016 年的 6.87%，最高比重值为 2012 年的 10.75%。由于其他省域相应变化，北京比重位次从 2000 年第 16 位升至 2016 年第 11 位。可以看到，在食品消费比重持续明显下降的同时，北京居民衣着消费比重也有所降低。

3. 居住消费人均值增长及其比重变化

2000～2016 年，北京城乡居民人均居住消费年均增长 20.37%。人均值地区差最小值为 2009 年的 1.3659，最大值为 2015 年的 2.9769；城乡比最小值为 2009 年的 0.7172，最大值为 2015 年的 2.4271。在这 16 年间，北京居民居住消费地区差扩大了 74.56%，城乡比扩大了 114.28%。由于其他省域相应变化，北京地区差位次从 2000 年第 27 位降至 2016 年第 30 位，城乡比位次从 2000 年第 4 位降至 2016 年第 24 位。

同期，北京居民居住消费比重增高 23.73 个百分点。最低比重值为 2001 年的 7.60%，最高比重值为 2016 年的 31.59%。由于其他省域相应变化，北京比重位次从 2000 年第 2 位降至 2016 年第 30 位。可以看到，在物质消费比重普遍明显下降的同时，北京居民居住消费“刚需”所占比重提升很大，这都是人们追求私家住房之“梦”带来的结果。

在图 3 里不难看出，2014 年居住消费人均值陡然高升，这是国家统计

局首次提供城乡综合人均值数据带来的变化，本项检测自行演算人均值则还要略高一点。或许可以这样理解，各地居民受调查户样本的长期偏差近年得到修正，由私家住房相对普及带来的居住消费剧增得以体现。

4. 用品消费人均值增长及其比重变化

2000～2016年，北京城乡居民人均用品消费年均增长6.12%。人均值地区差最小值为2012年的2.0103，最大值为2000年的4.3991；城乡比最小值为2012年的2.0822，最大值为2000年的4.6660。在这16年间，北京居民用品消费地区差缩小了50.40%，城乡比缩小了53.47%。由于其他省域相应变化，北京地区差位次保持第31位不变，城乡比位次从2000年第9位降至2016年第12位。

同期，北京居民用品消费比重降低5.71个百分点。最低比重值为2002年的6.17%，最高比重值为2000年的12.28%。由于其他省域相应变化，北京比重位次从2000年第31位升至2016年第25位。

本项检测将全部物质消费视为“全面小康”人民生活必需消费，只看食品消费或者扩大为衣食温饱显然已不具有足够的解释力。不难看出，北京居民食品消费比重下降“让出”的余地却被居住消费比重上升“抢占”，这两项冲抵反而留给处在上位的物质消费比重上升8.72个百分点（另综合衣着、用品消费比重变化，整个物质消费比重上升1.17个百分点），否则2000年以来16年间北京居民整个物质消费比重理当显著下降。

四　北京居民非物消费结构性分析

（一）非物生活分类消费增长分析

北京居民非物消费分类结构性关系见图4。

1. 交通消费人均值增长及其比重变化

2000～2016年，北京城乡居民人均交通消费年均增长14.75%。人均值地区差最小值为2014年的1.8889，最大值为2003年的3.7379；城乡比最

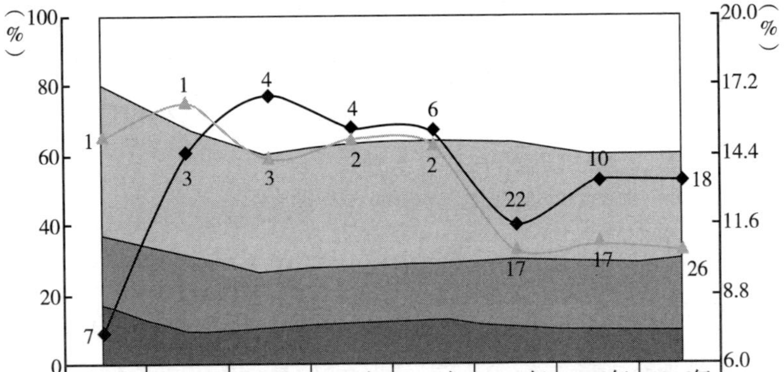

	2000年	2005年	2010年	2012年	2013年	2014年	2015年	2016年
交通消费人均	520.20	1718.44	3079.10	3452.69	3741.16	3577.66	4491.47	4704.02
文教消费人均	1100.75	1951.07	2613.00	3345.00	3619.96	3267.20	3636.59	3688.80
医疗消费人均	510.93	1161.62	1255.17	1584.80	1641.89	1913.73	2229.34	2456.79
其他消费人均	409.51	454.98	751.46	1041.29	1270.19	974.83	992.03	1016.00
交通消费比重	7.095	14.440	16.777	15.437	15.254	11.506	13.282	13.276
文教消费比重	15.013	16.395	14.237	14.955	14.760	10.507	10.754	10.411

图4　北京居民非物消费分类结构性关系

左轴面积：城乡综合演算的居民非物消费单项（交通通信、教育文化娱乐、医疗保健、其他用品及服务四项）人均值（元转换为%），各项数值间呈直观比例。右轴曲线：交通通信、教育文化娱乐消费比重（占总消费比，取3位小数对应整个非物消费比重演算小数四舍五入协调）（%），显示社会生活交往、精神文化生活需求变化。标注交通通信、教育文化娱乐消费比重省域排序位次。

小值为2014年的2.1276，最大值为2002年的4.3968。在这16年间，北京居民交通消费地区差缩小了24.18%，城乡比缩小了14.06%。由于其他省域相应变化，北京地区差位次从2000年第29位降至2016年第31位，城乡比位次从2000年第5位降至2016年第15位。

同期，北京居民交通消费比重增高6.18个百分点。最高（最佳，非物消费占比以高为佳，后同）比重值为2010年的16.78%，最低比重值为2000年的7.09%。由于其他省域相应变化，北京比重位次从2000年第7位降至2016年第18位。由此不难发现，交通消费比重持续显著增高，可以视为北京居民社会生活交往需求高涨的具体表现。

2. 文教消费人均值增长及其比重变化

2000～2016 年，北京城乡居民人均文教消费年均增长 7.85%。人均值地区差最小值为 2016 年的 1.8826，最大值为 2003 年的 3.3456；城乡比最小值为 2001 年的 2.6404，最大值为 2015 年的 3.5179。在这 16 年间，北京居民文教消费地区差缩小了 41.28%，城乡比扩大了 14.13%。由于其他省域相应变化，北京地区差位次保持第 30 位不变，城乡比位次从 2000 年第 7 位降至 2016 年第 28 位。

同期，北京居民文教消费比重降低 4.60 个百分点。最高比重值为 2003 年的 17.58%，最低比重值为 2016 年的 10.41%。由于其他省域相应变化，北京比重位次从 2000 年第 1 位降至 2016 年第 26 位。这里发现一个问题，多年以来许多研究者预期“精神文化消费需求高涨”，这样的局面迄今尚未在北京居民人群里出现。

3. 医疗消费人均值增长及其比重变化

2000～2016 年，北京城乡居民人均医疗消费年均增长 10.31%。

人均值地区差最小值为 2014 年的 1.8171，最大值为 2004 年的 3.6062；城乡比最小值为 2011 年的 1.4716，最大值为 2002 年的 2.8109。在这 16 年间，北京居民医疗消费地区差缩小了 38.63%，城乡比缩小了 17.43%。由于其他省域相应变化，北京地区差位次从 2000 年第 31 位升至 2016 年第 30 位，城乡比位次从 2000 年第 4 位降至 2016 年第 23 位。

同期，北京居民医疗消费比重降低 0.03 个百分点。最高比重值为 2004 年的 9.79%，最低比重值为 2014 年的 6.15%。由于其他省域相应变化，北京比重位次从 2000 年第 11 位降至 2016 年第 24 位。

4. 其他消费人均值增长及其比重变化

2000～2016 年，北京城乡居民人均其他消费年均增长 5.84%。人均值地区差最小值为 2016 年的 2.4316，最大值为 2001 年的 3.3394；城乡比最小值为 2002 年的 2.3222，最大值为 2004 年的 6.0643。在这 16 年间，北京居民其他消费地区差缩小了 25.41%，城乡比扩大了 39.07%。由于其他省域相应变化，北京地区差位次从 2000 年第 30 位降至 2016 年第 31 位，城乡比位次从 2000 年第 7 位降至 2016 年第 29 位。

同期，北京居民其他消费比重降低 2. 72 个百分点。最高比重值为 2001 年的 6. 05%，最低比重值为 2016 年的 2. 87%。由于其他省域相应变化，北京比重位次保持第 4 位不变。

恩格尔系数检测仅能对应“基本小康”阶段，即使扩展为整个物质消费也难以适用于“全面小康”进程。为此，本项检测将全部非物消费视为“全面小康”民生应有消费。综合北京居民交通、文教、医疗、其他消费比重变化，16 年间整个非物消费比重下降 1. 17 个百分点。

实际说来，“交通消费”作为“交通通信消费”简称，包含通信消费，而通信消费里的信息内容消费部分显然应当归属于精神消费。假设北京居民信息内容消费占通信消费一半，通信消费又占整个交通通信消费一半，那么信息内容消费比重则上升 1. 55 个百分点，再与文教消费比重变化合并演算，2000 年以来 16 年间北京居民精神消费比重仅仅下降 3. 06 个百分点。

至此可以归纳对比城乡居民物质生活、非物生活分类单项消费的增长变化差异。2000 年以来 16 年间，北京各类消费人均值年均增长率、比重值升降变化（百分比演算更为精确）排序：居住消费年增 20. 37%，比重上升 301. 81% 为最高；交通消费年增 14. 75%，比重上升 87. 12% 为次高；医疗消费年增 10. 31%，比重下降 0. 50% 为第三高；衣着消费年增 8. 73%，比重下降 21. 09% 为第四高；文教消费年增 7. 85%，比重下降 30. 65% 为第五高；食品消费年增 6. 75%，比重下降 41. 14% 为第六高；用品消费年增 6. 12%，比重下降 46. 48% 为次低；其他消费年增 5. 84%，比重下降 48. 66% 为最低。

（二）居民收入、积蓄与非物消费之间增长关系

分析居民收入、积蓄与非物生活各项消费之间增长关系，可以检测究竟是什么因素对居民非物生活各项消费增长产生重要影响。北京居民收入、积蓄与非物消费增长态势见图 5，因相关系数分析需有历年不间断增长指数，而制图空间有限故截取 2000 ~ 2010 年（后台检测 2000 ~ 2016 年）。

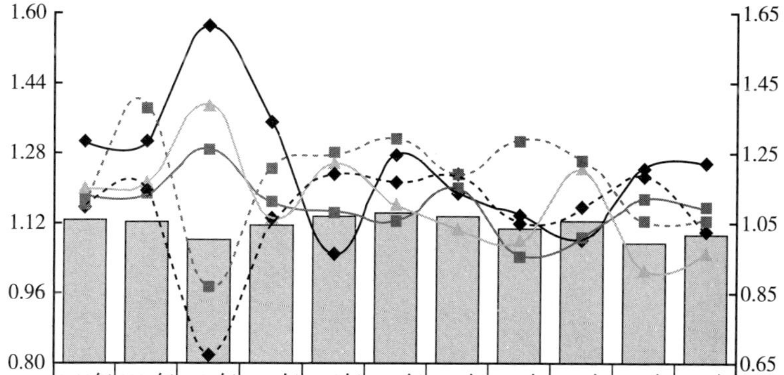

	2000年	2001年	2002年	2003年	2004年	2005年	2006年	2007年	2008年	2009年	2010年
（1）居民收入	1.1294	1.1236	1.0853	1.1155	1.1334	1.1421	1.1379	1.1067	1.1269	1.0841	1.0924
（2）交通消费	1.2763	1.2706	1.6184	1.3451	0.9539	1.2521	1.1270	1.0776	1.0005	1.2078	1.2210
（3）文教消费	1.1223	1.1226	1.2677	1.0974	1.0865	1.0445	1.1516	0.9560	1.0028	1.1142	1.0887
（4）医疗消费	1.1472	1.1544	1.3980	1.0566	1.2176	1.0951	1.0353	0.9899	1.2033	0.9152	0.9574
（5）其他消费	1.1196	1.1461	0.6724	1.0448	1.1897	1.1599	1.1872	1.0475	1.0887	1.1852	1.0293
（6）居民积蓄	1.1004	1.4095	0.8652	1.2089	1.2350	1.2935	1.1820	1.2871	1.2335	1.0551	1.0564

图5　北京居民收入、积蓄与非物消费增长态势

左轴柱形：居民收入年增指数，右轴曲线：非物消费各单项、积蓄年增指数，上年＝1（小于1为负增长）。曲线（2）、（3）与（6）之间大体形成横向镜面峰谷对应水中倒影负相关关系。

1. 居民收入与非物消费历年增长相关性

2000～2010年，标号（1）居民收入与（2）交通消费历年增长之间，相关系数为－0.4629，亦即在46.29%程度上逆向变动，呈稍强负相关性；与（3）文教消费历年增长之间，相关系数为－0.3016，亦即在30.16%程度上逆向变动，呈较弱负相关性；与（4）医疗消费历年增长之间，相关系数为0.1319，亦即在13.19%程度上同步变动，呈极弱正相关性。

这些数据之间的增长相关性表明，北京居民收入增高也不能“必然”带来本地居民生活消费向着非物质需求，尤其是精神文化需求方向“升级”。

2. 居民积蓄与非物消费历年增长相关性

2000～2010 年，标号（6）居民积蓄与（2）交通消费历年增长之间，相关系数为 -0.5647，亦即在 56.47% 程度上逆向变动，呈较强负相关性；与（3）文教消费历年增长之间，相关系数为 -0.6475，亦即在 64.75% 程度上逆向变动，呈很强负相关性；与（4）医疗消费历年增长之间，相关系数为 -0.2235，亦即在 22.35% 程度上逆向变动，呈很弱负相关性。

在当地这些数据之间的增长相关性中，相互间影响的正反方向、强弱程度已经不言自明。

图 5 中可见，在（3）文教消费、（2）交通消费与（6）居民积蓄增长曲线之间，形成横向镜面峰谷对应水中倒影，其间分别呈 64.75%、56.47% 逆向增长相关性。“积蓄负相关性”对于文教消费明显成立，对于交通消费基本成立，对于医疗消费不明显，对于其他消费不成立。经后台数据库扩展演算，文教消费与积蓄增长之间 2000～2013 年长时段逆向程度为 62.73%，呈很强负相关；2002～2006 年逆向极值达 97.29%，呈极强负相关。

显然，北京居民积蓄增长已经严重地抑制了本地居民消费向着提升精神文化需求、扩展社会生活交往方向更快地“升级”。

五　北京民生消费需求景气指数检测

北京民生消费需求景气指数变动态势见图 6。

1. 各年度理想值横向检测指数

假定北京各类民生数据城乡、地区无差距理想值为 100，2016 年北京城乡民生需求景气指数为 92.95，低于无差距理想值 7.05%，也低于上年（2015 年）检测指数 2.57 个点。北京此项检测指数在省域间排行变化，2000 年为第 2 位，2005 年与之持平，2010 年与之持平，2016 年从上年第 1 位下降为第 4 位。

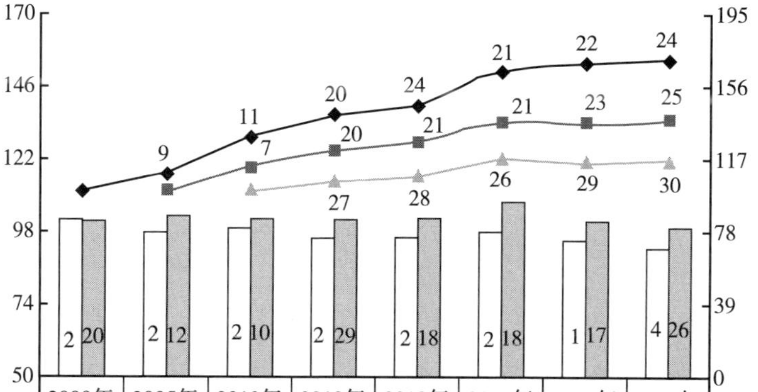

	2000年	2005年	2010年	2012年	2013年	2014年	2015年	2016年
横向理想测评	102.32	98.97	98.95	96.14	96.45	98.46	95.52	92.95
纵向基数测评(1)	102.12	104.24	102.26	101.71	102.50	107.71	101.79	101.17
纵向基数测评(2)	100.00	110.86	130.54	141.81	147.03	165.23	167.92	172.49
纵向基数测评(3)	—	100.00	114.18	121.85	125.90	137.71	136.09	138.97
纵向基数测评(4)	—	—	100.00	105.78	108.62	116.96	115.13	117.02

图6　北京民生消费需求景气指数变动态势

左轴柱形：左历年横向测评（城乡、地区无差距理想值 = 100）；右逐年纵向测评（1），上年基数值 = 100。右轴曲线：时段纵向测评（起点年基数值 = 100），（2）以 2000 年为起点（“十五”以来，以“九五”末年为基点，后同），（3）以 2005 年为起点（“十一五”以来），（4）以 2010 年为起点（“十二五”以来）。标注各类测评结果省域排序位次。

各年度（包括图中省略年度）此项检测指数对比，2000～2003 年、2006 年 5 个年度高于无差距理想值 100；2002 年、2006 年、2008～2010 年、2013～2014 年 7 个年度高于上年检测指数值。其中，历年指数最高值为 2002 年的 102.96，最低值为 2016 年的 92.95。

2. 2000年以来基数值纵向检测指数

以“全面小康”建设进程起点年“九五”末年 2000 年数据指标演算基数值为 100，2016 年北京城乡民生需求景气指数为 172.49，高于起点年基数值 72.49%，也高于上年（2015 年）检测指数 4.57 个点。北京此项检测指数在省域间排行变化，2000 年起点不计，2005 年为第 9 位，2010 年为第 11 位，2016 年从上年第 22 位下降为第 24 位。

各年度（包括图中省略年度）此项检测指数对比，2002～2016 年 15 个年度高于起点年基数值100；2002年、2004～2016年14个年度高于上年检测指数值。其中，历年指数最高值为2016年的172.49，最低值为2001年的99.96。

3. 2005年以来基数值纵向检测指数

以“全面小康”建设进程第一个五年期“十五”末年2005年数据指标演算基数值为100，2016年北京城乡民生需求景气指数为138.97，高于起点年基数值38.97%，也高于上年（2015年）检测指数2.88个点。北京此项检测指数在省域间排行变化，2005年起点不计，2010年为第7位，2016年从上年第23位下降为第25位。

各年度（包括图中省略年度）此项检测指数对比，全部各个年度均高于起点年基数值100；2007～2014年、2016年9个年度高于上年检测指数值。其中，历年指数最高值为2016年的138.97，最低值为2006年的101.22。

4. 2010年以来基数值纵向检测指数

以“全面小康”建设进程第二个五年期“十一五”末年2010年数据指标演算基数值为100，2016年北京城乡民生需求景气指数为117.02，高于起点年基数值17.02%，也高于上年（2015年）检测指数1.89个点。北京此项检测指数在省域间排行变化，2010年起点不计，2012年为第27位，2016年从上年第29位下降为第30位。

各年度（包括图中省略年度）此项检测指数对比，全部各个年度均高于起点年基数值100；2012～2014年、2016年4个年度高于上年检测指数值。其中，历年指数最高值为2016年的117.02，最低值为2011年的103.97。

5. 逐年度基数值纵向检测指数

以上一年（2015年）起点数据指标演算基数值为100，2016年北京城乡民生需求景气指数为101.17，高于起点年基数值1.17%，但低于上年检测指数0.62个点。北京此项检测指数在省域间排行变化，2000年为第20位，2005年为第12位，2010年为第10位，2016年从上年第17位下降为第

26 位。

各年度（包括图中省略年度）此项检测指数对比，2000 年、2002 ~ 2016 年 16 个年度高于起点年基数值 100；2002 年、2004 ~ 2005 年、2008 ~ 2009 年、2011 年、2013 ~ 2014 年 8 个年度高于上年检测指数值。其中，历年指数最高值为 2014 年的 107.71，最低值为 2001 年的 99.96。

ℝ.16
天津：2010～2016年民生需求景气提升第4位

马　芳*

摘　要： 2000～2016年，天津城乡综合演算的各类民生消费数据人均值持续稳步增长，2016年居民总消费为2000年的5.30倍，物质消费为5.00倍，非物消费为5.98倍。物质消费比重较明显下降3.92个百分点，非物消费比重较明显增高3.92个百分点，消费结构出现较大升级变化。但居民消费率从28.51%显著下降至22.78%，"十二五"期间略有回升。尤其应注意，居民消费支出年均增长显著低于财政支出年增6.28个百分点。居民积蓄率从27.83%持续较明显降低至23.33%，反过来对消费需求的抑制作用减轻。居民总消费、物质消费、非物消费地区差逐渐缩小；居民总消费、物质消费、非物消费城乡比逐渐缩小。

关键词： 天津　民生消费　需求景气　检测评价

一　天津人民生活主要数据相关情况

天津城乡主要民生数据增长变化基本情况见图1，限于制图容量，图中

---

* 马芳，云南省消费市场监测与研究中心价格分析师，主要从事财税学相关研究。

未直接列出居民收入数据，而注明可据其他数据推算，另产值、财政收入、财政支出数据置于后台进行相关演算。

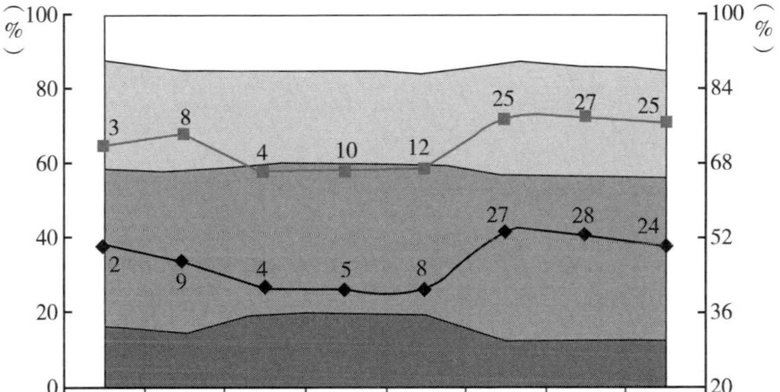

	2000年	2005年	2010年	2012年	2013年	2014年	2015年	2016年
（1）非物消费	147.21	300.81	663.64	948.20	1102.56	1039.79	1189.84	1396.86
（2）物质消费	337.55	524.59	1111.38	1516.53	1726.06	2308.72	2519.42	2676.55
（3）总消费	484.76	825.40	1775.02	2464.73	2828.62	3348.51	3709.26	4073.41
（4）居民积蓄	186.95	297.04	906.02	1226.30	1397.95	973.32	1094.89	1239.37
物质消费比	50.25	46.74	41.45	41.09	40.84	53.42	52.44	50.38
居民消费比	72.17	73.54	66.21	66.78	66.92	77.48	77.21	76.67

图1　天津城乡主要民生数据增长变化基本情况

左轴面积：城乡居民（1）非物消费、（2）物质消费、（3）总消费、（4）积蓄总量（亿元转换为%），（1）＋（2）＝（3），（3）＋（4）＝居民收入，各项数值间呈直观比例。右轴曲线：物质消费比、居民消费比（占居民收入比）（%），二者之差即为非物消费比，二者之比即为物质消费比重（占总消费比），二者之差再与居民消费比之比即为非物消费比重。标注物质消费比、居民消费比省域排序位次。

1. 城乡居民收入、积蓄财富总量增长简况

2000～2016年，天津城乡居民收入总量年均增长13.80%，积蓄总量年均增长12.55%。在这16年间，居民收入年均增长率低于产值增长2.04个百分点，低于财政收入增长6.93个百分点。

2. 城乡居民消费总量及其分类增长状况

2000～2016年，天津城乡居民消费总量年均增长14.23%。在这16年间，居民消费年均增长率低于产值增长1.61个百分点，低于财政支出增长

6.28 个百分点。

同期，天津城乡居民物质消费总量年均增长 13.82%。在这 16 年间，物质消费年均增长率高于居民收入增长 0.02 个百分点，低于总消费增长 0.41 个百分点。

同期，天津城乡居民非物消费总量年均增长 15.10%。在这 16 年间，非物消费年均增长率高于居民收入增长 1.30 个百分点，高于总消费增长 0.87 个百分点。

3. 城乡居民消费需求相关比值变化状况

在天津居民收入当中，2014 年有 77.48% 用于全部生活消费支出，为历年最高比值；2010 年仅有 66.21% 用于全部生活消费支出，为历年最低（最佳）比值；2014 年有 53.42% 用于物质消费支出，为历年最高比值；2013 年仅有 40.84% 用于物质消费支出，为历年最低（最佳）比值。居民收入与总消费之差即为居民积蓄，物质消费与总消费之差即为非物消费。

2000 年以来 16 年间，天津居民消费比升高 4.50 个百分点，同时物质消费比亦升高 0.13 个百分点，反过来导致非物消费比升高 4.37 个百分点。继续深入分析，居民消费比与物质消费比升降方向及其程度有差异，意味着物质消费占总消费比重变化，反过来又导致非物消费占总消费比重变化。由这些相对比值关系变化就能够看出民生消费需求态势，从中体现出民生发展的基本走向。

二　天津居民总消费增长及相关性分析

居民总消费及其相关性分析为民生消费需求检测系统的二级子系统之首。天津城乡居民总消费及其相关性变动态势见图 2。

1. 城乡综合人均值及地区差变动状况

2000～2016 年，天津城乡居民人均总消费年均增长 10.98%（由于人口增长，人均值增长率略低于总量增长率）。人均值地区差最小（最佳，后

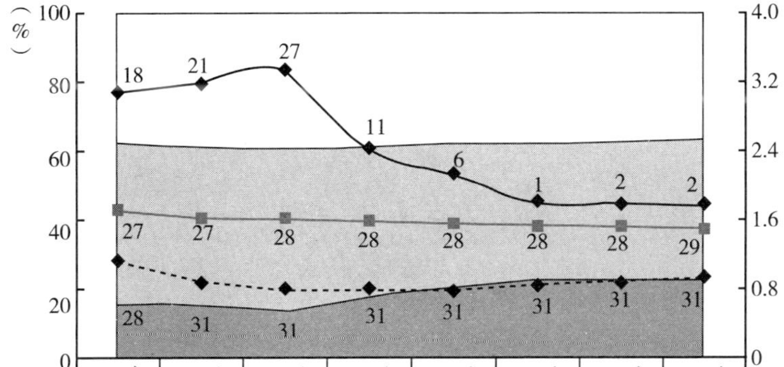

	2000年	2005年	2010年	2012年	2013年	2014年	2015年	2016年
城乡人均消费	4946.50	7986.47	14046.79	17807.76	19606.74	22405.43	24213.80	26204.41
城镇人均消费	6121.04	9653.26	16561.77	20024.24	21711.86	24289.64	26229.52	28344.58
乡村人均消费	1995.61	3035.96	4936.73	8336.55	10155.02	13738.62	14739.44	15912.06
人均值城乡比	3.0673	3.1796	3.3548	2.4020	2.1380	1.7680	1.7795	1.7813
人均值地区差	1.7346	1.6506	1.6017	1.5488	1.5459	1.5275	1.5163	1.4995
居民消费率	28.51	22.32	19.24	19.11	19.59	21.29	22.43	22.78

图2　天津城乡居民总消费及其相关性变动态势

左轴面积：城乡综合、城镇、乡村居民总消费人均值（元转换为%），各项数值间呈直观比例。右轴曲线：居民总消费城乡比（乡村=1）、地区差（无差距=1）。左轴曲线：居民消费率（与产值比）（%）。标注居民消费率及其城乡比、地区差省域排序位次。另需说明，近年年鉴始发布2014年以来城乡人均值数据，但与总量数据之间存在演算误差，对应同时发布的产值人均值和总量分别演算相应消费率有出入，本文恢复自行演算城乡人均值。

同）值为2016年的1.4995，最大值为2001年的1.8373。在这16年间，天津居民总消费地区差缩小了13.56%。这意味着，天津与其余各地居民总消费增长的同步均衡性较明显增强，体现出“全面小康”建设进程在缩小居民总消费地区差距方面的有效进展。

由于其他省域相应变化，天津地区差位次从2000年第27位降至2016年第29位。按照本项检测的推演测算，2020年天津居民总消费地区差应为1.4586，相比当前将略微缩减；2035年天津居民总消费地区差应为1.3567，相比当前将继续较明显缩减。

2. 城镇与乡村人均值及城乡比变动状况

2000~2016年，天津城镇居民人均总消费年均增长10.05%，乡村居民人均总消费年均增长 13.86%，乡村年均增长率高于城镇 3.81 个百分点。城乡之间增长相关系数为 0.2014，即历年增长同步程度 20.14%，呈极弱正相关性。

同期，天津居民总消费城乡比最小（最佳，后同）值为 2014 年的 1.7680，最大值为 2008 年的 3.5087。在这 16 年间，天津居民总消费城乡比缩小了 41.92%。这意味着，天津城乡之间居民总消费增长的同步均衡性显著增强，体现出“全面小康”建设进程在缩小居民总消费城乡差距方面的有效进展。

由于其他省域相应变化，天津城乡比位次从 2000 年第 18 位升至 2016 年第 2 位。按照本项检测的推演测算，2020 年天津居民总消费城乡比应为 1.5550，相比当前将明显缩减；2035 年天津居民总消费城乡比应为 0.9343，相比当前将继续极显著缩减为“城乡倒挂”，即乡村人均值高于城镇人均值。诚然，这只是长期预测的理论演算值，揭示出一种积极向好的趋势。

3. 城乡综合居民消费率历年变化状况

2000～2016 年，天津居民消费率下降了 5.73 个百分点，其中“十二五”以来回升 3.54 个百分点。应对国际金融危机实施“拉动内需，扩大消费，改善民生”国策以来，直到进入“十二五”期间，天津居民消费率开始略有回升。由于其他省域相应变化，天津居民消费率位次从 2000 年第 28 位降至 2016 年第 31 位。

在这 16 年间，天津居民消费率最高（最佳）值为 2001 年的 29.36%，最低值为 2011 年的 18.82%，近年来仍未回复 2000 年初始值，更未达到 2001 年最佳值。这意味着，当地居民消费拉动经济增长的同步协调性尚待增强。还应注意，天津居民消费率下降程度小于当地居民收入比下降程度，反过来即意味着居民积蓄率下降，同时亦即积蓄对消费的抑制作用减轻。

三 天津居民物质消费结构性分析

天津居民物质消费分类结构性关系见图 3。

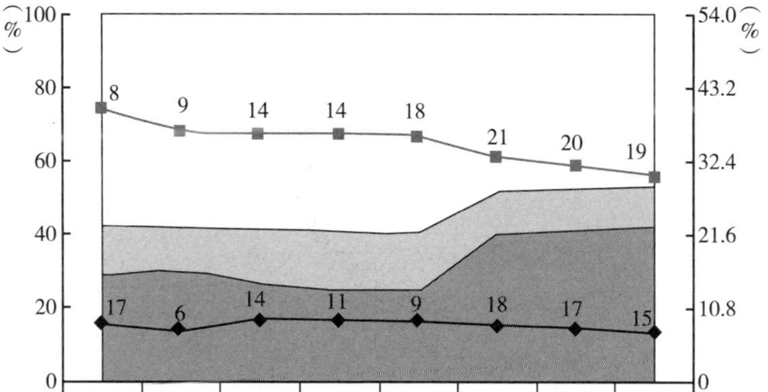

	2000年	2005年	2010年	2012年	2013年	2014年	2015年	2016年
食品消费人均	1983.67	2945.56	5101.12	6523.66	7140.97	7398.88	7728.19	8042.93
衣着消费人均	435.53	587.67	1307.60	1672.69	1764.33	1865.47	1954.27	1937.42
居住消费人均	481.53	1121.00	1458.24	1742.19	1963.81	4885.16	5248.17	5672.80
用品消费人均	543.65	421.66	928.05	1018.44	1095.14	1298.48	1515.96	1565.18
食品消费比重	40.102	36.882	36.315	36.634	36.421	33.023	31.916	30.693
衣着消费比重	8.805	7.358	9.309	9.393	8.999	8.326	8.071	7.393

图3　天津居民物质消费分类结构性关系

左轴面积：城乡综合演算的居民物质消费单项（食品烟酒、衣着、居住、生活用品及服务四项）人均值（元转换为%），各项数值间呈直观比例。右轴曲线：食品、衣着消费比重（占总消费比，取3位小数对应整个物质消费比重演算小数四舍五入协调）（%），显示衣食温饱需求消费支出占总消费比。标注食品、衣着消费比重省域排序位次（物质消费比重以低为佳取倒序）。

1. 食品消费人均值增长及其比重变化

2000～2016年，天津城乡居民人均食品消费年均增长9.14%。人均值地区差最小值为2007年的1.4929，最大值为2001年的1.6679；城乡比最小值为2016年的1.7426，最大值为2003年的3.3409。在这16年间，天津居民食品消费地区差缩小了5.42%，城乡比缩小了43.21%。由于其他省域相应变化，天津地区差位次从2000年第27位降至2016年第29位，城乡比位次从2000年第30位升至2016年第6位。

同期，天津居民食品消费比重降低9.41个百分点。最低（最佳，物质消费占比以低为佳，后同）比重值为2016年的30.69%，最高比重值为2000年的40.10%。由于其他省域相应变化，天津比重位次从2000年第8

位降至2016年第19位。可以看出，进入“全面小康”建设进程以来，天津居民食品消费“最基本需求”所占比重越来越低，这间接反映出人民生活从温饱“基本小康”向富余“全面小康”的发展进步。

2. 衣着消费人均值增长及其比重变化

2000～2016年，天津城乡居民人均衣着消费年均增长9.78%。人均值地区差最小值为2005年的1.3833，最大值为2000年的1.8180；城乡比最小值为2016年的1.9424，最大值为2010年的4.2846。在这16年间，天津居民衣着消费地区差缩小了13.75%，城乡比缩小了42.15%。由于其他省域相应变化，天津地区差位次从2000年第29位降至2016年第30位，城乡比位次从2000年第4位升至2016年第1位。

同期，天津居民衣着消费比重降低1.41个百分点。最低比重值为2004年的7.07%，最高比重值为2011年的9.49%。由于其他省域相应变化，天津比重位次从2000年第17位升至2016年第15位。可以看到，在食品消费比重持续明显下降的同时，天津居民衣着消费比重也有所降低。

3. 居住消费人均值增长及其比重变化

2000～2016年，天津城乡居民人均居住消费年均增长16.67%。人均值地区差最小值为2013年的1.3044，最大值为2004年的2.1189；城乡比最小值为2011年的1.3098，最大值为2003年的2.9019。在这16年间，天津居民居住消费地区差扩大了5.91%，城乡比缩小了2.53%。由于其他省域相应变化，天津地区差位次从2000年第23位降至2016年第27位，城乡比位次从2000年第16位升至2016年第8位。

同期，天津居民居住消费比重增高11.91个百分点。最低比重值为2000年的9.73%，最高比重值为2014年的21.80%。由于其他省域相应变化，天津比重位次从2000年第5位降至2016年第21位。可以看到，在物质消费比重普遍明显下降的同时，天津居民居住消费“刚需”所占比重提升很大，这都是人们追求私家住房之“梦”带来的结果。

在图3里不难看出，2014年居住消费人均值陡然高升，这是国家统计局首次提供城乡综合人均值数据带来的变化，本项检测自行演算人均值则还

要略高一点。或许可以这样理解，各地居民受调查户样本的长期偏差近年得到修正，由私家住房相对普及带来的居住消费剧增得以体现。

4. 用品消费人均值增长及其比重变化

2000～2016 年，天津城乡居民人均用品消费年均增长 6.83%。人均值地区差最小值为 2013 年的 1.3239，最大值为 2001 年的 2.8649；城乡比最小值为 2015 年的 1.3808，最大值为 2001 年的 10.8835。在这 16 年间，天津居民用品消费地区差缩小了 44.80%，城乡比缩小了 79.95%。由于其他省域相应变化，天津地区差位次从 2000 年第 29 位升至 2016 年第 28 位，城乡比位次从 2000 年第 26 位升至 2016 年第 1 位。

同期，天津居民用品消费比重降低 5.02 个百分点。最低比重值为 2005 年的 5.28%，最高比重值为 2000 年的 10.99%。由于其他省域相应变化，天津比重位次从 2000 年第 30 位升至 2016 年第 16 位。

本项检测将全部物质消费视为“全面小康”人民生活必需消费，只看食品消费或者扩大为衣食温饱显然已不具有足够的解释力。不难看出，天津居民食品消费比重下降“让出”的余地却被居住消费比重上升“抢占”，这两项冲抵反而留给处在上位的物质消费比重上升 2.50 个百分点（另综合衣着、用品消费比重变化，整个物质消费比重下降 3.93 个百分点），否则 2000 年以来 16 年间天津居民整个物质消费比重理当显著下降。

四　天津居民非物消费结构性分析

（一）非物生活分类消费增长分析

天津居民非物消费分类结构性关系见图 4。

1. 交通消费人均值增长及其比重变化

2000～2016 年，天津城乡居民人均交通消费年均增长 17.77%。人均值地区差最小值为 2000 年的 1.3703，最大值为 2001 年的 1.9397；城乡比最小值为 2016 年的 1.5083，最大值为 2010 年的 5.2502。在这 16 年间，天津

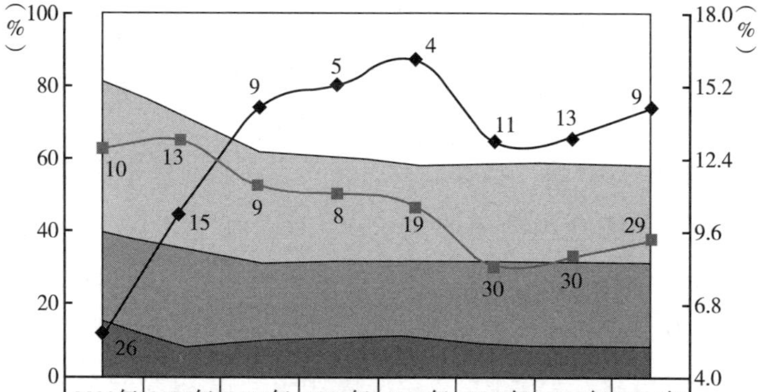

	2000年	2005年	2010年	2012年	2013年	2014年	2015年	2016年
交通消费人均	274.47	829.14	2024.53	2700.84	3167.81	2911.38	3191.32	3760.32
文教消费人均	630.37	1043.19	1588.56	1972.00	2061.43	1839.51	2100.66	2412.09
医疗消费人均	368.79	790.52	1077.65	1405.41	1519.11	1588.86	1760.34	2027.96
其他消费人均	228.50	247.74	561.04	772.53	894.13	617.70	714.87	785.71
交通消费比重	5.549	10.382	14.413	15.167	16.157	12.994	13.180	14.350
文教消费比重	12.744	13.062	11.309	11.074	10.514	8.210	8.675	9.205

图4　天津居民非物消费分类结构性关系

左轴面积：城乡综合演算的居民非物消费单项（交通通信、教育文化娱乐、医疗保健、其他用品及服务四项）人均值（元转换为%），各项数值间呈直观比例。右轴曲线：交通通信、教育文化娱乐消费比重（占总消费比，取3位小数对应整个非物消费比重演算小数四舍五入协调）（%），显示社会生活交往、精神文化生活需求变化。标注交通通信、教育文化娱乐消费比重省域排序位次。

居民交通消费地区差扩大了14.87%，城乡比缩小了62.21%。由于其他省域相应变化，天津地区差位次从2000年第19位降至2016年第28位，城乡比位次从2000年第15位升至2016年第1位。

同期，天津居民交通消费比重增高8.80个百分点。最高（最佳，非物消费占比以高为佳，后同）比重值为2013年的16.16%，最低比重值为2000年的5.55%。由于其他省域相应变化，天津比重位次从2000年第26位升至2016年第9位。由此不难发现，交通消费比重持续显著增高，可以视为天津居民社会生活交往需求高涨的具体表现。

2. 文教消费人均值增长及其比重变化

2000~2016年，天津城乡居民人均文教消费年均增长8.75%。人均值地区差最小值为 2014 年的 1.1826，最大值为 2002 年的 1.9169；城乡比最小值为 2015 年的 1.8330，最大值为 2007 年的 5.2547。在这 16 年间，天津居民文教消费地区差缩小了 32.95%，城乡比缩小了 39.22%。由于其他省域相应变化，天津地区差位次从 2000 年第 28 位升至 2016 年第 17 位，城乡比位次从 2000 年第 17 位升至 2016 年第 7 位。

同期，天津居民文教消费比重降低 3.54 个百分点。最高比重值为 2002 年的 15.64%，最低比重值为 2014 年的 8.21%。由于其他省域相应变化，天津比重位次从 2000 年第 10 位降至 2016 年第 29 位。这里发现一个问题，多年以来许多研究者预期“精神文化消费需求高涨”，这样的局面迄今尚未在天津居民人群里出现。

3. 医疗消费人均值增长及其比重变化

2000 ~2016 年，天津城乡居民人均医疗消费年均增长 11.24%。人均值地区差最小值为 2015 年的 1.4954，最大值为 2006 年的 2.2654；城乡比最小值为 2000 年的 1.5052，最大值为 2005 年的 5.5606。在这 16 年间，天津居民医疗消费地区差缩小了 29.81%，城乡比扩大了 8.14%。由于其他省域相应变化，天津地区差位次从 2000 年第 29 位升至 2016 年第 28 位，城乡比位次从 2000 年第 1 位降至 2016 年第 15 位。

同期，天津居民医疗消费比重增高 0.28 个百分点。最高比重值为 2005 年的 9.90%，最低比重值为 2001 年的 6.28%。由于其他省域相应变化，天津比重位次从 2000 年第 5 位降至 2016 年第 18 位。

4. 其他消费人均值增长及其比重变化

2000 ~2016 年，天津城乡居民人均其他消费年均增长 8.02%。人均值地区差最小值为 2002 年的 1.6547，最大值为 2004 年的 1.9972；城乡比最小值为 2014 年的 2.1381，最大值为 2005 年的 7.8824。在这 16 年间，天津居民其他消费地区差扩大了 3.38%，城乡比缩小了 30.84%。由于其他省域相应变化，天津地区差位次从 2000 年第 27 位降至 2016 年第 29 位，城乡比位次从 2000 年第 14 位降至 2016 年第 21 位。

同期，天津居民其他消费比重降低 1.62 个百分点。最高比重值为 2001

年的 4. 65%，最低比重值为 2014 年的 2. 76%。由于其他省域相应变化，天津比重位次从 2000 年第 11 位升至 2016 年第 2 位。

恩格尔系数检测仅能对应“基本小康”阶段，即使扩展为整个物质消费也难以适用于“全面小康”进程。为此，本项检测将全部非物消费视为“全面小康”民生应有消费。综合天津居民交通、文教、医疗、其他消费比重变化，16 年间整个非物消费比重上升 3. 92 个百分点。

实际说来，“交通消费”作为“交通通信消费”简称，包含通信消费，而通信消费里的信息内容消费部分显然应当归属于精神消费。假设天津居民信息内容消费占通信消费一半，通信消费又占整个交通通信消费一半，那么信息内容消费比重则上升 2. 20 个百分点，再与文教消费比重变化合并演算，2000 年以来 16 年间天津居民精神消费比重仅仅下降 1. 34 个百分点。

至此可以归纳对比城乡居民物质生活、非物生活分类单项消费的增长变化差异。2000 年以来 16 年间，天津各类消费人均值年均增长率、比重值升降变化（百分比演算更为精确）排序：交通消费年增 17. 77%，比重上升 158. 61% 为最高；居住消费年增 16. 67%，比重上升 122. 38% 为次高；医疗消费年增 11. 24%，比重上升 3. 80% 为第三高；衣着消费年增 9. 78%，比重下降 16. 03% 为第四高；食品消费年增 9. 14%，比重下降 23. 46% 为第五高；文教消费年增 8. 75%，比重下降 27. 77% 为第六高；其他消费年增 8. 02%，比重下降 35. 09% 为次低；用品消费年增 6. 83%，比重下降 45. 65% 为最低。

（二）居民收入、积蓄与非物消费之间增长关系

分析居民收入、积蓄与非物生活各项消费之间增长关系，可以检测究竟是什么因素对居民非物生活各项消费增长产生重要影响。天津居民收入、积蓄与非物消费增长态势见图 5，因相关系数分析需有历年不间断增长指数，而制图空间有限故截取 2000 ~ 2010 年（后台检测 2000 ~ 2016 年）。

1. 居民收入与非物消费历年增长相关性

2000 ~ 2010 年，标号（1）居民收入与（2）交通消费历年增长之间，相关系数为 0. 3434，亦即在 34. 34% 程度上同步变动，呈极弱正相

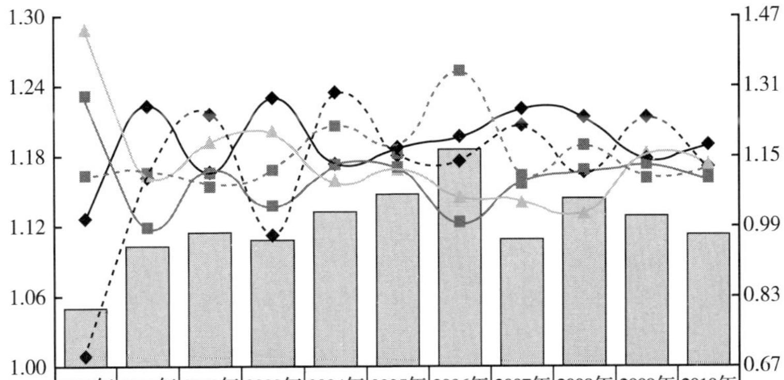

	2000年	2001年	2002年	2003年	2004年	2005年	2006年	2007年	2008年	2009年	2010年
（1）居民收入	1.0526	1.1036	1.1148	1.1078	1.1328	1.1474	1.1865	1.1079	1.1434	1.1286	1.1137
（2）交通通信	0.9942	1.2697	1.1042	1.2876	1.1249	1.1706	1.1882	1.2607	1.2378	1.1403	1.1699
（3）文教娱乐	1.2803	0.9842	1.1268	1.0312	1.1242	1.1268	0.9918	1.0944	1.1074	1.1301	1.0985
（4）医疗保健	1.4370	1.1001	1.1782	1.2030	1.0830	1.1194	1.0511	0.0478	1.0210	1.1538	1.1303
（5）其他消费	0.7010	1.1087	1.2517	0.9747	1.2917	1.1497	1.1384	1.2205	1.0975	1.2398	1.1106
（6）居民积蓄	1.0956	1.1195	1.0827	1.1094	1.2270	1.1691	1.3474	1.1001	1.1732	1.1026	1.1207

图5　天津居民收入、积蓄与非物消费增长态势

左轴柱形：居民收入年增指数，右轴曲线：非物消费各单项、积蓄年增指数，上年＝1（小于1为负增长）。曲线（4）与（6）之间大体形成横向镜面峰谷对应水中倒影负相关关系。

关性；与（3）文教消费历年增长之间，相关系数为－0.5639，亦即在56.39%程度上逆向变动，呈较强负相关性；与（4）医疗消费历年增长之间，相关系数为－0.7643，亦即在76.43%程度上逆向变动，呈极强负相关性。

这些数据之间的增长相关性表明，天津居民收入增高也不能“必然”带来本地居民生活消费向着非物质需求，尤其是精神文化需求方向“升级”。

2. 居民积蓄与非物消费历年增长相关性

2002～2012年，标号（6）居民积蓄与（2）交通消费历年增长之间，相关系数为0.0708，亦即在7.08%程度上同步变动，呈极弱正相关性；与（3）文教消费历年增长之间，相关系数为－0.3976，亦即在39.76%程度上逆向变动，呈稍强负相关性；与（4）医疗消费历年增长之间，相关系数为 -0.4584，亦即在45.84%程度上逆向变动，呈稍强负相关性。

在当地这些数据之间的增长相关性中，相互间影响的正反方向、强弱程度已经不言自明。

图5中可见，在（4）医疗消费与（6）居民积蓄增长曲线之间，形成横向镜面峰谷对应水中倒影，其间呈45.84%逆向增长相关性。“积蓄负相关性”对于医疗消费基本成立，对于文教消费不明显，对于交通消费不成立，对于其他消费不成立。经后台数据库扩展演算，文教消费与积蓄增长之间2004~2012年长时段逆向程度为55.77%，呈较强负相关；2008~2012年逆向极值达93.34%，呈极强负相关。

显然，天津居民积蓄增长已经严重地抑制了本地居民消费向着保持人们身心健康方向更快地“升级”。

五　天津民生消费需求景气指数检测

天津民生消费需求景气指数变动态势见图6。

1. 各年度理想值横向检测指数

假定天津各类民生数据城乡、地区无差距理想值为100，2016年天津城乡民生需求景气指数为91.68，低于无差距理想值8.32%，也低于上年（2015年）检测指数1.49个点。天津此项检测指数在省域间排行变化，2000年为第10位，2005年为第9位，2010年为第6位，2016年从上年第4位下降为第6位。

各年度（包括图中省略年度）此项检测指数对比，全部各个年度均低于无差距理想值100；2001年、2003~2004年、2006~2007年、2009~2015年12个年度高于上年检测指数值。其中，历年指数最高值为2015年的93.17，最低值为2002年的87.01。

2. 2000年以来基数值纵向检测指数

以“全面小康”建设进程起点年“九五”末年2000年数据指标演算基

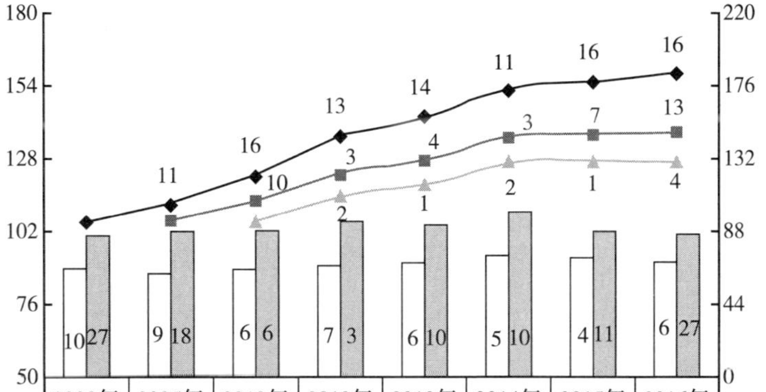

	2000年	2005年	2010年	2012年	2013年	2014年	2015年	2016年
横向理想测评	89.20	87.55	88.39	89.81	90.81	93.01	93.17	91.68
纵向基数测评(1)	101.00	102.85	102.94	105.81	104.56	110.00	102.73	100.86
纵向基数测评(2)	100.00	110.11	128.54	150.48	161.07	179.36	183.54	189.64
纵向基数测评(3)	—	100.00	111.81	128.80	136.24	150.38	152.29	154.98
纵向基数测评(4)	—	—	100.00	114.49	121.07	134.81	135.14	136.45

图 6　天津民生消费需求景气指数变动态势

左轴柱形：左历年横向测评（城乡、地区无差距理想值 = 100）；右逐年纵向测评（1），上年基数值 = 100。右轴曲线：时段纵向测评（起点年基数值 = 100），（2）以 2000 年为起点（“十五”以来，以“九五”末年为基点，后同），（3）以 2005 年为起点（“十一五”以来），（4）以 2010 年为起点（“十二五”以来）。标注各类测评结果省域排序位次。

数值为 100，2016 年天津城乡民生需求景气指数为 189.64，高于起点年基数值 89.64%，也高于上年（2015 年）检测指数 6.10 个点。天津此项检测指数在省域间排行变化，2000 年起点不计，2005 年为第 11 位，2010 年为第 16 位，2016 年与上年持平，皆为第 16 位。

各年度（包括图中省略年度）此项检测指数对比，全部各个年度均高于起点年基数值 100；全部各个年度均高于上年检测指数值。其中，历年指数最高值为 2016 年的 189.64，最低值为 2001 年的 102.14。

3. 2005年以来基数值纵向检测指数

以“全面小康”建设进程第一个五年期“十五”末年 2005 年数据指标演算基数值为 100，2016 年天津城乡民生需求景气指数为 154.98，高于起点年基数值 54.98%，也高于上年（2015 年）检测指数 2.69 个点。天津此项检测指数在省域间排行变化，2005 年起点不计，2010 年为第 10 位，2016 年从上年第 7 位下降为第 13 位。

各年度（包括图中省略年度）此项检测指数对比，全部各个年度均高于起点年基数值 100；全部各个年度均高于上年检测指数值。其中，历年指数最高值为 2016 年的 154. 98，最低值为 2006 年的 101. 46。

4. 2010年以来基数值纵向检测指数

以“全面小康”建设进程第二个五年期“十一五”末年 2010 年数据指标演算基数值为 100，2016 年天津城乡民生需求景气指数为 136. 45，高于起点年基数值 36. 45%，也高于上年（2015 年）检测指数 1. 31 个点。天津此项检测指数在省域间排行变化，2010 年起点不计，2012 年为第 2 位，2016 年从上年第 1 位下降为第 4 位。

各年度（包括图中省略年度）此项检测指数对比，全部各个年度均高于起点年基数值 100；全部各个年度均高于上年检测指数值。其中，历年指数最高值为 2016 年的 136. 45，最低值为 2011 年的 107. 65。

5. 逐年度基数值纵向检测指数

以上一年（2015 年）起点数据指标演算基数值为 100，2016 年天津城乡民生需求景气指数为 100. 86，高于起点年基数值 0. 86%，但低于上年检测指数 1. 87 个点。天津此项检测指数在省域间排行变化，2000 年为第 27 位，2005 年为第 18 位，2010 年为第 6 位，2016 年从上年第 11 位下降为第 27 位。

各年度（包括图中省略年度）此项检测指数对比，2000 ~ 2007 年、2009 ~ 2016 年 16 个年度高于起点年基数值 100；2001 年、2004 ~ 2005 年、2007 年、2009 年、2011 年、2014 年 7 个年度高于上年检测指数值。其中，历年指数最高值为 2014 年的 110. 00，最低值为 2008 年的 99. 78。

ℝ.17

河北：2000～2016年民生需求景气提升第5位

杨清舒*

摘　要： 2000～2016年，河北城乡综合演算的各类民生消费数据人均值持续稳步增长，2016年居民总消费为2000年的6.90倍，物质消费为6.26倍，非物消费为8.47倍。物质消费比重明显下降6.57个百分点，非物消费比重明显增高6.57个百分点，消费结构出现很大升级变化。居民消费率从27.99%显著上升至34.06%，“十二五”期间加快上升。尤其应注意，居民消费支出年均增长明显低于财政支出年增4.58个百分点。居民积蓄率从35.40%持续明显降低至28.32%，反过来对消费需求的抑制作用减轻。居民总消费、物质消费、非物消费地区差逐渐缩小；居民总消费、物质消费、非物消费城乡比逐渐缩小。

关键词： 河北　民生消费　需求景气　检测评价

一　河北人民生活主要数据相关情况

河北城乡主要民生数据增长变化基本情况见图1，限于制图容量，图中

* 杨清舒，云南省消费市场监测与研究中心商贸分析师，主要从事商贸流通相关研究。

未直接列出居民收入数据，而注明可据其他数据推算，另产值、财政收入、财政支出数据置于后台进行相关演算。

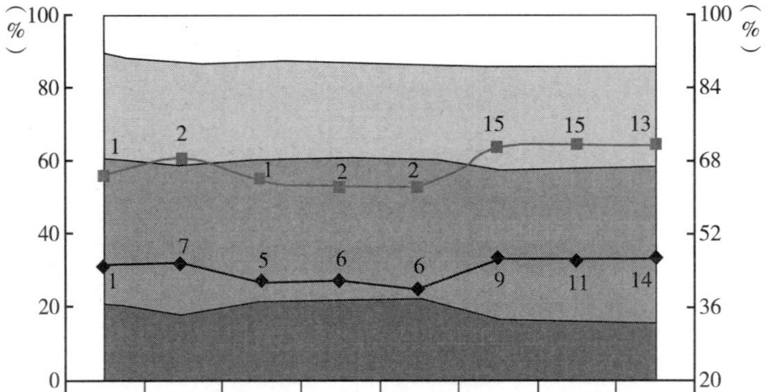

	2000年	2005年	2010年	2012年	2013年	2014年	2015年	2016年
（1）非物消费	407.99	872.22	1630.24	2126.55	2611.77	3137.37	3505.25	3875.27
（2）物质消费	1003.84	1735.77	3116.99	4175.35	4476.66	5784.16	6367.12	7049.24
（3）总消费	1411.83	2607.99	4747.23	6301.90	7088.43	8921.53	9872.37	10924.51
（4）居民积蓄	773.58	1170.52	2694.25	3750.94	4241.46	3577.15	3937.89	4316.37
物质消费比	45.93	45.94	41.89	41.53	39.51	46.28	46.10	46.25
居民消费比	64.60	69.02	63.79	62.69	62.56	71.38	71.49	71.68

图1　河北城乡主要民生数据增长变化基本情况

左轴面积：城乡居民（1）非物消费、（2）物质消费、（3）总消费、（4）积蓄总量（亿元转换为%），（1）+（2）=（3），（3）+（4）=居民收入，各项数值间呈直观比例。右轴曲线：物质消费比、居民消费比（占居民收入比）（%），二者之差即为非物消费比，二者之比即为物质消费比重（占总消费比），二者之差再与居民消费比之比即为非物消费比重。标注物质消费比、居民消费比省域排序位次。

1. 城乡居民收入、积蓄财富总量增长简况

2000～2016年，河北城乡居民收入总量年均增长12.91%，积蓄总量年均增长11.34%。在这16年间，居民收入年均增长率高于产值增长0.65个百分点，低于财政收入增长3.55个百分点。

2. 城乡居民消费总量及其分类增长状况

2000～2016年，河北城乡居民消费总量年均增长13.64%。在这16年

间，居民消费年均增长率高于产值增长1.38个百分点，低于财政支出增长4.58个百分点。

同期，河北城乡居民物质消费总量年均增长12.95%。在这16年间，物质消费年均增长率高于居民收入增长0.04个百分点，低于总消费增长0.69个百分点。

同期，河北城乡居民非物消费总量年均增长15.11%。在这16年间，非物消费年均增长率高于居民收入增长2.20个百分点，高于总消费增长1.47个百分点。

3. 城乡居民消费需求相关比值变化状况

在河北居民收入当中，2016年有71.68%用于全部生活消费支出，为历年最高比值；2013年仅有62.56%用于全部生活消费支出，为历年最低（最佳）比值；2014年有46.28%用于物质消费支出，为历年最高比值；2013年仅有39.51%用于物质消费支出，为历年最低（最佳）比值。居民收入与总消费之差即为居民积蓄，物质消费与总消费之差即为非物消费。

2000年以来16年间，河北居民消费比升高7.08个百分点，同时物质消费比亦升高0.32个百分点，反过来导致非物消费比升高6.76个百分点。继续深入分析，居民消费比与物质消费比升降方向及其程度有差异，意味着物质消费占总消费比重变化，反过来又导致非物消费占总消费比重变化。由这些相对比值关系变化就能够看出民生消费需求态势，从中体现出民生发展的基本走向。

二　河北居民总消费增长及相关性分析

居民总消费及其相关性分析为民生消费需求检测系统的二级子系统之首。河北城乡居民总消费及其相关性变动态势见图2。

1. 城乡综合人均值及地区差变动状况

2000～2016年，河北城乡居民人均总消费年均增长12.83%（由于人口

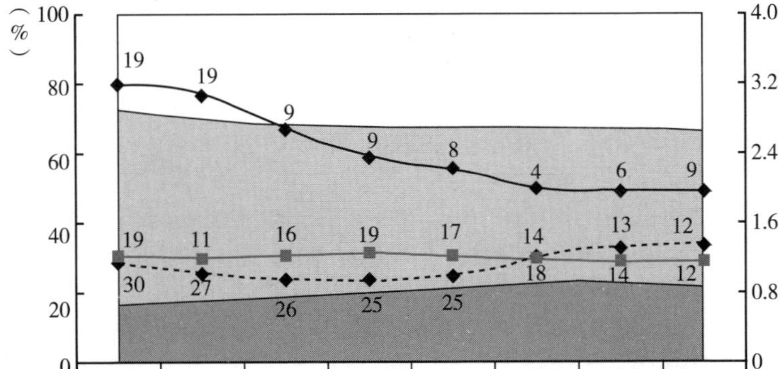

	2000年	2005年	2010年	2012年	2013年	2014年	2015年	2016年
城乡人均消费	2124.97	3818.44	6673.27	8675.51	9696.82	12124.64	13333.23	14668.77
城镇人均消费	4348.47	6699.67	10318.32	12531.12	13640.58	16203.82	17586.62	19105.89
乡村人均消费	1365.23	2165.72	3844.92	5364.14	6134.09	8247.99	9022.84	9798.28
人均值城乡比	3.1852	3.0935	2.6836	2.3361	2.2237	1.9646	1.9491	1.9499
人均值地区差	1.2548	1.2108	1.2391	1.2455	1.2355	1.1734	1.1651	1.1606
居民消费率	27.99	25.83	23.28	23.71	24.92	30.32	33.12	34.06

图2　河北城乡居民总消费及其相关性变动态势

左轴面积：城乡综合、城镇、乡村居民总消费人均值（元转换为%），各项数值间呈直观比例。右轴曲线：居民总消费城乡比（乡村=1）、地区差（无差距=1）。左轴曲线：居民消费率（与产值比）（%）。标注居民消费率及其城乡比、地区差省域排序位次。另需说明，近年年鉴始发布2014年以来城乡人均值数据，但与总量数据之间存在演算误差，对应同时发布的产值人均值和总量分别演算相应消费率有出入，本文恢复自行演算城乡人均值。

增长，人均值增长率略低于总量增长率）。人均值地区差最小（最佳，后同）值为2016年的1.1606，最大值为2002年的1.2654。在这16年间，河北居民总消费地区差缩小了7.51%。这意味着，河北与其余各地居民总消费增长的同步均衡性较明显增强，体现出“全面小康”建设进程在缩小居民总消费地区差距方面的有效进展。

由于其他省域相应变化，河北地区差位次从2000年第19位升至2016年第12位。按照本项检测的推演测算，2020年河北居民总消费地区差应为1.1543，相比当前将略微缩减；2035年河北居民总消费地区差应为1.1620，相比当前将略微扩增。

2. 城镇与乡村人均值及城乡比变动状况

2000～2016年，河北城镇居民人均总消费年均增长9.69%，乡村居民人均总消费年均增长13.11%，乡村年均增长率高于城镇3.42个百分点。城乡之间增长相关系数为0.6681，即历年增长同步程度66.81%，呈较弱正相关性。

同期，河北居民总消费城乡比最小（最佳，后同）值为2015年的1.9491，最大值为2002年的3.4335。在这16年间，河北居民总消费城乡比缩小了38.78%。这意味着，河北城乡之间居民总消费增长的同步均衡性显著增强，体现出“全面小康”建设进程在缩小居民总消费城乡差距方面的有效进展。

由于其他省域相应变化，河北城乡比位次从2000年第19位升至2016年第9位。按照本项检测的推演测算，2020年河北居民总消费城乡比应为1.7248，相比当前将明显缩减；2035年河北居民总消费城乡比应为1.0888，相比当前将继续极显著缩减。

3. 城乡综合居民消费率历年变化状况

2000～2016年，河北居民消费率上升了6.07个百分点，其中“十二五”以来陡升10.78个百分点。应对国际金融危机实施“拉动内需，扩大消费，改善民生”国策以来，直到进入“十二五”期间，河北居民消费率开始略有回升。由于其他省域相应变化，河北居民消费率位次从2000年第30位升至2016年第12位。

在这16年间，河北居民消费率最高（最佳）值为2016年的34.06%，最低值为2011年的23.00%，近年来达到历年最佳值。这意味着，当地居民消费拉动经济增长的同步协调性有所增强。还应注意，河北居民消费率上升程度大于当地居民收入比上升程度，反过来即意味着居民积蓄率下降，同时亦即积蓄对消费的抑制作用减轻。

三　河北居民物质消费结构性分析

河北居民物质消费分类结构性关系见图3。

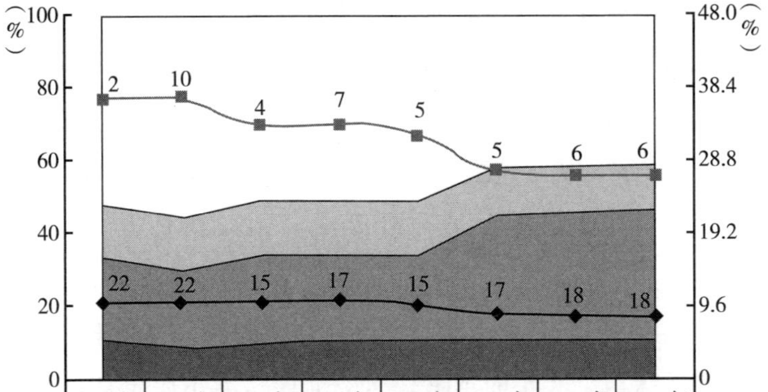

	2000年	2005年	2010年	2012年	2013年	2014年	2015年	2016年
食品消费人均	788.56	1408.69	2218.18	2923.18	3122.14	3307.84	3586.26	3920.78
衣着消费人均	214.22	385.83	676.93	925.80	946.92	992.28	1087.80	1154.77
居住消费人 均	346.14	531.29	1060.22	1306.00	1389.95	2773.26	3069.85	3398.05
用品消费人均	161.98	215.59	426.29	593.02	664.95	787.48	855.26	991.69
食品消费比重	37.109	36.892	33.240	33.695	32.198	27.282	26.897	26.729
衣着消费比重	10.081	10.104	10.144	10.671	9.765	8.184	8.159	7.872

图 3　河北居民物质消费分类结构性关系

左轴面积：城乡综合演算的居民物质消费单项（食品烟酒、衣着、居住、生活用品及服务四项）人均值（元转换为%），各项数值间呈直观比例。右轴曲线：食品、衣着消费比重（占总消费比，取 3 位小数对应整个物质消费比重演算小数四舍五入协调）（%），显示衣食温饱需求消费支出占总消费比。标注食品、衣着消费比重省域排序位次（物质消费比重以低为佳取倒序）。

1. 食品消费人均值增长及其比重变化

2000～2016 年，河北城乡居民人均食品消费年均增长 10.54%。人均值地区差最小值为 2016 年的 1.2531，最大值为 2000 年的 1.3560；城乡比最小值为 2014 年的 1.7515，最大值为 2002 年的 3.1245。在这 16 年间，河北居民食品消费地区差缩小了 7.59%，城乡比缩小了 35.40%。由于其他省域相应变化，河北地区差位次从 2000 年第 24 位升至 2016 年第 19 位，城乡比位次从 2000 年第 26 位升至 2016 年第 11 位。

同期，河北居民食品消费比重降低 10.38 个百分点。最低（最佳，物质消费占比以低为佳，后同）比重值为 2016 年的 26.73%，最高比重值为

2004 年的 38.98%。由于其他省域相应变化，河北比重位次从 2000 年第 2 位降至 2016 年第 6 位。可以看出，进入“全面小康”建设进程以来，河北居民食品消费“最基本需求”所占比重越来越低，这间接反映出人民生活从温饱“基本小康”向富余“全面小康”的发展进步。

2. 衣着消费人均值增长及其比重变化

2000～2016 年，河北城乡居民人均衣着消费年均增长 11.10%。人均值地区差最小值为 2016 年的 1.0653，最大值为 2013 年的 1.2215；城乡比最小值为 2014 年的 2.4490，最大值为 2008 年的 5.5817。在这 16 年间，河北居民衣着消费地区差缩小了 3.66%，城乡比缩小了 51.29%。由于其他省域相应变化，河北地区差位次保持第 8 位不变，城乡比位次从 2000 年第 18 位升至 2016 年第 6 位。

同期，河北居民衣着消费比重降低 2.21 个百分点。最低比重值为 2016 年的 7.87%，最高比重值为 2012 年的 10.67%。由于其他省域相应变化，河北比重位次从 2000 年第 22 位升至 2016 年第 18 位。可以看到，在食品消费比重持续明显下降的同时，河北居民衣着消费比重也有所降低。

3. 居住消费人均值增长及其比重变化

2000～2016 年，河北城乡居民人均居住消费年均增长 15.34%。人均值地区差最小值为 2006 年的 1.0007，最大值为 2014 年的 1.1446；城乡比最小值为 2013 年的 1.2048，最大值为 2004 年的 2.0687。在这 16 年间，河北居民居住消费地区差扩大了 10.69%，城乡比扩大了 57.02%。由于其他省域相应变化，河北地区差位次保持第 3 位不变，城乡比位次从 2000 年第 7 位降至 2016 年第 14 位。

同期，河北居民居住消费比重增高 6.88 个百分点。最低比重值为 2005 年的 13.91%，最高比重值为 2016 年的 23.17%。由于其他省域相应变化，河北比重位次从 2000 年第 31 位升至 2016 年第 26 位。可以看到，在物质消费比重普遍明显下降的同时，河北居民居住消费“刚需”所占比重提升很大，这都是人们追求私家住房之“梦”带来的结果。

在图 3 里不难看出，2014 年居住消费人均值陡然高升，这是国家统计

局首次提供城乡综合人均值数据带来的变化，本项检测自行演算人均值则还要略高一点。或许可以这样理解，各地居民受调查户样本的长期偏差近年得到修正，由私家住房相对普及带来的居住消费剧增得以体现。

4. 用品消费人均值增长及其比重变化

2000~2016年，河北城乡居民人均用品消费年均增长11.99%。人均值地区差最小值为2016年的1.0707，最大值为2001年的1.2556；城乡比最小值为2014年的2.1291，最大值为2000年的6.7971。在这16年间，河北居民用品消费地区差缩小了11.39%，城乡比缩小了66.71%。由于其他省域相应变化，河北地区差位次从2000年第9位升至2016年第5位，城乡比位次从2000年第19位升至2016年第14位。

同期，河北居民用品消费比重降低0.86个百分点。最低比重值为2004年的5.32%，最高比重值为2000年的7.62%。由于其他省域相应变化，河北比重位次从2000年第24位降至2016年第27位。

本项检测将全部物质消费视为“全面小康”人民生活必需消费，只看食品消费或者扩大为衣食温饱显然已不具有足够的解释力。不难看出，河北居民食品消费比重下降“让出”的余地却被居住消费比重上升“抢占”，这两项冲抵仅仅留给处在上位的物质消费比重下降3.50个百分点（另综合衣着、用品消费比重变化，整个物质消费比重下降6.58个百分点），否则2000年以来16年间河北居民整个物质消费比重理当显著下降。

四　河北居民非物消费结构性分析

（一）非物生活分类消费增长分析

河北居民非物消费分类结构性关系见图4。

1. 交通消费人均值增长及其比重变化

2000~2016年，河北城乡居民人均交通消费年均增长18.04%。人均值地区差最小值为2014年的1.0597，最大值为2004年的1.3069；城乡比最

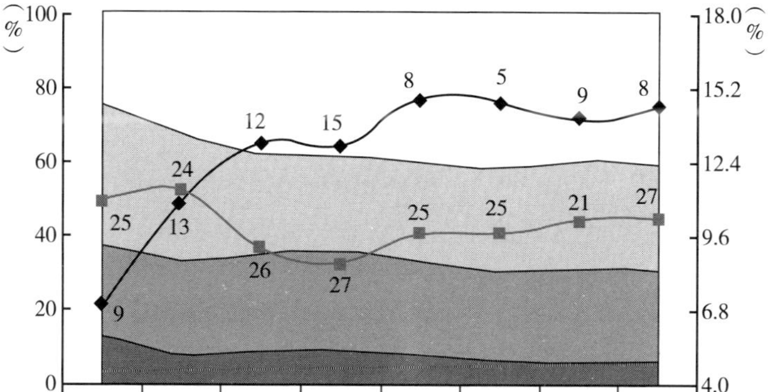

	2000年	2005年	2010年	2012年	2013年	2014年	2015年	2016年
交通消费人均	148.88	422.59	872.69	1121.54	1436.46	1780.88	1846.05	2114.40
文教消费人均	232.23	433.44	604.09	749.05	945.59	1164.71	1373.96	1496.24
医疗消费人均	154.28	319.93	597.48	776.40	895.97	1040.04	1212.52	1253.51
其他消费人均	78.68	101.10	217.40	280.53	294.83	278.15	301.52	339.34
交通消费比重	7.006	11.067	13.077	12.928	14.814	14.688	13.846	14.414
文教消费比重	10.929	11.351	9.052	8.634	9.752	9.606	10.305	10.200

图4　河北居民非物消费分类结构性关系

左轴面积：城乡综合演算的居民非物消费单项（交通通信、教育文化娱乐、医疗保健、其他用品及服务四项）人均值（元转换为%），各项数值间呈直观比例。右轴曲线：交通通信、教育文化娱乐消费比重（占总消费比，取3位小数对应整个非物消费比重演算小数四舍五入协调）（%），显示社会生活交往、精神文化生活需求变化。标注交通通信、教育文化娱乐消费比重省域排序位次。

小值为2016年的1.7630，最大值为2002年的4.6111。在这16年间，河北居民交通消费地区差缩小了11.28%，城乡比缩小了55.79%。由于其他省域相应变化，河北地区差位次从2000年第14位升至2016年第5位，城乡比位次从2000年第14位升至2016年第8位。

同期，河北居民交通消费比重增高7.41个百分点。最高（最佳，非物消费占比以高为佳，后同）比重值为2013年的14.81%，最低比重值为2000年的7.01%。由于其他省域相应变化，河北比重位次从2000年第9位升至2016年第8位。由此不难发现，交通消费比重持续显著增高，可以视为河北居民社会生活交往需求高涨的具体表现。

2. 文教消费人均值增长及其比重变化

2000～2016 年，河北城乡居民人均文教消费年均增长 12.35%。人均值地区差最小值为 2015 年的 1.2162，最大值为 2012 年的 1.4102；城乡比最小值为 2016 年的 2.0898，最大值为 2000 年的 4.0498。在这 16 年间，河北居民文教消费地区差缩小了 6.59%，城乡比缩小了 48.40%。由于其他省域相应变化，河北地区差位次从 2000 年第 21 位升至 2016 年第 18 位，城乡比位次从 2000 年第 25 位升至 2016 年第 9 位。

同期，河北居民文教消费比重降低 0.73 个百分点。最高比重值为 2003 年的 11.95%，最低比重值为 2012 年的 8.63%。由于其他省域相应变化，河北比重位次从 2000 年第 25 位降至 2016 年第 27 位。这里发现一个问题，多年以来许多研究者预期“精神文化消费需求高涨”，这样的局面迄今尚未在河北居民人群里出现。

3. 医疗消费人均值增长及其比重变化

2000～2016 年，河北城乡居民人均医疗消费年均增长 13.99%。人均值地区差最小值为 2014 年的 1.0125，最大值为 2004 年的 1.1039；城乡比最小值为 2013 年的 1.6053，最大值为 2003 年的 5.4206。在这 16 年间，河北居民医疗消费地区差缩小了 3.10%，城乡比缩小了 65.30%。由于其他省域相应变化，河北地区差位次从 2000 年第 7 位升至 2016 年第 5 位，城乡比位次从 2000 年第 27 位升至 2016 年第 17 位。

同期，河北居民医疗消费比重增高 1.29 个百分点。最高比重值为 2009 年的 9.59%，最低比重值为 2000 年的 7.26%。由于其他省域相应变化，河北比重位次从 2000 年第 6 位降至 2016 年第 13 位。

4. 其他消费人均值增长及其比重变化

2000～2016 年，河北城乡居民人均其他消费年均增长 9.57%。人均值地区差最小值为 2016 年的 1.1879，最大值为 2001 年的 1.4103；城乡比最小值为 2014 年的 2.0380，最大值为 2003 年的 6.3252。在这 16 年间，河北居民其他消费地区差缩小了 13.53%，城乡比缩小了 53.41%。由于其他省域相应变化，河北地区差位次从 2000 年第 23 位升至 2016 年第 9 位，城乡比位次从2000年第16位升至2016年第5位。

同期，河北居民其他消费比重降低1.39个百分点。最高比重值为2000年的3.70%，最低比重值为2015年的2.26%。由于其他省域相应变化，河北比重位次从2000年第31位升至2016年第17位。

恩格尔系数检测仅能对应“基本小康”阶段，即使扩展为整个物质消费也难以适用于“全面小康”进程。为此，本项检测将全部非物消费视为“全面小康”民生应有消费。综合河北居民交通、文教、医疗、其他消费比重变化，16年间整个非物消费比重上升6.57个百分点。

实际说来，“交通消费”作为“交通通信消费”简称，包含通信消费，而通信消费里的信息内容消费部分显然应当归属于精神消费。假设河北居民信息内容消费占通信消费一半，通信消费又占整个交通通信消费一半，那么信息内容消费比重则上升1.85个百分点，再与文教消费比重变化合并演算，2000年以来16年间河北居民精神消费比重理当上升1.12个百分点。

至此可以归纳对比城乡居民物质生活、非物生活分类单项消费的增长变化差异。2000年以来16年间，河北各类消费人均值年均增长率、比重值升降变化（百分比演算更为精确）排序：交通消费年增18.04%，比重上升105.74%为最高；居住消费年增15.34%，比重上升42.21%为次高；医疗消费年增13.99%，比重上升17.70%为第三高；文教消费年增12.35%，比重下降6.67%为第四高；用品消费年增11.99%，比重下降11.31%为第五高；衣着消费年增11.10%，比重下降21.91%为第六高；食品消费年增10.54%，比重下降27.97%为次低；其他消费年增9.57%，比重下降37.52%为最低。

（二）居民收入、积蓄与非物消费之间增长关系

分析居民收入、积蓄与非物生活各项消费之间增长关系，可以检测究竟是什么因素对居民非物生活各项消费增长产生重要影响。河北居民收入、积蓄与非物消费增长态势见图5，因相关系数分析需有历年不间断增长指数，而制图空间有限故截取2000～2010年（后台检测2000～2016年）。

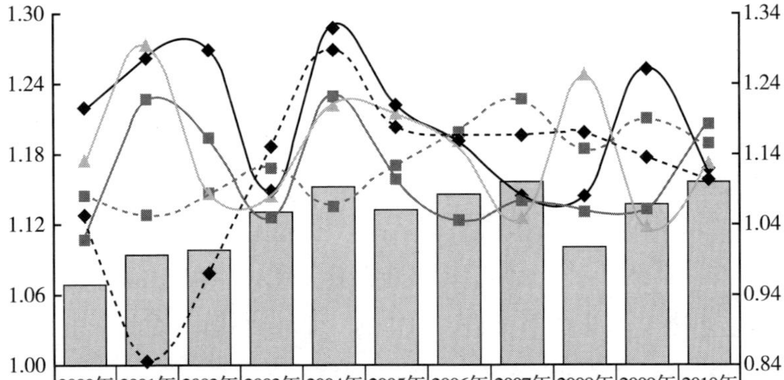

	2000年	2001年	2002年	2003年	2004年	2005年	2006年	2007年	2008年	2009年	2010年
（1）居民收入	1.0706	1.0952	1.0993	1.1311	1.1535	1.1347	1.1476	1.1586	1.1036	1.1356	1.1611
（2）交通通信	1.1955	1.2776	1.2947	1.0841	1.3241	1.2074	1.1576	1.0847	1.0780	1.2636	1.1149
（3）文教娱乐	1.0190	0.2168	1.1682	1.0483	1.2292	1.1062	0.0424	1.0726	1.0607	1.0624	1.1838
（4）医疗保健	1.1234	1.2967	1.0843	1.0818	1.2136	1.1996	1.1519	1.0440	1.2542	1.0323	1.1200
（5）其他消费	1.0534	0.8469	0.9666	1.1486	1.2975	1.1763	1.1734	1.1687	1.1730	1.1363	1.1052
（6）居民积蓄	1.0854	1.0497	1.0749	1.1268	1.0666	1.1299	1.1741	1.2195	1.1452	1.1928	1.1436

图5　河北居民收入、积蓄与非物消费增长态势

左轴柱形：居民收入年增指数，右轴曲线：非物消费各单项、积蓄年增指数，上年＝1（小于1为负增长）。曲线（2）、（3）、（4）与（6）之间大体形成横向镜面峰谷对应水中倒影负相关关系。

1. 居民收入与非物消费历年增长相关性

2000～2010年，标号（1）居民收入与（2）交通消费历年增长之间，相关系数为－0.2207，亦即在22.07%程度上逆向变动，呈很弱负相关性；与（3）文教消费历年增长之间，相关系数为0.1631，亦即在16.31%程度上同步变动，呈极弱正相关性；与（4）医疗消费历年增长之间，相关系数为－0.2854，亦即在28.54%程度上逆向变动，呈较弱负相关性。

这些数据之间的增长相关性表明，河北居民收入增高也不能“必然”带来本地居民生活消费向着非物质需求，尤其是精神文化需求方向“升级”。

2. 居民积蓄与非物消费历年增长相关性

2000～2010年，标号（6）居民积蓄与（2）交通消费历年增长之间，相关系数为－0.6037，亦即在60.37%程度上逆向变动，呈很强负相关性；与（3）文教消费历年增长之间，相关系数为－0.5847，亦即在58.47%程度上逆向变动，呈较强负相关性；与（4）医疗消费历年增长之间，相关系数为－0.5633，亦即在56.33%程度上逆向变动，呈较强负相关性。

在当地这些数据之间的增长相关性中，相互间影响的正反方向、强弱程度已经不言自明。

图5中可见，在（2）交通消费、（3）文教消费、（4）医疗消费与（6）居民积蓄增长曲线之间，形成横向镜面峰谷对应水中倒影，其间分别呈60.37%、58.47%、56.33%逆向增长相关性。“积蓄负相关性”对于交通消费明显成立，对于文教消费基本成立，对于医疗消费基本成立，对于其他消费不成立。经后台数据库扩展演算，文教消费与积蓄增长之间2002～2016年长时段逆向程度为63.30%，呈很强负相关；2002～2007年逆向极值达93.14%，呈极强负相关。

显然，河北居民积蓄增长已经严重地抑制了本地居民消费向着扩展社会生活交往、提升精神文化需求、保持人们身心健康方向更快地“升级”。

五　河北民生消费需求景气指数检测

河北民生消费需求景气指数变动态势见图6。

1. 各年度理想值横向检测指数

假定河北各类民生数据城乡、地区无差距理想值为100，2016年河北城乡民生需求景气指数为87.56，低于无差距理想值12.44%，也低于上年（2015年）检测指数0.15个点。河北此项检测指数在省域间排行变化，2000年为第26位，2005年为第19位，2010年为第20位，2016年从上年第14位下降为第15位。

各年度（包括图中省略年度）此项检测指数对比，全部各个年度均低于无差距理想值100；2002～2003年、2005～2006年、2008年、2010～

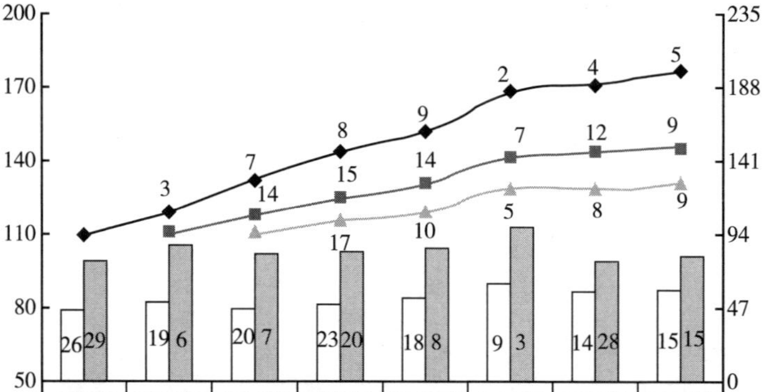

	2000年	2005年	2010年	2012年	2013年	2014年	2015年	2016年
横向理想测评	79.98	82.50	81.46	82.40	84.69	90.53	87.71	87.56
纵向基数测评(1)	99.41	106.56	102.59	103.20	104.64	112.99	99.69	102.18
纵向基数测评(2)	100.00	114.02	134.09	152.66	163.65	190.43	195.26	205.18
纵向基数测评(3)	—	100.00	110.93	123.21	130.50	149.27	150.61	156.31
纵向基数测评(4)	—	—	100.00	108.30	113.72	128.96	127.91	131.41

图 6　河北民生消费需求景气指数变动态势

左轴柱形：左历年横向测评（城乡、地区无差距理想值 = 100）；右逐年纵向测评（1），上年基数值 = 100。右轴曲线：时段纵向测评（起点年基数值 = 100），（2）以 2000 年为起点（“十五”以来，以“九五”末年为基点，后同），（3）以 2005 年为起点（“十一五”以来），（4）以 2010 年为起点（“十二五”以来）。标注各类测评结果省域排序位次。

2014 年 10 个年度高于上年检测指数值。其中，历年指数最高值为 2014 年的 90. 53，最低值为 2004 年的 79. 34。

2. 2000年以来基数值纵向检测指数

以“全面小康”建设进程起点年“九五”末年 2000 年数据指标演算基数值为 100，2016 年河北城乡民生需求景气指数为 205. 18，高于起点年基数值 105. 18%，也高于上年（2015 年）检测指数 9. 92 个点。河北此项检测指数在省域间排行变化，2000 年起点不计，2005 年为第 3 位，2010 年为第 7 位，2016 年从上年第 4 位下降为第 5 位。

各年度（包括图中省略年度）此项检测指数对比，2002 ~ 2016 年 15 个年度高于起点年基数值 100；全部各个年度均高于上年检测指数值。其中，历年指数最高值为 2016 年的 205. 18，最低值为 2001 年的 99. 92。

3. 2005年以来基数值纵向检测指数

以“全面小康”建设进程第一个五年期“十五”末年2005年数据指标演算基数值为100，2016年河北城乡民生需求景气指数为156.31，高于起点年基数值56.31%，也高于上年（2015年）检测指数5.70个点。河北此项检测指数在省域间排行变化，2005年起点不计，2010年为第14位，2016年从上年第12位上升为第9位。

各年度（包括图中省略年度）此项检测指数对比，全部各个年度均高于起点年基数值100；全部各个年度均高于上年检测指数值。其中，历年指数最高值为2016年的156.31，最低值为2006年的102.90。

4. 2010年以来基数值纵向检测指数

以“全面小康”建设进程第二个五年期“十一五”末年2010年数据指标演算基数值为100，2016年河北城乡民生需求景气指数为131.41，高于起点年基数值31.41%，也高于上年（2015年）检测指数3.50个点。河北此项检测指数在省域间排行变化，2010年起点不计，2012年为第17位，2016年从上年第8位下降为第9位。

各年度（包括图中省略年度）此项检测指数对比，全部各个年度均高于起点年基数值100；2012～2014年、2016年4个年度高于上年检测指数值。其中，历年指数最高值为2016年的131.41，最低值为2011年的104.77。

5. 逐年度基数值纵向检测指数

以上一年（2015年）起点数据指标演算基数值为100，2016年河北城乡民生需求景气指数为102.18，高于起点年基数值2.18%，也高于上年检测指数2.49个点。河北此项检测指数在省域间排行变化，2000年为第29位，2005年为第6位，2010年为第7位，2016年从上年第28位上升为第15位。

各年度（包括图中省略年度）此项检测指数对比，2002～2014年、2016年14个年度高于起点年基数值100；2001～2002年、2004～2005年、2008～2011年、2013～2014年、2016年11个年度高于上年检测指数值。其中，历年指数最高值为2014年的112.99，最低值为2000年的99.41。

ℝ.18
新疆：2005～2016年民生需求景气提升第6位

陈凤梅*

摘　要： 2000～2016年，新疆城乡综合演算的各类民生消费数据人均值持续稳步增长，2016年居民总消费为2000年的6.28倍，物质消费为5.65倍，非物消费为7.76倍。物质消费比重显著下降7.02个百分点，非物消费比重显著增高7.02个百分点，消费结构出现很大升级变化。居民消费率从31.25%明显上升至35.66%，“十二五”期间加快上升。尤其应注意，居民消费支出年均增长极显著低于财政支出年增7.10个百分点。居民积蓄率从22.35%持续显著升高至23.54%，反过来对消费需求的抑制作用加重。居民总消费、非物消费地区差逐渐缩小，但居民物质消费地区差继续扩大；居民总消费、物质消费、非物消费城乡比逐渐缩小。

关键词： 新疆　民生消费　需求景气　检测评价

一　新疆人民生活主要数据相关情况

新疆城乡主要民生数据增长变化基本情况见图1，限于制图容量，图中

* 陈凤梅，云南省商务研究院助理研究员，主要从事开放型经济研究。

未直接列出居民收入数据，而注明可据其他数据推算，另产值、财政收入、财政支出数据置于后台进行相关演算。

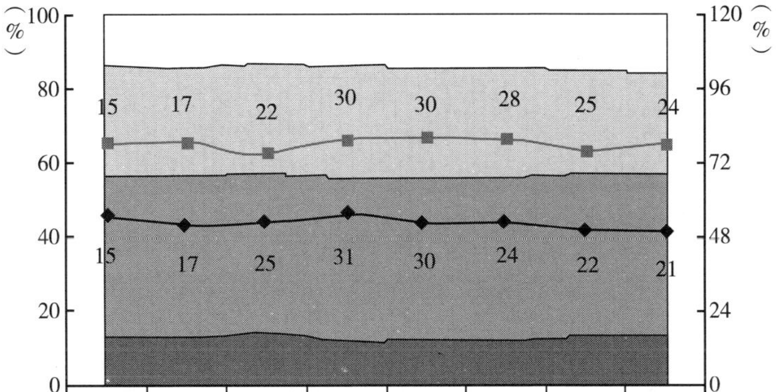

	2000年	2005年	2010年	2012年	2013年	2014年	2015年	2016年
（1）非物消费	124.55	232.78	418.94	620.46	767.11	910.83	1070.79	1269.01
（2）物质消费	292.76	462.75	920.22	1391.66	1512.46	1835.37	1995.41	2172.52
（3）总消费	417.31	695.53	1339.16	2012.12	2279.57	2746.20	3066.20	3441.53
（4）居民积蓄	120.12	200.37	454.73	527.98	611.83	740.76	960.04	1059.31
物质消费比	54.47	51.65	51.30	54.79	52.31	52.64	49.56	48.27
居民消费比	77.65	77.63	74.65	79.21	78.84	78.76	76.16	76.46

图1　新疆城乡主要民生数据增长变化基本情况

左轴面积：城乡居民（1）非物消费、（2）物质消费、（3）总消费、（4）积蓄总量（亿元转换为%），（1）+（2）=（3），（3）+（4）=居民收入，各项数值间呈直观比例。右轴曲线：物质消费比、居民消费比（占居民收入比），二者之差即为非物消费比，二者之比即为物质消费比重（占总消费比）（%），二者之差再与居民消费比之比即为非物消费比重。标注物质消费比、居民消费比省域排序位次。

1. 城乡居民收入、积蓄财富总量增长简况

2000～2016年，新疆城乡居民收入总量年均增长14.21%，积蓄总量年均增长14.57%。在这16年间，居民收入年均增长率高于产值增长1.20个百分点，低于财政收入增长4.91个百分点。

2. 城乡居民消费总量及其分类增长状况

2000～2016年，新疆城乡居民消费总量年均增长14.10%。在这16年间，居民消费年均增长率高于产值增长1.09个百分点，低于财政支出增长

7.10 个百分点。

同期，新疆城乡居民物质消费总量年均增长 13.35%。在这 16 年间，物质消费年均增长率低于居民收入增长 0.86 个百分点，低于总消费增长 0.75 个百分点。

同期，新疆城乡居民非物消费总量年均增长 15.61%。在这 16 年间，非物消费年均增长率高于居民收入增长 1.40 个百分点，高于总消费增长 1.51 个百分点。

3. 城乡居民消费需求相关比值变化状况

在新疆居民收入当中，2002 年有 79.70% 用于全部生活消费支出，为历年最高比值；2003 年仅有 74.57% 用于全部生活消费支出，为历年最低（最佳）比值；2001 年有 54.88% 用于物质消费支出，为历年最高比值；2016 年仅有 48.27% 用于物质消费支出，为历年最低（最佳）比值。居民收入与总消费之差即为居民积蓄，物质消费与总消费之差即为非物消费。

2000 年以来 16 年间，新疆居民消费比降低 1.19 个百分点，同时物质消费比亦降低 6.20 个百分点，反过来导致非物消费比升高 5.01 个百分点。继续深入分析，居民消费比与物质消费比升降方向及其程度有差异，意味着物质消费占总消费比重变化，反过来又导致非物消费占总消费比重变化。由这些相对比值关系变化就能够看出民生消费需求态势，从中体现出民生发展的基本走向。

二　新疆居民总消费增长及相关性分析

居民总消费及其相关性分析为民生消费需求检测系统的二级子系统之首。新疆城乡居民总消费及其相关性变动态势见图 2。

1. 城乡综合人均值及地区差变动状况

2000 ~ 2016 年，新疆城乡居民人均总消费年均增长 12.17%（由于人口增长，人均值增长率略低于总量增长率）。人均值地区差最小（最佳，后

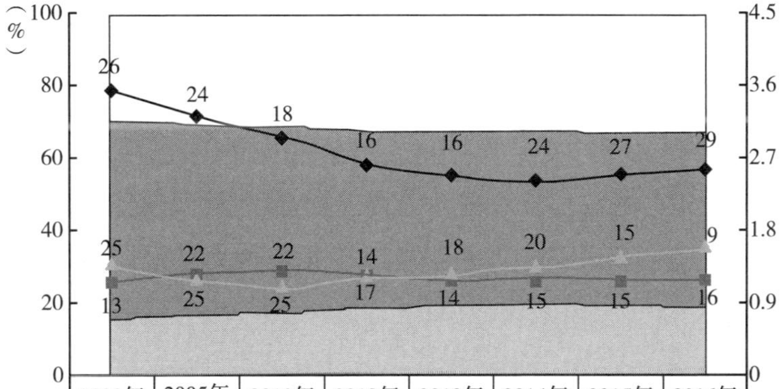

	2000年	2005年	2010年	2012年	2013年	2014年	2015年	2016年
城乡人均消费	2303.68	3501.26	6165.42	9060.54	10137.99	12037.44	13164.72	14467.10
城镇人均消费	4422.93	6207.52	10197.09	13891.72	15206.16	17684.52	19414.74	21228.50
乡村人均消费	1236.45	1924.41	3457.88	5301.25	6119.06	7365.32	7697.95	8277.00
人均值城乡比	3.5771	3.2257	2.9489	2.6205	2.4850	2.4011	2.5221	2.5648
人均值地区差	1.1921	1.2764	1.2970	1.2120	1.2007	1.1793	1.1756	1.1721
居民消费率	31.25	26.71	24.63	26.81	27.00	29.61	32.88	35.66

图2　新疆城乡居民总消费及其相关性变动态势

左轴面积：城乡综合、城镇、乡村居民总消费人均值（元转换为%），各项数值间呈直观比例。右轴曲线：居民总消费城乡比（乡村＝1）、地区差（无差距＝1）。左轴曲线：居民消费率（与产值比）（%）。标注居民消费率及其城乡比、地区差省域排序位次。另需说明，近年年鉴始发布2014年以来城乡人均值数据，但与总量数据之间存在演算误差，对应同时发布的产值人均值和总量分别演算相应消费率有出入，本文恢复自行演算城乡人均值。

同）值为2001年的1.1589，最大值为2009年的1.2976。在这16年间，新疆居民总消费地区差缩小了1.68%。这意味着，新疆与其余各地居民总消费增长的同步均衡性略微增强，体现出“全面小康”建设进程在缩小居民总消费地区差距方面的有效进展。

由于其他省域相应变化，新疆地区差位次从2000年第13位降至2016年第16位。按照本项检测的推演测算，2020年新疆居民总消费地区差应为1.1574，相比当前将略微缩减；2035年新疆居民总消费地区差应为1.0926，相比当前将继续较明显缩减。

2. 城镇与乡村人均值及城乡比变动状况

2000～2016年，新疆城镇居民人均总消费年均增长10.30%，乡村居民人均总消费年均增长 12. 62%，乡村年均增长率高于城镇 2. 32 个百分点。城乡之间增长相关系数为 0. 5604，即历年增长同步程度 56. 04%，呈很弱正相关性。倘若用城乡各自年度增长指数绘制出两条曲线，就可以看出，二者历年增长难显并行，其间均衡度稍差。

同期，新疆居民总消费城乡比最小（最佳，后同）值为 2014 年的 2. 4011，最大值为 2002 年的 3. 9925。在这 16 年间，新疆居民总消费城乡比缩小了 28. 30%。这意味着，新疆城乡之间居民总消费增长的同步均衡性明显增强，体现出“全面小康”建设进程在缩小居民总消费城乡差距方面的有效进展。

由于其他省域相应变化，新疆城乡比位次从 2000 年第 26 位降至 2016 年第 29 位。按照本项检测的推演测算，2020 年新疆居民总消费城乡比应为 2. 3601，相比当前将明显缩减；2035 年新疆居民总消费城乡比应为 1. 7277，相比当前将继续极显著缩减。

3. 城乡综合居民消费率历年变化状况

2000 ~2016 年，新疆居民消费率上升了 4. 41 个百分点，其中“十二五”以来陡升 11. 03 个百分点。应对国际金融危机实施“拉动内需，扩大消费，改善民生”国策以来，直到进入“十二五”期间，新疆居民消费率开始略有回升。由于其他省域相应变化，新疆居民消费率位次从 2000 年第 25 位升至 2016 年第 9 位。

在这 16 年间，新疆居民消费率最高（最佳）值为 2016 年的 35. 66%，最低值为 2010 年的 24. 63%，近年来达到历年最佳值。这意味着，当地居民消费拉动经济增长的同步协调性有所增强。还应注意，新疆居民消费率上升程度小于当地居民收入比上升程度，反过来即意味着居民积蓄率上升，同时亦即积蓄对消费的抑制作用加重。

三　新疆居民物质消费结构性分析

新疆居民物质消费分类结构性关系见图 3。

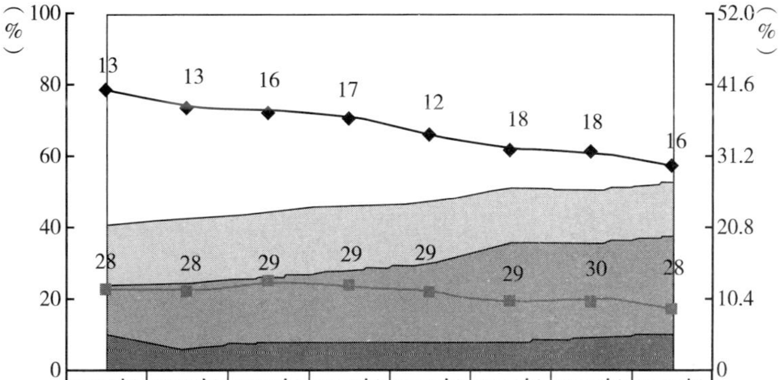

	2000年	2005年	2010年	2012年	2013年	2014年	2015年	2016年
食品消费人均	950.09	1338.98	2318.60	3356.14	3510.04	3893.71	4177.31	4323.40
衣着消费人均	269.38	412.39	789.69	1130.65	1171.19	1221.96	1308.01	1310.47
居住消费人均	228.62	421.01	776.81	1240.80	1469.71	2250.40	2270.57	2551.73
用品消费人均	168.03	157.10	351.50	539.03	575.46	678.91	811.41	947.00
食品消费比重	41.242	38.243	37.607	37.041	34.623	32.347	31.731	29.884
衣着消费比重	11.693	11.778	12.808	12.479	11.552	10.151	9.936	9.058

图3　新疆居民物质消费分类结构性关系

左轴面积：城乡综合演算的居民物质消费单项（食品烟酒、衣着、居住、生活用品及服务四项）人均值（元转换为%），各项数值间呈直观比例。右轴曲线：食品、衣着消费比重（占总消费比，取3位小数对应整个物质消费比重演算小数四舍五入协调）（%），显示衣食温饱需求消费支出占总消费比。标注食品、衣着消费比重省域排序位次（物质消费比重以低为佳取倒序）。

1. 食品消费人均值增长及其比重变化

2000～2016年，新疆城乡居民人均食品消费年均增长9.93%。人均值地区差最小值为2014年的1.1428，最大值为2006年的1.3125；城乡比最小值为2014年的2.1768，最大值为2003年的2.9791。在这16年间，新疆居民食品消费地区差缩小了3.89%，城乡比缩小了9.54%。由于其他省域相应变化，新疆地区差位次从2000年第19位升至2016年第14位，城乡比位次从2000年第22位降至2016年第27位。

同期，新疆居民食品消费比重降低了11.36个百分点。最低（最佳，物质消费占比以低为佳，后同）比重值为2016年的29.88%，最高比重值为2000年的41.24%。由于其他省域相应变化，新疆比重位次从2000年第13

位降至 2016 年第 16 位。可以看出，进入“全面小康”建设进程以来，新疆居民食品消费“最基本需求”所占比重越来越低，这间接反映出人民生活从温饱“基本小康”向富余“全面小康”的发展进步。

2. 衣着消费人均值增长及其比重变化

2000 ~2016 年，新疆城乡居民人均衣着消费年均增长 10. 39% 。人均值地区差最小值为 2012 年的 1. 0059，最大值为 2002 年的 1. 2179；城乡比最小值为 2016 年的 2. 7680，最大值为 2002 年的 6. 1242。在这 16 年间，新疆居民衣着消费地区差缩小了 5. 67% ，城乡比缩小了 45. 23% 。由于其他省域相应变化，新疆地区差位次从 2000 年第 10 位升至 2016 年第 6 位，城乡比位次从 2000 年第 16 位升至 2016 年第 13 位。

同期，新疆居民衣着消费比重降低了 2. 64 个百分点。最低比重值为 2016 年的 9. 06% ，最高比重值为 2007 年的 13. 18% 。由于其他省域相应变化，新疆比重位次保持第 28 位不变。可以看到，在食品消费比重持续明显下降的同时，新疆居民衣着消费比重也有所降低。

3. 居住消费人均值增长及其比重变化

2000 ~2016 年，新疆城乡居民人均居住消费年均增长 16. 27% 。人均值地区差最小值为 2013 年的 1. 0238，最大值为 2009 年的 1. 3497；城乡比最小值为 2013 年的 0. 7854，最大值为 2001 年的 2. 5265。在这 16 年间，新疆居民居住消费地区差缩小了 0. 17% ，城乡比扩大了 7. 36% 。由于其他省域相应变化，新疆地区差位次保持第 21 位不变，城乡比位次从 2000 年第 17 位降至 2016 年第 19 位。

同期，新疆居民居住消费比重增高了 7. 71 个百分点。最低比重值为 2000 年的 9. 92% ，最高比重值为 2014 年的 18. 70% 。由于其他省域相应变化，新疆比重位次从 2000 年第 7 位升至 2016 年第 4 位。可以看到，在物质消费比重普遍明显下降的同时，新疆居民居住消费“刚需”所占比重提升很大，这都是人们追求私家住房之“梦”带来的结果。

在图 3 里不难看出，2014 年居住消费人均值陡然高升，这是国家统计局首次提供城乡综合人均值数据带来的变化，本项检测自行演算人均值则还要略高一点。或许可以这样理解，各地居民受调查户样本的长期偏差近年得到修正，由私家住房相对普及带来的居住消费剧增得以体现。

4. 用品消费人均值增长及其比重变化

2000～2016年，新疆城乡居民人均用品消费年均增长11.41%。人均值地区差最小值为2016年的1.1126，最大值为2009年的1.3996；城乡比最小值为2014年的3.1910，最大值为2001年的9.2263。在这16年间，新疆居民用品消费地区差缩小了5.62%，城乡比缩小了57.10%。由于其他省域相应变化，新疆地区差位次从2000年第6位降至2016年第12位，城乡比位次从2000年第29位降至2016年第31位。

同期，新疆居民用品消费比重降低了0.75个百分点。最低比重值为2003年的4.43%，最高比重值为2000年的7.29%。由于其他省域相应变化，新疆比重位次从2000年第21位降至2016年第24位。

本项检测将全部物质消费视为"全面小康"人民生活必需消费，只看食品消费或者扩大为衣食温饱显然已不具有足够的解释力。不难看出，新疆居民食品消费比重下降"让出"的余地却被居住消费比重上升"抢占"，这两项冲抵仅仅留给处在上位的物质消费比重下降3.64个百分点（另综合衣着、用品消费比重变化，整个物质消费比重下降7.03个百分点），否则2000年以来16年间新疆居民整个物质消费比重理当显著下降。

四　新疆居民非物消费结构性分析

（一）非物生活分类消费增长分析

新疆居民非物消费分类结构性关系见图4。

1. 交通消费人均值增长及其比重变化

2000～2016年，新疆城乡居民人均交通消费年均增长17.89%。人均值地区差最小值为2015年的1.1104，最大值为2010年的1.3870；城乡比最小值为2014年的2.3818，最大值为2002年的8.8037。在这16年间，新疆

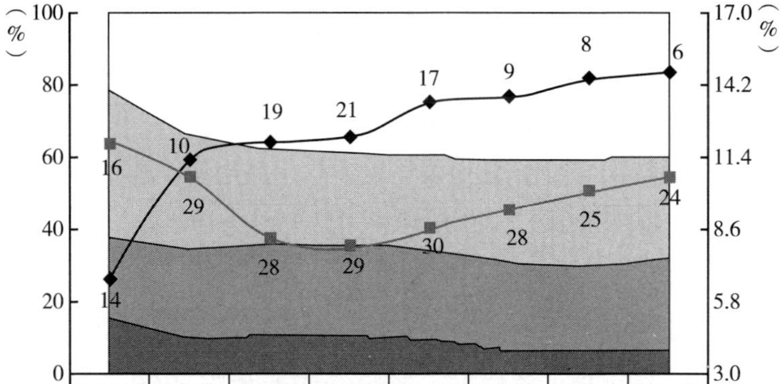

	2000年	2005年	2010年	2012年	2013年	2014年	2015年	2016年
交通消费人均	151.47	394.35	733.17	1090.09	1364.51	1642.58	1889.07	2109.53
文教消费人均	271.55	373.60	508.52	707.70	866.77	1117.01	1319.47	1523.44
医疗消费人均	159.70	290.73	472.80	699.49	852.71	986.01	1098.23	1366.83
其他消费人均	104.84	113.11	214.32	296.64	327.61	246.86	290.65	334.71
交通消费比重	6.575	11.263	11.892	12.031	13.459	13.646	14.349	14.582
文教消费比重	11.788	10.670	8.248	7.811	8.550	9.279	10.023	10.530

图4　新疆居民非物消费分类结构性关系

左轴面积：城乡综合演算的居民非物消费单项（交通通信、教育文化娱乐、医疗保健、其他用品及服务四项）人均值（元转换为%），各项数值间呈直观比例。右轴曲线（%）：交通通信、教育文化娱乐消费比重（占总消费比，取3位小数对应整个非物消费比重演算小数四舍五入协调）（%），显示社会生活交往、精神文化生活需求变化。标注交通通信、教育文化娱乐消费比重省域排序位次。

居民交通消费地区差缩小了10.20%，城乡比缩小了53.78%。由于其他省域相应变化，新疆地区差位次从2000年第11位升至2016年第6位，城乡比位次保持第21位不变。

同期，新疆居民交通消费比重增高了8.01个百分点。最高（最佳，非物消费占比以高为佳，后同）比重值为2016年的14.58%，最低比重值为2000年的6.57%。由于其他省域相应变化，新疆比重位次从2000年第14位升至2016年第6位。由此不难发现，交通消费比重持续显著增高，可以视为新疆居民社会生活交往需求高涨的具体表现。

2. 文教消费人均值增长及其比重变化

2000～2016年，新疆城乡居民人均文教消费年均增长11.38%。人均值地区差最小值为2000年的1.2090，最大值为2009年的1.4956；城乡比最小值为2014年的2.8983，最大值为2002年的8.3223。在这16年间，新疆居民文教消费地区差扩大了1.11%，城乡比缩小了40.74%。由于其他省域相应变化，新疆地区差位次从2000年第14位降至2016年第16位，城乡比位次从2000年第28位降至2016年第29位。

同期，新疆居民文教消费比重降低了1.26个百分点。最高比重值为2002年的13.03%，最低比重值为2012年的7.81%。由于其他省域相应变化，新疆比重位次从2000年第16位降至2016年第24位。这里发现一个问题，多年以来许多研究者预期“精神文化消费需求高涨”，这样的局面迄今尚未在新疆居民人群里出现。

3. 医疗消费人均值增长及其比重变化

2000～2016年，新疆城乡居民人均医疗消费年均增长14.36%。人均值地区差最小值为2016年的1.0299，最大值为2004年的1.2308；城乡比最小值为2014年的1.8279，最大值为2000年的4.4868。在这16年间，新疆居民医疗消费地区差缩小了2.59%，城乡比缩小了49.08%。由于其他省域相应变化，新疆地区差位次从2000年第4位升至2016年第2位，城乡比位次从2000年第25位降至2016年第28位。

同期，新疆居民医疗消费比重增高了2.52个百分点。最高比重值为2016年的9.45%，最低比重值为2001年的6.23%。由于其他省域相应变化，新疆比重位次从2000年第12位升至2016年第9位。

4. 其他消费人均值增长及其比重变化

2000～2016年，新疆城乡居民人均其他消费年均增长7.52%。人均值地区差最小值为2001年的1.0525，最大值为2014年的1.3212；城乡比最小值为2002年的4.3798，最大值为2009年的9.2189。在这16年间，新疆居民其他消费地区差扩大了2.87%，城乡比扩大了13.29%。由于其他省域相应变化，新疆地区差位次从2000年第13位升至2016年第10位，城乡比位次从2000年第15位降至2016年第30位。

同期，新疆居民其他消费比重降低了2.24个百分点。最高比重值为

2001 年的 5. 18%，最低比重值为 2014 年的 2. 05%。由于其他省域相应变化，新疆比重位次从 2000 年第 13 位降至 2016 年第 16 位。

恩格尔系数检测仅能对应“基本小康”阶段，即使扩展为整个物质消费也难以适用于“全面小康”进程。为此，本项检测将全部非物消费视为“全面小康”民生应有消费。综合新疆居民交通、文教、医疗、其他消费比重变化，16 年间整个非物消费比重上升 7. 03 个百分点。

实际说来，“交通消费”作为“交通通信消费”简称，包含通信消费，而通信消费里的信息内容消费部分显然应当归属于精神消费。假设新疆居民信息内容消费占通信消费一半，通信消费又占整个交通通信消费一半，那么信息内容消费比重则上升 2. 00 个百分点，再与文教消费比重变化合并演算，2000 年以来 16 年间新疆居民精神消费比重理当上升 0. 74 个百分点。

至此可以归纳对比城乡居民物质生活、非物生活分类单项消费的增长变化差异。2000 年以来 16 年间，新疆各类消费人均值年均增长率、比重值升降变化（百分比演算更为精确）排序：交通消费年增 17. 89%，比重上升 121. 77% 为最高；居住消费年增 16. 27%，比重上升 77. 73% 为次高；医疗消费年增 14. 36%，比重上升 36. 28% 为第三高；用品消费年增 11. 41%，比重下降 10. 26% 为第四高；文教消费年增 11. 38%，比重下降 10. 67% 为第五高；衣着消费年增 10. 39%，比重下降 22. 53% 为第六高；食品消费年增 9. 93%，比重下降 27. 54% 为次低；其他消费年增 7. 52%，比重下降 49. 16% 为最低。

（二）居民收入、积蓄与非物消费之间增长关系

分析居民收入、积蓄与非物生活各项消费之间增长关系，可以检测究竟是什么因素对居民非物生活各项消费增长产生重要影响。新疆居民收入、积蓄与非物消费增长态势见图 5，因相关系数分析需有历年不间断增长指数，而制图空间有限故截取 2000 ~ 2010 年（后台检测 2000 ~ 2016 年）。

1. 居民收入与非物消费历年增长相关性

2000 ~ 2010 年，标号（1）居民收入与（2）交通消费历年增长之间，

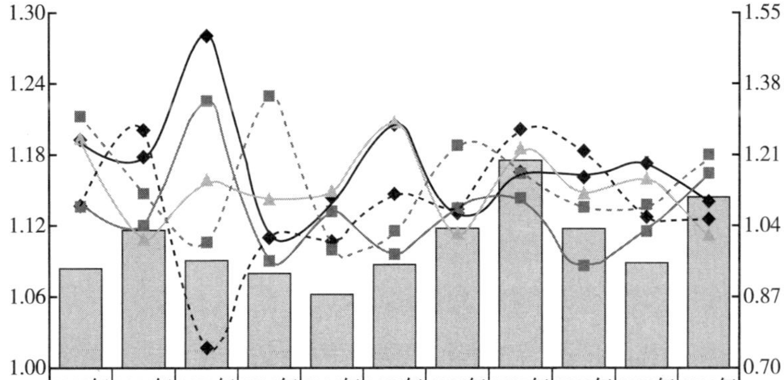

	2000年	2001年	2002年	2003年	2004年	2005年	2006年	2007年	2008年	2009年	2010年
(1)居民收入	1.0844	1.1158	1.0925	1.0795	1.0619	1.0880	1.1177	1.1768	1.1172	1.0882	1.1453
(2)交通通信	1.2435	1.2001	1.4936	1.0207	1.1055	1.2872	1.0609	1.1651	1.1549	1.1881	1.0962
(3)文教娱乐	1.0860	1.0358	1.3354	0.9556	1.0721	0.9708	1.0864	1.1035	0.9432	1.0304	1.1682
(4)医疗保健	1.2641	1.0046	1.1455	1.0993	1.1199	1.2850	1.0176	1.2179	1.1150	1.1514	1.0221
(5)其他消费	1.0907	1.2702	0.7487	1.0147	1.0006	1.1174	1.0815	1.2730	1.2214	1.0626	1.0604
(6)居民积蓄	1.3067	1.1115	0.9960	1.3524	0.9867	1.0297	1.2336	1.1668	1.0883	1.0926	1.2127

图5　新疆居民收入、积蓄与非物消费增长态势

左轴柱形：居民收入年增指数，右轴曲线：非物消费各单项、积蓄年增指数，上年＝1（小于1为负增长）。曲线（2）与（6）之间大体形成横向镜面峰谷对应水中倒影负相关关系。

相关系数为－0.1410，亦即在14.10%程度上逆向变动，呈很弱负相关性；与（3）文教消费历年增长之间，相关系数为0.1687，亦即在16.87%程度上同步变动，呈极弱正相关性；与（4）医疗消费历年增长之间，相关系数为－0.1822，亦即在18.22%程度上逆向变动，呈很弱负相关性。

这些数据之间的增长相关性表明，新疆居民收入增高也不能“必然”带来本地居民生活消费向着非物质需求，尤其是精神文化需求方向“升级”。

2. 居民积蓄与非物消费历年增长相关性

2000～2010年，标号（6）居民积蓄与（2）交通消费历年增长之间，相关系数为－0.5451，亦即在54.51%程度上逆向变动，呈较强负相关性；与（3）文教消费历年增长之间，相关系数为－0.2230，亦即在22.30%程度上逆向变动，呈很弱负相关性；与（4）医疗消费历年增长之间，相关系数为 -0.1252，亦即在12.52%程度上逆向变动，呈很弱负相关性。

在当地这些数据之间的增长相关性中，相互间影响的正反方向、强弱程度已经不言自明。

图5中可见，在（2）交通消费与（6）居民积蓄增长曲线之间，形成横向镜面峰谷对应水中倒影，其间呈54.51%逆向增长相关性。“积蓄负相关性”对于交通消费基本成立，对于文教消费不明显，对于医疗消费不明显，对于其他消费不成立。经后台数据库扩展演算，文教消费与积蓄增长之间2001~2005年长时段逆向程度为53.59%，呈较强负相关；2000~2004年逆向极值达62.08%，呈很强负相关。

显然，新疆居民积蓄增长已经严重地抑制了本地居民消费向着扩展社会生活交往方向更快地“升级”。

五　新疆民生消费需求景气指数检测

新疆民生消费需求景气指数变动态势见图6。

1. 各年度理想值横向检测指数

假定新疆各类民生数据城乡、地区无差距理想值为100，2016年新疆城乡民生需求景气指数为84.27，低于无差距理想值15.73%，但高于上年（2015年）检测指数0.39个点。新疆此项检测指数在省域间排行变化，2000年为第30位，2005年为第27位，2010年与之持平，2016年从上年第26位上升为第23位。

各年度（包括图中省略年度）此项检测指数对比，全部各个年度均低于无差距理想值100；2001年、2004年、2007年、2011~2012年、2014年、2016年7个年度高于上年检测指数值。其中，历年民生指数最高值为2016年的84.27，最低值为2006年的76.04。

2. 2000年以来基数值纵向检测指数

以“全面小康”建设进程起点年“九五”末年2000年数据指标演算基

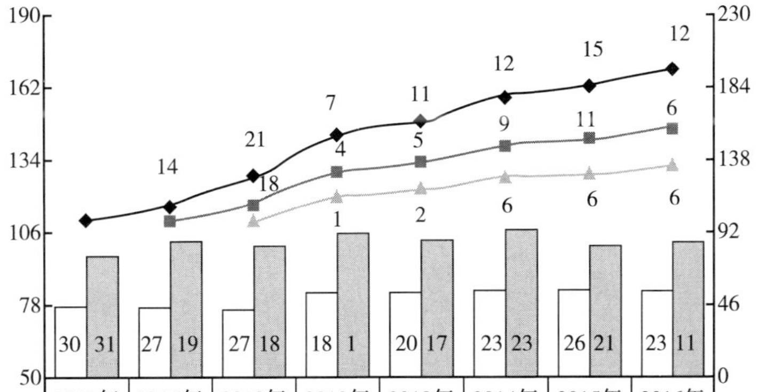

	2000年	2005年	2010年	2012年	2013年	2014年	2015年	2016年
横向理想测评	78.75	77.50	77.15	83.65	83.48	84.02	83.88	84.27
纵向基数测评(1)	96.85	102.81	101.35	106.26	103.01	106.82	100.97	102.75
纵向基数测评(2)	100.00	109.43	125.69	153.45	162.45	178.88	184.52	194.63
纵向基数测评(3)	—	100.00	109.76	130.24	136.10	147.36	150.79	157.70
纵向基数测评(4)	—	—	100.00	115.26	119.02	127.61	129.02	133.60

图6　新疆民生消费需求景气指数变动态势

左轴柱形：左历年横向测评（城乡、地区无差距理想值＝100）；右逐年纵向测评（1），上年基数值＝100。右轴曲线：时段纵向测评（起点年基数值＝100），（2）以2000年为起点（“十五”以来，以“九五”末年为基点，后同），（3）以2005年为起点（“十一五”以来），（4）以2010年为起点（“十二五”以来）。标注各类测评结果省域排序位次。

数值为100，2016年新疆城乡民生需求景气指数为194.63，高于起点年基数值94.63%，也高于上年（2015年）检测指数10.11个点。新疆此项检测指数在省域间排行变化，2000年起点不计，2005年为第14位，2010年为第21位，2016年从上年第15位上升为第12位。

各年度（包括图中省略年度）此项检测指数对比，全部各个年度均高于起点年基数值100；2002年、2004～2005年、2007～2016年13个年度高于上年检测指数值。其中，历年民生指数最高值为2016年的194.63，最低值为2003年的101.70。

3. 2005年以来基数值纵向检测指数

以“全面小康”建设进程第一个五年期“十五”末年2005年数据指标演算基数值为100，2016年新疆城乡民生需求景气指数为157.70，高于起点年基数值57.70%，也高于上年（2015年）检测指数6.91个点。新疆此项检测指数在省域间排行变化，2005年起点不计，2010年为第18位，2016年从上年第11位上升为第6位。

各年度（包括图中省略年度）此项检测指数对比，2007～2016年10个年度高于起点年基数值100；全部各个年度均高于上年检测指数值。其中，历年民生指数最高值为2016年的157.70，最低值为2006年的98.39。

4. 2010年以来基数值纵向检测指数

以“全面小康”建设进程第二个五年期“十一五”末年2010年数据指标演算基数值为100，2016年新疆城乡民生需求景气指数为133.60，高于起点年基数值33.60%，也高于上年（2015年）检测指数4.58个点。新疆此项检测指数在省域间排行变化，2010年起点不计，2012年为第1位，2016年与上年持平，皆为第6位。

各年度（包括图中省略年度）此项检测指数对比，全部各个年度均高于起点年基数值100；全部各个年度均高于上年检测指数值。其中，历年民生指数最高值为2016年的133.60，最低值为2011年的108.31。

5. 逐年度基数值纵向检测指数

以上一年（2015年）起点数据指标演算基数值为100，2016年新疆城乡民生需求景气指数为102.75，高于起点年基数值2.75%，也高于上年检测指数1.78个点。新疆此项检测指数在省域间排行变化，2000年为第31位，2005年为第19位，2010年为第18位，2016年从上年第21位上升为第11位。

各年度（包括图中省略年度）此项检测指数对比，2001～2002年、2004～2005年、2007年、2009～2016年13个年度高于起点年基数值100；2001年、2004年、2007年、2009年、2011年、2014年、2016年7个年度高于上年检测指数值。其中，历年民生指数最高值为2011年的108.31，最低值为2000年的96.85。

ℝ.19

湖北：2015～2016年民生需求景气提升第6位

程　希*

摘　要： 2000～2016年，湖北城乡综合演算的各类民生消费数据人均值持续稳步增长，2016年居民总消费为2000年的5.84倍，物质消费为5.24倍，非物消费为7.44倍。物质消费比重显著下降7.49个百分点，非物消费比重显著增高7.49个百分点，消费结构出现很大升级变化。但居民消费率从44.01%极显著下降至29.05%，“十二五”期间略有回升。尤其应注意，居民消费支出年均增长极显著低于财政支出年增7.99个百分点。居民积蓄率从21.95%持续显著升高至27.49%，反过来对消费需求的抑制作用加重。居民非物消费地区差逐渐缩小，但居民总消费、物质消费地区差继续扩大；居民总消费、物质消费、非物消费城乡比逐渐缩小。

关键词： 湖北　民生消费　需求景气　检测评价

一　湖北人民生活主要数据相关情况

湖北城乡主要民生数据增长变化基本情况见图1，限于制图容量，图中

---

* 程希，云南省消费市场监测与研究中心市场分析师，主要从事市场应急相关研究。

未直接列出居民收入数据，而注明可据其他数据推算，另产值、财政收入、财政支出数据置于后台进行相关演算。

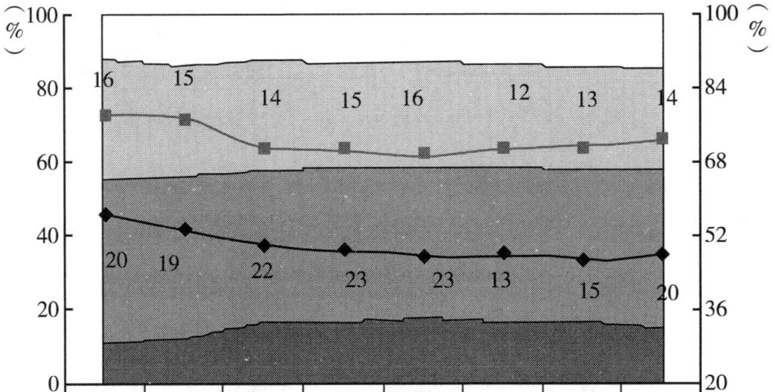

	2000年	2005年	2010年	2012年	2013年	2014年	2015年	2016年
（1）非物消费	450.73	797.56	1258.87	1825.81	2066.90	2439.72	2874.95	3307.20
（2）物质消费	1196.81	1710.04	3035.35	4141.41	4529.01	5161.40	5597.42	6181.57
（3）总消费	1647.54	2507.60	4294.22	5967.22	6595.91	7601.12	8472.37	9488.77
（4）居民积蓄	463.21	739.31	1757.16	2507.27	2926.47	3179.66	3428.45	3598.06
物质消费比	56.70	52.67	50.16	48.87	47.56	47.88	47.03	47.24
居民消费比	78.05	77.23	70.96	70.41	69.27	70.51	74.19	72.51

图1　湖北城乡主要民生数据增长变化基本情况

左轴面积：城乡居民（1）非物消费、（2）物质消费、（3）总消费、（4）积蓄总量（亿元转换为%），（1）+（2）=（3），（3）+（4）=居民收入，各项数值间呈直观比例。右轴曲线：物质消费比、居民消费比（占居民收入比），二者之差即为非物消费比，二者之比即为物质消费比重（占总消费比）（%），二者之差再与居民消费比之比即为非物消费比重。标注物质消费比、居民消费比省域排序位次。

1. 城乡居民收入、积蓄财富总量增长简况

2000～2016 年，湖北城乡居民收入总量年均增长 12.08%，积蓄总量年均增长 13.67%。在这 16 年间，居民收入年均增长率低于产值增长 2.81 个百分点，低于财政收入增长 6.10 个百分点。

2. 城乡居民消费总量及其分类增长状况

2000～2016 年，湖北城乡居民消费总量年均增长 11.56%。在这 16 年间，居民消费年均增长率低于产值增长 3.33 个百分点，低于财政支出增长

7.99个百分点。

同期，湖北城乡居民物质消费总量年均增长10.81%。在这16年间，物质消费年均增长率低于居民收入增长1.27个百分点，低于总消费增长0.75个百分点。

同期，湖北城乡居民非物消费总量年均增长13.27%。在这16年间，非物消费年均增长率高于居民收入增长1.19个百分点，高于总消费增长1.71个百分点。

3. 城乡居民消费需求相关比值变化状况

在湖北居民收入当中，2002年有78.81%用于全部生活消费支出，为历年最高比值；2013年仅有69.27%用于全部生活消费支出，为历年最低（最佳）比值；2000年有56.70%用于物质消费支出，为历年最高比值；2015年仅有47.03%用于物质消费支出，为历年最低（最佳）比值。居民收入与总消费之差即为居民积蓄，物质消费与总消费之差即为非物消费。

2000年以来16年间，湖北居民消费比降低5.54个百分点，同时物质消费比亦降低9.46个百分点，反过来导致非物消费比升高3.92个百分点。继续深入分析，居民消费比与物质消费比升降方向及其程度有差异，意味着物质消费占总消费比重变化，反过来又导致非物消费占总消费比重变化。由这些相对比值关系变化就能够看出民生消费需求态势，从中体现出民生发展的基本走向。

二　湖北居民总消费增长及相关性分析

居民总消费及其相关性分析为民生消费需求检测系统的二级子系统之首。湖北城乡居民总消费及其相关性变动态势见图2。

1. 城乡综合人均值及地区差变动状况

2000～2016年，湖北城乡居民人均总消费年均增长11.66%（由于人口增长，人均值增长率略低于总量增长率）。人均值地区差最小（最佳，后

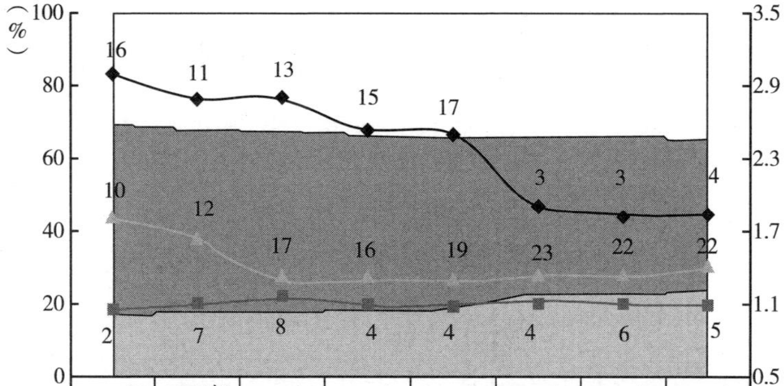

	2000年	2005年	2010年	2012年	2013年	2014年	2015年	2016年
城乡人均消费	2769.44	4276.98	7502.20	10344.94	11393.86	13088.46	14523.02	16169.68
城镇人均消费	4644.50	6736.56	11450.97	14495.97	15749.50	16681.41	18192.28	20040.03
乡村人均消费	1555.61	2430.19	4090.78	5726.73	6279.52	8680.93	9803.15	10938.30
人均值城乡比	2.9856	2.7720	2.7992	2.5313	2.5081	1.9216	1.8558	1.8321
人均值地区差	1.0288	1.1160	1.1445	1.1003	1.1017	1.1077	1.0906	1.0747
居民消费率	44.01	37.42	26.88	26.82	26.61	27.76	28.67	29.05

图2　湖北城乡居民总消费及其相关性变动态势

左轴面积：城乡综合、城镇、乡村居民总消费人均值（元转换为%），各项数值间呈直观比例。右轴曲线：居民总消费城乡比（乡村 = 1）、地区差（无差距 = 1）。左轴曲线：居民消费率（与产值比）（%）。标注居民消费率及其城乡比、地区差省域排序位次。另需说明，近年年鉴始发布2014年以来城乡人均值数据，但与总量数据之间存在演算误差，对应同时发布的产值人均值和总量分别演算相应消费率有出入，本文恢复自行演算城乡人均值。

同）值为2000年的1.0288，最大值为2010年的1.1445。在这16年间，湖北居民总消费地区差扩大了4.46%。这意味着，湖北与其余各地居民总消费增长的同步均衡性略微减弱，体现出“全面小康”建设进程在缩小居民总消费地区差距方面的成效欠佳。

由于其他省域相应变化，湖北地区差位次从2000年第2位降至2016年第5位。按照本项检测的推演测算，2020年湖北居民总消费地区差应为1.0825，相比当前将略微扩增；2035年湖北居民总消费地区差应为1.1278，相比当前将继续较明显扩增。

2. 城镇与乡村人均值及城乡比变动状况

2000～2016年，湖北城镇居民人均总消费年均增长9.57%，乡村居民人均总消费年均增长12.96%，乡村年均增长率高于城镇3.39个百分点。城乡之间增长相关系数为0.0034，即历年增长同步程度0.34%，呈极弱正相关性。

同期，湖北居民总消费城乡比最小（最佳，后同）值为2016年的1.8321，最大值为2003年的3.3099。在这16年间，湖北居民总消费城乡比缩小了38.64%。这意味着，湖北城乡之间居民总消费增长的同步均衡性显著增强，体现出“全面小康”建设进程在缩小居民总消费城乡差距方面的有效进展。

由于其他省域相应变化，湖北城乡比位次从2000年第16位升至2016年第4位。按照本项检测的推演测算，2020年湖北居民总消费城乡比应为1.6215，相比当前将明显缩减；2035年湖北居民总消费城乡比应为1.0259，相比当前将继续极显著缩减。

3. 城乡综合居民消费率历年变化状况

2000～2016年，湖北居民消费率下降了14.96个百分点，其中“十二五”以来回升2.17个百分点。应对国际金融危机实施“拉动内需，扩大消费，改善民生”国策以来，直到进入“十二五”期间，湖北居民消费率开始略有回升。由于其他省域相应变化，湖北居民消费率位次从2000年第10位降至2016年第22位。

在这16年间，湖北居民消费率最高（最佳）值为2002年的44.83%，最低值为2011年的26.40%，近年来仍未回复2000年初始值，更未达到2002年最佳值。这意味着，当地居民消费拉动经济增长的同步协调性尚待增强。还应注意，湖北居民消费率下降程度小于当地居民收入比下降程度，反过来即意味着居民积蓄率上升，同时亦即积蓄对消费的抑制作用加重。

三　湖北居民物质消费结构性分析

湖北居民物质消费分类结构性关系见图3。

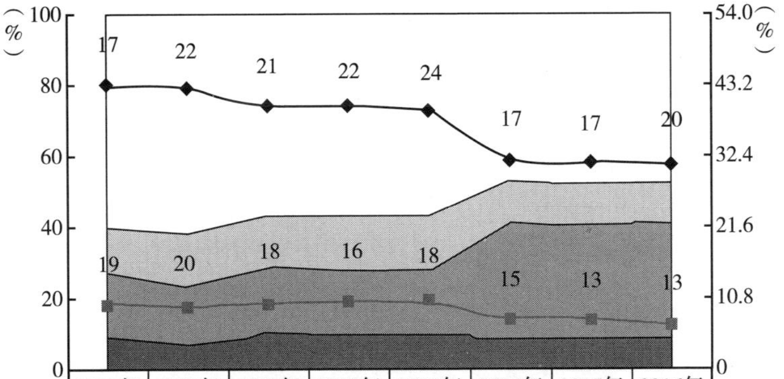

	2000年	2005年	2010年	2012年	2013年	2014年	2015年	2016年
食品消费人均	1201.41	1806.87	2998.85	4094.10	4442.10	4193.11	4570.70	5019.01
衣着消费人均	254.03	417.34	772.91	1088.99	1176.22	1029.10	1097.10	1136.99
居住消费人均	365.96	470.50	988.43	1293.05	1437.64	2842.84	3046.21	3424.55
用品消费人均	190.38	221.95	542.71	703.52	767.52	822.41	880.89	953.38
食品消费比重	43.381	42.246	39.973	39.576	38.987	32.037	31.472	31.040
衣着消费比重	9.172	9.758	10.302	10.527	10.323	7.863	7.554	7.032

图3　湖北居民物质消费分类结构性关系

左轴面积：城乡综合演算的居民物质消费单项（食品烟酒、衣着、居住、生活用品及服务四项）人均值（元转换为%），各项数值间呈直观比例。右轴曲线：食品、衣着消费比重（占总消费比，取3位小数对应整个物质消费比重演算小数四舍五入协调）（%），显示衣食温饱需求消费支出占总消费比。标注食品、衣着消费比重省域排序位次（物质消费比重以低为佳取倒序）。

1. 食品消费人均值增长及其比重变化

2000～2016年，湖北城乡居民人均食品消费年均增长9.35%。人均值地区差最小值为2003年的1.0014，最大值为2010年的1.0775；城乡比最小值为2016年的1.9101，最大值为2011年的2.7441。在这16年间，湖北居民食品消费地区差扩大了2.46%，城乡比缩小了11.20%。由于其他省域相应变化，湖北地区差位次从2000年第1位降至2016年第3位，城乡比位次从2000年第8位降至2016年第16位。

同期，湖北居民食品消费比重降低12.34个百分点。最低（最佳，物质消费占比以低为佳，后同）比重值为2016年的31.04%，最高比重值为2008年的43.68%。由于其他省域相应变化，湖北比重位次从2000年第17

位降至2016年第20位。可以看出，进入“全面小康”建设进程以来，湖北居民食品消费“最基本需求”所占比重越来越低，这间接反映出人民生活从温饱“基本小康”向富余“全面小康”的发展进步。

2. 衣着消费人均值增长及其比重变化

2000～2016年，湖北城乡居民人均衣着消费年均增长9.82%。人均值地区差最小值为2002年的1.0008，最大值为2001年的1.0874；城乡比最小值为2016年的2.7385，最大值为2003年的8.3464。在这16年间，湖北居民衣着消费地区差扩大了1.82%，城乡比缩小了61.17%。由于其他省域相应变化，湖北地区差位次从2000年第5位降至2016年第11位，城乡比位次从2000年第26位升至2016年第10位。

同期，湖北居民衣着消费比重降低2.14个百分点。最低比重值为2016年的7.03%，最高比重值为2011年的10.69%。由于其他省域相应变化，湖北比重位次从2000年第19位升至2016年第13位。可以看到，在食品消费比重持续明显下降的同时，湖北居民衣着消费比重也有所降低。

3. 居住消费人均值增长及其比重变化

2000～2016年，湖北城乡居民人均居住消费年均增长15.00%。人均值地区差最小值为2012年的1.0001，最大值为2006年的1.1786；城乡比最小值为2013年的1.0287，最大值为2000年的3.6456。在这16年间，湖北居民居住消费地区差扩大了4.04%，城乡比缩小了52.42%。由于其他省域相应变化，湖北地区差位次从2000年第7位升至2016年第2位，城乡比位次从2000年第29位升至2016年第3位。

同期，湖北居民居住消费比重增高7.97个百分点。最低比重值为2004年的10.98%，最高比重值为2014年的21.72%。由于其他省域相应变化，湖北比重位次从2000年第27位升至2016年第20位。可以看到，在物质消费比重普遍明显下降的同时，湖北居民居住消费“刚需”所占比重提升很大，这都是人们追求私家住房之“梦”带来的结果。

在图3里不难看出，2014年居住消费人均值陡然高升，这是国家统计局首次提供城乡综合人均值数据带来的变化，本项检测自行演算人均值则还

要略高一点。或许可以这样理解，各地居民受调查户样本的长期偏差近年得到修正，由私家住房相对普及带来的居住消费剧增得以体现。

4. 用品消费人均值增长及其比重变化

2000～2016 年，湖北城乡居民人均用品消费年均增长 10.59%。人均值地区差最小值为 2009 年的 1.0052，最大值为 2004 年的 1.1612；城乡比最小值为 2016 年的 1.7395，最大值为 2002 年的 5.5639。在这 16 年间，湖北居民用品消费地区差扩大了 3.46%，城乡比缩小了 68.00%。由于其他省域相应变化，湖北地区差位次从 2000 年第 4 位降至 2016 年第 10 位，城乡比位次从 2000 年第 16 位升至 2016 年第 4 位。

同期，湖北居民用品消费比重降低 0.98 个百分点。最低比重值为 2004 年的 4.72%，最高比重值为 2010 年的 7.23%。由于其他省域相应变化，湖北比重位次从 2000 年第 15 位升至 2016 年第 13 位。

本项检测将全部物质消费视为“全面小康”人民生活必需消费，只看食品消费或者扩大为衣食温饱显然已不具有足够的解释力。不难看出，湖北居民食品消费比重下降“让出”的余地却被居住消费比重上升“抢占”，这两项冲抵仅仅留给处在上位的物质消费比重下降 4.38 个百分点（另综合衣着、用品消费比重变化，整个物质消费比重下降 7.49 个百分点），否则 2000 年以来 16 年间湖北居民整个物质消费比重理当显著下降。

四　湖北居民非物消费结构性分析

（一）非物生活分类消费增长分析

湖北居民非物消费分类结构性关系见图 4。

1. 交通消费人均值增长及其比重变化

2000～2016 年，湖北城乡居民人均交通消费年均增长 17.22%。人均值地区差最小值为 2002 年的 1.1330，最大值为 2009 年的 1.3940；城乡比最小值为 2016 年的 1.7315，最大值为 2002 年的 5.3789。在这 16 年间，湖北

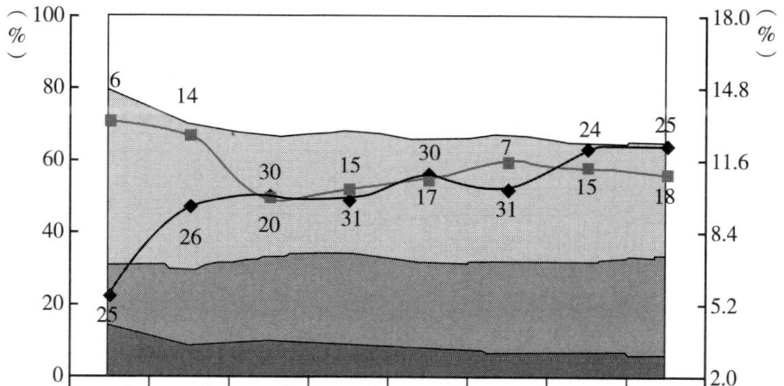

	2000年	2005年	2010年	2012年	2013年	2014年	2015年	2016年
交通消费人均	154.44	406.15	736.51	1012.67	1221.13	1359.58	1745.57	1962.17
文教消费人均	365.94	543.28	740.05	1056.77	1225.83	1497.55	1598.66	1772.62
医疗消费人均	124.41	291.46	487.28	822.37	845.32	1061.85	1264.69	1546.01
其他消费人均	112.88	119.43	235.46	273.48	278.11	282.01	319.22	354.95
交通消费比重	5.576	9.496	9.817	9.789	10.717	10.388	12.019	12.135
文教消费比重	13.214	12.702	9.864	10.215	10.759	11.442	11.008	10.963

图4　湖北居民非物消费分类结构性关系

左轴面积：城乡综合演算的居民非物消费单项（交通通信、教育文化娱乐、医疗保健、其他用品及服务四项）人均值（元转换为%），各项数值间呈直观比例。右轴曲线：交通通信、教育文化娱乐消费比重（占总消费比，取3位小数对应整个非物消费比重演算小数四舍五入协调）（%），显示社会生活交往、精神文化生活需求变化。标注交通通信、教育文化娱乐消费比重省域排序位次。

居民交通消费地区差缩小了4.10%，城乡比缩小了55.18%。由于其他省域相应变化，湖北地区差位次从2000年第10位降至2016年第12位，城乡比位次从2000年第12位升至2016年第7位。

同期，湖北居民交通消费比重增高6.56个百分点。最高（最佳，非物消费占比以高为佳，后同）比重值为2016年的12.13%，最低比重值为2000年的5.58%。由于其他省域相应变化，湖北比重位次保持第25位不变。由此不难发现，交通消费比重持续显著增高，可以视为湖北居民社会生活交往需求高涨的具体表现。

2. 文教消费人均值增长及其比重变化

2000～2016年，湖北城乡居民人均文教消费年均增长10.36%。人均值地区差最小值为 2002 年的 1.0338，最大值为 2010 年的 1.2413；城乡比最小值为 2015 年的 1.7638，最大值为 2013 年的 4.7196。在这 16 年间，湖北居民文教消费地区差扩大了 2.76%，城乡比缩小了 33.38%。由于其他省域相应变化，湖北地区差位次从 2000 年第 4 位降至 2016 年第 8 位，城乡比位次从 2000 年第 11 位升至 2016 年第 5 位。

同期，湖北居民文教消费比重降低 2.25 个百分点。最高比重值为 2002 年的 14.76%，最低比重值为 2008 年的 9.77%。由于其他省域相应变化，湖北比重位次从 2000 年第 6 位降至 2016 年第 18 位。这里发现一个问题，多年以来许多研究者预期“精神文化消费需求高涨”，这样的局面迄今尚未在湖北居民人群里出现。

3. 医疗消费人均值增长及其比重变化

2000 ~2016 年，湖北城乡居民人均医疗消费年均增长 17.06%。人均值地区差最小值为 2014 年的 1.0082，最大值为 2000 年的 1.2656；城乡比最小值为 2014 年的 1.3091，最大值为 2004 年的 4.1669。在这 16 年间，湖北居民医疗消费地区差缩小了 7.96%，城乡比缩小了 50.76%。由于其他省域相应变化，湖北地区差位次从 2000 年第 13 位降至 2016 年第 15 位，城乡比位次保持第 10 位不变。

同期，湖北居民医疗消费比重增高 5.07 个百分点。最高比重值为 2016 年的 9.56%，最低比重值为 2000 年的 4.49%。由于其他省域相应变化，湖北比重位次从 2000 年第 24 位升至 2016 年第 8 位。

4. 其他消费人均值增长及其比重变化

2000 ~2016 年，湖北城乡居民人均其他消费年均增长 7.42%。人均值地区差最小值为 2002 年的 1.0996，最大值为 2013 年的 1.3869；城乡比最小值为 2014 年的 1.6426，最大值为 2000 年的 3.9676。在这 16 年间，湖北居民其他消费地区差扩大了 4.45%，城乡比缩小了 55.36%。由于其他省域相应变化，湖北地区差位次从 2000 年第 9 位升至 2016 年第 7 位，城乡比位次从 2000 年第 9 位升至 2016 年第 1 位。

同期，湖北居民其他消费比重降低 1.88 个百分点。最高比重值为 2001

年的4.31%，最低比重值为2014年的2.15%。由于其他省域相应变化，湖北比重位次保持第20位不变。

恩格尔系数检测仅能对应“基本小康”阶段，即使扩展为整个物质消费也难以适用于“全面小康”进程。为此，本项检测将全部非物消费视为“全面小康”民生应有消费。综合湖北居民交通、文教、医疗、其他消费比重变化，16年间整个非物消费比重上升7.50个百分点。

实际说来，“交通消费”作为“交通通信消费”简称，包含通信消费，而通信消费里的信息内容消费部分显然应当归属于精神消费。假设湖北居民信息内容消费占通信消费一半，通信消费又占整个交通通信消费一半，那么信息内容消费比重则上升1.64个百分点，再与文教消费比重变化合并演算，2000年以来16年间湖北居民精神消费比重仅仅下降0.61个百分点。

至此可以归纳对比城乡居民物质生活、非物生活分类单项消费的增长变化差异。2000年以来16年间，湖北各类消费人均值年均增长率、比重值升降变化（百分比演算更为精确）排序：交通消费年增17.22%，比重上升117.61%为最高；医疗消费年增17.06%，比重上升112.84%为次高；居住消费年增15.00%，比重上升60.28%为第三高；用品消费年增10.59%，比重下降14.23%为第四高；文教消费年增10.36%，比重下降17.04%为第五高；衣着消费年增9.82%，比重下降23.34%为第六高；食品消费年增9.35%，比重下降28.45%为次低；其他消费年增7.42%，比重下降46.14%为最低。

（二）居民收入、积蓄与非物消费之间增长关系

分析居民收入、积蓄与非物生活各项消费之间增长关系，可以检测究竟是什么因素对居民非物生活各项消费增长产生重要影响。湖北居民收入、积蓄与非物消费增长态势见图5，因相关系数分析需有历年不间断增长指数，而制图空间有限故截取2006～2016年（后台检测2000～2016年）。

1. 居民收入与非物消费历年增长相关性

2006～2016年，标号（1）居民收入与（2）交通消费历年增长之间，

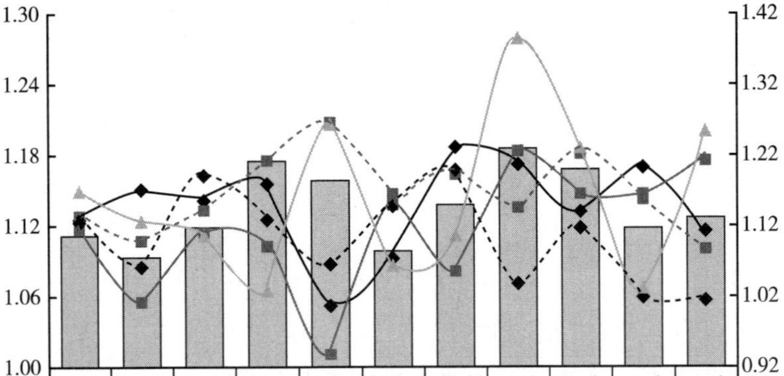

	2006年	2007年	2008年	2009年	2010年	2011年	2012年	2013年	2014年	2015年	2016年
（1）居民收入	1.1124	1.0943	1.1188	1.1776	1.1592	1.0983	1.1380	1.1876	1.1705	1.1196	1.1285
（2）交通消费	1.1233	1.1677	1.1596	1.1786	1.0066	1.0773	1.2235	1.2101	1.1363	1.2059	1.1134
（3）文教消费	1.1170	1.0084	1.1029	1.0890	0.9375	1.1512	1.0508	1.2261	1.1646	1.1600	1.2217
（4）医疗消费	1.1697	1.1251	1.1062	1.0281	1.2624	1.0642	1.0944	1.3821	1.2211	1.0279	1.2562
（5）其他消费	1.1354	1.0676	1.1953	1.1299	1.0651	1.1469	1.1949	1.0359	1.1212	1.0169	1.0140
（6）居民积蓄	1.1348	1.0973	1.1375	1.2092	1.2680	1.1685	1.1945	1.1481	1.2333	1.1630	1.0831

图5　湖北居民收入、积蓄与非物消费增长态势

左轴柱形：居民收入年增指数，右轴曲线：非物消费各单项、积蓄年增指数，上年 =1（小于1为负增长）。

相关系数为0.1192，亦即在11.92%程度上同步变动，呈极弱正相关性；与（3）文教消费历年增长之间，相关系数为0.1347，亦即在13.47%程度上同步变动，呈极弱正相关性；与（4）医疗消费历年增长之间，相关系数为0.4837，亦即在48.37%程度上同步变动，呈很弱正相关性。

这些数据之间的增长相关性表明，湖北居民收入增高也不能“必然”带来本地居民生活消费向着非物质需求，尤其是精神文化需求方向“升级”。

2. 居民积蓄与非物消费历年增长相关性

2006～2016年，标号（6）居民积蓄与（2）交通消费历年增长之间，相关系数为-0.3122，亦即在31.22%程度上逆向变动，呈较弱负相关性；与（3）文教消费历年增长之间，相关系数为-0.4259，亦即在42.59%程度上逆向变动，呈稍强负相关性；与（4）医疗消费历年增长之间，相关系数为－0.0186，亦即在1.86%程度上逆向变动，呈极弱负相关性。

在当地这些数据之间的增长相关性中，相互间影响的正反方向、强弱程度已经不言自明。

图5中可见，在（3）文教消费与（6）居民积蓄增长曲线之间，形成横向镜面峰谷对应水中倒影，其间呈42.59%逆向增长相关性。“积蓄负相关性”对于文教消费接近成立，对于交通消费不明显，对于医疗消费不明显，对于其他消费不成立。经后台数据库扩展演算，文教消费与积蓄增长之间2001～2010年长时段逆向程度为53.85%，呈较强负相关；2007～2011年逆向极值达96.31%，呈极强负相关。

显然，湖北居民积蓄增长已经严重地抑制了本地居民消费向着提升精神文化需求方向更快地“升级”。

五　湖北民生消费需求景气指数检测

湖北民生消费需求景气指数变动态势见图6。

1. 各年度理想值横向检测指数

假定湖北各类民生数据城乡、地区无差距理想值为100，2016年湖北城乡民生需求景气指数为89.40，低于无差距理想值10.60%，但高于上年（2015年）检测指数0.92个点。湖北此项检测指数在省域间排行变化，2000年为第14位，2005年为第16位，2010年为第15位，2016年从上年第11位上升为第9位。

各年度（包括图中省略年度）此项检测指数对比，全部各个年度均低于无差距理想值100；2002年、2006～2007年、2010～2012年、2014～2016年9个年度高于上年检测指数值。其中，历年指数最高值为2002年的89.77，最低值为2009年的82.61。

2. 2000年以来基数值纵向检测指数

以“全面小康”建设进程起点年“九五”末年2000年数据指标演算基

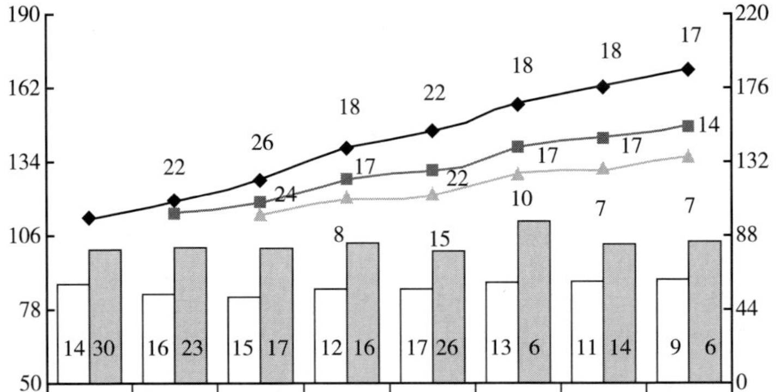

	2000年	2005年	2010年	2012年	2013年	2014年	2015年	2016年
横向理想测评	87.37	84.05	83.33	86.08	85.13	87.57	88.48	89.40
纵向基数测评（1）	99.40	102.08	101.48	103.81	100.96	111.68	102.46	103.48
纵向基数测评（2）	100.00	107.29	122.24	143.62	149.31	167.79	177.14	188.24
纵向基数测评（3）	—	100.00	107.92	122.59	125.78	141.30	146.38	153.88
纵向基数测评（4）	—	—	100.00	110.27	111.73	125.18	128.37	133.43

图6　湖北民生消费需求景气指数变动态势

左轴柱形：左历年横向测评（城乡、地区无差距理想值=100）；右逐年纵向测评（1），上年基数值=100。右轴曲线：时段纵向测评（起点年基数值=100），（2）以2000年为起点（“十五”以来，以“九五”末年为基点，后同），（3）以2005年为起点（“十一五”以来），（4）以2010年为起点（“十二五”以来）。标注各类测评结果省域排序位次。

数值为100，2016年湖北城乡民生需求景气指数为188.24，高于起点年基数值88.24%，也高于上年（2015年）检测指数11.10个点。湖北此项检测指数在省域间排行变化，2000年起点不计，2005年为第22位，2010年为第26位，2016年从上年第18位上升为第17位。

各年度（包括图中省略年度）此项检测指数对比，全部各个年度均高于起点年基数值100；2002年、2004～2016年14个年度高于上年检测指数值。其中，历年指数最高值为2016年的188.24，最低值为2001年的100.34。

3. 2005年以来基数值纵向检测指数

以“全面小康”建设进程第一个五年期“十五”末年2005年数据指标演算基数值为100，2016年湖北城乡民生需求景气指数为153.88，高于起点年基数值53.88%，也高于上年（2015年）检测指数7.50个点。湖北此项检测指数在省域间排行变化，2005年起点不计，2010年为第24位，2016年从上年第17位上升为第14位。

各年度（包括图中省略年度）此项检测指数对比，全部各个年度均高于起点年基数值100；全部各个年度均高于上年检测指数值。其中，历年指数最高值为2016年的153.88，最低值为2006年的101.04。

4. 2010年以来基数值纵向检测指数

以"全面小康"建设进程第二个五年期"十一五"末年2010年数据指标演算基数值为100，2016年湖北城乡民生需求景气指数为133.43，高于起点年基数值33.43%，也高于上年（2015年）检测指数5.06个点。湖北此项检测指数在省域间排行变化，2010年起点不计，2012年为第8位，2016年与上年持平，皆为第7位。

各年度（包括图中省略年度）此项检测指数对比，全部各个年度均高于起点年基数值100；全部各个年度均高于上年检测指数值。其中，历年指数最高值为2016年的133.43，最低值为2011年的106.12。

5. 逐年度基数值纵向检测指数

以上一年（2015年）起点数据指标演算基数值为100，2016年湖北城乡民生需求景气指数为103.48，高于起点年基数值3.48%，也高于上年检测指数1.02个点。湖北此项检测指数在省域间排行变化，2000年为第30位，2005年为第23位，2010年为第17位，2016年从上年第14位上升为第6位。

各年度（包括图中省略年度）此项检测指数对比，2001～2002年、2004～2008年、2010～2016年14个年度高于起点年基数值100；2001～2002年、2004～2005年、2007年、2010～2011年、2014年、2016年9个年度高于上年检测指数值。其中，历年指数最高值为2014年的111.68，最低值为2003年的97.35。

ℝ.20

江苏：2016年度民生需求景气排名第7位

周希宁*

摘　要： 2000～2016年，江苏城乡综合演算的各类民生消费数据人均值持续稳步增长，2016年居民总消费为2000年的6.34倍，物质消费为5.76倍，非物消费为7.75倍。物质消费比重明显下降6.53个百分点，非物消费比重明显增高6.53个百分点，消费结构出现很大升级变化。但居民消费率从30.14%显著下降至23.21%，"十二五"期间略有回升。尤其应注意，居民消费支出年均增长显著低于财政支出年增6.42个百分点。居民积蓄率从27.52%持续明显升高至31.32%，反过来对消费需求的抑制作用加重。居民总消费、物质消费、非物消费地区差继续扩大；居民总消费、物质消费、非物消费城乡比逐渐缩小。

关键词： 江苏　民生消费　需求景气　检测评价

一　江苏人民生活主要数据相关情况

江苏城乡主要民生数据增长变化基本情况见图1，限于制图容量，图1

* 周希宁，云南省国际贸易学会研究一室主任、助理研究员，主要从事国际贸易相关研究。

未直接列出居民收入数据，而注明可据其他数据推算，另产值、财政收入、财政支出数据置于后台进行相关演算。

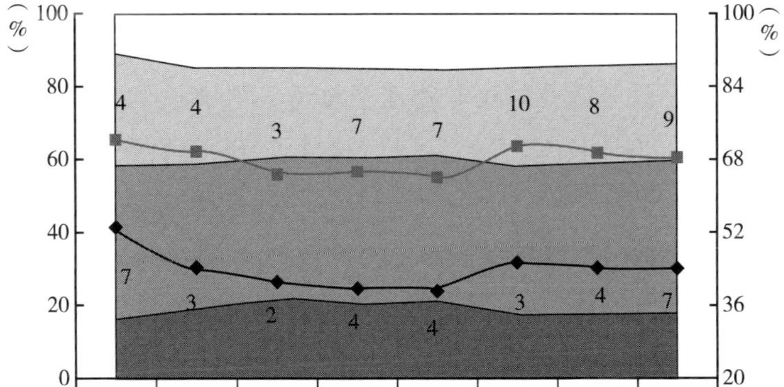

	2000年	2005年	2010年	2012年	2013年	2014年	2015年	2016年
（1）非物质消费	756.50	1611.66	3115.59	4742.38	5243.09	5585.72	5991.00	6444.20
（2）物质消费	1821.29	2902.51	5415.46	7270.11	7887.60	9802.76	10615.82	11516.73
（3）总消费	2577.79	4514.17	8531.05	12012.49	13130.69	15388.48	16606.82	17960.93
（4）居民积蓄	978.85	2003.53	4646.17	6269.95	7197.48	6469.22	7324.56	8189.58
物质消费化	51.21	44.53	41.10	39.77	38.80	44.85	44.36	44.04
居民消费比	72.48	69.26	64.74	65.71	64.59	70.40	69.39	68.68

图1　江苏城乡主要民生数据增长变化基本情况

左轴面积：城乡居民（1）非物消费、（2）物质消费、（3）总消费、（4）积蓄总量（亿元转换为%），（1）+（2）=（3），（3）+（4）=居民收入，各项数值间呈直观比例。右轴曲线：物质消费比、居民消费比（占居民收入比），二者之差即为非物消费比，二者之比即为物质消费比重（占总消费比）（%），二者之差再与居民消费比之比即为非物消费比重。标注物质消费比、居民消费比省域排序位次。

1. 城乡居民收入、积蓄财富总量增长简况

2000～2016年，江苏城乡居民收入总量年均增长13.28%，积蓄总量年均增长14.20%。在这16年间，居民收入年均增长率低于产值增长1.48个百分点，低于财政收入增长6.57个百分点。

2. 城乡居民消费总量及其分类增长状况

2000～2016年，江苏城乡居民消费总量年均增长12.90%。在这16年间，居民消费年均增长率低于产值增长1.86个百分点，低于财政支出增长

6.42 个百分点。

同期，江苏城乡居民物质消费总量年均增长 12.22%。在这 16 年间，物质消费年均增长率低于居民收入增长 1.06 个百分点，低于总消费增长 0.68 个百分点。

同期，江苏城乡居民非物消费总量年均增长 14.33%。在这 16 年间，非物消费年均增长率高于居民收入增长 1.05 个百分点，高于总消费增长 1.43 个百分点。

3. 城乡居民消费需求相关比值变化状况

在江苏居民收入当中，2000 年有 72.48% 用于全部生活消费支出，为历年最高比值；2013 年仅有 64.59% 用于全部生活消费支出，为历年最低（最佳）比值；2000 年有 51.21% 用于物质消费支出，为历年最高比值；2013 年仅有 38.80% 用于物质消费支出，为历年最低（最佳）比值。居民收入与总消费之差即为居民积蓄，物质消费与总消费之差即为非物消费。

2000 年以来 16 年间，江苏居民消费比降低 3.80 个百分点，同时物质消费比亦降低 7.17 个百分点，反过来导致非物消费比升高 3.37 个百分点。继续深入分析，居民消费比与物质消费比升降方向及其程度有差异，意味着物质消费占总消费比重变化，反过来又导致非物消费占总消费比重变化。由这些相对比值关系变化就能够看出民生消费需求态势，从中体现出民生发展的基本走向。

二　江苏居民总消费增长及相关性分析

居民总消费及其相关性分析为民生消费需求检测系统的二级子系统之首。江苏城乡居民总消费及其相关性变动态势见图 2。

1. 城乡综合人均值及地区差变动状况

2000～2016 年，江苏城乡居民人均总消费年均增长 12.24%（由于人口增长，人均值增长率略低于总量增长率）。人均值地区差最小（最佳，后

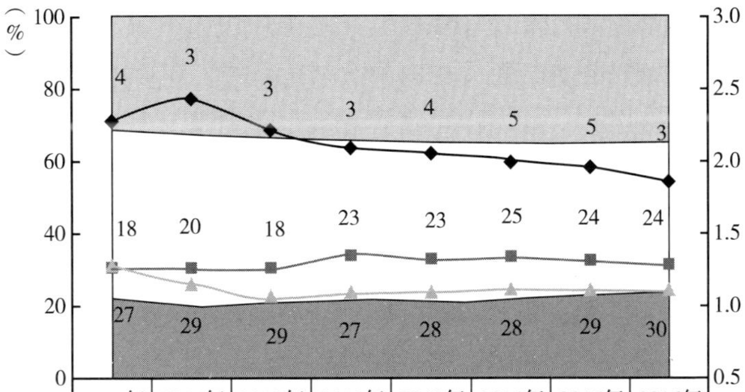

	2000年	2005年	2010年	2012年	2013年	2014年	2015年	2016年
城乡人均消费	3545.79	6056.04	10941.21	15187.64	16558.80	19357.13	20841.42	22485.88
城镇人均消费	5323.18	8621.82	14357.49	18825.28	20371.48	23476.28	24966.04	26432.93
乡村人均消费	2337.46	3567.11	6542.87	9138.18	9909.80	11820.27	12882.55	14428.21
人均值城乡比	2.2773	2.4170	2.1944	2.0601	2.0557	1.9861	1.9380	1.8320
人均值地区差	1.2434	1.2517	1.2476	1.3209	1.3056	1.3197	1.3051	1.2867
居民消费率	30.14	24.66	20.71	22.22	21.97	23.64	23.68	23.21

图2　江苏城乡居民总消费及其相关性变动态势

左轴面积：城乡综合、城镇、乡村居民总消费人均值（元转换为%），各项数值间呈直观比例。右轴曲线：居民总消费城乡比（乡村=1）、地区差（无差距=1）。左轴曲线：居民消费率（与产值比）（%）。标注居民消费率及其城乡比、地区差省域排序位次。另需说明，近年年鉴始发布2014年以来城乡人均值数据，但与总量数据之间存在演算误差，对应同时发布的产值人均值和总量分别演算相应消费率有出入，本文恢复自行演算城乡人均值。

同）值为2004年的1.1917，最大值为2012年的1.3209。在这16年间，江苏居民总消费地区差扩大了3.48%。这意味着，江苏与其余各地居民总消费增长的同步均衡性略微减弱，体现出“全面小康”建设进程在缩小居民总消费地区差距方面的成效欠佳。

由于其他省域相应变化，江苏地区差位次从2000年第18位降至2016年第24位。按照本项检测的推演测算，2020年江苏居民总消费地区差应为1.2930，相比当前将略微扩增；2035年江苏居民总消费地区差应为1.3178，相比当前将继续略微扩增。

2. 城镇与乡村人均值及城乡比变动状况

2000～2016年，江苏城镇居民人均总消费年均增长10.53%，乡村居民人均总消费年均增长 12.05%，乡村年均增长率高于城镇 1.52 个百分点。城乡之间增长相关系数为 0.8108，即历年增长同步程度 81.08%，呈稍强正相关性。

同期，江苏居民总消费城乡比最小（最佳，后同）值为 2016 年的 1.8320，最大值为 2003 年的 2.4806。在这 16 年间，江苏居民总消费城乡比缩小了 19.55%。这意味着，江苏城乡之间居民总消费增长的同步均衡性明显增强，体现出“全面小康”建设进程在缩小居民总消费城乡差距方面的有效进展。

由于其他省域相应变化，江苏城乡比位次从 2000 年第 4 位升至 2016 年第 3 位。按照本项检测的推演测算，2020 年江苏居民总消费城乡比应为 1.7350，相比当前将较明显缩减；2035 年江苏居民总消费城乡比应为 1.4149，相比当前将继续极显著缩减。

3. 城乡综合居民消费率历年变化状况

2000～2016 年，江苏居民消费率下降了 6.93 个百分点，其中“十二五”以来回升 2.50 个百分点。应对国际金融危机实施“拉动内需，扩大消费，改善民生”国策以来，直到进入“十二五”期间，江苏居民消费率开始略有回升。由于其他省域相应变化，江苏居民消费率位次从 2000 年第 27 位降至 2016 年第 30 位。

在这 16 年间，江苏居民消费率最高（最佳）值为 2000 年的 30.14%，最低值为 2010 年的 20.71%，近年来仍未回复 2000 年初始值，更未达到 2000 年最佳值。这意味着，当地居民消费拉动经济增长的同步协调性尚待增强。还应注意，江苏居民消费率下降程度小于当地居民收入比下降程度，反过来即意味着居民积蓄率上升，同时亦即积蓄对消费的抑制作用加重。

三 江苏居民物质消费结构性分析

江苏居民物质消费分类结构性关系见图 3。

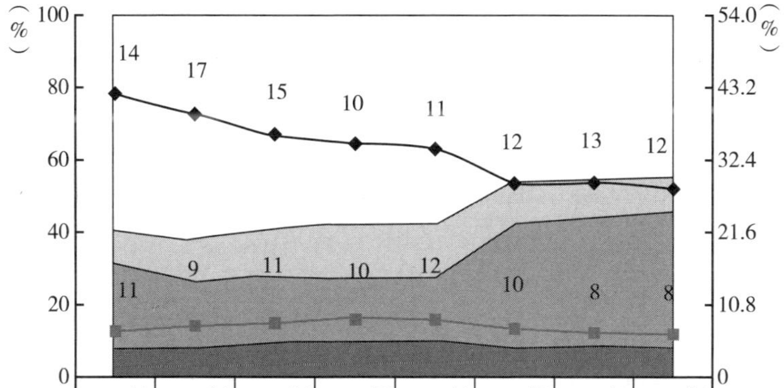

	2000年	2005年	2010年	2012年	2013年	2014年	2015年	2016年
食品消费人均	1491.97	2375.09	4040.22	5303.04	5692.58	5641.29	6005.18	6358.61
衣著消费人均	274.55	493.03	977.87	1425.82	1529.06	1401.67	1438.84	1482.77
居住消费人均	439.42	651.56	1206.43	1458.16	1646.09	4170.47	4622.46	5192.72
用品消费人均	299.27	374.22	720.90	1004.73	1079.13	1117.44	1256.28	1384.07
食品消费比重	42.077	39.219	36.927	34.917	34.378	29.143	28.814	28.278
衣着消费比重	7.743	8.141	8.937	9.388	9.234	7.241	6.904	6.594

图3　江苏居民物质消费分类结构性关系

左轴面积：城乡综合演算的居民物质消费单项（食品烟酒、衣着、居住、生活用品及服务四项）人均值（元转换为%），各项数值间呈直观比例。右轴曲线：食品、衣着消费比重（占总消费比，取3位小数对应整个物质消费比重演算小数四舍五入协调）（%），显示衣食温饱需求消费支出占总消费比。标注食品、衣着消费比重省域排序位次（物质消费比重以低为佳取倒序）。

1. 食品消费人均值增长及其比重变化

2000～2016年，江苏城乡居民人均食品消费年均增长9.48%。人均值地区差最小值为2002年的1.1906，最大值为2006年的1.2808；城乡比最小值为2015年的1.7173，最大值为2002年的2.3363。在这16年间，江苏居民食品消费地区差缩小了0.59%，城乡比缩小了19.30%。由于其他省域相应变化，江苏地区差位次从2000年第17位升至2016年第15位，城乡比位次从2000年第9位升至2016年第5位。

同期，江苏居民食品消费比重降低13.80个百分点。最低（最佳，物质消费占比以低为佳，后同）比重值为2016年的28.28%，最高比重值为2000年的42.08%。由于其他省域相应变化，江苏比重位次从2000年第14

位升至2016年第12位。可以看出，进入“全面小康”建设进程以来，江苏居民食品消费“最基本需求”所占比重越来越低，这间接反映出人民生活从温饱“基本小康”向富余“全面小康”的发展进步。

2. 衣着消费人均值增长及其比重变化

2000～2016年，江苏城乡居民人均衣着消费年均增长11.12%。人均值地区差最小值为2004年的1.0644，最大值为2011年的1.2579；城乡比最小值为2016年的2.2182，最大值为2009年的4.2331。在这16年间，江苏居民衣着消费地区差扩大了4.72%，城乡比缩小了42.91%。由于其他省域相应变化，江苏地区差位次从2000年第12位降至2016年第19位，城乡比位次从2000年第9位升至2016年第4位。

同期，江苏居民衣着消费比重降低1.15个百分点。最低比重值为2016年的6.59%，最高比重值为2011年的9.64%。由于其他省域相应变化，江苏比重位次从2000年第11位升至2016年第8位。可以看到，在食品消费比重持续明显下降的同时，江苏居民衣着消费比重也有所降低。

3. 居住消费人均值增长及其比重变化

2000～2016年，江苏城乡居民人均居住消费年均增长16.69%。人均值地区差最小值为2011年的1.0648，最大值为2002年的1.4465；城乡比最小值为2011年的0.8653，最大值为2015年的2.1301。在这16年间，江苏居民居住消费地区差扩大了6.24%，城乡比扩大了90.79%。由于其他省域相应变化，江苏地区差位次从2000年第16位降至2016年第22位，城乡比位次从2000年第1位降至2016年第6位。

同期，江苏居民居住消费比重增高10.70个百分点。最低比重值为2011年的9.52%，最高比重值为2016年的23.09%。由于其他省域相应变化，江苏比重位次从2000年第22位降至2016年第25位。可以看到，在物质消费比重普遍明显下降的同时，江苏居民居住消费“刚需”所占比重提升很大，这都是人们追求私家住房之“梦”带来的结果。

在图3里不难看出，2014年居住消费人均值陡然高升，这是国家统计局首次提供城乡综合人均值数据带来的变化，本项检测自行演算人均值则还

要略高一点。或许可以这样理解，各地居民受调查户样本的长期偏差近年得到修正，由私家住房相对普及带来的居住消费剧增得以体现。

4. 用品消费人均值增长及其比重变化

2000～2016年，江苏城乡居民人均用品消费年均增长10.04%。人均值地区差最小值为2014年的1.2406，最大值为2001年的1.5250；城乡比最小值为2016年的1.7757，最大值为2001年的5.2848。在这16年间，江苏居民用品消费地区差缩小了11.32%，城乡比缩小了64.21%。由于其他省域相应变化，江苏地区差位次从2000年第25位升至2016年第22位，城乡比位次从2000年第14位升至2016年第5位。

同期，江苏居民用品消费比重降低2.29个百分点。最低比重值为2014年的5.77%，最高比重值为2001年的8.66%。由于其他省域相应变化，江苏比重位次从2000年第27位升至2016年第18位。

本项检测将全部物质消费视为"全面小康"人民生活必需消费，只看食品消费或者扩大为衣食温饱显然已不具有足够的解释力。不难看出，江苏居民食品消费比重下降"让出"的余地却被居住消费比重上升"抢占"，这两项冲抵仅仅留给处在上位的物质消费比重下降3.10个百分点（另综合衣着、用品消费比重变化，整个物质消费比重下降6.53个百分点），否则2000年以来16年间江苏居民整个物质消费比重理当显著下降。

四　江苏居民非物消费结构性分析

（一）非物生活分类消费增长分析

江苏居民非物消费分类结构性关系见图4。

1. 交通消费人均值增长及其比重变化

2000～2016年，江苏城乡居民人均交通消费年均增长17.72%。人均值地区差最小值为2002年的1.0462，最大值为2014年的1.5300；城乡比最小值为2016年的1.6937，最大值为2005年的2.8889。在这16年间，江苏

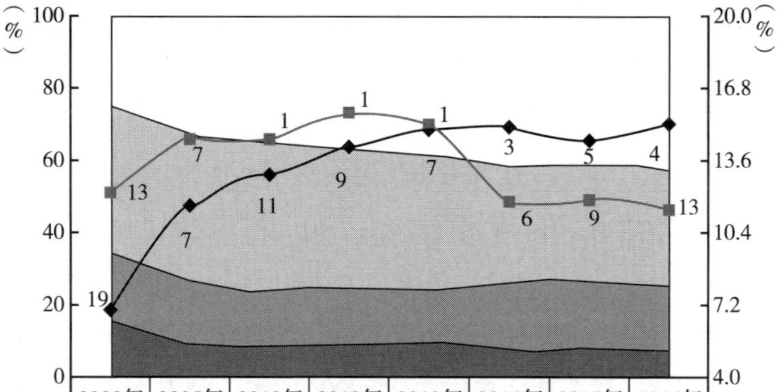

	2000年	2005年	2010年	2012年	2013年	2014年	2015年	2016年
交通消费人均	251.35	702.10	1432.53	2171.88	2510.28	2897.78	3025.88	3420.18
文教消费人均	431.51	877.27	1597.66	2366.69	2463.59	2265.13	2464.95	2568.25
医疗消费人均	196.24	386.05	611.87	932.74	1008.26	1344.11	1421.52	1467.83
其他消费人均	161.47	196.72	353.73	524.58	629.79	519.25	606.30	611.45
交通消费比重	7.089	11.593	13.093	14.300	15.160	14.970	14.519	15.210
文教消费比重	12.170	14.486	14.602	15.583	14.878	11.702	11.827	11.422

图4　江苏居民非物消费分类结构性关系

左轴面积：城乡综合演算的居民非物消费单项（交通通信、教育文化娱乐、医疗保健、其他用品及服务四项）人均值（元转换为%），各项数值间呈直观比例。右轴曲线：交通通信、教育文化娱乐消费比重（占总消费比，取3位小数对应整个非物消费比重演算小数四舍五入协调）（%），显示社会生活交往、精神文化生活需求变化。标注交通通信、教育文化娱乐消费比重省域排序位次。

居民交通消费地区差扩大了14.09%，城乡比缩小了32.89%。由于其他省域相应变化，江苏地区差位次从2000年第12位降至2016年第26位，城乡比位次从2000年第4位降至2016年第5位。

同期，江苏居民交通消费比重增高8.12个百分点。最高（最佳，非物消费占比以高为佳，后同）比重值为2016年的15.21%，最低比重值为2000年的7.09%。由于其他省域相应变化，江苏比重位次从2000年第8位升至2016年第4位。由此不难发现，交通消费比重持续显著增高，可以视为江苏居民社会生活交往需求高涨的具体表现。

2. 文教消费人均值增长及其比重变化

2000～2016年，江苏城乡居民人均文教消费年均增长11.79%。人均值地区差最小值为2002年的1.1875，最大值为2012年的1.8635；城乡比最小值为2015年的2.3172，最大值为2013年的3.2181。在这16年间，江苏居民文教消费地区差扩大了4.29%，城乡比缩小了6.14%。由于其他省域相应变化，江苏地区差位次从2000年第17位降至2016年第26位，城乡比位次从2000年第5位降至2016年第18位。

同期，江苏居民文教消费比重降低0.75个百分点。最高比重值为2012年的15.58%，最低比重值为2016年的11.42%。由于其他省域相应变化，江苏比重位次保持第13位不变。这里发现一个问题，多年以来许多研究者预期“精神文化消费需求高涨”，这样的局面迄今尚未在江苏居民人群里出现。

3. 医疗消费人均值增长及其比重变化

2000~2016年，江苏城乡居民人均医疗消费年均增长13.40%。人均值地区差最小值为2010年的1.0380，最大值为2014年的1.2763；城乡比最小值为2013年的1.3854，最大值为2003年的3.4748。在这16年间，江苏居民医疗消费地区差缩小了4.53%，城乡比缩小了37.74%。由于其他省域相应变化，江苏地区差位次从2000年第10位升至2016年第7位，城乡比位次从2000年第2位降至2016年第7位。

同期，江苏居民医疗消费比重增高0.99个百分点。最高比重值为2014年的6.94%，最低比重值为2000年的5.53%。由于其他省域相应变化，江苏比重位次从2000年第18位降至2016年第25位。

4. 其他消费人均值增长及其比重变化

2000~2016年，江苏城乡居民人均其他消费年均增长8.68%。人均值地区差最小值为2002年的1.1861，最大值为2015年的1.5246；城乡比最小值为2014年的2.0087，最大值为2009年的3.8296。在这16年间，江苏居民其他消费地区差扩大了13.85%，城乡比缩小了38.28%。由于其他省域相应变化，江苏地区差位次从2000年第17位降至2016年第25位，城乡比位次保持第3位不变。

同期，江苏居民其他消费比重降低1.84个百分点。最高比重值为2001

年的4. 64%，最低比重值为2014年的2. 68%。由于其他省域相应变化，江苏比重位次从2000年第12位升至2016年第7位。

恩格尔系数检测仅能对应“基本小康”阶段，即使扩展为整个物质消费也难以适用于“全面小康”进程。为此，本项检测将全部非物消费视为“全面小康”民生应有消费。综合江苏居民交通、文教、医疗、其他消费比重变化，16年间整个非物消费比重上升6. 53个百分点。

实际说来，“交通消费”作为“交通通信消费”简称，包含通信消费，而通信消费里的信息内容消费部分显然应当归属于精神消费。假设江苏居民信息内容消费占通信消费一半，通信消费又占整个交通通信消费一半，那么信息内容消费比重则上升2. 03个百分点，再与文教消费比重变化合并演算，2000年以来16年间江苏居民精神消费比重理当上升1. 28个百分点。

至此可以归纳对比城乡居民物质生活、非物生活分类单项消费的增长变化差异。2000年以来16年间，江苏各类消费人均值年均增长率、比重值升降变化（百分比演算更为精确）排序：交通消费年增17. 72%，比重上升114. 57%为最高；居住消费年增16. 69%，比重上升86. 35%为次高；医疗消费年增13. 40%，比重上升17. 95%为第三高；文教消费年增11. 79%，比重下降6. 15%为第四高；衣着消费年增11. 12%，比重下降14. 84%为第五高；用品消费年增10. 04%，比重下降27. 07%为第六高；食品消费年增9. 48%，比重下降32. 79%为次低；其他消费年增8. 68%，比重下降40. 29%为最低。

（二）居民收入、积蓄与非物消费之间增长关系

分析居民收入、积蓄与非物生活各项消费之间增长关系，可以检测究竟是什么因素对居民非物生活各项消费增长产生重要影响。江苏居民收入、积蓄与非物消费增长态势见图5，因相关系数分析需有历年不间断增长指数，而制图空间有限故截取2000～2010年（后台检测2000～2016年）。

1. 居民收入与非物消费历年增长相关性

2000～2010年，标号（1）居民收入与（2）交通消费历年增长之间，

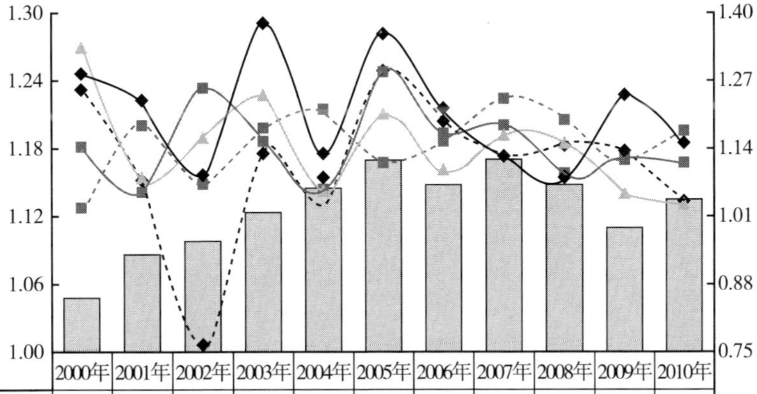

	2000年	2001年	2002年	2003年	2004年	2005年	2006年	2007年	2008年	2009年	2010年
（1）居民收入	1.0488	1.0844	1.0988	1.1217	1.1432	1.1698	1.1473	1.1683	1.1470	1.1083	1.1343
（2）交通消费	1.2802	1.2204	1.0895	1.3758	1.1251	1.3572	1.1989	1.1201	1.0755	1.2404	1.1390
（3）文教消费	1.1341	1.0506	1.2465	1.1511	1.0544	1.2791	1.1570	1.1801	1.0830	1.1179	1.1017
（4）医疗消费	1.3278	1.0736	1.1647	1.2351	1.0612	1.2003	1.0885	1.1601	1.1523	1.0499	1.0375
（5）其他消费	1.2559	1.0668	0.7621	1.1278	1.0342	1.2847	1.1911	1.1185	1.1523	1.1287	1.0377
（6）居民积蓄	1.0148	1.1832	1.0678	1.1765	1.2096	1.1103	1.1514	1.2337	1.1892	1.1136	1.1784

图5　江苏居民收入、积蓄与非物消费增长态势

左轴柱形：居民收入年增指数，右轴曲线：非物消费各单项、积蓄年增指数，上年 = 1（小于1为负增长）。曲线（4）与（6）之间大体形成横向镜面峰谷对应水中倒影负相关关系。

相关系数为 -0.1667，亦即在16.67%程度上逆向变动，呈很弱负相关性；与（3）文教消费历年增长之间，相关系数为0.2517，亦即在25.17%程度上同步变动，呈极弱正相关性；与（4）医疗消费历年增长之间，相关系数为 -0.3229，亦即在32.29%程度上逆向变动，呈较弱负相关性。

这些数据之间的增长相关性表明，江苏居民收入增高也不能“必然”带来本地居民生活消费向着非物质需求，尤其是精神文化需求方向“升级”。

2. 居民积蓄与非物消费历年增长相关性

2000～2010年，标号（6）居民积蓄与（2）交通消费历年增长之间，相关系数为 -0.3232，亦即在32.32%程度上逆向变动，呈较弱负相关性；与（3）文教消费历年增长之间，相关系数为 -0.4277，亦即在42.77%程度上逆向变动，呈稍强负相关性；与（4）医疗消费历年增长之间，相关系数为 -0.5401，亦即在54.01%程度上逆向变动，呈较强负相关性。

在当地这些数据之间的增长相关性中，相互间影响的正反方向、强弱程度已经不言自明。

图5中可见，在（4）医疗消费、（3）文教消费与（6）居民积蓄增长曲线之间，形成横向镜面峰谷对应水中倒影，其间分别呈54.01%、42.77%逆向增长相关性。“积蓄负相关性”对于医疗消费基本成立，对于文教消费接近成立，对于交通消费不明显，对于其他消费不明显。经后台数据库扩展演算，文教消费与积蓄增长之间2001~2013年长时段逆向程度为51.36%，呈较强负相关；2002~2006年逆向极值达90.28%，呈极强负相关。

显然，江苏居民积蓄增长已经严重地抑制了本地居民消费向着保持人们身心健康、提升精神文化需求方向更快地“升级”。

五　江苏民生消费需求景气指数检测

江苏民生消费需求景气指数变动态势见图6。

1. 各年度理想值横向检测指数

假定江苏各类民生数据城乡、地区无差距理想值为100，2016年江苏城乡民生需求景气指数为91.10，低于无差距理想值8.90%，但高于上年（2015年）检测指数0.26个点。江苏此项检测指数在省域间排行变化，2000年为第7位，2005年为第5位，2010年与之持平，2016年从上年第6位下降为第7位。

各年度（包括图中省略年度）此项检测指数对比，全部各个年度均低于无差距理想值100；2005~2006年、2008年、2011年、2014年、2016年6个年度高于上年检测指数值。其中，历年指数最高值为2011年的92.35，最低值为2004年的87.09。

2. 2000年以来基数值纵向检测指数

以“全面小康”建设进程起点年“九五”末年2000年数据指标演算基

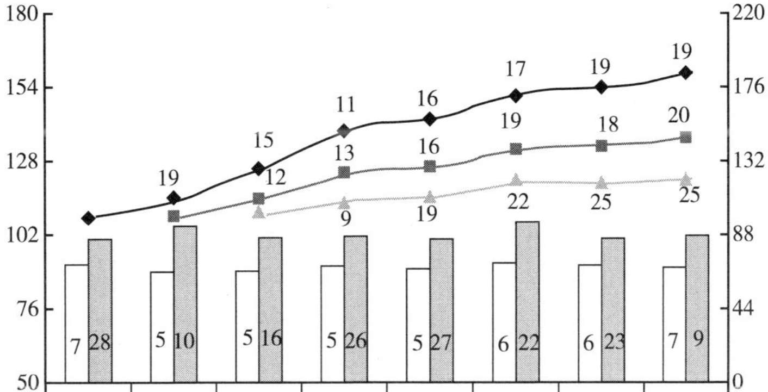

	2000年	2005年	2010年	2012年	2013年	2014年	2015年	2016年
横向理想测评	90.55	89.53	89.13	92.15	90.98	91.87	90.84	91.10
纵向基数测评(1)	100.66	104.75	101.48	102.53	100.85	106.89	100.93	102.84
纵向基数测评(2)	100.00	108.31	128.63	151.12	156.66	172.82	176.43	185.58
纵向基数测评(3)	—	100.00	111.38	126.00	129.01	139.76	141.08	147.16
纵向基数测评(4)	—	—	100.00	109.82	111.18	119.34	118.90	123.03

图6 江苏民生消费需求景气指数变动态势

左轴柱形：左历年横向测评（城乡、地区无差距理想值＝100）；右逐年纵向测评（1），上年基数值＝100。右轴曲线：时段纵向测评（起点年基数值＝100），（2）以2000年为起点（“十五”以来，以“九五”末年为基点，后同），（3）以2005年为起点（“十一五”以来），（4）以2010年为起点（“十二五”以来）。标注各类测评结果省域排序位次。

数值为100，2016年江苏城乡民生需求景气指数为185.58，高于起点年基数值85.58%，也高于上年（2015年）检测指数9.15个点。江苏此项检测指数在省域间排行变化，2000年起点不计，2005年为第19位，2010年为第15位，2016年与上年持平，皆为第19位。

各年度（包括图中省略年度）此项检测指数对比，2002～2016年15个年度高于起点年基数值100；2002年、2004～2016年14个年度高于上年检测指数值。其中，历年指数最高值为2016年的185.58，最低值为2001年的98.96。

3. 2005年以来基数值纵向检测指数

以“全面小康”建设进程第一个五年期“十五”末年2005年数据指标演算基数值为100，2016年江苏城乡民生需求景气指数为147.16，高于起点年基数值47.16%，也高于上年（2015年）检测指数6.08个点。江苏此项检测指数在省域间排行变化，2005年起点不计，2010年为第12位，2016年从上年第18位下降为第20位。

各年度（包括图中省略年度）此项检测指数对比，全部各个年度均高于起点年基数值100；全部各个年度均高于上年检测指数值。其中，历年指数最高值为2016年的147.16，最低值为2006年的102.31。

4. 2010年以来基数值纵向检测指数

以“全面小康”建设进程第二个五年期“十一五”末年2010年数据指标演算基数值为100，2016年江苏城乡民生需求景气指数为123.03，高于起点年基数值23.03%，也高于上年（2015年）检测指数4.13个点。江苏此项检测指数在省域间排行变化，2010年起点不计，2012年为第9位，2016年与上年持平，皆为第25位。

各年度（包括图中省略年度）此项检测指数对比，全部各个年度均高于起点年基数值100；2012～2014年、2016年4个年度高于上年检测指数值。其中，历年指数最高值为2016年的123.03，最低值为2011年的106.99。

5. 逐年度基数值纵向检测指数

以上一年（2015年）起点数据指标演算基数值为100，2016年江苏城乡民生需求景气指数为102.84，高于起点年基数值2.84%，也高于上年检测指数1.91个点。江苏此项检测指数在省域间排行变化，2000年为第28位，2005年为第10位，2010年为第16位，2016年从上年第23位上升为第9位。

各年度（包括图中省略年度）此项检测指数对比，2000年、2002～2016年16个年度高于起点年基数值100；2002年、2004～2005年、2009年、2011年、2014年、2016年7个年度高于上年检测指数值。其中，历年指数最高值为2011年的106.99，最低值为2001年的98.96。

R.21

黑龙江：2015～2016年民生需求景气提升第7位

李 璇*

摘 要： 2000～2016年，黑龙江城乡综合演算的各类民生消费数据人均值持续稳步增长，2016年居民总消费为2000年的5.39倍，物质消费为4.69倍，非物消费为6.94倍。物质消费比重显著下降8.95个百分点，非物消费比重显著增高8.95个百分点，消费结构出现很大升级变化。居民消费率从32.62%明显上升至36.03%，"十二五"期间加快上升。尤其应注意，居民消费支出年均增长显著低于财政支出年增5.10个百分点。居民积蓄率从23.97%持续显著升高至27.28%，反过来对消费需求的抑制作用加重。居民总消费、物质消费、非物消费地区差继续扩大；居民总消费、物质消费、非物消费城乡比逐渐缩小。

关键词： 黑龙江 民生消费 需求景气 检测评价

一 黑龙江人民生活主要数据相关情况

黑龙江城乡主要民生数据增长变化基本情况见图1，限于制图容量，图

* 李璇，云南省消费市场监测与研究中心总分析师，主要从事市场监测与分析相关研究。

1 未直接列出居民收入数据，而注明可据其他数据推算，另产值、财政收入、财政支出数据置于后台进行相关演算。

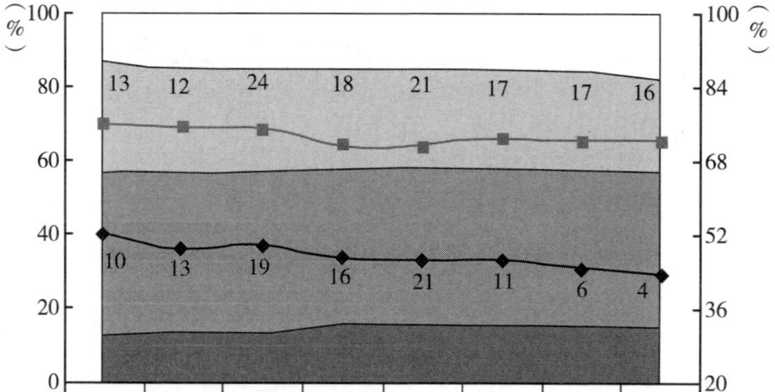

	2000年	2005年	2010年	2012年	2013年	2014年	2015年	2016年
（1）非物消费	317.71	605.21	1021.56	1294.78	1487.87	1760.29	1969.01	2209.76
（2）物质消费	710.13	1101.01	2004.53	2476.95	2735.10	3152.52	3194.07	3334.25
（3）总消费	1027.84	1706.22	3026.09	3771.73	4222.97	4912.81	5163.08	5544.01
（4）居民积蓄	324.07	545.02	985.90	1517.37	1654.53	1784.33	2003.78	2079.96
物质消费比	52.53	48.91	49.96	46.83	46.54	47.07	44.57	43.73
居民消费比	76.03	75.79	75.43	71.31	71.85	73.36	72.04	72.72

图 1　黑龙江城乡主要民生数据增长变化基本情况

左轴面积：城乡居民（1）非物消费、（2）物质消费、（3）总消费、（4）积蓄总量（亿元转换为%），（1）+（2）=（3），（3）+（4）=居民收入，各项数值间呈直观比例。右轴曲线：物质消费比、居民消费比（占居民收入比），二者之差即为非物消费比，二者之比即为物质消费比重（占总消费比）（%），二者之差再与居民消费比之比即为非物消费比重。标注物质消费比、居民消费比省域排序位次。

1. 城乡居民收入、积蓄财富总量增长简况

2000～2016 年，黑龙江城乡居民收入总量年均增长 11.42%，积蓄总量年均增长 12.32%。在这 16 年间，居民收入年均增长率高于产值增长 1.00 个百分点，低于财政收入增长 0.65 个百分点。

2. 城乡居民消费总量及其分类增长状况

2000～2016 年，黑龙江城乡居民消费总量年均增长 11.11%。在这 16

年间，居民消费年均增长率高于产值增长 0.69 个百分点，低于财政支出增长 5.10 个百分点。

同期，黑龙江城乡居民物质消费总量年均增长 10.15%。在这 16 年间，物质消费年均增长率低于居民收入增长 1.27 个百分点，低于总消费增长 0.96 个百分点。

同期，黑龙江城乡居民非物消费总量年均增长 12.89%。在这 16 年间，非物消费年均增长率高于居民收入增长 1.47 个百分点，高于总消费增长 1.78 个百分点。

3. 城乡居民消费需求相关比值变化状况

在黑龙江居民收入当中，2009 年有 77.84% 用于全部生活消费支出，为历年最高比值；2004 年仅有 70.97% 用于全部生活消费支出，为历年最低（最佳）比值；2000 年有 52.53% 用于物质消费支出，为历年最高比值；2016 年仅有 43.73% 用于物质消费支出，为历年最低（最佳）比值。居民收入与总消费之差即为居民积蓄，物质消费与总消费之差即为非物消费。

2000 年以来 16 年间，黑龙江居民消费比降低 3.31 个百分点，同时物质消费比亦降低 8.80 个百分点，反过来导致非物消费比升高 5.49 个百分点。继续深入分析，居民消费比与物质消费比升降方向及其程度有差异，意味着物质消费占总消费比重变化，反过来又导致非物消费占总消费比重变化。由这些相对比值关系变化就能够看出民生消费需求态势，从中体现出民生发展的基本走向。

二　黑龙江居民总消费增长及相关性分析

居民总消费及其相关性分析为民生消费需求检测系统的二级子系统之首。黑龙江城乡居民总消费及其相关性变动态势见图 2。

1. 城乡综合人均值及地区差变动状况

2000～2016 年，黑龙江城乡居民人均总消费年均增长 11.10%（由于人

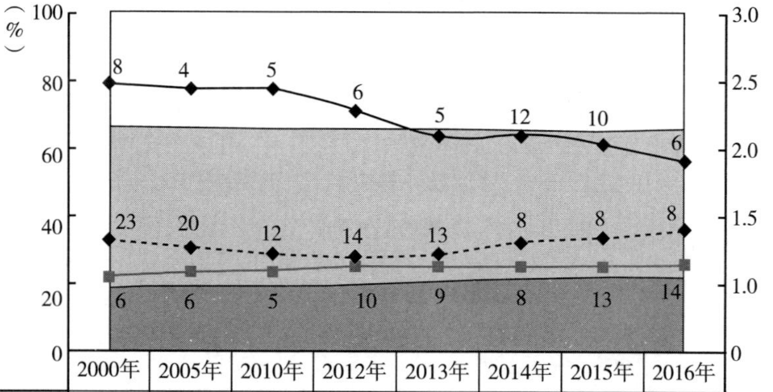

	2000年	2005年	2010年	2012年	2013年	2014年	2015年	2016年
城乡人均消费	2705.19	4468.31	7901.64	9837.59	11013.06	12813.75	13507.62	14569.00
城镇人均消费	3824.44	6178.01	10683.92	12983.55	14161.71	16466.63	17152.07	18145.16
乡村人均消费	1540.35	2544.65	4391.17	5718.05	6813.61	7829.99	8391.48	9423.83
人均值城乡比	2.4828	2.4278	2.4330	2.2706	2.0784	2.1030	2.0440	1.9255
人均值地区差	1.0513	1.0765	1.0990	1.1444	1.1317	1.1264	1.1541	1.1663
居民消费率	32.62	30.96	29.18	27.55	29.21	32.67	34.23	36.03

图 2　黑龙江城乡居民总消费及其相关性变动态势

左轴面积：城乡综合、城镇、乡村居民总消费人均值（元转换为%），各项数值间呈直观比例。右轴曲线：居民总消费城乡比（乡村 =1）、地区差（无差距 =1）。左轴曲线：居民消费率（与产值比）（%）。标注居民消费率及其城乡比、地区差省域排序位次。另需说明，近年年鉴始发布 2014 年以来城乡人均值数据，但与总量数据之间存在演算误差，对应同时发布的产值人均值和总量分别演算相应消费率有出入，本文恢复自行演算城乡人均值。

口增长，人均值增长率略低于总量增长率）。人均值地区差最小（最佳，后同）值为 2001 年的 1.0382，最大值为 2016 年的 1.1663。在这 16 年间，黑龙江居民总消费地区差扩大了 10.94%。这意味着，黑龙江与其余各地居民总消费增长的同步均衡性较明显减弱，体现出“全面小康”建设进程在缩小居民总消费地区差距方面的成效欠佳。

由于其他省域相应变化，黑龙江地区差位次从 2000 年第 6 位降至 2016 年第 14 位。按照本项检测的推演测算，2020 年黑龙江居民总消费地区差应为 1.1798，相比当前将略微扩增；2035 年黑龙江居民总消费地区差应为 1.1940，相比当前将继续略微扩增。

2. 城镇与乡村人均值及城乡比变动状况

2000～2016 年，黑龙江城镇居民人均总消费年均增长 10.22%，乡村居民人均总消费年均增长 11.99%，乡村年均增长率高于城镇 1.77 个百分点。城乡之间增长相关系数为 0.3654，即历年增长同步程度 36.54%，呈极弱正相关性。

同期，黑龙江居民总消费城乡比最小（最佳，后同）值为 2016 年的 1.9255，最大值为 2004 年的 3.0302。在这 16 年间，黑龙江居民总消费城乡比缩小了 22.45%。这意味着，黑龙江城乡之间居民总消费增长的同步均衡性明显增强，体现出“全面小康”建设进程在缩小居民总消费城乡差距方面的有效进展。

由于其他省域相应变化，黑龙江城乡比位次从 2000 年第 8 位升至 2016 年第 6 位。按照本项检测的推演测算，2020 年黑龙江居民总消费城乡比应为 1.8069，相比当前将较明显缩减；2035 年黑龙江居民总消费城乡比应为 1.4237，相比当前将继续极显著缩减。

3. 城乡综合居民消费率历年变化状况

2000～2016 年，黑龙江居民消费率上升了 3.41 个百分点，其中“十二五”以来陡升 6.85 个百分点。应对国际金融危机实施“拉动内需，扩大消费，改善民生”国策以来，直到进入“十二五”期间，黑龙江居民消费率开始略有回升。由于其他省域相应变化，黑龙江居民消费率位次从 2000 年第 23 位升至 2016 年第 8 位。

在这 16 年间，黑龙江居民消费率最高（最佳）值为 2016 年的 36.03%，最低值为 2012 年的 27.55%，近年来达到历年最佳值。这意味着，当地居民消费拉动经济增长的同步协调性有所增强。还应注意，黑龙江居民消费率上升程度小于当地居民收入比上升程度，反过来即意味着居民积蓄率上升，同时亦即积蓄对消费的抑制作用加重。

三　黑龙江居民物质消费结构性分析

黑龙江居民物质消费分类结构性关系见图 3。

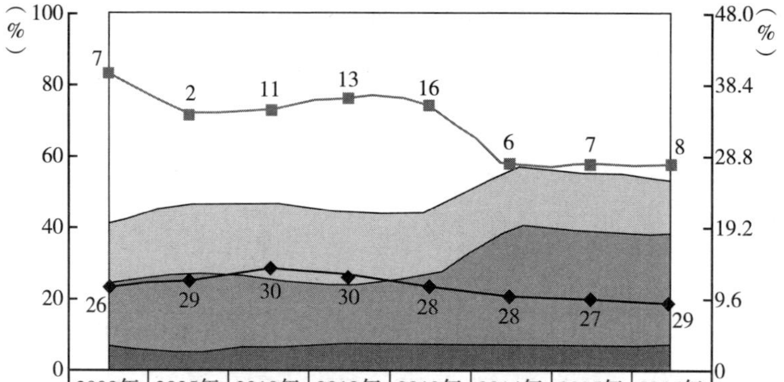

	2000年	2005年	2010年	2012年	2013年	2014年	2015年	2016年
食品消费人均	1084.02	1531.41	2767.46	3595.08	3924.87	3550.03	3733.36	4031.00
衣着消费人均	311.08	551.46	1068.43	1260.35	1266.84	1299.09	1301.92	1330.01
居住消费人均	332.95	616.06	980.31	1084.79	1362.31	2699.52	2641.98	2641.35
用品消费人均	140.95	184.43	417.97	520.28	578.83	673.87	679.05	759.65
食品消费比重	40.072	34.273	35.024	36.544	35.638	27.705	27.639	27.668
衣着消费比重	11.499	12.342	13.522	12.812	11.503	10.138	9.638	9.129

图3　黑龙江居民物质消费分类结构性关系

左轴面积：城乡综合演算的居民物质消费单项（食品烟酒、衣着、居住、生活用品及服务四项）人均值（元转换为%），各项数值间呈直观比例。右轴曲线：食品、衣着消费比重（占总消费比，取3位小数对应整个物质消费比重演算小数四舍五入协调）（%），显示衣食温饱需求消费支出占总消费比。标注食品、衣着消费比重省域排序位次（物质消费比重以低为佳取倒序）。

1. 食品消费人均值增长及其比重变化

2000～2016年，黑龙江城乡居民人均食品消费年均增长8.55%。人均值地区差最小值为2001年的1.1023，最大值为2015年的1.2356；城乡比最小值为2016年的1.9238，最大值为2003年的2.6384。在这16年间，黑龙江居民食品消费地区差扩大了10.53%，城乡比缩小了10.61%。由于其他省域相应变化，黑龙江地区差位次从2000年第11位降至2016年第16位，城乡比位次从2000年第10位降至2016年第18位。

同期，黑龙江居民食品消费比重降低12.40个百分点。最低（最佳，物质消费占比以低为佳，后同）比重值为2015年的27.64%，最高比重值为2000年的40.07%。由于其他省域相应变化，黑龙江比重位次从2000年第7

位降至2016年第8位。可以看出，进入“全面小康”建设进程以来，黑龙江居民食品消费“最基本需求”所占比重越来越低，这间接反映出人民生活从温饱“基本小康”向富余“全面小康”的发展进步。

2. 衣着消费人均值增长及其比重变化

2000～2016年，黑龙江城乡居民人均衣着消费年均增长9.51%。人均值地区差最小值为2013年的1.0416，最大值为2003年的1.3147；城乡比最小值为2015年的2.7715，最大值为2003年的5.8483。在这16年间，黑龙江居民衣着消费地区差缩小了17.10%，城乡比缩小了42.36%。由于其他省域相应变化，黑龙江地区差位次从2000年第20位升至2016年第10位，城乡比位次从2000年第12位降至2016年第14位。

同期，黑龙江居民衣着消费比重降低2.37个百分点。最低比重值为2016年的9.13%，最高比重值为2010年的13.52%。由于其他省域相应变化，黑龙江比重位次从2000年第26位降至2016年第29位。可以看到，在食品消费比重持续明显下降的同时，黑龙江居民衣着消费比重也有所降低。

3. 居住消费人均值增长及其比重变化

2000～2016年，黑龙江城乡居民人均居住消费年均增长13.82%。人均值地区差最小值为2006年的1.0092，最大值为2016年的1.3103；城乡比最小值为2008年的1.0800，最大值为2015年的2.1974。在这16年间，黑龙江居民居住消费地区差扩大了26.85%，城乡比扩大了74.75%。由于其他省域相应变化，黑龙江地区差位次从2000年第6位降至2016年第19位，城乡比位次从2000年第5位降至2016年第16位。

同期，黑龙江居民居住消费比重增高5.82个百分点。最低比重值为2012年的11.03%，最高比重值为2014年的21.07%。由于其他省域相应变化，黑龙江比重位次从2000年第21位升至2016年第6位。可以看到，在物质消费比重普遍明显下降的同时，黑龙江居民居住消费“刚需”所占比重提升很大，这都是人们追求私家住房之“梦”带来的结果。

在图3里不难看出，2014年居住消费人均值陡然高升，这是国家统计局首次提供城乡综合人均值数据带来的变化，本项检测自行演算人均值则还

要略高一点。或许可以这样理解，各地居民受调查户样本的长期偏差近年得到修正，由私家住房相对普及带来的居住消费剧增得以体现。

4. 用品消费人均值增长及其比重变化

2000～2016 年，黑龙江城乡居民人均用品消费年均增长 11.10%。人均值地区差最小值为 2008 年的 1.1944，最大值为 2004 年的 1.3785；城乡比最小值为 2015 年的 2.5405，最大值为 2001 年的 4.5506。在这 16 年间，黑龙江居民用品消费地区差缩小了 1.76%，城乡比缩小了 41.12%。由于其他省域相应变化，黑龙江地区差位次从 2000 年第 16 位降至 2016 年第 21 位，城乡比位次从 2000 年第 6 位降至 2016 年第 22 位。

同期，黑龙江居民用品消费比重增高 0.0040 个百分点。最低比重值为 2004 年的 3.60%，最高比重值为 2001 年的 5.50%。由于其他省域相应变化，黑龙江比重位次保持第 4 位不变。

本项检测将全部物质消费视为“全面小康”人民生活必需消费，只看食品消费或者扩大为衣食温饱显然已不具有足够的解释力。不难看出，黑龙江居民食品消费比重下降“让出”的余地却被居住消费比重上升“抢占”，这两项冲抵仅仅留给处在上位的物质消费比重下降 6.58 个百分点（另综合衣着、用品消费比重变化，整个物质消费比重下降 8.95 个百分点），否则 2000 年以来 16 年间黑龙江居民整个物质消费比重理当显著下降。

四　黑龙江居民非物消费结构性分析

（一）非物生活分类消费增长分析

黑龙江居民非物消费分类结构性关系见图 4。

1. 交通消费人均值增长及其比重变化

2000～2016 年，黑龙江城乡居民人均交通消费年均增长 16.10%。人均值地区差最小值为 2000 年的 1.0586，最大值为 2012 年的 1.3114；城乡比最小值为 2016 年的 1.6776，最大值为 2000 年的 3.4321。在这 16 年间，黑

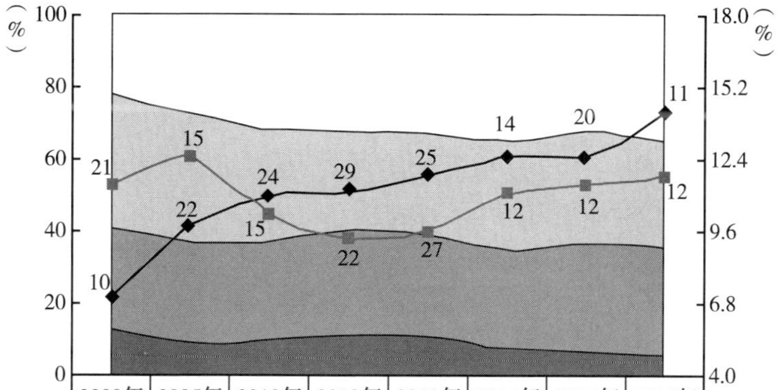

	2000年	2005年	2010年	2012年	2013年	2014年	2015年	2016年
交通消费人均	188.57	436.80	866.16	1094.01	1296.26	1594.05	1685.86	2054.96
文教消费人均	307.17	555.22	806.60	914.10	1055.73	1410.64	1535.22	1699.04
医疗消费人均	231.77	443.92	725.03	984.24	1122.42	1260.71	1586.69	1705.08
其他消费人均	108.68	149.01	269.68	384.74	405.79	325.83	343.55	347.91
交通消费比重	6.971	9.775	10.962	11.121	11.770	12.440	12.481	14.105
文教消费比重	11.355	12.426	10.208	9.292	9.586	11.009	11.366	11.662

图4　黑龙江居民非物消费分类结构性关系

左轴面积：城乡综合演算的居民非物消费单项（交通通信、教育文化娱乐、医疗保健、其他用品及服务四项）人均值（元转换为%），各项数值间呈直观比例。右轴曲线：交通通信、教育文化娱乐消费比重（占总消费比，取3位小数对应整个非物消费比重演算小数四舍五入协调）（%），显示社会生活交往、精神文化生活需求变化。标注交通通信、教育文化娱乐消费比重省域排序位次。

龙江居民交通消费地区差扩大了7.67%，城乡比缩小了51.12%。由于其他省域相应变化，黑龙江地区差位次从2000年第3位降至2016年第8位，城乡比位次从2000年第8位升至2016年第4位。

同期，黑龙江居民交通消费比重增高7.13个百分点。最高（最佳，非物消费占比以高为佳，后同）比重值为2016年的14.11%，最低比重值为2000年的6.97%。由于其他省域相应变化，黑龙江比重位次从2000年第10位降至2016年第11位。由此不难发现，交通消费比重持续显著增高，可以视为黑龙江居民社会生活交往需求高涨的具体表现。

2. 文教消费人均值增长及其比重变化

2000～2016年，黑龙江城乡居民人均文教消费年均增长11.28%。人均值地区差最小值为 2001 年的 1.0589，最大值为 2012 年的 1.2802；城乡比最小值为 2016 年的 1.6100，最大值为 2004 年的 4.0448。在这 16 年间，黑龙江居民文教消费地区差扩大了 2.50%，城乡比缩小了 46.98%。由于其他省域相应变化，黑龙江地区差位次从 2000 年第 7 位降至 2016 年第 10 位，城乡比位次从 2000 年第 14 位升至 2016 年第 1 位。

同期，黑龙江居民文教消费比重增高 0.31 个百分点。最高比重值为 2004 年的 12.91%，最低比重值为 2012 年的 9.29%。由于其他省域相应变化，黑龙江比重位次从 2000 年第 21 位升至 2016 年第 12 位。这里发现一个问题，多年以来许多研究者预期“精神文化消费需求高涨”，这样的局面迄今尚未在黑龙江居民人群里出现。

3. 医疗消费人均值增长及其比重变化

2000 ~ 2016 年，黑龙江城乡居民人均医疗消费年均增长 13.28%。人均值地区差最小值为 2003 年的 1.1699，最大值为 2000 年的 1.3681；城乡比最小值为 2014 年的 1.4693，最大值为 2004 年的 4.1013。在这 16 年间，黑龙江居民医疗消费地区差缩小了 6.10%，城乡比缩小了 45.80%。由于其他省域相应变化，黑龙江地区差位次从 2000 年第 20 位降至 2016 年第 23 位，城乡比位次从 2000 年第 9 位降至 2016 年第 13 位。

同期，黑龙江居民医疗消费比重增高 3.14 个百分点。最高比重值为 2015 年的 11.75%，最低比重值为 2001 年的 8.29%。由于其他省域相应变化，黑龙江比重位次保持第 1 位不变。

4. 其他消费人均值增长及其比重变化

2000 ~ 2016 年，黑龙江城乡居民人均其他消费年均增长 7.54%。人均值地区差最小值为 2005 年的 1.0007，最大值为 2002 年的 1.1693；城乡比最小值为 2016 年的 2.6802，最大值为 2004 年的 6.9903。在这 16 年间，黑龙江居民其他消费地区差扩大了 2.86%，城乡比缩小了 28.66%。由于其他省域相应变化，黑龙江地区差位次从 2000 年第 11 位升至 2016 年第 8 位，城乡比位次从 2000 年第 5 位降至 2016 年第 12 位。

同期，黑龙江居民其他消费比重降低 1.63 个百分点。最高比重值为

2001 年的 4. 37%，最低比重值为 2016 年的 2. 39%。由于其他省域相应变化，黑龙江比重位次从 2000 年第 21 位升至 2016 年第 14 位。

恩格尔系数检测仅能对应“基本小康”阶段，即使扩展为整个物质消费也难以适用于“全面小康”进程。为此，本项检测将全部非物消费视为“全面小康”民生应有消费。综合黑龙江居民交通、文教、医疗、其他消费比重变化，16 年间整个非物消费比重上升 8. 95 个百分点。

实际说来，“交通消费”作为“交通通信消费”简称，包含通信消费，而通信消费里的信息内容消费部分显然应当归属于精神消费。假设黑龙江居民信息内容消费占通信消费一半，通信消费又占整个交通通信消费一半，那么信息内容消费比重则上升 1. 78 个百分点，再与文教消费比重变化合并演算，2000 年以来 16 年间黑龙江居民精神消费比重理当上升 2. 09 个百分点。

至此可以归纳对比城乡居民物质生活、非物生活分类单项消费的增长变化差异。2000 年以来 16 年间，黑龙江各类消费人均值年均增长率、比重值升降变化（百分比演算更为精确）排序：交通消费年增 16. 10%，比重上升 102. 35% 为最高；居住消费年增 13. 82%，比重上升 47. 30% 为次高；医疗消费年增 13. 28%，比重上升 36. 60% 为第三高；文教消费年增 11. 28%，比重上升 2. 70% 为第四高；用品消费年增 11. 10%，比重上升 0. 07% 为第五高；衣着消费年增 9. 51%，比重下降 20. 61% 为第六高；食品消费年增 8. 55%，比重下降 30. 95% 为次低；其他消费年增 7. 54%，比重下降 40. 56% 为最低。

（二）居民收入、积蓄与非物消费之间增长关系

分析居民收入、积蓄与非物生活各项消费之间增长关系，可以检测究竟是什么因素对居民非物生活各项消费增长产生重要影响。黑龙江居民收入、积蓄与非物消费增长态势见图 5，因相关系数分析需有历年不间断增长指数，而制图空间有限故截取 2005 ~ 2015 年（后台检测 2000 ~ 2016 年）。

1. 居民收入与非物消费历年增长相关性

2005 ~ 2015 年，标号（1）居民收入与（2）交通消费历年增长之间，

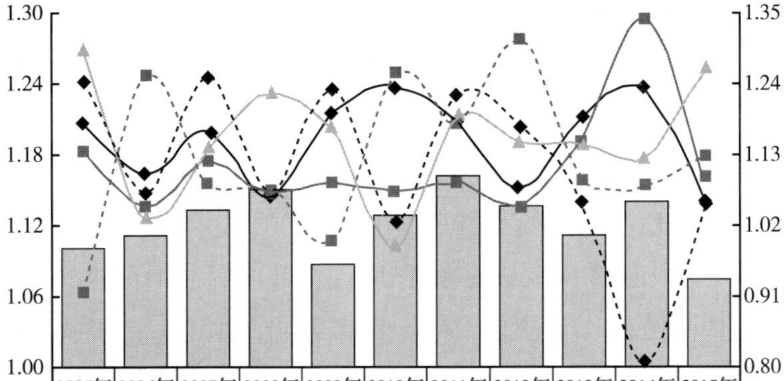

	2005年	2006年	2007年	2008年	2009年	2010年	2011年	2012年	2013年	2014年	2015年
(1)居民收入	1.1009	1.1115	1.1315	1.1506	1.0886	1.1280	1.1601	1.1351	1.1111	1.1396	1.0734
(2)交通消费	1.1744	1.0970	1.1600	1.0588	1.1929	1.2338	1.1770	1.0731	1.1849	1.2297	1.0576
(3)文教消费	1.1317	1.0454	1.1171	1.0698	1.0837	1.0730	1.0829	1.0465	1.1549	1.3362	1.0883
(4)医疗消费	1.2870	1.0286	1.1342	1.2200	1.1651	0.9849	1.1866	1.1440	1.1404	1.1232	1.2586
(5)其他消费	1.2467	1.0700	1.2495	1.0730	1.2311	1.0247	1.2197	1.1697	1.0547	0.8030	1.0544
(6)居民积蓄	0.9180	1.2492	1.0845	1.0732	0.9919	1.2508	1.1796	1.3033	1.0903	1.0786	1.1264

图5 黑龙江居民收入、积蓄与非物消费增长态势

左轴柱形：居民收入年增指数，右轴曲线：非物消费各单项、积蓄年增指数，上年 =1（小于1为负增长）。曲线（4）与（6）之间大体形成横向镜面峰谷对应水中倒影负相关关系。

相关系数为0.1218，亦即在12.18%程度上同步变动，呈极弱正相关性；与（3）文教消费历年增长之间，相关系数为0.1154，亦即在11.54%程度上同步变动，呈极弱正相关性；与（4）医疗消费历年增长之间，相关系数为-0.2351，亦即在23.51%程度上逆向变动，呈很弱负相关性。

这些数据之间的增长相关性表明，黑龙江居民收入增高也不能“必然”带来本地居民生活消费向着非物质需求，尤其是精神文化需求方向“升级”。

2. 居民积蓄与非物消费历年增长相关性

2005～2015年，标号（6）居民积蓄与（2）交通消费历年增长之间，相关系数为-0.2594，亦即在25.94%程度上逆向变动，呈较弱负相关性；与（3）文教消费历年增长之间，相关系数为-0.3878，亦即在38.78%程度上逆向变动，呈稍强负相关性；与（4）医疗消费历年增长之间，相关系数为－0.6413，亦即在64.13%程度上逆向变动，呈很强负相关性。

在当地这些数据之间的增长相关性中，相互间影响的正反方向、强弱程度已经不言自明。

图5中可见，在（4）医疗消费与（6）居民积蓄增长曲线之间，形成横向镜面峰谷对应水中倒影，其间呈64.13%逆向增长相关性。“积蓄负相关性”对于医疗消费明显成立，对于文教消费不明显，对于交通消费不明显，对于其他消费不明显。经后台数据库扩展演算，文教消费与积蓄增长之间2000～2013年长时段逆向程度为60.39%，呈很强负相关；2010～2014年逆向极值达81.25%，呈极强负相关。

显然，黑龙江居民积蓄增长已经严重地抑制了本地居民消费向着保持人们身心健康方向更快地“升级”。

五　黑龙江民生消费需求景气指数检测

黑龙江民生消费需求景气指数变动态势见图6。

1. 各年度理想值横向检测指数

假定黑龙江各类民生数据城乡、地区无差距理想值为100，2016年黑龙江城乡民生需求景气指数为86.78，低于无差距理想值13.22%，但高于上年（2015年）检测指数1.15个点。黑龙江此项检测指数在省域间排行变化，2000年为第12位，2005年为第8位，2010年为第11位，2016年从上年第20位上升为第17位。

各年度（包括图中省略年度）此项检测指数对比，全部各个年度均低于无差距理想值100；2003年、2005年、2007～2009年、2011年、2013～2014年、2016年9个年度高于上年检测指数值。其中，历年指数最高值为2009年的88.60，最低值为2004年的82.55。

2. 2000年以来基数值纵向检测指数

以“全面小康”建设进程起点年“九五”末年2000年数据指标演算基

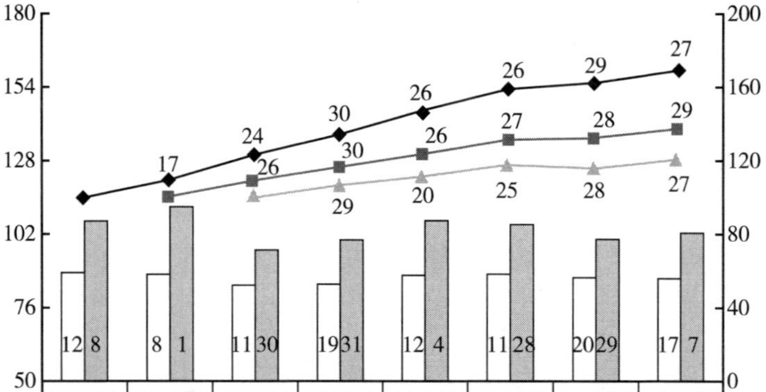

	2000年	2005年	2010年	2012年	2013年	2014年	2015年	2016年
横向理想测评	88.07	87.75	84.60	83.52	87.27	88.12	85.63	86.78
纵向基数测评(1)	106.01	111.60	97.03	100.24	106.25	104.75	99.25	103.39
纵向基数测评(2)	100.00	108.98	123.95	135.23	145.67	158.60	160.18	168.69
纵向基数测评(3)	—	100.00	107.45	114.51	122.25	130.19	130.07	135.80
纵向基数测评(4)	—	—	100.00	104.37	111.06	116.98	115.13	119.49

图6　黑龙江民生消费需求景气指数变动态势

左轴柱形：左历年横向测评（城乡、地区无差距理想值 = 100）；右逐年纵向测评（1），上年基数值 = 100。右轴曲线：时段纵向测评（起点年基数值 = 100），（2）以 2000 年为起点（“十五”以来，以“九五”末年为基点，后同），（3）以 2005 年为起点（“十一五”以来），（4）以 2010 年为起点（“十二五”以来）。标注各类测评结果省域排序位次。

数值为 100，2016 年黑龙江城乡民生需求景气指数为 168.69，高于起点年基数值 68.69%，也高于上年（2015 年）检测指数 8.51 个点。黑龙江此项检测指数在省域间排行变化，2000 年起点不计，2005 年为第 17 位，2010 年为第 24 位，2016 年从上年第 29 位上升为第 27 位。

各年度（包括图中省略年度）此项检测指数对比，2005 ~ 2016 年 12 个年度高于起点年基数值 100；2003 年、2005 年、2007 ~ 2009 年、2011 ~ 2016 年 11 个年度高于上年检测指数值。其中，历年指数最高值为 2016 年的 168.69，最低值为 2002 年的 98.05。

3. 2005年以来基数值纵向检测指数

以“全面小康”建设进程第一个五年期“十五”末年 2005 年数据指标演算基数值为 100，2016 年黑龙江城乡民生需求景气指数为 135.80，高于起点年基数值35.80%，也高于上年（2015年）检测指数5.73个点。黑龙江此项检测指数在省域间排行变化，2005年起点不计，2010年为第26位，2016年从上年第28位下降为第29位。

各年度（包括图中省略年度）此项检测指数对比，2007～2016年10个年度高于起点年基数值100；2007～2009年、2011～2014年、2016年8个年度高于上年检测指数值。其中，历年指数最高值为2016年的135.80，最低值为2006年的96.50。

4. 2010年以来基数值纵向检测指数

以“全面小康”建设进程第二个五年期“十一五”末年2010年数据指标演算基数值为100，2016年黑龙江城乡民生需求景气指数为119.49，高于起点年基数值19.49%，也高于上年（2015年）检测指数4.36个点。黑龙江此项检测指数在省域间排行变化，2010年起点不计，2012年为第29位，2016年从上年第28位上升为第27位。

各年度（包括图中省略年度）此项检测指数对比，全部各个年度均高于起点年基数值100；2012～2014年、2016年4个年度高于上年检测指数值。其中，历年指数最高值为2016年的119.49，最低值为2011年的103.98。

5. 逐年度基数值纵向检测指数

以上一年（2015年）起点数据指标演算基数值为100，2016年黑龙江城乡民生需求景气指数为103.39，高于起点年基数值3.39%，也高于上年检测指数4.14个点。黑龙江此项检测指数在省域间排行变化，2000年为第8位，2005年为第1位，2010年为第30位，2016年从上年第29位上升为第7位。

各年度（包括图中省略年度）此项检测指数对比，2000年、2003年、2005年、2007～2009年、2011～2014年、2016年11个年度高于起点年基数值100；2002～2003年、2005年、2007年、2011年、2013年、2016年7个年度高于上年检测指数值。其中，历年指数最高值为2005年的111.60，最低值为2006年的96.50。

R.22

宁夏：2000～2016年民生需求景气提升第8位

陶思琪*

摘　要： 2000～2016年，宁夏城乡综合演算的各类民生消费数据人均值持续明显增长，2016年居民总消费为2000年的6.68倍，物质消费为5.50倍，非物消费为9.40倍。物质消费比重极显著下降12.33个百分点，非物消费比重极显著增高12.33个百分点，消费结构出现极大升级变化。但居民消费率从42.86%极显著下降至32.63%，“十二五”期间略有回升。尤其应注意，居民消费支出年均增长显著低于财政支出年增6.78个百分点。居民积蓄率从15.92%持续极显著升高至21.03%，反过来对消费需求的抑制作用加重。居民总消费、非物消费地区差逐渐缩小，但居民物质消费地区差继续扩大；居民总消费、物质消费、非物消费城乡比逐渐缩小。

关键词： 宁夏　民生消费　需求景气　检测评价

一　宁夏人民生活主要数据相关情况

宁夏城乡主要民生数据增长变化基本情况见图1，限于制图容量，图中

---

* 陶思琪，云南省消费市场监测与研究中心政策分析师，主要从事市场流通政策相关研究。

未直接列出居民收入数据，而注明可据其他数据推算，另产值、财政收入、财政支出数据置于后台进行相关演算。

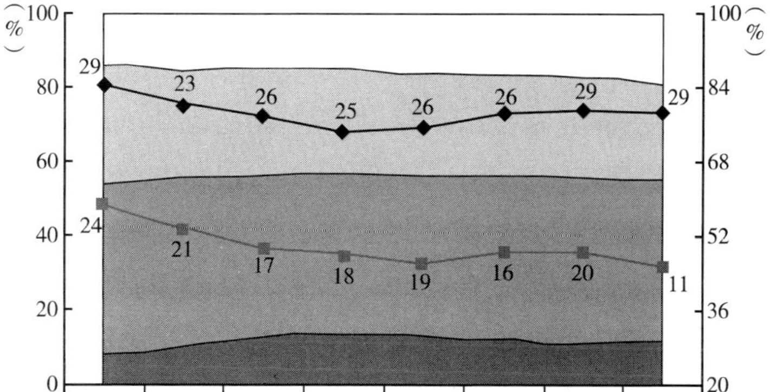

	2000年	2005年	2010年	2012年	2013年	2014年	2015年	2016年
（1）非物质消费	38.32	76.59	164.95	224.36	277.11	318.10	367.92	440.92
（2）物质消费	88.07	152.85	301.84	401.52	440.21	518.37	573.77	592.98
（3）总消费	126.39	229.44	466.79	625.88	717.32	836.47	941.69	1033.90
（4）居民积蓄	23.92	55.72	139.67	212.79	231.54	233.61	245.69	275.37
物质消费比	58.59	53.60	49.77	47.88	46.39	48.44	48.32	45.29
居民消费比	84.08	80.46	76.97	74.63	75.60	78.17	79.31	78.97

图1　宁夏城乡主要民生数据增长变化基本情况

左轴面积：城乡居民（1）非物消费、（2）物质消费、（3）总消费、（4）积蓄总量（亿元转换为%），（1）＋（2）＝（3），（3）＋（4）＝居民收入，各项数值间呈直观比例。右轴曲线：物质消费比、居民消费比（占居民收入比），二者之差即为非物消费比，二者之比即为物质消费比重（占总消费比）（%），二者之差再与居民消费比之比即为非物消费比重。标注物质消费比、居民消费比省域排序位次。

1. 城乡居民收入、积蓄财富总量增长简况

2000～2016年，宁夏城乡居民收入总量年均增长14.49%，积蓄总量年均增长16.50%。在这16年间，居民收入年均增长率低于产值增长1.50个百分点，低于财政收入增长5.56个百分点。

2. 城乡居民消费总量及其分类增长状况

2000～2016年，宁夏城乡居民消费总量年均增长14.04%。在这16年间，居民消费年均增长率低于产值增长1.95个百分点，低于财政支出增长

6.78 个百分点。

同期，宁夏城乡居民物质消费总量年均增长 12.66%。在这 16 年间，物质消费年均增长率低于居民收入增长 1.83 个百分点，低于总消费增长 1.38 个百分点。

同期，宁夏城乡居民非物消费总量年均增长 16.50%。在这 16 年间，非物消费年均增长率高于居民收入增长 2.01 个百分点，高于总消费增长 2.46 个百分点。

3. 城乡居民消费需求相关比值变化状况

在宁夏居民收入当中，2000 年有 84.08% 用于全部生活消费支出，为历年最高比值；2007 年仅有 74.05% 用于全部生活消费支出，为历年最低（最佳）比值；2000 年有 58.59% 用于物质消费支出，为历年最高比值；2016 年仅有 45.29% 用于物质消费支出，为历年最低（最佳）比值。居民收入与总消费之差即为居民积蓄，物质消费与总消费之差即为非物消费。

2000 年以来 16 年间，宁夏居民消费比降低 5.11 个百分点，同时物质消费比亦降低 13.30 个百分点，反过来导致非物消费比升高 8.19 个百分点。继续深入分析，居民消费比与物质消费比升降方向及其程度有差异，意味着物质消费占总消费比重变化，反过来又导致非物消费占总消费比重变化。由这些相对比值关系变化就能够看出民生消费需求态势，从中体现出民生发展的基本走向。

二　宁夏居民总消费增长及相关性分析

居民总消费及其相关性分析为民生消费需求检测系统的二级子系统之首。宁夏城乡居民总消费及其相关性变动态势见图 2。

1. 城乡综合人均值及地区差变动状况

2000～2016 年，宁夏城乡居民人均总消费年均增长 12.61%（由于人口增长，人均值增长率略低于总量增长率）。人均值地区差最小（最佳，后

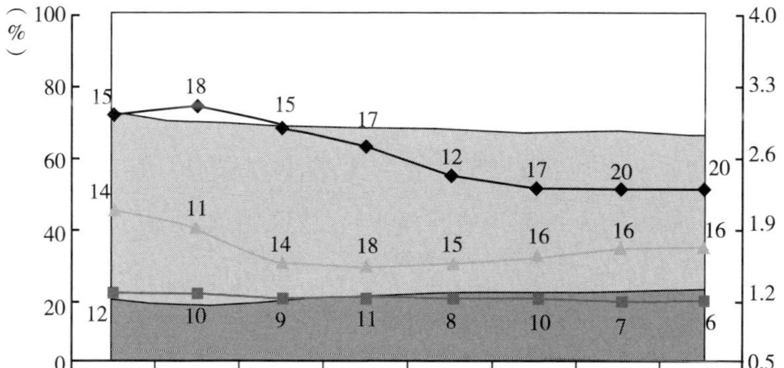

	2000年	2005年	2010年	2012年	2013年	2014年	2015年	2016年
城乡人均消费	2304.20	3875.63	7421.45	9728.86	11024.05	12714.85	14166.93	15398.24
城镇人均消费	4200.50	6404.31	11334.43	14067.15	15321.10	17216.23	18983.88	20364.23
乡村人均消费	1417.13	2094.48	4013.17	5351.36	6489.69	7676.49	8414.87	9138.40
人均值城乡比	2.9641	3.0577	2.8243	2.6287	2.3608	2.2427	2.2560	2.2284
人均值地区差	1.1920	1.1990	1.1537	1.1539	1.1308	1.1331	1.1129	1.1189
居民消费率	42.86	37.84	27.63	26.73	27.83	30.39	32.34	32.63

图2　宁夏城乡居民总消费及其相关性变动态势

左轴面积（元转换为%）：城乡综合、城镇、乡村居民总消费人均值，各项数值间呈直观比例。右轴曲线：居民总消费城乡比（乡村=1）、地区差（无差距=1）。左轴曲线：居民消费率（与产值比）（%）。标注居民消费率及其城乡比、地区差省域排序位次。另需说明，近年年鉴始发布2014年以来城乡人均值数据，但与总量数据之间存在演算误差，对应同时发布的产值人均值和总量分别演算相应消费率有出入，本文恢复自行演算城乡人均值。

同）值为2015年的1.1129，最大值为2007年的1.2245。在这16年间，宁夏居民总消费地区差缩小了6.13%。这意味着，宁夏与其余各地居民总消费增长的同步均衡性较明显增强，体现出“全面小康”建设进程在缩小居民总消费地区差距方面的有效进展。

由于其他省域相应变化，宁夏地区差位次从2000年第12位升至2016年第6位。按照本项检测的推演测算，2020年宁夏居民总消费地区差应为1.1084，相比当前将略微缩减；2035年宁夏居民总消费地区差应为1.0647，相比当前将继续较明显缩减。

2. 城镇与乡村人均值及城乡比变动状况

2000～2016年，宁夏城镇居民人均总消费年均增长10.37%，乡村居民人均总消费年均增长 12.35%，乡村年均增长率高于城镇 1.98 个百分点。城乡之间增长相关系数为 0.2705，即历年增长同步程度 27.05%，呈极弱正相关性。

同期，宁夏居民总消费城乡比最小（最佳，后同）值为 2016 年的 2.2284，最大值为 2002 年的 3.5998。在这 16 年间，宁夏居民总消费城乡比缩小了 24.82%。这意味着，宁夏城乡之间居民总消费增长的同步均衡性明显增强，体现出“全面小康”建设进程在缩小居民总消费城乡差距方面的有效进展。

由于其他省域相应变化，宁夏城乡比位次从 2000 年第 15 位降至 2016 年第 20 位。按照本项检测的推演测算，2020 年宁夏居民总消费城乡比应为 2.0750，相比当前将明显缩减；2035 年宁夏居民总消费城乡比应为 1.5881，相比当前将继续极显著缩减。

3. 城乡综合居民消费率历年变化状况

2000～2016 年，宁夏居民消费率下降了 10.23 个百分点，其中“十二五”以来回升 5.00 个百分点。应对国际金融危机实施“拉动内需，扩大消费，改善民生”国策以来，直到进入“十二五”期间，宁夏居民消费率开始略有回升。由于其他省域相应变化，宁夏居民消费率位次从 2000 年第 14 位降至 2016 年第 16 位。

在这 16 年间，宁夏居民消费率最高（最佳）值为 2000 年的 42.86%，最低值为 2011 年的 26.27%，近年来仍未回复 2000 年初始值，更未达到 2000 年最佳值。这意味着，当地居民消费拉动经济增长的同步协调性尚待增强。还应注意，宁夏居民消费率下降程度大于当地居民收入比下降程度，反过来即意味着居民积蓄率上升，同时亦即积蓄对消费的抑制作用加重。

三　宁夏居民物质消费结构性分析

宁夏居民物质消费分类结构性关系见图 3。

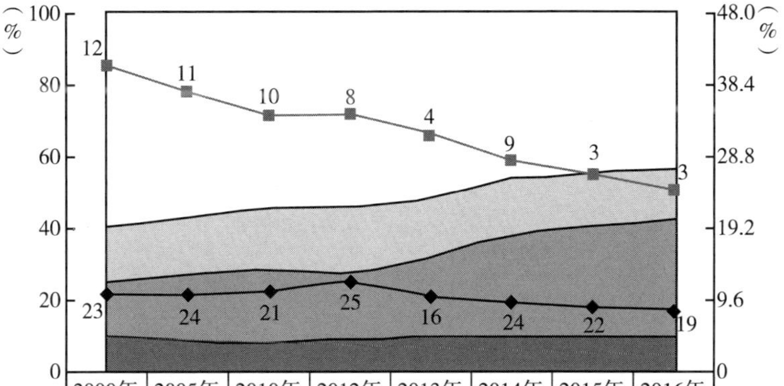

	2000年	2005年	2010年	2012年	2013年	2014年	2015年	2016年
食品消费人均	949.31	1462.32	2578.19	3336.62	3497.09	3615.97	3775.54	3796.51
衣着消费人均	244.97	404.87	821.61	1172.70	1112.53	1197.22	1275.19	1260.55
居住消费人均	244.90	496.89	965.10	1113.63	1454.98	2253.98	2675.33	2824.22
用品消费人均	166.43	217.77	433.97	618.38	700.65	812.35	905.76	950.25
食品消费比重	41.199	37.731	34.740	34.296	31.722	28.439	26.650	24.655
衣着消费比重	10.631	10.446	11.071	12.054	10.092	9.416	9.001	8.186

图3　宁夏居民物质消费分类结构性关系

左轴面积：城乡综合演算的居民物质消费单项（食品烟酒、衣着、居住、生活用品及服务四项）人均值（元转换为%），各项数值间呈直观比例。右轴曲线：食品、衣着消费比重（占总消费比，取3位小数对应整个物质消费比重演算小数四舍五入协调）（%），显示衣食温饱需求消费支出占总消费比。标注食品、衣着消费比重省域排序位次（物质消费比重以低为佳取倒序）。

1. 食品消费人均值增长及其比重变化

2000～2016年，宁夏城乡居民人均食品消费年均增长9.05%。人均值地区差最小值为2011年的1.1954，最大值为2016年的1.2768；城乡比最小值为2015年的1.9910，最大值为2003年的2.8221。在这16年间，宁夏居民食品消费地区差扩大了4.25%，城乡比缩小了6.91%。由于其他省域相应变化，宁夏地区差位次从2000年第20位降至2016年第23位，城乡比位次从2000年第11位降至2016年第20位。

同期，宁夏居民食品消费比重降低16.54个百分点。最低（最佳，物质消费占比以低为佳，后同）比重值为2016年的24.66%，最高比重值为2000年的41.20%。由于其他省域相应变化，宁夏比重位次从2000年第12

位升至2016年第3位。可以看出，进入“全面小康”建设进程以来，宁夏居民食品消费“最基本需求”所占比重越来越低，这间接反映出人民生活从温饱“基本小康”向富余“全面小康”的发展进步。

2. 衣着消费人均值增长及其比重变化

2000～2016年，宁夏城乡居民人均衣着消费年均增长10.78%。人均值地区差最小值为2008年的1.0022，最大值为2003年的1.1051；城乡比最小值为2016年的2.5660，最大值为2002年的5.9286。在这16年间，宁夏居民衣着消费地区差缩小了0.23%，城乡比缩小了55.84%。由于其他省域相应变化，宁夏地区差位次从2000年第1位降至2016年第2位，城乡比位次从2000年第22位升至2016年第8位。

同期，宁夏居民衣着消费比重降低2.45个百分点。最低比重值为2016年的8.19%，最高比重值为2012年的12.05%。由于其他省域相应变化，宁夏比重位次从2000年第23位升至2016年第19位。可以看到，在食品消费比重持续明显下降的同时，宁夏居民衣着消费比重也有所降低。

3. 居住消费人均值增长及其比重变化

2000～2016年，宁夏城乡居民人均居住消费年均增长16.51%。人均值地区差最小值为2013年的1.0336，最大值为2001年的1.3232；城乡比最小值为2013年的1.0627，最大值为2002年的2.3694。在这16年间，宁夏居民居住消费地区差缩小了2.03%，城乡比扩大了86.05%。由于其他省域相应变化，宁夏地区差位次从2000年第19位升至2016年第11位，城乡比位次从2000年第6位降至2016年第22位。

同期，宁夏居民居住消费比重增高7.71个百分点。最低比重值为2001年的10.41%，最高比重值为2015年的18.88%。由于其他省域相应变化，宁夏比重位次从2000年第11位升至2016年第7位。可以看到，在物质消费比重普遍明显下降的同时，宁夏居民居住消费“刚需”所占比重提升很大，这都是人们追求私家住房之“梦”带来的结果。

在图3里不难看出，2014年居住消费人均值陡然高升，这是国家统计局首次提供城乡综合人均值数据带来的变化，本项检测自行演算人均值则还

要略高一点。或许可以这样理解，各地居民受调查户样本的长期偏差近年得到修正，由私家住房相对普及带来的居住消费剧增得以体现。

4. 用品消费人均值增长及其比重变化

2000～2016 年，宁夏城乡居民人均用品消费年均增长 11.50%。人均值地区差最小值为 2015 年的 1.0637，最大值为 2007 年的 1.2257；城乡比最小值为 2015 年的 2.0731，最大值为 2001 年的 7.7257。在这 16 年间，宁夏居民用品消费地区差缩小了 6.50%，城乡比缩小了 65.69%。由于其他省域相应变化，宁夏地区差位次从 2000 年第 7 位降至 2016 年第 11 位，城乡比位次从 2000 年第 17 位升至 2016 年第 10 位。

同期，宁夏居民用品消费比重降低 1.05 个百分点。最低比重值为 2004 年的 5.28%，最高比重值为 2001 年的 8.01%。由于其他省域相应变化，宁夏比重位次保持第 19 位不变。

本项检测将全部物质消费视为“全面小康”人民生活必需消费，只看食品消费或者扩大为衣食温饱显然已不具有足够的解释力。不难看出，宁夏居民食品消费比重下降“让出”的余地却被居住消费比重上升“抢占”，这两项冲抵仅仅留给处在上位的物质消费比重下降 8.83 个百分点（另综合衣着、用品消费比重变化，整个物质消费比重下降 12.33 个百分点），否则 2000 年以来 16 年间宁夏居民整个物质消费比重理当显著下降。

四　宁夏居民非物消费结构性分析

（一）非物生活分类消费增长分析

宁夏居民非物消费分类结构性关系见图 4。

1. 交通消费人均值增长及其比重变化

2000～2016 年，宁夏城乡居民人均交通消费年均增长 19.12%。人均值地区差最小值为 2014 年的 1.0486，最大值为 2007 年的 1.3326；城乡比最小值为 2015 年的 2.3434，最大值为 2002 年的 5.0151。在这 16 年间，宁夏

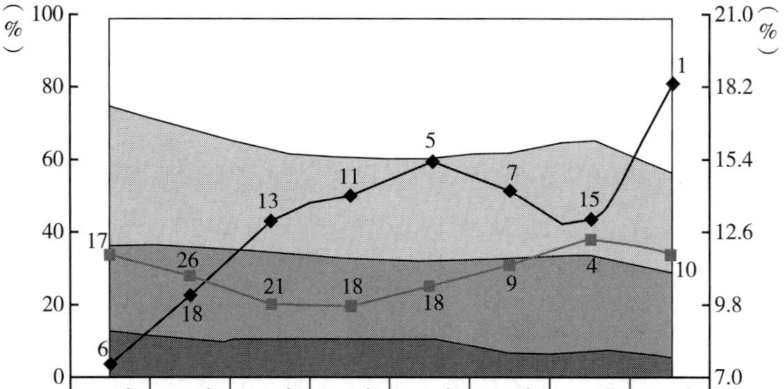

	2000年	2005年	2010年	2012年	2013年	2014年	2015年	2016年
交通消费人均	172.86	396.36	970.33	1368.95	1687.87	1801.92	1853.90	2840.58
文教消费人均	269.69	422.59	727.62	947.21	1173.26	1442.78	1754.24	1823.68
医疗消费人均	164.55	338.15	637.71	778.90	936.54	1258.30	1519.17	1505.31
其他消费人均	91.49	136.70	286.92	392.46	461.14	332.33	407.79	397.14
交通消费比重	7.502	10.227	13.075	14.071	15.311	14.172	13.086	18.447
文教消费比重	11.704	10.904	9.804	9.736	10.643	11.347	12.383	11.843

图4　宁夏居民非物消费分类结构性关系

左轴面积：城乡综合演算的居民非物消费单项（交通通信、教育文化娱乐、医疗保健、其他用品及服务四项）人均值（元转换为%），各项数值间呈直观比例。右轴曲线：交通通信、教育文化娱乐消费比重（占总消费比，取3位小数对应整个非物消费比重演算小数四舍五入协调）（%），显示社会生活交往、精神文化生活需求变化。标注交通通信、教育文化娱乐消费比重省域排序位次。

居民交通消费地区差扩大了4.58%，城乡比缩小了44.61%。由于其他省域相应变化，宁夏地区差位次从2000年第9位降至2016年第13位，城乡比位次从2000年第17位降至2016年第22位。

同期，宁夏居民交通消费比重增高10.95个百分点。最高（最佳，非物消费占比以高为佳，后同）比重值为2016年的18.45%，最低比重值为2000年的7.50%。由于其他省域相应变化，宁夏比重位次从2000年第6位升至2016年第1位。由此不难发现，交通消费比重持续显著增高，可以视为宁夏居民社会生活交往需求高涨的具体表现。

2. 文教消费人均值增长及其比重变化

2000～2016年，宁夏城乡居民人均文教消费年均增长12.69%。人均值地区差最小值为2015年的1.0008，最大值为2007年的1.3627；城乡比最小值为2016年的2.2420，最大值为2008年的5.4200。在这16年间，宁夏居民文教消费地区差缩小了11.96%，城乡比缩小了39.39%。由于其他省域相应变化，宁夏地区差位次从2000年第15位升至2016年第5位，城乡比位次从2000年第21位升至2016年第14位。

同期，宁夏居民文教消费比重增高0.14个百分点。最高比重值为2002年的12.75%，最低比重值为2009年的9.35%。由于其他省域相应变化，宁夏比重位次从2000年第17位升至2016年第10位。这里发现一个问题，多年以来许多研究者预期“精神文化消费需求高涨”，这样的局面迄今尚未在宁夏居民人群里出现。

3. 医疗消费人均值增长及其比重变化

2000～2016年，宁夏城乡居民人均医疗消费年均增长14.84%。人均值地区差最小值为2011年的1.0046，最大值为2015年的1.2906；城乡比最小值为2013年的1.6508，最大值为2001年的4.1743。在这16年间，宁夏居民医疗消费地区差扩大了10.26%，城乡比缩小了51.25%。由于其他省域相应变化，宁夏地区差位次从2000年第2位降至2016年第10位，城乡比位次保持第19位不变。

同期，宁夏居民医疗消费比重增高2.64个百分点。最高比重值为2015年的10.72%，最低比重值为2000年的7.14%。由于其他省域相应变化，宁夏比重位次从2000年第8位升至2016年第5位。

4. 其他消费人均值增长及其比重变化

2000～2016年，宁夏城乡居民人均其他消费年均增长9.61%。人均值地区差最小值为2010年的1.0092，最大值为2000年的1.2717；城乡比最小值为2014年的2.1140，最大值为2001年的9.3766。在这16年间，宁夏居民其他消费地区差缩小了17.47%，城乡比缩小了70.05%。由于其他省域相应变化，宁夏地区差位次从2000年第16位升至2016年第3位，城乡比位次从2000年第27位升至2016年第9位。

同期，宁夏居民其他消费比重降低1.39个百分点。最高比重值为2001

年的 4.58%，最低比重值为 2016 年的 2.58%。由于其他省域相应变化，宁夏比重位次从 2000 年第 23 位升至 2016 年第 10 位。

恩格尔系数检测仅能对应“基本小康”阶段，即使扩展为整个物质消费也难以适用于“全面小康”进程。为此，本项检测将全部非物消费视为“全面小康”民生应有消费。综合宁夏居民交通、文教、医疗、其他消费比重变化，16 年间整个非物消费比重上升 12.33 个百分点。

实际说来，“交通消费”作为“交通通信消费”简称，包含通信消费，而通信消费里的信息内容消费部分显然应当归属于精神消费。假设宁夏居民信息内容消费占通信消费一半，通信消费又占整个交通通信消费一半，那么信息内容消费比重则上升 2.74 个百分点，再与文教消费比重变化合并演算，2000 年以来 16 年间宁夏居民精神消费比重理当上升 2.88 个百分点。

至此可以归纳对比城乡居民物质生活、非物生活分类单项消费的增长变化差异。2000 年以来 16 年间，宁夏各类消费人均值年均增长率、比重值升降变化（百分比演算更为精确）排序：交通消费年增 19.12%，比重上升 145.90% 为最高；居住消费年增 16.51%，比重上升 72.57% 为次高；医疗消费年增 14.84%，比重上升 36.89% 为第三高；文教消费年增 12.69%，比重上升 1.19% 为第四高；用品消费年增 11.50%，比重下降 14.56% 为第五高；衣着消费年增 10.78%，比重下降 23.00% 为第六高；其他消费年增 9.61%，比重下降 35.04% 为次低；食品消费年增 9.05%，比重下降 40.16% 为最低。

（二）居民收入、积蓄与非物消费之间增长关系

分析居民收入、积蓄与非物生活各项消费之间增长关系，可以检测究竟是什么因素对居民非物生活各项消费增长产生重要影响。宁夏居民收入、积蓄与非物消费增长态势见图 5，因相关系数分析需有历年不间断增长指数，而制图空间有限故截取 2004 ~ 2014 年（后台检测 2000 ~ 2016 年）。

1. 居民收入与非物消费历年增长相关性

2004 ~ 2014 年，标号（1）居民收入与（2）交通消费历年增长之间，

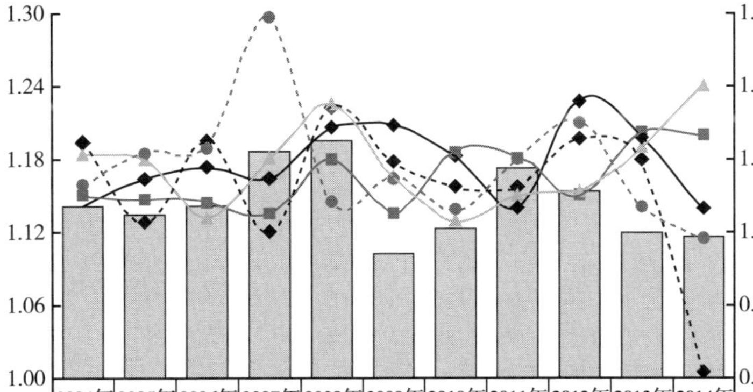

	2004年	2005年	2006年	2007年	2008年	2009年	2010年	2011年	2012年	2013年	2014年
（1）居民收入	1.1422	1.1350	1.1419	1.1866	1.1954	1.1012	1.1223	1.1720	1.1537	1.1186	1.1155
（2）交通消费	1.0715	1.1376	1.1618	1.1385	1.2480	1.2533	1.1833	1.0740	1.3137	1.2330	1.0676
（3）文教消费	1.1006	1.0904	1.0845	1.0572	1.1799	1.0638	1.1963	1.1887	1.0951	1.2386	1.2297
（4）医疗消费	1.1896	1.1798	1.0487	1.1747	1.2979	1.1355	1.0388	1.1022	1.1081	1.2024	1.3436
（5）其他消费	1.2251	1.0349	1.2209	1.0194	1.2923	1.1682	1.1171	1.1167	1.2249	1.1750	0.7207
（6）居民积蓄	1.1214	1.1956	1.2068	1.4908	1.0793	1.1416	1.0642	1.1796	1.2628	1.0758	0.9980

图5　宁夏居民收入、积蓄与非物消费增长态势

左轴柱形：居民收入年增指数，右轴曲线：非物消费各单项、积蓄年增指数，上年 =1（小于1为负增长）。曲线（3）与（6）之间大体形成横向镜面峰谷对应水中倒影负相关关系。

相关系数为 -0.0269，亦即在2.69%程度上逆向变动，呈极弱负相关性；与（3）文教消费历年增长之间，相关系数为 -0.1420，亦即在14.20%程度上逆向变动，呈很弱负相关性；与（4）医疗消费历年增长之间，相关系数为0.1030，亦即在10.30%程度上同步变动，呈极弱正相关性。

这些数据之间的增长相关性表明，宁夏居民收入增高也不能“必然”带来本地居民生活消费向着非物质需求，尤其是精神文化需求方向“升级”。

2. 居民积蓄与非物消费历年增长相关性

2004 ~2014年，标号（6）居民积蓄与（2）交通消费历年增长之间，相关系数为0.0626，亦即在6.26%程度上同步变动，呈极弱正相关性；与（3）文教消费历年增长之间，相关系数为 -0.7079，亦即在70.79%程度上逆向变动，呈极强负相关性；与（4）医疗消费历年增长之间，相关系数为－0.3200，亦即在32.00%程度上逆向变动，呈较弱负相关性。

在当地这些数据之间的增长相关性中，相互间影响的正反方向、强弱程度已经不言自明。

图5中可见，在（3）文教消费与（6）居民积蓄增长曲线之间，形成横向镜面峰谷对应水中倒影，其间呈70.79%逆向增长相关性。“积蓄负相关性”对于文教消费明显成立，对于医疗消费不明显，对于交通消费不成立，对于其他消费不成立。经后台数据库扩展演算，文教消费与积蓄增长之间2000～2016年长时段逆向程度为63.42%，呈很强负相关；2011～2015年逆向极值达89.51%，呈极强负相关。

显然，宁夏居民积蓄增长已经严重地抑制了本地居民消费向着提升精神文化需求方向更快地“升级”。

五　宁夏民生消费需求景气指数检测

宁夏民生消费需求景气指数变动态势见图6。

1. 各年度理想值横向检测指数

假定宁夏各类民生数据城乡、地区无差距理想值为100，2016年宁夏城乡民生需求景气指数为85.99，低于无差距理想值14.01%，也低于上年（2015年）检测指数1.40个点。宁夏此项检测指数在省域间排行变化，2000年为第15位，2005年为第21位，2010年为第17位，2016年从上年第16位下降为第19位。

各年度（包括图中省略年度）此项检测指数对比，全部各个年度均低于无差距理想值100；2003年、2006年、2008年、2010年、2012～2013年、2015年7个年度高于上年检测指数值。其中，历年指数最高值为2015年的87.39，最低值为2007年的78.77。

2. 2000年以来基数值纵向检测指数

以“全面小康”建设进程起点年“九五”末年2000年数据指标演算基

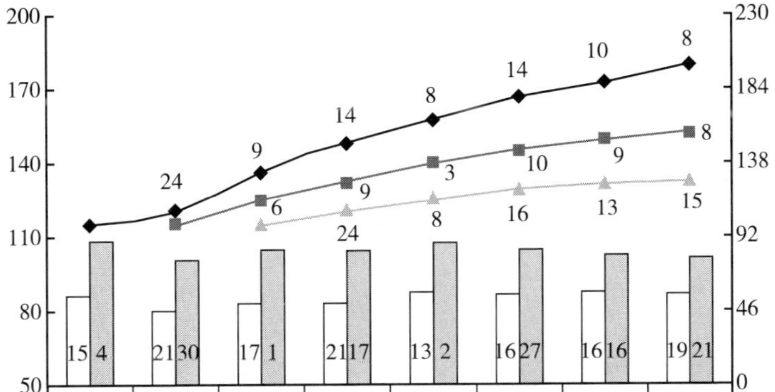

	2000年	2005年	2010年	2012年	2013年	2014年	2015年	2016年
横向理想测评	86.60	80.47	82.68	82.91	86.74	86.23	87.39	85.99
纵向基数测评（1）	108.43	100.15	104.72	103.57	107.32	104.89	102.12	101.58
纵向基数测评（2）	100.00	106.74	131.55	149.85	164.40	178.47	187.57	197.97
纵向基数测评（3）	—	100.00	114.92	126.73	137.53	146.26	151.47	156.83
纵向基数测评（4）	—	—	100.00	107.23	115.12	121.42	124.05	126.70

图6　宁夏民生消费需求景气指数变动态势

左轴柱形：左历年横向测评（城乡、地区无差距理想值＝100）；右逐年纵向测评（1），上年基数值＝100。右轴曲线：时段纵向测评（起点年基数值＝100），（2）以2000年为起点（“十五”以来，以“九五”末年为基点，后同），（3）以2005年为起点（“十一五”以来），（4）以2010年为起点（“十二五”以来）。标注各类测评结果省域排序位次。

数值为100，2016年宁夏城乡民生需求景气指数为197.97，高于起点年基数值97.97%，也高于上年（2015年）检测指数10.40个点。宁夏此项检测指数在省域间排行变化，2000年起点不计，2005年为第24位，2010年为第9位，2016年从上年第10位上升为第8位。

各年度（包括图中省略年度）此项检测指数对比，2003～2016年14个年度高于起点年基数值100；全部各个年度均高于上年检测指数值。其中，历年指数最高值为2016年的197.97，最低值为2001年的94.49。

3. 2005年以来基数值纵向检测指数

以“全面小康”建设进程第一个五年期“十五”末年2005年数据指标演算基数值为100，2016年宁夏城乡民生需求景气指数为156.83，高于起点年基数值56.83%，也高于上年（2015年）检测指数5.36个点。宁夏此项检测指数在省域间排行变化，2005 年起点不计，2010 年为第 6 位，2016 年从上年第 9 位上升为第 8 位。

各年度（包括图中省略年度）此项检测指数对比，全部各个年度均高于起点年基数值 100；2008 年、2010～2016 年 8 个年度高于上年检测指数值。其中，历年指数最高值为 2016 年的 156.83，最低值为 2007 年的 101.11。

4. 2010年以来基数值纵向检测指数

以“全面小康”建设进程第二个五年期“十一五”末年 2010 年数据指标演算基数值为 100，2016 年宁夏城乡民生需求景气指数为 126.70，高于起点年基数值 26.70%，也高于上年（2015 年）检测指数 2.65 个点。宁夏此项检测指数在省域间排行变化，2010 年起点不计，2012 年为第 24 位，2016 年从上年第 13 位下降为第 15 位。

各年度（包括图中省略年度）此项检测指数对比，全部各个年度均高于起点年基数值 100；全部各个年度均高于上年检测指数值。其中，历年指数最高值为 2016 年的 126.70，最低值为 2011 年的 103.33。

5. 逐年度基数值纵向检测指数

以上一年（2015 年）起点数据指标演算基数值为 100，2016 年宁夏城乡民生需求景气指数为 101.58，高于起点年基数值 1.58%，但低于上年检测指数 0.54 个点。宁夏此项检测指数在省域间排行变化，2000 年为第 4 位，2005 年为第 30 位，2010 年为第 1 位，2016 年从上年第 16 位下降为第 21 位。

各年度（包括图中省略年度）此项检测指数对比，2000 年、2002～2006 年、2008 年、2010～2016 年 14 个年度高于起点年基数值 100；2002～2003 年、2006 年、2008 年、2010 年、2012～2013 年 7 个年度高于上年检测指数值。其中，历年指数最高值为 2000 年的 108.43，最低值为 2001 年的 94.49。

R.23

西藏：2000~2016年民生需求景气提升第9位

陈　雁*

摘　要： 2000~2016年，西藏城乡综合演算的各类民生消费数据人均值持续稳步增长，2016年居民总消费为2000年的5.10倍，物质消费为4.90倍，非物消费为6.12倍。物质消费比重较明显下降3.32个百分点，非物消费比重较明显增高3.32个百分点，消费结构出现较大升级变化。但居民消费率从42.45%极显著下降至28.14%，"十二五"期间略有回升。尤其应注意，居民消费支出年均增长极显著低于财政支出年增10.31个百分点。居民积蓄率从21.20%持续较明显升高至31.50%，反过来对消费需求的抑制作用加重。居民总消费、物质消费、非物消费地区差继续扩大；居民总消费、物质消费、非物消费城乡比逐渐缩小。

关键词： 西藏　民生消费　需求景气　检测评价

一　西藏人民生活主要数据相关情况

西藏城乡主要民生数据增长变化基本情况见图1，限于制图容量，图中

* 陈雁，云南省消费市场监测与研究中心特聘统计师，主要从事统计学相关研究。

未直接列出居民收入数据，而注明可据其他数据推算，另产值、财政收入、财政支出数据置于后台进行相关演算。

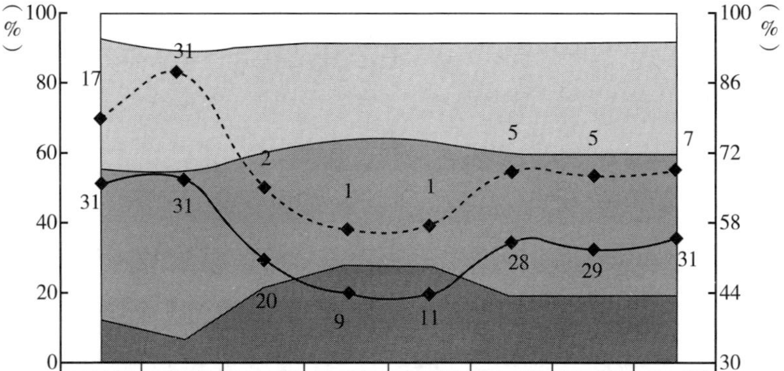

	2000年	2005年	2010年	2012年	2013年	2014年	2015年	2016年
（1）非物消费	8.32	23.48	28.70	34.37	42.89	48.74	60.45	64.84
（2）物质消费	41.56	73.29	98.64	113.33	130.17	187.53	216.72	259.44
（3）总消费	49.88	96.77	127.34	147.70	173.06	236.27	277.17	324.28
（4）居民积蓄	13.41	13.05	69.92	112.47	127.53	109.53	134.97	149.12
物质消费比	65.66	66.74	50.01	43.56	43.30	54.23	52.58	54.80
居民消费比	78.80	88.12	64.55	56.77	57.57	68.33	67.25	68.50

图1　西藏城乡主要民生数据增长变化基本情况

左轴面积：城乡居民（1）非物消费、（2）物质消费、（3）总消费、（4）积蓄总量（亿元转换为%），（1）＋（2）＝（3），（3）＋（4）＝居民收入，各项数值间呈直观比例。右轴曲线：物质消费比、居民消费比（占居民收入比），二者之差即为非物消费比，二者之比即为物质消费比重（占总消费比）（%），二者之差再与居民消费比之比即为非物消费比重。标注物质消费比、居民消费比省域排序位次。

1. 城乡居民收入、积蓄财富总量增长简况

2000～2016年，西藏城乡居民收入总量年均增长13.40%，积蓄总量年均增长16.24%。在这16年间，居民收入年均增长率低于产值增长1.91个百分点，低于财政收入增长10.02个百分点。

2. 城乡居民消费总量及其分类增长状况

2000～2016年，西藏城乡居民消费总量年均增长12.41%。在这16年间，居民消费年均增长率低于产值增长2.90个百分点，低于财政支出增长

10.31个百分点。

同期，西藏城乡居民物质消费总量年均增长12.13%。在这16年间，物质消费年均增长率低于居民收入增长1.27个百分点，低于总消费增长0.28个百分点。

同期，西藏城乡居民非物消费总量年均增长13.69%。在这16年间，非物消费年均增长率高于居民收入增长0.29个百分点，高于总消费增长1.28个百分点。

3. 城乡居民消费需求相关比值变化状况

在西藏居民收入当中，2005年有88.12%用于全部生活消费支出，为历年最高比值；2012年仅有56.77%用于全部生活消费支出，为历年最低（最佳）比值；2005年有66.74%用于物质消费支出，为历年最高比值；2013年仅有43.30%用于物质消费支出，为历年最低（最佳）比值。居民收入与总消费之差即为居民积蓄，物质消费与总消费之差即为非物消费。

2000年以来16年间，西藏居民消费比降低10.30个百分点，同时物质消费比亦降低10.86个百分点，反过来导致非物消费比升高0.56个百分点。继续深入分析，居民消费比与物质消费比升降方向及其程度有差异，意味着物质消费占总消费比重变化，反过来又导致非物消费占总消费比重变化。由这些相对比值关系变化就能够看出民生消费需求态势，从中体现出民生发展的基本走向。

二　西藏居民总消费增长及相关性分析

居民总消费及其相关性分析为民生消费需求检测系统的二级子系统之首。西藏城乡居民总消费及其相关性变动态势见图2。

1. 城乡综合人均值及地区差变动状况

2000～2016年，西藏城乡居民人均总消费年均增长10.72%（由于人口增长，人均值增长率略低于总量增长率）。人均值地区差最小（最佳，后

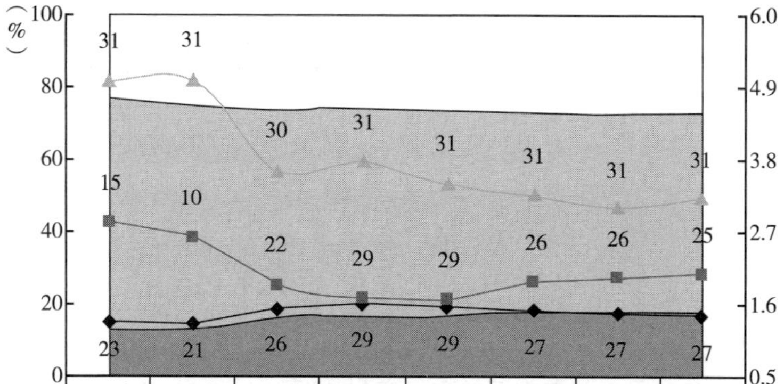

	2000年	2005年	2010年	2012年	2013年	2014年	2015年	2016年
城乡人均消费	1940.69	3512.67	4311.25	4835.20	5585.49	7505.58	8641.09	9902.18
城镇人均消费	5554.42	8617.11	9685.54	11184.33	12231.86	15669.36	17022.01	19440.48
乡村人均消费	1116.59	1723.76	2666.92	2967.56	3574.02	4822.08	5579.71	6070.32
人均值城乡比	4.9744	4.9990	3.6317	3.7689	3.4224	3.2495	3.0507	3.2025
人均值地区差	1.3194	1.2740	1.5084	1.5795	1.5596	1.4883	1.4589	1.4334
居民消费率	42.45	38.54	25.32	21.08	21.22	25.66	27.00	28.14

图2　西藏城乡居民总消费及其相关性变动态势

左轴面积：城乡综合、城镇、乡村居民总消费人均值（元转换为%），各项数值间呈直观比例。右轴曲线：居民总消费城乡比（乡村=1）、地区差（无差距=1）。左轴曲线：居民消费率（与产值比）（%）。标注居民消费率及其城乡比、地区差省域排序位次。另需说明，近年年鉴始发布2014年以来城乡人均值数据，但与总量数据之间存在演算误差，对应同时发布的产值人均值和总量分别演算相应消费率有出入，本文恢复自行演算城乡人均值。

同）值为2004年的1.2604，最大值为2012年的1.5795。在这16年间，西藏居民总消费地区差扩大了8.63%。这意味着，西藏与其余各地居民总消费增长的同步均衡性较明显减弱，体现出“全面小康”建设进程在缩小居民总消费地区差距方面的成效欠佳。

由于其他省域相应变化，西藏地区差位次从2000年第23位降至2016年第27位。按照本项检测的推演测算，2020年西藏居民总消费地区差应为1.4608，相比当前将略微扩增；2035年西藏居民总消费地区差应为1.5421，相比当前将继续较明显扩增。

2. 城镇与乡村人均值及城乡比变动状况

2000~2016年，西藏城镇居民人均总消费年均增长8.14%，乡村居民人均总消费年均增长11.16%，乡村年均增长率高于城镇3.02个百分点。城乡之间增长相关系数为－0.1005，即历年增长逆向程度10.05%，呈很弱负相关性。

同期，西藏居民总消费城乡比最小（最佳，后同）值为2015年的3.0507，最大值为2003年的7.8100。在这16年间，西藏居民总消费城乡比缩小了35.62%。这意味着，西藏城乡之间居民总消费增长的同步均衡性显著增强，体现出“全面小康”建设进程在缩小居民总消费城乡差距方面的有效进展。

由于其他省域相应变化，西藏城乡比位次保持第31位不变。按照本项检测的推演测算，2020年西藏居民总消费城乡比应为2.8687，相比当前将显著缩减；2035年西藏居民总消费城乡比应为1.8984，相比当前将继续极显著缩减。

3. 城乡综合居民消费率历年变化状况

2000～2016年，西藏居民消费率下降了14.31个百分点，其中“十二五”以来回升2.82个百分点。应对国际金融危机实施“拉动内需，扩大消费，改善民生”国策以来，直到进入“十二五”期间，西藏居民消费率开始略有回升。由于其他省域相应变化，西藏居民消费率位次从2000年第15位降至2016年第25位。

在这16年间，西藏居民消费率最高（最佳）值为2000年的42.45%，最低值为2012年的21.08%，近年来仍未回复2000年初始值，更未达到2000年最佳值。这意味着，当地居民消费拉动经济增长的同步协调性尚待增强。还应注意，西藏居民消费率下降程度大于当地居民收入比下降程度，反过来即意味着居民积蓄率上升，同时亦即积蓄对消费的抑制作用加重。

三　西藏居民物质消费结构性分析

西藏居民物质消费分类结构性关系见图3。

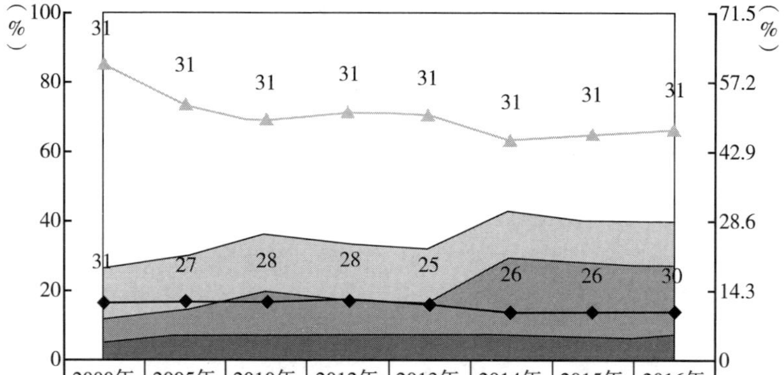

	2000年	2005年	2010年	2012年	2013年	2014年	2015年	2016年
食品消费人均	1198.39	1871.70	2150.81	2484.30	2856.72	3433.37	4069.29	4772.33
衣着消费人均	233.57	408.06	521.56	597.41	639.55	754.51	802.46	977.88
居住消费人均	101.63	196.68	440.43	386.53	369.59	1358.65	1474.31	1643.35
用品消费人均	83.42	183.76	226.99	241.81	335.46	410.82	410.40	528.60
食品消费比重	61.751	53.284	49.888	51.379	51.145	45.744	47.092	48.195
衣着消费比重	12.035	11.617	12.098	12.355	11.450	10.053	9.287	9.875

图3　西藏居民物质消费分类结构性关系

左轴面积：城乡综合演算的居民物质消费单项（食品烟酒、衣着、居住、生活用品及服务四项）人均值（元转换为%），各项数值间呈直观比例。右轴曲线：食品、衣着消费比重（占总消费比，取3位小数对应整个物质消费比重演算小数四舍五入协调）（%），显示衣食温饱需求消费支出占总消费比。标注食品、衣着消费比重省域排序位次（物质消费比重以低为佳取倒序）。

1. 食品消费人均值增长及其比重变化

2000～2016年，西藏城乡居民人均食品消费年均增长9.02%。人均值地区差最小值为2005年的1.0173，最大值为2012年的1.4160；城乡比最小值为2014年的2.4327，最大值为2003年的5.2886。在这16年间，西藏居民食品消费地区差扩大了6.81%，城乡比缩小了5.52%。由于其他省域相应变化，西藏地区差位次从2000年第2位降至2016年第8位，城乡比位次从2000年第28位降至2016年第31位。

同期，西藏居民食品消费比重降低13.56个百分点。最低（最佳，物质消费占比以低为佳，后同）比重值为2014年的45.74%，最高比重值为2000年的61.75%。由于其他省域相应变化，西藏比重位次保持第31位不变。可以看出，进入“全面小康”建设进程以来，西藏居民食品消费“最基本需求”所占比重越来越低，这间接反映出人民生活从温饱“基本小康”向富余“全面小康”的发展进步。

2. 衣着消费人均值增长及其比重变化

2000～2016年，西藏城乡居民人均衣着消费年均增长9.36%。人均值地区差最小值为2000年的1.0250，最大值为2012年的1.4747；城乡比最小值为2016年的2.8206，最大值为2002年的10.7951。在这16年间，西藏居民衣着消费地区差扩大了17.90%，城乡比缩小了71.97%。由于其他省域相应变化，西藏地区差位次从2000年第2位降至2016年第21位，城乡比位次从2000年第31位升至2016年第15位。

同期，西藏居民衣着消费比重降低2.16个百分点。最低比重值为2015年的9.29%，最高比重值为2002年的14.23%。由于其他省域相应变化，西藏比重位次从2000年第31位升至2016年第30位。可以看到，在食品消费比重持续明显下降的同时，西藏居民衣着消费比重也有所降低。

3. 居住消费人均值增长及其比重变化

2000～2016年，西藏城乡居民人均居住消费年均增长19.00%。人均值地区差最小值为2006年的1.2287，最大值为2013年的1.7545；城乡比最小值为2006年的1.3097，最大值为2000年的7.2076。在这16年间，西藏居民居住消费地区差缩小了7.85%，城乡比缩小了41.10%。由于其他省域相应变化，西藏地区差位次保持第28位不变，城乡比位次保持第31位不变。

同期，西藏居民居住消费比重增高11.36个百分点。最低比重值为2000年的5.24%，最高比重值为2014年的18.10%。由于其他省域相应变化，西藏比重位次保持第1位不变。可以看到，在物质消费比重普遍明显下降的同时，西藏居民居住消费“刚需”所占比重提升很大，这都是人们追求私家住房之“梦”带来的结果。

在图3里不难看出，2014年居住消费人均值陡然高升，这是国家统计局首次提供城乡综合人均值数据带来的变化，本项检测自行演算人均值则还

要略高一点。或许可以这样理解，各地居民受调查户样本的长期偏差近年得到修正，由私家住房相对普及带来的居住消费剧增得以体现。

4. 用品消费人均值增长及其比重变化

2000～2016 年，西藏城乡居民人均用品消费年均增长 12. 23%。人均值地区差最小值为 2004 年的 1. 2224，最大值为 2012 年的 1. 6749；城乡比最小值为 2006 年的 1. 6869，最大值为 2003 年的 8. 3240。在这 16 年间，西藏居民用品消费地区差缩小了 5. 50%，城乡比缩小了 58. 89%。由于其他省域相应变化，西藏地区差位次从 2000 年第 26 位降至 2016 年第 29 位，城乡比位次从 2000 年第 20 位降至 2016 年第 23 位。

同期，西藏居民用品消费比重增高 1. 04 个百分点。最低比重值为 2000 年的 4. 30%，最高比重值为 2013 年的 6. 01%。由于其他省域相应变化，西藏比重位次从 2000 年第 1 位降至 2016 年第 6 位。

本项检测将全部物质消费视为“全面小康”人民生活必需消费，只看食品消费或者扩大为衣食温饱显然已不具有足够的解释力。不难看出，西藏居民食品消费比重下降“让出”的余地却被居住消费比重上升“抢占”，这两项冲抵仅仅留给处在上位的物质消费比重下降 2. 20 个百分点（另综合衣着、用品消费比重变化，整个物质消费比重下降 3. 32 个百分点），否则 2000 年以来 16 年间西藏居民整个物质消费比重理当显著下降。

四　西藏居民非物消费结构性分析

（一）非物生活分类消费增长分析

西藏居民非物消费分类结构性关系见图 4。

1. 交通消费人均值增长及其比重变化

2000～2016 年，西藏城乡居民人均交通消费年均增长 16. 29%。人均值地区差最小值为 2003 年的 1. 2291，最大值为 2013 年的 1. 7168；城乡比最小值为 2013 年的 0. 9576，最大值为 2002 年的 49. 1372。在这 16 年间，西

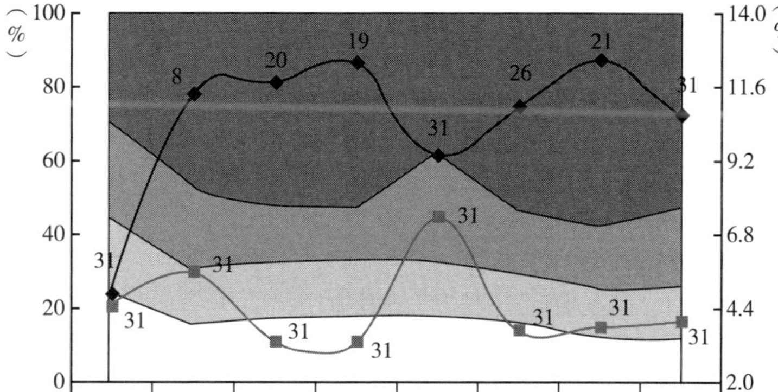

	2000年	2005年	2010年	2012年	2013年	2014年	2015年	2016年
交通消费人均	94.76	398.64	504.65	596.59	517.61	817.09	1071.43	1059.62
文教消费人均	86.84	196.90	151.07	156.69	409.25	277.09	334.08	401.98
医疗消费人均	62.26	120.77	144.83	170.08	198.44	205.66	242.91	276.58
其他消费人均	79.82	136.17	170.90	201.79	258.88	248.39	236.21	241.83
交通消费比重	4.883	11.349	11.705	12.338	9.267	10.886	12.399	10.701
文教消费比重	4.475	5.605	3.504	3.241	7.327	3.692	3.866	4.060

图4　西藏居民非物消费分类结构性关系

左轴面积：城乡综合演算的居民非物消费单项（交通通信、教育文化娱乐、医疗保健、其他用品及服务四项）人均值（元转换为%），各项数值间呈直观比例。右轴曲线：交通通信、教育文化娱乐消费比重（占总消费比，取3位小数对应整个非物消费比重演算小数四舍五入协调）（%），显示社会生活交往、精神文化生活需求变化。标注交通通信、教育文化娱乐消费比重省域排序位次。

藏居民交通消费地区差扩大了1.93%，城乡比缩小了87.28%。由于其他省域相应变化，西藏地区差位次从2000年第26位降至2016年第27位，城乡比位次保持第31位不变。

同期，西藏居民交通消费比重增高5.82个百分点。最高（最佳，非物消费占比以高为佳，后同）比重值为2011年的12.49%，最低比重值为2000年的4.88%。由于其他省域相应变化，西藏比重位次保持第31位不变。由此不难发现，交通消费比重持续显著增高，可以视为西藏居民社会生活交往需求高涨的具体表现。

2. 文教消费人均值增长及其比重变化

2000～2016年，西藏城乡居民人均文教消费年均增长10.05%。人均值地区差最小值为2004年的1.6873，最大值为2012年的1.8766；城乡比最小值为2015年的4.2278，最大值为2001年的43.9991。在这16年间，西藏居民文教消费地区差扩大了2.74%，城乡比缩小了87.32%。由于其他省域相应变化，西藏地区差位次从2000年第26位降至2016年第29位，城乡比位次保持第31位不变。

同期，西藏居民文教消费比重降低0.42个百分点。最高比重值为2013年的7.33%，最低比重值为2012年的3.24%。由于其他省域相应变化，西藏比重位次保持第31位不变。这里发现一个问题，多年以来许多研究者预期“精神文化消费需求高涨”，这样的局面迄今尚未在西藏居民人群里出现。

3. 医疗消费人均值增长及其比重变化

2000～2016年，西藏城乡居民人均医疗消费年均增长9.77%。人均值地区差最小值为2001年的1.5926，最大值为2014年的1.8047；城乡比最小值为2016年的3.8365，最大值为2000年的16.4779。在这16年间，西藏居民医疗消费地区差扩大了9.75%，城乡比缩小了76.72%。由于其他省域相应变化，西藏地区差位次从2000年第27位降至2016年第29位，城乡比位次保持第31位不变。

同期，西藏居民医疗消费比重降低0.42个百分点。最高比重值为2001年的3.68%，最低比重值为2014年的2.74%。由于其他省域相应变化，西藏比重位次保持第31位不变。

4. 其他消费人均值增长及其比重变化

2000～2016年，西藏城乡居民人均其他消费年均增长7.17%。人均值地区差最小值为2005年的1.0869，最大值为2011年的1.5370；城乡比最小值为2014年的3.6539，最大值为2001年的31.0393。在这16年间，西藏居民其他消费地区差扩大了4.15%，城乡比缩小了76.50%。由于其他省域相应变化，西藏地区差位次从2000年第21位降至2016年第22位，城乡比位次保持第31位不变。

同期，西藏居民其他消费比重降低1.67个百分点。最高比重值为2013

年的4.63%，最低比重值为2016年的2.44%。由于其他省域相应变化，西藏比重位次从2000年第19位升至2016年第12位。

恩格尔系数检测仅能对应“基本小康”阶段，即使扩展为整个物质消费也难以适用于“全面小康”进程。为此，本项检测将全部非物消费视为“全面小康”民生应有消费。综合西藏居民交通、文教、医疗、其他消费比重变化，16年间整个非物消费比重上升3.32个百分点。

实际说来，“交通消费”作为“交通通信消费”简称，包含通信消费，而通信消费里的信息内容消费部分显然应当归属于精神消费。假设西藏居民信息内容消费占通信消费一半，通信消费又占整个交通通信消费一半，那么信息内容消费比重则上升1.45个百分点，再与文教消费比重变化合并演算，2000年以来16年间西藏居民精神消费比重理当上升1.04个百分点。

至此可以归纳对比城乡居民物质生活、非物生活分类单项消费的增长变化差异。2000年以来16年间，西藏各类消费人均值年均增长率、比重值升降变化（百分比演算更为精确）排序：居住消费年增19.00%，比重上升216.91%为最高；交通消费年增16.29%，比重上升119.15%为次高；用品消费年增12.23%，比重上升24.19%为第三高；文教消费年增10.05%，比重下降9.28%为第四高；医疗消费年增9.77%，比重下降12.94%为第五高；衣着消费年增9.36%，比重下降17.95%为第六高；食品消费年增9.02%，比重下降21.95%为次低；其他消费年增7.17%，比重下降40.62%为最低。

（二）居民收入、积蓄与非物消费之间增长关系

分析居民收入、积蓄与非物生活各项消费之间增长关系，可以检测究竟是什么因素对居民非物生活各项消费增长产生重要影响。西藏居民收入、积蓄与非物消费增长态势见图5，因相关系数分析需有历年不间断增长指数，而制图空间有限故截取2000 ~2010年（后台检测2000 ~2016年）。

1. 居民收入与非物消费历年增长相关性

2000 ~2010年，标号（1）居民收入与（2）交通消费历年增长之间，

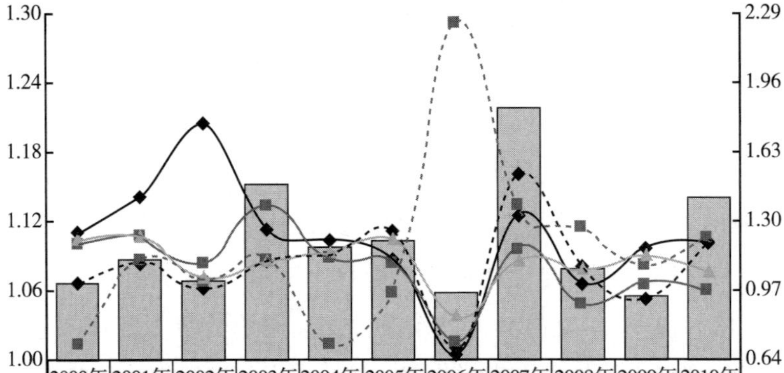

	2000年	2001年	2002年	2003年	2004年	2005年	2006年	2007年	2008年	2009年	2010年
(1)居民收入	1.0664	1.0859	1.0690	1.1518	1.0991	1.1015	1.0592	1.2165	1.0785	1.0574	1.1403
(2)交通消费	1.2444	1.4188	1.7605	1.2536	1.1961	1.1231	0.6681	1.3378	0.9972	1.1805	1.2031
(3)文教消费	1.1952	1.2240	1.0943	1.3763	1.1147	1.1034	0.7380	1.1774	0.8942	1.0139	0.9739
(4)医疗消费	1.2130	1.2284	1.0291	1.1022	1.1493	1.2113	0.8308	1.1233	1.0709	1.1328	1.0594
(5)其他消费	1.0085	1.1008	0.9752	1.1174	1.1440	1.2432	0.6961	1.5178	1.0703	0.9282	1.1958
(6)居民积蓄	0.7140	1.1370	1.0147	1.1193	0.7152	0.9821	2.2573	1.3312	1.2540	1.0743	1.2352

图 5　西藏居民收入、积蓄与非物消费增长态势

左轴柱形：居民收入年增指数，右轴曲线：非物消费各单项、积蓄年增指数，上年 =1（小于 1 为负增长）。曲线（2）、（3）、（4）与（6）之间大体形成横向镜面峰谷对应水中倒影负相关关系。

相关系数为 0. 1787，亦即在 17. 87% 程度上同步变动，呈极弱正相关性；与（3）文教消费历年增长之间，相关系数为 0. 4328，亦即在 43. 28% 程度上同步变动，呈很弱正相关性；与（4）医疗消费历年增长之间，相关系数为 0. 1456，亦即在 14. 56% 程度上同步变动，呈极弱正相关性。

这些数据之间的增长相关性表明，西藏居民收入增高也不能“必然”带来本地居民生活消费向着非物质需求，尤其是精神文化需求方向“升级”。

2. 居民积蓄与非物消费历年增长相关性

2000 ~2010 年，标号（6）居民积蓄与（2）交通消费历年增长之间，相关系数为 -0. 6088，亦即在 60. 88% 程度上逆向变动，呈很强负相关性；与（3）文教消费历年增长之间，相关系数为 -0. 6524，亦即在 65. 24% 程度上逆向变动，呈很强负相关性；与（4）医疗消费历年增长之间，相关系数为-0.8326，亦即在83.26%程度上逆向变动，呈极强负相关性。

在当地这些数据之间的增长相关性中，相互间影响的正反方向、强弱程度已经不言自明。

图5中可见，在（4）医疗消费、（3）文教消费、（2）交通消费与（6）居民积蓄增长曲线之间，形成横向镜面峰谷对应水中倒影，其间分别呈83.26%、65.24%、60.88%逆向增长相关性。“积蓄负相关性”对于医疗消费显著成立，对于文教消费明显成立，对于交通消费明显成立，对于其他消费不明显。经后台数据库扩展演算，文教消费与积蓄增长之间2000～2012年长时段逆向程度为65.43%，呈很强负相关；2004～2008年逆向极值达79.42%，呈极强负相关。

显然，西藏居民积蓄增长已经严重地抑制了本地居民消费向着保持人们身心健康、提升精神文化需求、扩展社会生活交往方向更快地“升级”。

五　西藏民生消费需求景气指数检测

西藏民生消费需求景气指数变动态势见图6。

1. 各年度理想值横向检测指数

假定西藏各类民生数据城乡、地区无差距理想值为100，2016年西藏城乡民生需求景气指数为72.63，低于无差距理想值27.37%，也低于上年（2015年）检测指数0.41个点。西藏此项检测指数在省域间排行变化，2000年为第31位，2005年与之持平，2010年与之持平，2016年与上年持平，皆为第31位。

各年度（包括图中省略年度）此项检测指数对比，全部各个年度均低于无差距理想值100；2003～2004年、2007年、2009～2010年、2012～2014年8个年度高于上年检测指数值。其中，历年指数最高值为2004年的81.47，最低值为2011年的64.46。

2. 2000年以来基数值纵向检测指数

以“全面小康”建设进程起点年“九五”末年2000年数据指标演算基

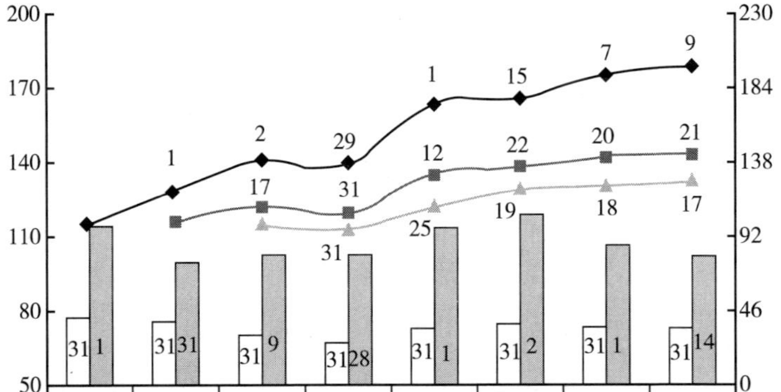

	2000年	2005年	2010年	2012年	2013年	2014年	2015年	2016年
横向理想测评	77.20	75.34	69.85	65.93	72.47	74.85	73.04	72.63
纵向基数测评(1)	114.44	99.70	102.38	102.09	113.03	119.23	106.35	102.37
纵向基数测评(2)	100.00	119.92	138.54	135.96	174.07	177.34	193.17	197.62
纵向基数测评(3)	—	100.00	110.34	106.49	130.99	134.50	140.47	142.80
纵向基数测评(4)	—	—	100.00	96.24	109.98	119.96	122.62	126.31

图6　西藏民生消费需求景气指数变动态势

左轴柱形：左历年横向测评（城乡、地区无差距理想值 = 100）；右逐年纵向测评（1），上年基数值 = 100。右轴曲线：时段纵向测评（起点年基数值 = 100），（2）以 2000 年为起点（“十五”以来，以“九五”末年为基点，后同），（3）以 2005 年为起点（“十一五”以来），（4）以 2010 年为起点（“十二五”以来）。标注各类测评结果省域排序位次。

数值为 100，2016 年西藏城乡民生需求景气指数为 197.62，高于起点年基数值 97.62%，也高于上年（2015 年）检测指数 4.45 个点。西藏此项检测指数在省域间排行变化，2000 年起点不计，2005 年为第 1 位，2010 年为第 2 位，2016 年从上年第 7 位下降为第 9 位。

各年度（包括图中省略年度）此项检测指数对比，全部各个年度均高于起点年基数值 100；2002 ~ 2004 年、2006 ~ 2007 年、2009 ~ 2010 年、2012 ~ 2016 年 12 个年度高于上年检测指数值。其中，历年指数最高值为 2016 年的 197.62，最低值为 2001 年的 100.77。

3. 2005年以来基数值纵向检测指数

以“全面小康”建设进程第一个五年期“十五”末年 2005 年数据指标演算基数值为 100，2016 年西藏城乡民生需求景气指数为 142.80，高于起点年基数值42.80%，也高于上年（2015年）检测指数2.33个点。西藏此项检测指数在省域间排行变化，2005年起点不计，2010年为第17位，2016年从上年第20位下降为第21位。

各年度（包括图中省略年度）此项检测指数对比，全部各个年度均高于起点年基数值100；2007年、2009～2010年、2012～2016年8个年度高于上年检测指数值。其中，历年指数最高值为2016年的142.80，最低值为2008年的104.88。

4. 2010年以来基数值纵向检测指数

以“全面小康”建设进程第二个五年期“十一五”末年2010年数据指标演算基数值为100，2016年西藏城乡民生需求景气指数为126.31，高于起点年基数值26.31%，也高于上年（2015年）检测指数3.69个点。西藏此项检测指数在省域间排行变化，2010年起点不计，2012年为第31位，2016年从上年第18位上升为第17位。

各年度（包括图中省略年度）此项检测指数对比，2013～2016年4个年度高于起点年基数值100；全部各个年度均高于上年检测指数值。其中，历年指数最高值为2016年的126.31，最低值为2011年的94.33。

5. 逐年度基数值纵向检测指数

以上一年（2015年）起点数据指标演算基数值为100，2016年西藏城乡民生需求景气指数为102.37，高于起点年基数值2.37%，但低于上年检测指数3.98个点。西藏此项检测指数在省域间排行变化，2000年为第1位，2005年为第31位，2010年为第9位，2016年从上年第1位下降为第14位。

各年度（包括图中省略年度）此项检测指数对比，2000～2004年、2006～2007年、2009～2010年、2012～2016年14个年度高于起点年基数值100；2002～2004年、2006年、2009年、2012～2014年8个年度高于上年检测指数值。其中，历年指数最高值为2014年的119.23，最低值为2008年的92.38。

Abstract

To reveal the profound changes occurred in China's process of "Building a Moderately Prosperous Society in All Aspects", it is firstly should be measured by the progress of people's livelihood. The study on the livelihood demand mainly lies in the consumption demand of residents in their daily lives, in which includes the developments of the people's needs for a better life.

From 2000 to 2016, the per capita value of all types of the residents' consumption demand data in national urban and rural comprehensive calculation steadily continued to increase. The residents' total consumption in 2016 was 6.13 times that of 2000, the material consumption was 5.65 times and the immaterial consumption was 7.27 times. The proportion of the residents' material consumption evidently fell over 5.46 percentage points and the proportion of the residents' immaterial consumption evidently rose over 5.46 percentage points, showing a certain upgrading change of the consumption structure. The regional disparity of the residents' total consumption, material consumption and immaterial consumption roundly continued to be reduced; the urban and rural ratio of the residents' total consumption, material consumption and immaterial consumption roundly continued to be reduced. The unbalanced development has improved in the field of the people's livelihood.

But the residents' consumption rate evidently fell from 35.91% to 32.37%, it rose slightly while the Twelfth Five-Year Plan period. In particular, the average annual growth of the residents' consumption expenditure was evidently 4.08 percentage points lower than the annual growth of fiscal expenditure. The residents' amassment rate evidently continued to rise from 22.57% to 28.44%, which in return aggravate the inhibition of consumption demand.

Based on the fiducial value since 2000, the longitudinal measurement shows a largest rise in the living consumption demand status index of The West, followed by The Central Regions, The Northeast and The East, which means some preliminary effects of the national strategy of regional balanced development; Anhui, Guizhou, Qinghai, Gansu and Hebei rank top five. The lateral measurement based on no-gap ideal value in 2016 shows a largest rise in the living consumption demand status index of The Northeast, followed by The East, The Central Regions and The West, which means the gap still exists because of the poor coordination and balance; Liaoning, Shanghai, Zhejiang, Beijing and Guangdong rank top five. Besides, the longitudinal measurement based on the fiducial value shows that since 2005 Guizhou, Henan, Qinghai, Sichuan and Anhui rank top five; since 2010 Gansu, Guizhou, Qinghai, Tianjin and Sichuan rank top five; since 2015 Liaoning, Anhui, Guangdong, Guizhou and Gansu rank top five.

Based on the dynamic prediction test of calendar year, the countrywide urban and rural ratio of the residents' total consumption will evidently be reduced, and its regional disparity will slightly be reduced to 2020; the urban and rural ratio of the residents' total consumption will continue to significantly be reduced, and its regional disparity will continue to slightly be reduced to 2035. If the residents' income rate and the consumption rate all over China should not fall, and various types of livelihood data should achieve a minimum ratio of the urban and rural until the bridging of the urban and rural ratio, the status index of people's livelihood consumption demand would be significantly enhanced.

Contents

Ⅰ General Report

Abstract: To reveal the profound changes occurred in China's process of "Building a Moderately Prosperous Society in All Aspects", it is firstly should be measured by the progress of people's livelihood. The study on the livelihood demand mainly lies in the consumption demand of residents in their daily lives, in which includes the developments of the people's needs for a better life. From 2000 to 2016, the per capita value of all types of the residents' consumption demand data in national urban and rural comprehensive calculation steadily continued to increase. The residents' total consumption in 2016 was 6. 13 times that of 2000, the material consumption was 5. 65 times and the immaterial consumption was 7. 27 times. The proportion of the residents' material consumption evidently fell over 5. 46 percentage points and the proportion of the residents' immaterial consumption evidently rose over 5. 46 percentage points, showing a certain upgrading change of the consumption structure. The regional disparity of the residents' total consumption, material consumption and immaterial consumption roundly continued to be reduced; the urban and rural ratio of the residents' total consumption, material consumption and immaterial consumption roundly continued to be reduced. The unbalanced development has improved in the field of the people's livelihood. But the residents' consumption rate evidently fell from 35. 91% to 32. 37%, it rose slightly while the Twelfth Five-Year Plan period. In particular, the average annual growth of the residents' consumption expenditure was evidently 4. 08 percentage points lower than the annual growth of fiscal expenditure. The residents' amassment rate evidently continued to rise from 22. 57% to 28. 44%, which in return aggravate the inhibition of consumption demand. Based on the dynamic prediction test of calendar year, the countrywide urban and rural ratio of the residents' total consumption will evidently be reduced, and its regional disparity will slightly be reduced to 2020; the urban and rural ratio of the residents' total consumption will continue to significantly be reduced, and its regional disparity will continue to slightly be reduced to 2035.

Keywords: Countrywide Area; Living Consumption; Demand Status; Measurement and Evaluation

Ⅱ Technical Report and Comprehensive Analysis

Abstract: Based on the fiducial value since 2000, the longitudinal measurement shows a largest rise in the living consumption demand status index of The West, followed by The Central Regions, The Northeast and The East, which means some preliminary effects of the national strategy of regional balanced development; Anhui, Guizhou, Qinghai, Gansu and Hebei rank top five. The lateral measurement based on no-gap ideal value in 2016 shows a largest rise in the living consumption demand status index of The Northeast, followed by The East, The Central Regions and The West, which means the gap still exists because of the poor coordination and balance; Liaoning, Shanghai, Zhejiang, Beijing and Guangdong rank top five. Besides, the longitudinal measurement based on the fiducial value shows that since 2005 Guizhou, Henan, Qinghai, Sichuan and Anhui rank top five; since 2010 Gansu, Guizhou, Qinghai, Tianjin and Sichuan rank top five; since 2015 Liaoning, Anhui, Guangdong, Guizhou and Gansu rank top five. If the residents' income rate and the consumption rate all over China should not fall, and various types of livelihood data should achieve a minimum ratio of the urban and rural until the bridging of the urban and rural ratio, the status index of people's livelihood consumption demand would be significantly enhanced.

Keywords: Overall Well-off; Living Demand; Status Index; Measuring and Ranking

Abstract: "The Residents' Total Consumption Index" is a specific component of "The Measuring System of People's Living Development Index of China", and it is the first of the three second-class subsystems in unattached "The Evaluation System of People's Living Consumption Demand Status of China". Based on the fiducial value since 2000, the longitudinal measurement shows a largest rise in the residents' total consumption index of The West, followed by The Central Regions, The East and The Northeast, which means some preliminary effects of the national strategy of regional balanced development; Anhui, Hebei, Gansu, Qinghai and Guizhou ranked top five. The lateral measurement based on no-gap ideal value in 2016 shows the gap still exists because of the poor coordination and balance; Liaoning, Shanghai, Zhejiang, Guangdong and Beijing ranked top five. If the countrywide residents' total consumption data should synchronously achieve a minimum ratio of the urban and rural until the bridging of the urban and rural ratio, the status index of people's living consumption demand would be significantly enhanced.

Keywords: Overall Well-off; Residents' Total Consumption; Special Index; Measuring and Ranking

Abstract: "The Material Consumption Index" is a specific component of

"The Measuring System of People's Living Development Index of China", and it is the second of three second-class subsystems in unattached "The Evaluation System of People's Living Consumption Demand Status of China". Based on the fiducial value since 2000, the longitudinal measurement shows a largest rise in the material consumption index of The West, followed by The Central Regions, The East and The Northeast, which means some preliminary effects of the national strategy of regional balanced development; Tibet, Anhui, Guizhou, Gansu and Qinghai ranked top five. The lateral measurement based on no-gap ideal value in 2016 shows the gap still exists because of the poor coordination and balance; Beijing, Shanghai, Zhejiang, Liaoning and Jiangsu ranked top five. If the countrywide material consumption data should synchronously achieve a minimum ratio of the urban and rural until the bridging of the urban and rural ratio, the status index of people's living consumption demand would be significantly enhanced.

Keywords: Overall Well-off; Material Consumption; Special Index; Measuring and Ranking

Abstract: "The Immaterial Consumption Index" is a specific component of "The Measuring System of People's Living Development Index of China", and it is the third of three second-class subsystems in unattached "The Evaluation System of People's Living Consumption Demand Status of China". Based on the fiducial value since 2000, the longitudinal measurement shows a largest rise in the immaterial consumption index of The West, followed by The Central Regions, The Northeast and The East, which means some preliminary effects of the national strategy of regional balanced development; Guizhou, Tibet, Qinghai, Anhui and

Gansu ranked top five. The lateral measurement based on no-gap ideal value in 2016 shows the gap still exists because of the poor coordination and balance; Liaoning, Zhejiang, Tianjin, Shanghai and Ningxia ranked top five. If the countrywide immaterial consumption data should synchronously achieve a minimum ratio of the urban and rural until the bridging of the urban and rural ratio, the status index of people's living consumption demand would be significantly enhanced.

Keywords: Overall Well-off; Immaterial Consumption; Special Index; Measuring and Ranking

Ⅲ Provincial Reports

Abstract: From 2000 to 2016, the per capita value of all types of the residents' consumption demand data in Liaoning's urban and rural comprehensive calculation steadily continued to increase. The residents' total consumption in 2016 was 6. 38 times that of 2000, the material consumption was 5. 55 times and the immaterial consumption was 8. 31 times. The proportion of the residents' material consumption significantly fell over 9. 10 percentage points and the proportion of the residents' immaterial consumption significantly rose over 9. 10 percentage points, showing a significant upgrading change of the consumption structure. The residents' consumption rate significantly rose from 28. 19% to 39. 55% , it rose faster while the Twelfth Five-Year Plan period. In particular, the average annual growth of the residents' consumption expenditure was certainly 1. 98 percentage points lower than the annual growth of fiscal expenditure. The residents' amassment rate significantly continued to rise from 20. 58% to 23. 77% , which in return aggravate the inhibition of consumption demand. The regional disparity of the residents' material consumption continued to be reduced, but that of the residents' total consumption and immaterial consumption continued to be extended; the urban and rural ratio of the residents' immaterial consumption continued to be reduced, but that of the residents' total consumption and material consumption continued to be extended.

Keywords: Liaoning; Living Consumption; Demand Status; Measurement and Evaluation

R. 7 Anhui: Ranked the 1st in the 2000 –2016 Living Demand Status Index Runners-up

Yuan Chunsheng / 156

Abstract: From 2000 to 2016, the per capita value of all types of the residents' consumption demand data in Anhui's urban and rural comprehensive calculation evidently continued to increase. The residents' total consumption in 2016 was 7. 13 times that of 2000, the material consumption was 6. 38 times and the immaterial consumption was 9. 30 times. The proportion of the residents' material consumption remarkably fell over 7. 81 percentage points and the proportion of the residents' immaterial consumption remarkably rose over 7. 81 percentage points, showing a remarkable upgrading change of the consumption structure. But the residents' consumption rate remarkably fell from 44. 19% to 38. 08%, it rose slightly while the Twelfth Five-Year Plan period. In particular, the average annual growth of the residents' consumption expenditure was remarkably 6. 44 percentage points lower than the annual growth of fiscal expenditure. The residents' amassment rate remarkably continued to rise from 25. 81% to 27. 08%, which in return aggravate the inhibition of consumption demand. The regional disparity of the residents' total consumption, material consumption and immaterial consumption roundly continued to be reduced; the urban and rural ratio of the residents' total consumption, material consumption and immaterial consumption roundly continued to be reduced.

Keywords: Anhui; Living Consumption; Demand Status; Measurement and Evaluation

Abstract: From 2000 to 2016, the per capita value of all types of the residents' consumption demand data in Guizhou's urban and rural comprehensive calculation evidently continued to increase. The residents' total consumption in 2016 was 6. 83 times that of 2000, the material consumption was 5. 82 times and the immaterial consumption was 10. 17 times. The proportion of the residents' material consumption significantly fell over 11. 39 percentage points and the proportion of the residents' immaterial consumption significantly rose over 11. 39 percentage points, showing a significant upgrading change of the consumption structure. But the residents' consumption rate significantly fell from 66. 65% to 37. 78% , it continued to fall while the Twelfth Five-Year Plan period. In particular, the average annual growth of the residents' consumption expenditure was significantly 8. 62 percentage points lower than the annual growth of fiscal expenditure. The residents' amassment rate significantly continued to rise from 18. 22% to 22. 11% , which in return aggravate the inhibition of consumption demand. The regional disparity of the residents' total consumption, material consumption and immaterial consumption roundly continued to be reduced; the urban and rural ratio of the residents' total consumption, material consumption and immaterial consumption roundly continued to be reduced.

Keywords: Guizhou; Living Consumption; Demand Status; Measurement and Evaluation

Abstract: From 2000 to 2016, the per capita value of all types of the residents' consumption demand data in Gansu's urban and rural comprehensive calculation steadily continued to increase. The residents' total consumption in 2016 was 7. 10 times that of 2000, the material consumption was 6. 44 times and the immaterial consumption was 8. 64 times. The proportion of the residents' material consumption evidently fell over 6. 49 percentage points and the proportion of the residents' immaterial consumption evidently rose over 6. 49 percentage points, showing a remarkable upgrading change of the consumption structure. The residents' consumption rate certainly rose from 43. 63% to 46. 24% , it rose faster while the Twelfth Five-Year Plan period. In particular, the average annual growth of the residents' consumption expenditure was remarkably 6. 07 percentage points lower than the annual growth of fiscal expenditure. The residents' amassment rate evidently fell from 19. 97% to 17. 37% , which in return lighten the inhibition of consumption demand. The regional disparity of the residents' total consumption, material consumption and immaterial consumption roundly continued to be reduced; the urban and rural ratio of the residents' total consumption, material consumption and immaterial consumption roundly continued to be reduced.

Keywords: Gansu; Living Consumption; Demand Status; Measurement and Evaluation

Abstract: From 2000 to 2016, the per capita value of all types of the residents' consumption demand data in Shanghai's urban and rural comprehensive calculation steadily continued to increase. The residents' total consumption in 2016 was 4. 47 times that of 2000, the material consumption was 4. 48 times and the immaterial consumption was 4. 46 times. The proportion of the residents' material consumption slightly rose over 0. 10 percentage points and the proportion of the residents' immaterial consumption slightly fell over 0. 10 percentage points, showing a partial "inverted upgrading" change of the consumption structure. The residents' consumption rate evidently rose from 27. 95% to 31. 80% , it rose slightly while the Twelfth Five-Year Plan period. In particular, the average annual growth of the residents' consumption expenditure was evidently 3. 54 percentage points lower than the annual growth of fiscal expenditure. The residents' amassment rate slightly continued to rise from 24. 43% to 31. 04% , which in return aggravate the inhibition of consumption demand. The regional disparity of the residents' total consumption, material consumption and immaterial consumption roundly continued to be reduced; the urban and rural ratio of the residents' immaterial consumption continued to be reduced, but that of the residents' total consumption and material consumption continued to be extended.

Keywords: Shanghai; Living Consumption; Demand Status; Measurement and Evaluation

Abstract: From 2000 to 2016, the per capita value of all types of the residents' consumption demand data in Henan's urban and rural comprehensive calculation evidently continued to increase. The residents' total consumption in 2016 was 6. 96 times that of 2000, the material consumption was 6. 14 times and the immaterial consumption was 9. 33 times. The proportion of the residents' material consumption remarkably fell over 8. 77 percentage points and the proportion of the residents' immaterial consumption remarkably rose over 8. 77 percentage points, showing a remarkable upgrading change of the consumption structure. But the residents' consumption rate evidently fell from 34. 58% to 30. 81% , it rose slightly while the Twelfth Five-Year Plan period. In particular, the average annual growth of the residents' consumption expenditure was remarkably 6. 31 percentage points lower than the annual growth of fiscal expenditure. The residents' amassment rate remarkably continued to rise from 27. 92% to 31. 34% , which in return aggravate the inhibition of consumption demand. The regional disparity of the residents' total consumption, material consumption and immaterial consumption roundly continued to be reduced; the urban and rural ratio of the residents' total consumption, material consumption and immaterial consumption roundly continued to be reduced.

Keywords: Henan; Living Consumption; Demand Status; Measurement and Evaluation

Abstract: From 2000 to 2016, the per capita value of all types of the residents' consumption demand data in Zhejiang's urban and rural comprehensive calculation steadily continued to increase. The residents' total consumption in 2016 was 5. 13 times that of 2000, the material consumption was 4. 88 times and the immaterial consumption was 5. 65 times. The proportion of the residents' material consumption certainly fell over 3. 32 percentage points and the proportion of the residents' immaterial consumption certainly rose over 3. 32 percentage points, showing a certain upgrading change of the consumption structure. But the residents' consumption rate significantly fell from 37. 46% to 30. 38% , it rose slightly while the Twelfth Five-Year Plan period. In particular, the average annual growth of the residents' consumption expenditure was remarkably 6. 81 percentage points lower than the annual growth of fiscal expenditure. The residents' amassment rate certainly continued to rise from 24. 24% to 33. 93% , which in return aggravate the inhibition of consumption demand. The regional disparity of the residents' total consumption, material consumption and immaterial consumption roundly continued to be reduced; the urban and rural ratio of the residents' total consumption, material consumption and immaterial consumption roundly continued to be reduced.

Keywords: Zhejiang; Living Consumption; Demand Status; Measurement and Evaluation

Abstract: From 2000 to 2016, the per capita value of all types of the residents' consumption demand data in Qinghai's urban and rural comprehensive calculation steadily continued to increase. The residents' total consumption in 2016 was 6.78 times that of 2000, the material consumption was 5.83 times and the immaterial consumption was 9.13 times. The proportion of the residents' material consumption significantly fell over 10.00 percentage points and the proportion of the residents' immaterial consumption significantly rose over 10.00 percentage points, showing a significant upgrading change of the consumption structure. But the residents' consumption rate significantly fell from 43.46% to 34.80%, it rose slightly while the Twelfth Five-Year Plan period. In particular, the average annual growth of the residents' consumption expenditure was significantly 7.73 percentage points lower than the annual growth of fiscal expenditure. The residents' amassment rate significantly fell from 18.76% to 15.30%, which in return lighten the inhibition of consumption demand. The regional disparity of the residents' total consumption, material consumption and immaterial consumption roundly continued to be reduced; the urban and rural ratio of the residents' total consumption, material consumption and immaterial consumption roundly continued to be reduced.

Keywords: Qinghai; Living Consumption; Demand Status; Measurement and Evaluation

Abstract: From 2000 to 2016, the per capita value of all types of the residents' consumption demand data in Guangdong's urban and rural comprehensive calculation steadily continued to increase. The residents' total consumption in 2016 was 4. 27 times that of 2000, the material consumption was 4. 35 times and the immaterial consumption was 4. 10 times. The proportion of the residents' material consumption slightly rose over 1. 34 percentage points and the proportion of the residents' immaterial consumption slightly fell over 1. 34 percentage points, showing a partial "inverted upgrading" change of the consumption structure. But the residents' consumption rate significantly fell from 43. 40% to 31. 86% , it rose slightly while the Twelfth Five-Year Plan period. In particular, the average annual growth of the residents' consumption expenditure was evidently 4. 96 percentage points lower than the annual growth of fiscal expenditure. The residents' amassment rate slightly continued to rise from 20. 25% to 22. 65% , which in return aggravate the inhibition of consumption demand. The regional disparity of the residents' total consumption, material consumption and immaterial consumption roundly continued to be reduced; the urban and rural ratio of the residents' total consumption, material consumption and immaterial consumption roundly continued to be reduced.

Keywords: Guangdong; Living Consumption; Demand Status; Measurement and Evaluation

Abstract: From 2000 to 2016, the per capita value of all types of the residents' consumption demand data in Beijing's urban and rural comprehensive calculation steadily continued to increase. The residents' total consumption in 2016 was 4. 83 times that of 2000, the material consumption was 4. 92 times and the immaterial consumption was 4. 67 times. The proportion of the residents' material consumption slightly rose over 1. 17 percentage points and the proportion of the residents' immaterial consumption slightly fell over 1. 17 percentage points, showing a partial "inverted upgrading" change of the consumption structure. But the residents' consumption rate slightly fell from 30. 40% to 29. 98% , it rose slightly while the Twelfth Five-Year Plan period. In particular, the average annual growth of the residents' consumption expenditure was evidently 4. 26 percentage points lower than the annual growth of fiscal expenditure. The residents' amassment rate slightly continued to rise from 18. 83% to 32. 58% , which in return aggravate the inhibition of consumption demand. The regional disparity of the residents' total consumption, material consumption and immaterial consumption roundly continued to be reduced; the urban and rural ratio of the residents' total consumption, material consumption and immaterial consumption roundly continued to be reduced.

Keywords: Beijing; Living Consumption; Demand Status; Measurement and Evaluation

Abstract: From 2000 to 2016, the per capita value of all types of the residents' consumption demand data in Tianjin's urban and rural comprehensive calculation steadily continued to increase. The residents' total consumption in 2016 was 5. 30 times that of 2000, the material consumption was 5. 00 times and the immaterial consumption was 5. 98 times. The proportion of the residents' material consumption certainly fell over 3. 92 percentage points and the proportion of the residents' immaterial consumption certainly rose over 3. 92 percentage points, showing a certain upgrading change of the consumption structure. But the residents' consumption rate remarkably fell from 28. 51% to 22. 78% , it rose slightly while the Twelfth Five-Year Plan period. In particular, the average annual growth of the residents' consumption expenditure was remarkably 6. 28 percentage points lower than the annual growth of fiscal expenditure. The residents' amassment rate certainly fell from 27. 83% to 23. 33% , which in return lighten the inhibition of consumption demand. The regional disparity of the residents' total consumption, material consumption and immaterial consumption roundly continued to be reduced; the urban and rural ratio of the residents' total consumption, material consumption and immaterial consumption roundly continued to be reduced.

Keywords: Tianjin; Living Consumption; Demand Status; Measurement and Evaluation

Abstract: From 2000 to 2016, the per capita value of all types of the residents' consumption demand data in Hebei's urban and rural comprehensive calculation steadily continued to increase. The residents' total consumption in 2016 was 6. 90 times that of 2000, the material consumption was 6. 26 times and the immaterial consumption was 8. 47 times. The proportion of the residents' material consumption evidently fell over 6. 57 percentage points and the proportion of the residents' immaterial consumption evidently rose over 6. 57 percentage points, showing a remarkable upgrading change of the consumption structure. The residents' consumption rate remarkably rose from 27. 99% to 34. 06%, it rose faster while the Twelfth Five-Year Plan period. In particular, the average annual growth of the residents' consumption expenditure was evidently 4. 58 percentage points lower than the annual growth of fiscal expenditure. The residents' amassment rate evidently fell from 35. 40% to 28. 32%, which in return lighten the inhibition of consumption demand. The regional disparity of the residents' total consumption, material consumption and immaterial consumption roundly continued to be reduced; the urban and rural ratio of the residents' total consumption, material consumption and immaterial consumption roundly continued to be reduced.

Keywords: Hebei; Living Consumption; Demand Status; Measurement and Evaluation

Abstract: From 2000 to 2016, the per capita value of all types of the residents' consumption demand data in Xinjiang's urban and rural comprehensive calculation steadily continued to increase. The residents' total consumption in 2016 was 6. 28 times that of 2000, the material consumption was 5. 65 times and the immaterial consumption was 7. 76 times. The proportion of the residents' material consumption remarkably fell over 7. 02 percentage points and the proportion of the residents' immaterial consumption remarkably rose over 7. 02 percentage points, showing a remarkable upgrading change of the consumption structure. The residents' consumption rate evidently rose from 31. 25% to 35. 66% , it rose faster while the Twelfth Five-Year Plan period. In particular, the average annual growth of the residents' consumption expenditure was significantly 7. 10 percentage points lower than the annual growth of fiscal expenditure. The residents' amassment rate remarkably continued to rise from 22. 35% to 23. 54% , which in return aggravate the inhibition of consumption demand. The regional disparity of the residents' total consumption and immaterial consumption continued to be reduced, but that of the residents' material consumption continued to be extended; the urban and rural ratio of the residents' total consumption, material consumption and immaterial consumption roundly continued to be reduced.

Keywords: Xinjiang; Living Consumption; Demand Status; Measurement and Evaluation

Abstract: From 2000 to 2016, the per capita value of all types of the residents' consumption demand data in Hubei's urban and rural comprehensive calculation steadily continued to increase. The residents' total consumption in 2016 was 5. 84 times that of 2000, the material consumption was 5. 24 times and the immaterial consumption was 7. 44 times. The proportion of the residents' material consumption remarkably fell over 7. 49 percentage points and the proportion of the residents' immaterial consumption remarkably rose over 7. 49 percentage points, showing a remarkable upgrading change of the consumption structure. But the residents' consumption rate significantly fell from 44. 01% to 29. 05%, it rose slightly while the Twelfth Five-Year Plan period. In particular, the average annual growth of the residents' consumption expenditure was significantly 7. 99 percentage points lower than the annual growth of fiscal expenditure. The residents' amassment rate remarkably continued to rise from 21. 95% to 27. 49%, which in return aggravate the inhibition of consumption demand. The regional disparity of the residents' immaterial consumption continued to be reduced, but that of the residents' total consumption and material consumption continued to be extended; the urban and rural ratio of the residents' total consumption, material consumption and immaterial consumption roundly continued to be reduced.

Keywords: Hubei; Living Consumption; Demand Status; Measurement and Evaluation

Abstract: From 2000 to 2016, the per capita value of all types of the residents' consumption demand data in Jiangsu's urban and rural comprehensive calculation steadily continued to increase. The residents' total consumption in 2016 was 6. 34 times that of 2000, the material consumption was 5. 76 times and the immaterial consumption was 7. 75 times. The proportion of the residents' material consumption evidently fell over 6. 53 percentage points and the proportion of the residents' immaterial consumption evidently rose over 6. 53 percentage points, showing a remarkable upgrading change of the consumption structure. But the residents' consumption rate remarkably fell from 30.14% to 23.21%, it rose slightly while the Twelfth Five-Year Plan period. In particular, the average annual growth of the residents' consumption expenditure was remarkably 6.42 percentage points lower than the annual growth of fiscal expenditure. The residents' amassment rate evidently continued to rise from 27.52% to 31.32%, which in return aggravate the inhibition of consumption demand. The regional disparity of the residents' total consumption, material consumption and immaterial consumption roundly continued to be extended; the urban and rural ratio of the residents' total consumption, material consumption and immaterial consumption roundly continued to be reduced.

Keywords: Jiangsu; Living Consumption; Demand Status; Measurement and Evaluation

Abstract: From 2000 to 2016, the per capita value of all types of the residents' consumption demand data in Heilongjiang's urban and rural comprehensive calculation steadily continued to increase. The residents' total consumption in 2016 was 5.39 times that of 2000, the material consumption was 4.69 times and the immaterial consumption was 6.94 times. The proportion of the residents' material consumption remarkably fell over 8.95 percentage points and the proportion of the residents' immaterial consumption remarkably rose over 8.95 percentage points, showing a remarkable upgrading change of the consumption structure. The residents' consumption rate evidently rose from 32.62% to 36.03%, it rose faster while the Twelfth Five-Year Plan period. In particular, the average annual growth of the residents' consumption expenditure was remarkably 5.10 percentage points lower than the annual growth of fiscal expenditure. The residents' amassment rate remarkably continued to rise from 23.97% to 27.28%, which in return aggravate the inhibition of consumption demand. The regional disparity of the residents' total consumption, material consumption and immaterial consumption roundly continued to be extended; the urban and rural ratio of the residents' total consumption, material consumption and immaterial consumption roundly continued to be reduced.

Keywords: Heilongjiang; Living Consumption; Demand Status; Measurement and Evaluation

R. 22 Ningxia: Ranked the 8th in the 2000 ~ 2016 Living Demand Status Index Runners-up

Tao Siqi / 384

Abstract: From 2000 to 2016, the per capita value of all types of the residents' consumption demand data in Ningxia's urban and rural comprehensive calculation evidently continued to increase. The residents' total consumption in 2016 was 6. 68 times that of 2000, the material consumption was 5. 50 times and the immaterial consumption was 9. 40 times. The proportion of the residents' material consumption significantly fell over 12. 33 percentage points and the proportion of the residents' immaterial consumption significantly rose over 12. 33 percentage points, showing a significant upgrading change of the consumption structure. But the residents' consumption rate significantly fell from 42. 86% to 32. 63% , it rose slightly while the Twelfth Five-Year Plan period. In particular, the average annual growth of the residents' consumption expenditure was remarkably 6. 78 percentage points lower than the annual growth of fiscal expenditure. The residents' amassment rate significantly continued to rise from 15. 92% to 21. 03% , which in return aggravate the inhibition of consumption demand. The regional disparity of the residents' total consumption and immaterial consumption continued to be reduced, but that of the residents' material consumption continued to be extended; the urban and rural ratio of the residents' total consumption, material consumption and immaterial consumption roundly continued to be reduced.

Keywords: Ningxia; Living Consumption; Demand Status; Measurement and Evaluation

Abstract: From 2000 to 2016, the per capita value of all types of the residents' consumption demand data in Tibet's urban and rural comprehensive calculation steadily continued to increase. The residents' total consumption in 2016 was 5. 10 times that of 2000, the material consumption was 4. 90 times and the immaterial consumption was 6. 12 times. The proportion of the residents' material consumption certainly fell over 3. 32 percentage points and the proportion of the residents' immaterial consumption certainly rose over 3. 32 percentage points, showing a certain upgrading change of the consumption structure. But the residents' consumption rate significantly fell from 42. 45% to 28. 14% , it rose slightly while the Twelfth Five-Year Plan period. In particular, the average annual growth of the residents' consumption expenditure was significantly 10. 31 percentage points lower than the annual growth of fiscal expenditure. The residents' amassment rate certainly continued to rise from 21. 20% to 31. 50% , which in return aggravate the inhibition of consumption demand. The regional disparity of the residents' total consumption, material consumption and immaterial consumption roundly continued to be extended; the urban and rural ratio of the residents' total consumption, material consumption and immaterial consumption roundly continued to be reduced.

Keywords: Tibet; Living Consumption; Demand Status; Measurement and Evaluation

图书在版编目(CIP)数据

中国民生消费需求景气评价报告：2018 / 王亚南，边明社主编. --北京：社会科学文献出版社，2018.6
(民生指数报告)
ISBN 978-7-5201-3005-9

Ⅰ.①中… Ⅱ.①王… ②边… Ⅲ.①居民生活-消费-顾客需求-研究报告-中国-2018 Ⅳ.①D668

中国版本图书馆CIP数据核字(2018)第146964号

民生指数报告
中国民生消费需求景气评价报告（2018）

主　　编／王亚南　边明社
副 主 编／刘　杰　刘　婷　魏海燕

出 版 人／谢寿光
项目统筹／邓泳红　吴　敏
责任编辑／张　超

出　　版／社会科学文献出版社·皮书出版分社（010）59367127
　　　　　地址：北京市北三环中路甲29号院华龙大厦　邮编：100029
　　　　　网址：www.ssap.com.cn
发　　行／市场营销中心（010）59367081　59367018
印　　装／三河市龙林印务有限公司

规　　格／开　本：787mm×1092mm　1/16
　　　　　印　张：28　字　数：427千字
版　　次／2018年6月第1版　2018年6月第1次印刷
书　　号／ISBN 978-7-5201-3005-9
定　　价／99.00元

本书如有印装质量问题，请与读者服务中心（010-59367028）联系

版权所有 翻印必究